Carl E. Schorske
Wien

Zu diesem Buch

Hofmannsthal und Schnitzler, Freud und Gustav Mahler, Schönberg, Klimt, Kokoschka – diese Namen stehen für die intellektuelle und künstlerische Elite Wiens zur Zeit der Jahrhundertwende, für ein schöpferisches Klima in der Stadt, die für eine kurze Zeitspanne das geistige Zentrum Europas war. Auf allen möglichen Gebieten, sei es der Politik, des gesellschaftlichen Lebens, der Künste, suchte man nach »kritischer Umformulierung oder subversiver Verwandlung der Traditionen« (Schorske), suchte nach dem radikal Anderen. Atemberaubend die Fülle der Ideen und Neuerungen, das Tempo des Wandels, aber auch das Nebeneinander von Tradition und Moderne, von Weltbürgertum und Provinzialismus. Die »Jungen«, die Umstürzler und Umgestalter, beanspruchten Autonomie für ihr Gebiet, sowohl vom kulturellen Erbe der Väter wie von den Nachbargebieten. Und doch sind Literatur, Kunst, Politik, Architektur, Musik und Psychologie nicht so unabhängig, wie sie behaupten. Schorske zeigt in seinen sieben meisterhaften Essays die diachronen wie snychronen Verbindungslinien zwischen diesen verschiedenen Bereichen und macht die Beziehungen zwischen Hochkultur und gesellschaftlichem und politischem Wandel deutlich. So entsteht ein nuanciertes Bild von den Ursachen, Motiven und Zielen dieser fruchtbaren Wiener Periode der europäischen Geistesgeschichte.

Carl E. Schorske, geboren 1915 in New York, lehrte in Princeton und Berkeley. Für dieses Buch wurde er mit dem Pulitzer-Preis ausgezeichnet.

Carl E. Schorske

Wien

Geist und Gesellschaft im Fin de Siècle

Aus dem Amerikanischen von
Horst Günther

Piper
München Zürich

Die Originalausgabe erschien 1980 unter dem Titel
»Fin-de-Siècle Vienna – Politics and Culture«
bei Alfred A. Knopf, New York.
1982 erschien erstmals eine deutsche Ausgabe
bei S. Fischer, Frankfurt.

Für Liz

ISBN 3-492-11692-2
Januar 1994
R. Piper GmbH & Co. KG, München

Umschlag: Federico Luci
Satz: Fotosatz Otto Gutfreund, Darmstadt
Druck und Bindung: Clausen & Bosse, Leck
Printed in Germany

INHALT

EINLEITUNG

Das Europa des 20. Jahrhunderts hat auf den meisten Gebieten geistiger Tätigkeit stolz seine Unabhängigkeit vom Vergangenen verkündet. Schon im 18. Jahrhundert nahm das Wort »modern« etwas vom Klang eines Schlachtrufs an, damals aber nur als Antithese zu »antik«, zu »den Alten« – es meinte den Gegensatz zum klassischen Altertum. In den letzten hundert Jahren jedoch hat »modern« sich dazu entwickelt, unsere Wahrnehmung unseres Lebens und unserer Zeit von allem Vorherigen, von der ganzen Geschichte überhaupt zu unterscheiden. Moderne Architektur, moderne Musik, moderne Philosophie, moderne Wissenschaft – sie alle bestimmen sich selbst nicht aus dem Vergangenen, auch kaum gegen das Vergangene, sondern unabhängig von ihm. Das moderne Bewußtsein verhält sich der Geschichte gegenüber immer gleichgültiger, denn Geschichte, verstanden als Überlieferung, aus welcher es sich unablässig speisen könnte, ist ihm nutzlos geworden.

Diese Entwicklung betrifft den Historiker natürlich sehr ernsthaft, denn dabei stehen seine beruflichen Existenzbedingungen auf dem Spiel. Aber der Tod der Geschichte ist nur zu begreifen, wenn man auch den Psychoanalytiker bemüht. Der würde auf der offensichtlichsten Ebene den scharfen Bruch der Verbindung mit der Vergangenheit als Generationsrevolte gegen die Väter und als Suche nach neuer Selbstbestimmung deuten. Auf komplexere Weise strebte der entstehende »Modernismus« dazu, jene Form anzunehmen, die Heinz Kohut in einem anderen Zusammenhang als Umschichtung des Selbst bezeichnet. Der geschichtliche Wandel nötigt nicht nur den einzelnen, nach einer neuen Identität zu suchen, sondern er stellt auch ganzen Gruppen der Gesellschaft die Aufgabe, abgestorbene Überzeugungen zu revidieren oder zu ersetzen. Paradoxerweise hat der Versuch, die Fesseln der Geschichte abzuschütteln, den Prozeß der Geschichte beschleunigt, denn die Gleichgültigkeit gegenüber jeglicher Verwandtschaft mit der Vergangenheit setzt die Phantasie frei, neue Formen und Gebilde zu erfinden. Vielfältiger Wandel erscheint somit da, wo einst Kontinuität herrschte. Umgekehrt schwächt der schnelle Wechsel in der gegenwärtigen Geschichte die Autorität der Geschichte als bedeutender Vergangenheit.

Wien im Fin de siècle mit dem scharf empfundenen Beben seiner sozialen und politischen Desintegration erweist sich als eine der fruchtbarsten Brutstätten der ungeschichtlichen Kultur unseres Jahrhunderts. Wiens große geistige Neuerer – in der Musik und der Philosophie, in der Volkswirtschaft und der Architektur und natürlich in der Psychoanalyse – brachen alle mehr oder weniger entschieden ihre Bindung an die historische Anschauung ab, die wesentlich war für die liberale Kultur des 19. Jahrhunderts, in welcher sie erzogen wurden. Dies Buch erforscht die Anfänge jenes kulturellen Wandels in ihrem besonderen geschichtlichen Zusammenhang.

I

Ich habe Wien nicht deshalb zum Brennpunkt der Untersuchung gewählt, weil ich etwa als Historiker des Habsburgerreiches gelten könnte. Wie es bei Historikern oft der Fall ist, stieß ich auf meine Frage aufgrund von Erfahrungen, die ich im Beruf, in der wissenschaftlichen Arbeit und in der Politik machte.

Zu Beginn meiner Lehrtätigkeit in den späten vierziger Jahren schickte ich mich an, Vorlesungen über moderne europäische Geistesgeschichte zu entwerfen, in der Absicht, den Studenten die weitgespannten architektonischen Beziehungen zwischen Hochkultur und gesellschaftlichem und politischem Wandel verständlich zu machen. In amerikanischen Vorlesungsverzeichnissen erscheint so etwas gewöhnlich unter dem Titel: »Social and Intellectual History of...« – einem Legitimationsstempel, den wir von der ›progressiven‹ Generation geerbt hatten. Ihre geistigen Führer – James Harvey Robinson, Charles Beard, John Dewey – hatten für das Amerika des 20. Jahrhunderts den Glauben der Aufklärung an Geschichte als Fortschritt der zusammenspielenden Mächte von Vernunft und Gesellschaft neu befestigt. Die folgende Generation, die in den dreißiger Jahren aufwuchs und zu der ich gehöre, stand unter dem Einfluß der Erfahrung der wirtschaftlichen Depression und des Denkens von Marx und betonte stärker die Elemente des Kampfes und der Krise in der gesellschaftlichen Wirklichkeit.

Wie ihre Vorgänger vertrauten sie dem Fortschritt der Gesellschaft und dem Gebrauch von Ideen, um diesen Fortschritt sowohl zu erklären wie zu beschleunigen. Für diese Aufgabe standen dem Kulturhistoriker die allgemeinen Beschreibungsbegriffe zur Verfügung, mit denen man im 19. Jahrhundert die Entwicklung der eigenen Epoche bezeichnete: Rationalismus und Romantik, Individualismus und Sozialismus, Realismus und Naturalismus usw. Wie weit und vereinfachend solche Kategorien sein mochten, sie halfen einen Rahmen zu errichten, innerhalb dessen die konkreten Bemühungen der Schöpfer der Kultur in Europa, dem Leben Bedeutung zu verleihen, in ihrer Besonderheit untersucht und doch auf einen weiteren geschichtlichen Zusammenhang bezogen werden können.

Mit solchen begrifflichen Voraussetzungen lief meine Vorlesung in Geistesgeschichte sehr gut – bis zu Nietzsche. Dann geriet sie in Schwierigkeiten. Was wie eine allgegenwärtige Zersplitterung aussah – Nietzsche und Marx nannten es beide »Dekadenz« –, drängte die Kultur in Europa in einen Strudel unablässiger Erneuerung, wobei jedes Feld Unabhängigkeit vom Ganzen verkündete und selbst noch in Teile zerfiel. In die unbarmherzige Zentrifuge des Wandels wurden auch die Begriffe gezogen, mit welchen man kulturelle Phänomene im Denken befestigen konnte. Nicht nur die Schöpfer der Kultur, sondern auch ihre Analytiker und Kritiker fühlten sich als Opfer dieser Zersplitterung. Die vielen Begriffe, die man geprägt hatte, um jede der Strömungen in der Kultur der Zeit nach Nietzsche zu definieren oder zu beherrschen – Irrationalismus, Subjektivismus, Abstraktion, Angst, Technologie –, besaßen weder die äußerliche Eigenschaft, sich zur Verallgemeinerung zu eignen, noch erlaubten sie irgendeine überzeugende dialektische Integration in den geschichtlichen Prozeß, wie man ihn früher verstanden hatte. Jede Suche nach einem einleuchtenden Gegenstück fürs 20. Jahrhundert zu so allgemeinen, aber heuristisch unerläßlichen Begriffen wie ›Aufklärung‹ schien verurteilt zum Scheitern an der Verschiedenartigkeit der kulturellen Substanz, die es decken sollte. Die Vielfalt analytischer Begriffe, mit der die modernen Bewegungen sich selbst bezeichneten, war in der Tat, um Arnold Schönbergs Wort zu gebrauchen, »ein Totentanz der Prinzipien«.

Was sollte der Historiker angesichts dieser Verwirrung tun? Es schien dringend geboten, die geschichtliche Entwicklung jedes Bestandteils der modernen Kultur (gesellschaftliches Denken, Literatur, Architektur usw.) zu berücksichtigen anstatt die vielfältige Wirklichkeit hinter vereinheitlichenden Definitionen. Ich wandte mich deshalb an meine Kollegen in anderen Fächern um Hilfe. Ihre intellektuelle Situation komplizierte das Problem jedoch nur. Auf den für mich wichtigsten Gebieten – Literatur, Politik, Kunstgeschichte, Philosophie – wandte sich die Wissenschaft in den fünfziger Jahren von der Geschichte als Grundlage ihres Selbstverständnisses ab. Gleichzeitig bestimmten die verschiedenen akademischen Disziplinen in einer parallelen Bewegung ihre Aufgabe in einer Weise neu, die ihren gesellschaftlichen Bezug schwächte. So haben zum Beispiel in der Literatur die Vertreter des New Criticism, als sie in den Universitäten zu Macht kamen, die Praktiker des literarischen Historismus abgelöst, die in den ›English Departments‹ vor dem Zweiten Weltkrieg vorherrschten, als Gelehrte, die einer unzeitlichen, innerlichen, formalen Interpretation verpflichtet waren. In der politischen Wissenschaft wichen, als der ›New Deal‹ zu

Ende ging, die normativen Ansichten der traditionellen politischen Philosophie und die pragmatische Beschäftigung mit Fragen der aktuellen Politik der unhistorischen und politisch neutralisierenden Herrschaft der Behavioristen. In der Wirtschaftswissenschaft dehnten die mathematisch orientierten Theoretiker ihre Herrschaft aus auf Kosten der älteren, sozial gesonnenen ›Institutionalists‹ und der politisch orientierten Keynesianer. Selbst auf einem Gebiet wie der Musik begann eine neue, von Schönberg und Schenker inspirierte Intellektualität die historischen Anschauungen in der Musikwissenschaft zu beseitigen. Vor allem in der Philosophie, die früher durch ein starkes Bewußtsein ihres eigenen geschichtlichen Charakters und ihrer Kontinuität gekennzeichnet war, leugnete die analytische Schule die Geltung der überlieferten Fragen, welche die Philosophen seit der Antike beschäftigt hatten. Im Interesse einer restringierten und reineren Aufgabenstellung auf dem Gebiet von Sprache und Logik brach die neue Philosophie die Verbindung sowohl zur Geschichte im allgemeinen ab wie zur Vergangenheit des Faches selbst.

In einem akademischen Fach nach dem anderen wurde somit die diachronische Linie, das Band des Bewußtseins, das die gegenwärtigen Bemühungen eines jeden von ihnen mit ihren früheren Anschauungen verknüpfte, entweder durchgeschnitten oder abgerieben. Zur gleichen Zeit, als sie ihre Unabhängigkeit vom Vergangenen verkündeten, wurden die akademischen Fächer auch zunehmend unabhängig voneinander. Weit davon entfernt, irgend vereinigende Voraussetzungen oder Prinzipien des Zusammenhangs zum Verständnis der Vielfalt zeitgenössischer Kultur zu bieten, verstärkten die selbstherrlichen Fächer den Pluralismus durch eine akademische Spezialisierung, die ihre analytische Parallele bildet. Die Diskussionen mit Kollegen aus anderen Gebieten brachten mich zu der Überzeugung, daß das historische Bewußtsein von den Geisteswissenschaften ebenso wie von den Sozialwissenschaften wenig Unterstützung zu erwarten hatte, ob unmittelbar oder auf dem Wege der Teilhabe. Sie trieben mir die Vorstellung aus, die sich aus Naivität und einem gewissen arroganten Streben zusammensetzte, daß ein Historiker mit einiger Unterstützung eine zufriedenstellende allgemeine Charakterisierung moderner Kultur finden könne. Zugleich überzeugten sie mich, daß die autonomen analytischen Methoden der verschiedenen Disziplinen, so unhistorisch sie im allgemeinen sind, für den Historiker der Geistesgeschichte eine Herausforderung bedeuten, die er nicht länger ungestraft übersehen kann. Zu lange hatten die Historiker sich begnügt, die Werke der Kultur als bloß illustrierende Widerspiegelungen politischer und gesellschaftlicher Entwicklungen zu benutzen oder sie zur Ideologie zu relativieren. Solange die Schöpfer der Kultur ebenso wie die Gelehrten, die sie interpretierten, ihre Aufgabe darin sahen, die Bedeutung einer geschichtlichen Flugbahn gemeinsamer gesellschaftlicher Werte sich zu eigen zu machen, hatte das überkommene Verfahren des Historikers seine Berechtigung, wie seicht es auch sein mochte. Eine gemeinsam anerkannte Architektur des geschichtlichen Prozesses in der Kultur insgesamt – besonders eine, die wie im 19. Jahrhundert an der Idee des Fortschritts sich orientierte – gestattete dem Historiker auch, sich kulturelle Materialien für diejenigen ihrer Eigenschaften anzueignen, die seiner Vorstellung von der allgemeinen Richtung der Geschichte angemessen sind. Jetzt aber enthüllten die neuen Methoden der inneren Interpretation in den Geisteswissenschaften bei Werken der Kunst, Literatur und Philosophie autonome Strukturen und Stilmerkmale, welche der Historiker nur unter der Gefahr ignorieren konnte, die historische Bedeutung seines Materials mißzuverstehen.

Ebenso wie die Kenntnis der kritischen Methoden der modernen Naturwissenschaft nötig ist, um diese Wissenschaft geschichtlich zu deuten, so ist auch die Kenntnis der von den modernen Geisteswissenschaften angewandten Interpretationstechniken nötig, um in die Schöpfungen der Kultur des 20. Jahrhunderts einzudringen. Auf diese Weise nur kann man einen Text lesen, sei es ein Drama, ein Stadtplan, ein Gemälde oder eine psychologische Abhandlung, so daß sein Gehalt (von welchem die Form ein wichtiger Bestandteil ist) verstanden werden kann. Je schwächer das gesellschaftliche Bewußtsein seines Schöpfers ist, desto dringender wird für den sozialgeschichtlichen Interpreten eine genaue innere Analyse. Der Historiker wird sich jedoch nicht gänzlich das Ziel der geisteswissenschaftlichen Textinterpretation zu eigen machen. Diese zielt ab auf die größtmögliche Erhellung eines kulturellen Gebildes und bezieht alle Interpretationsprinzipien auf seinen besonderen Gehalt. Der Historiker möchte das Werk statt dessen zeitlich lokalisieren und deuten in einem Feld, in welchem zwei Linien sich schneiden. Eine Linie ist vertikal oder diachronisch, durch welche er die Beziehung eines Textes oder Gedankensystems auf frühere Äußerungen auf dem gleichen Gebiet (Malerei, Politik usw.) fixiert. Die andere ist horizontal oder synchronisch; damit schätzt er die Beziehung des Gehalts dieses Gegenstandes zu dem in anderen Bereichen oder Aspekten einer Kultur zur gleichen Zeit ab. Der diachronische Faden ist die Kette, der synchronische der Einschlag am Webstuhl der Kulturgeschichte. Der Historiker ist der Weber, die Qualität seines Tuches aber hängt ab von der Stärke und Farbe des Fadens. Den Faden zu spinnen, muß er bei den Einzelfächern lernen, deren Vertreter tatsächlich das Interesse daran verloren haben, Geschichte als primäre Weise des Verstehens zu gebrauchen, aber besser als der Historiker wissen, was in ihrem Fach starkes farbechtes Garn ausmacht. Das Selbstgesponnene des Historikers wird weniger fein sein als das ihre, wenn er aber ihre Herstellungsverfahren nachahmt, wird es gut genug sein für die Art kühngemusterten Tuches, das man von ihm verlangt.

Wem der Historiker abschwören muß, und nirgends mehr als gegenüber dem Problem der Moderne, das ist, im vorhinein einen abstrakten kategorischen gemeinsamen Nenner festzusetzen – was Hegel den ›Zeitgeist‹ nannte und John Stuart Mill »the characteristic of the age«. Wo einst solch intuitives einheitsstiftendes Prinzip nützte, müssen wir jetzt willens sein, die empirische Untersuchung der Vielfalt zu betreiben als Vorbedingung dazu, vereinigende Gesichtspunkte in der Kultur zu finden. Wenn wir jedoch den Wandel in den einzelnen Bereichen kulturellen Erzeugens ihren eigenen Maßstäben entsprechend rekonstruieren, schaffen wir eine solidere Grundlage zur Bestimmung der Ähnlichkeiten und Verschiedenheiten unter ihnen. Das wiederum kann uns auf die von einem jeden geteilten Besorgnisse und Erfahrungen führen, welche die Menschen, die eine Kultur schaffen, in einem gemeinsamen gesellschaftlichen und zeitlichen Raum miteinander verbindet.

II

Das Verfahren meiner Untersuchung ist bestimmt von der Überzeugung, daß ich, um die analytische Lebendigkeit des Gebietes der ›intellectual history‹ zu erhalten, durch eine Art des Nachbohrens Teilgebiet für Teilgebiet jeweils nach den ihm entsprechenden Begriffen zu prüfen habe. Deshalb entstanden diese Studien aus Forschungszügen in unterschiedliche Bereiche der Kultur – zunächst Literatur, dann Stadtplanung, ferner die bildenden Künste usw. Hätte ich nur die Autonomie der Bereiche und ihren inneren Wandel berücksichtigt, wären die synchronen Beziehungen zwischen ihnen verloren gegangen. Der Nährboden der kulturellen Elemente und die Grundlage ihres Zusammenhangs war eine gemeinsame gesellschaftliche Erfahrung im weitesten Sinne. Dieser Grund wurde mir deutlich durch die Politik und den kulturellen Wandel im Nachkriegsamerika. Der folgenden historischen Darstellung dient die amerikanische Entwicklung als Grundlage, ohne diese freilich erklären zu wollen.

Im Jahrzehnt nach 1947 brach der historische und gesellschaftliche Optimismus, der sich mit dem ›New Deal‹ und dem Kampf gegen den Nationalsozialismus verband, endgültig in sich zusammen. Wohl hatte Amerika seine Wellen des Pessimismus und Zweifels in der Vergangenheit gehabt, mit so beredten Wortführern wie Poe, Melville oder Henry Adams. Sie waren aber nicht sehr tief in die Bildung einer Nation gedrungen, deren Intellektuelle völlig in ihr öffentliches Leben integriert waren. Eine Stimmung des Pessimismus – manchmal der Ohnmacht, manchmal des Selbstschutzes, manchmal der Unterwerfung – breitete sich jetzt über eine Intelligenz aus, die sich, gleichgültig, ob sie Mitte, radikal, liberal oder marxistisch war, mehrere Jahrzehnte in gesellschaftlichem Optimismus einig gewesen war. Die gemeinsamen aufklärerischen Voraussetzungen waren heftig geschwächt durch eine Verbindung politischer Faktoren der frühen Nachkriegszeit: die Verschärfung des Kalten Krieges, der erste sowjetische Einfall in die Tschechoslowakei, neue Enthüllungen über Stalins Untaten und die machtvollen und so erstaunlich durch alle gesellschaftlichen Klassen verzweigten Wirkungen des McCarthyismus. Es waren wohl weniger diese politischen Entwicklungen, welche die Intellektuellen bewogen, ihre politischen Positionen zu wechseln oder die Politik überhaupt aufzugeben, obwohl viele es taten. Die Krise scheint grundlegender einen Wechsel in der allgemeinen philosophischen Anschauung erzwungen zu haben, in welche liberale und radikale politische Positionen eingebettet waren. Kurz, die Radikalen und Liberalen paßten ihre Weltansicht fast unbewußt einer Revolution fallender politischer Erwartungen an. Einige Liberale, die ihr Leben lang religiös indifferent waren, fanden sich angezogen von neo-orthodoxem Protestantismus; Kierkegaard gewann großen Einfluß. Denjenigen unter den College-Studenten, die intellektuell tonangebend waren, schien die resignierte patrizische Weisheit Jacob Burckhardts einleuchtender angesichts der Fragen von Kultur und Macht als der früher alles absorbierende ethische Rationalismus John Stuart Mills oder das strenge synoptische Geschichtsbild von Karl Marx. Die Studenten der amerikanischen Literatur sprach der männliche, sittliche Realismus von Perry Millers Puritanervätern stärker an als der offene demokratische Geist von Vernon Parringtons Pionieren.

Bei dem Paradigmenwechsel der Kulturheroen von Prometheus zu Epimetheus war jedoch keiner schlagender als der von Marx zu Freud. Denn hier wurde die Suche nach den Übeln, welche die Menschheit plagen, und ihr Verständnis der Tendenz nach aus dem öffentlichen und gesellschaftlichen Bereich verlagert in den privaten und psychologischen. Freud war natürlich schon lange als wichtige Gestalt im amerikanischen Denken etabliert. Seine alttestamentarische Voreingenommenheit für Probleme der Schuld und Verantwortung, zusammen mit seiner modernen Absicht, die »gesunden« Geschlechtstriebe zu befreien, hatte ihm schon vor 1930 eine große moralische Autorität sowohl als Therapeut wie als fortschrittlicher Theoretiker der menschlichen Natur geschaffen.[1] In den fünfziger Jahren jedoch schlug das Düstere in Freud bisher unberührte Saiten in völlig verschiedenen Bereichen des amerikanischen Lebens an. Gelehrte unterschiedlichsten Typus verkörperten diesen Wandel auf dramatische Weise. Der Historiker William Langer wandte sich, zunehmend unbefriedigt von der Interessenpolitik als Hauptgegenstand der Geschichtsschreibung, der Psychoanalyse zu, um kulturellen und sozialen Wandel als kollektives Trauma zu deuten. Lionel Trilling, dessen Liberalismus in eine Frontstellung zur Linken geriet, befestigte seinen humanistischen Rationalismus durch die kontrollierte Einverleibung der psychoanalytischen Unterwelt des Triebes. Währenddessen zeichneten andere auf der Linken des politischen Spektrums wie der Philosoph Herbert Marcuse und der Altphilologe Norman O. Brown aufs neue den Grundriß von Utopia und verlagerten ihr geistiges Fundament von Marx zu Freud. Obwohl die politische Haltung dieser vier führenden Intellektuellen von der konservativen Seite bis zur extrem radikalen reichte, spielten sie eine bedeutende Rolle beim Wechseln – oder zumindest beim Erweitern – der Voraussetzungen zum Verständnis des Menschen und der Gesellschaft vom sozialen zum psychologischen Bereich. Und sie taten es unter dem Druck neuer unerfreulicher Wendungen in der politischen Welt.

Freud war natürlich Österreicher. Aber er war nicht der einzige aus diesem Lande um die Jahrhundertwende, der die Amerikaner in der Nachkriegszeit beschäftigte. Gustav Mahler, den man lange für einen banalen und ziemlich langweiligen Komponisten gehalten hatte, wurde plötzlich zum begehrten Mittelpunkt symphonischer Programme. Während der Studentenrevolte in Berkeley verkündete eine frisch gegründete Mahler Society ihren Glauben, wie es gerade Mode war, auf einem Ansteckknopf: »Mahler Grooves«. Schönbergs Einfluß breitete sich inzwischen von der Avantgarde und ihren Komponisten bis in die Hochburgen der Musikwissenschaft aus. Gustav Klimt, Egon Schiele und Oskar Kokoschka, die Wiener Maler des sinnlichen und psychischen Lebens, stiegen aus der Verborgenheit und wurden geradezu Mode.

Geschichte ist das, sagte Jacob Burckhardt einmal, was ein Zeitalter an einem anderen bemerkenswert findet. Hatte das Amerika zwischen den Weltkriegen ein Interesse am Österreich vor 1918 als Beispiel eines Vielvölkerstaates, so fand es nun die geistigen Erzeugnisse derselben Epoche von Österreichs Geschichte »bemerkenswert«. Natürlich lieh Amerika sich die kulturellen Güter ohne viel Gefühl für die Probleme und Erfahrungen jenes »anderen Zeitalters«, das die Gedanken und Gebilde schuf, die es anzogen. Das erregte nun meine Neugier: das Denken, das meine Zeitgenossen beschäftigte, in seinem politischen und gesellschaftlichen Zusammenhang zu erforschen. Die Herausbildung jener Gedanken als Teil eines größeren historischen Prozesses zu verstehen, würde diese Gedanken natürlich weder bestätigen noch ihren Wert für uns heute zeigen. Das ist nicht die Aufgabe des Historikers. Die historische Interpretation könnte aber zumindest die Merkmale offenlegen, mit welchen die Geschichte diese Kultur bei ihrer Empfängnis und Geburt ausgestattet hatte. Wenn wir die Entstehung, die Bedeutung und die Grenzen von Gedanken in ihrer eigenen Zeit erhellen, dann begreifen wir, warum sie in unserer anders gearteten Zeit so eindringlich zu uns sprechen.

III

Mehrere Faktoren also führten nach Wien als Forschungsgebiet. Da ich beim Lehren auf die verwirrende Schwierigkeit gestoßen war, allgemeine Kennzeichen für die pluralistische Kultur der Zeit nach Nietzsche zu finden, war es klar, daß ich Schritt für Schritt vorgehen mußte und die autonomen analytischen Techniken zum Verständnis der unterschiedlichen Bereiche kultureller Erneuerung zu akzeptieren hatte. Gleichzeitig öffnete das politische und geistige Leben im Nachkriegsamerika den Blick für den Umstand, daß die Krise des liberalen Systems den Kontext bildet für die gleichzeitigen Wandlungen auf verschiedenen Gebieten der Kultur. Die Tatsache, daß Freud und seine Zeitgenossen in Amerika neues Interesse erregten, legte selbst schon

Wien als Forschungsgegenstand nahe. Und schließlich brauchte ich ja eine klarumgrenzte soziale Einheit von vernünftigen Ausmaßen, aber reich an kultureller Kreativität, um das synoptische Vermögen der Geschichte intakt zu erhalten in einer Zeit, da sowohl die Kultur selbst wie die wissenschaftliche Beschäftigung mit ihr ungeschichtlich und pluralistisch wird.

Für eine solche Untersuchung mit mehreren Disziplinen auf einem politischen Boden lieferte Wien im Fin de siècle ganz ungewöhnliche Vorzüge. Die Intelligenz dieser Stadt schuf fast gleichzeitig auf einem Gebiet nach dem anderen Neuerungen, die im ganzen kulturellen Europa als Wiener ›Schulen‹ bezeichnet wurden – vor allem in der Psychologie und der Musik. Aber selbst auf Gebieten, auf denen die internationale Wahrnehmung dessen, was in Österreich getan wurde, langsamer dämmerte – der Literatur, Architektur, Malerei und Politik zum Beispiel –, waren die Österreicher mit kritischer Umformulierung oder subversiver Verwandlung ihrer Traditionen beschäftigt, die ihre eigene Gesellschaft als radikal neu, wenn nicht sogar als revolutionär ansah. Von einem Gebiet des Lebens zum anderen verbreitete sich der Begriff ›Die Jungen‹ als gemeinsame Bezeichnung für die Umstürzler und Umgestalter. Zuerst bezeichnete er in der Politik der siebziger Jahre eine Gruppe junger Rebellen gegen den klassischen österreichischen Liberalismus, dann erschien der Begriff in der Literatur (›Jung Wien‹) und dann bei den bildenden Künstlern und Architekten, die zuerst den Jugendstil angenommen hatten und ihm einen spezifisch österreichischen Charakter verliehen.[2]

Die neuen Schöpfer der Kultur in der Stadt Sigmund Freuds definierten sich somit wiederholt in Begriffen einer Art kollektiver Ödipusrevolte. Die Jungen erhoben sich jedoch nicht so sehr gegen ihre Väter wie gegen die Autorität der väterlichen Kultur, die ihr Erbe war. Was sie auf breiter Front bekämpften, war das System der Werte des klassischen herrschenden Liberalismus, in dem sie aufgewachsen waren. Bei dieser allgegenwärtigen und gleichzeitigen Kritik ihres liberal-rationalen Erbes von verschiedenen Gebieten kultureller Tätigkeit her kann die ›immanente‹ Interpretation der verschiedenen Disziplinen dem Phänomen nicht gerecht werden. Der allgemeine und ziemlich plötzliche Wandel des Denkens und der Wertvorstellungen bei den kulturell Schöpferischen deutet eher auf eine gemeinsame gesellschaftliche Erfahrung, die ein Umdenken erzwang. Im Falle Wiens bot eine höchst kompakte politische und gesellschaftliche Entwicklung diesen Zusammenhang.

Die Epoche der politischen Herrschaft der liberalen Mittelschicht begann in Österreich später als sonst irgendwo in Westeuropa und geriet früher als anderswo in eine tiefe Krisis. Bei freundlicher Berechnung dauerte die wirkliche Ausübung der Regierung ungefähr vier Jahrzehnte (1860–1900). Kaum war ihr Sieg gefeiert, da begann schon ihr Rückzug und die Niederlage. Der ganze Prozeß fand statt in einer zeitlichen Verdichtung, die dem übrigen Europa unbekannt blieb. In Frankreich war die nachliberale Frage der ›Modernität‹ in der Kultur vom Erwachen der Revolution von 1848 als eine Art avantgardistischer Selbstkritik des Bürgertums erhoben worden und breitete sich langsam unter vielen Vorstößen und Rückzügen von der Zeit des Second Empire bis zum Vorabend des Ersten Weltkriegs aus. In Österreich jedoch erschienen die modernen Bewegungen auf den meisten Gebieten in den neunziger Jahren und kamen zwei Jahrzehnte später zu voller Reife. So schien sich in Österreich eine neue Kultur zu entwickeln wie in einem Gewächshaus, wobei die politische Krise Wärme lieferte. Das rückständige Österreich wurde mit plötzlich einsetzenden Wehen, wie Friedrich Hebbel sagte, »die kleine Welt, in der die große ihre Probe hält«.[3] Würde man beim Interpretieren des Schaffens ihrer kulturellen Erneuerer Spuren der Erfahrung der politischen Verfinsterung und des Scheiterns der Liberalen finden? Hatte dies ihren Glauben an die ererbte Kultur angenagt in einem Sinne, der nicht lediglich politisch war?

Der gesellschaftlich umschriebene Charakter der kulturellen Elite Wiens mit ihrer ungewöhnlichen Verbindung von Provinzialismus und Weltbürgertum, von Traditionalismus und Modernität schuf einen dichteren Zusammenhang für die Untersuchung der geistigen Entwicklung des frühen 20. Jahrhunderts als die meisten anderen Weltstädte. In London, Paris oder Berlin – das lernten meine Studenten und ich in Seminaren, die jede dieser Städte als kulturelle Einheit untersuchten – kannten die Intellektuellen in den verschiedenen Bereichen der Kultur, Wissenschaft und Kunst, Journalismus und Literatur, Politik und Geist, einander kaum. Sie lebten in vergleichsweise abgeschlossenen beruflichen Gruppen. Im Unterschied dazu war in Wien bis etwa 1900 der Zusammenhalt der gesamten Elite stark. Der Salon und das Café bewahrten ihre Lebensfähigkeit als Institutionen, wo Intellektuelle verschiedener Art gemeinsame Ideen und Werte hatten und sich noch mit einer Elite der Geschäftswelt und der Universität mischten, die stolz war auf ihre Allgemeinbildung und künstlerische Kultur. Aus demselben Grunde erfolgte die »Entfremdung« der Intellektuellen von anderen Teilen der Elite und ihre Entwicklung zu einer geheimen oder avantgardistischen Subkultur, die sich von den politischen, moralischen und künstlerischen Wertvorstellungen der höheren Mittelschicht löste, in Wien später als in anderen kulturellen Hauptstädten Europas, obwohl sie dann vielleicht rascher und sicherer geschah. Die meisten aus der kulturell schöpferischen Pioniergeneration, die in diesem Buche auftreten, waren Entfremdete – aber nicht von ihrer Klasse als herrschender Schicht, sondern mit ihr, als sie ausgeschaltet wurde von der politischen Macht. Erst im letzten Jahrzehnt vor dem Ersten Weltkrieg gibt es die Entfremdung des Intellektuellen von der *gesamten* Gesellschaft.

IV

Da die einzelnen Essays dieses Buches keine vollständige Karte der historischen Landschaft darstellen, können sie unabhängig voneinander gelesen werden. Sie bieten den Ertrag von jeweils anderen Vorstößen in das Terrain und wechseln entsprechend ihrer Fragestellung in Ausmaß und Brennpunkt. Nur das grundlegende Motiv der Wechselwirkung von Geist und Politik zieht sich durch alle hindurch. Ich hoffe, daß die zentrale Idee, wie bei einem Liederzyklus, ein zusammenhängendes Gebilde schafft, wo die einzelnen Teile sich wechselseitig beleuchten zur Erhellung des Ganzen.

Ein paar Worte zum Blickpunkt und zur Anordnung der Essays mögen dem Leser nützlich sein. Das erste Kapitel, ›Die Seele und die Politik‹, gibt dem Ganzen einen Hintergrund. Es möchte im allgemeinen den spezifischen Charakter des kulturellen Erbes Österreichs skizzieren – teils aristokratisch, katholisch und künstlerisch, teils bürgerlich, legalistisch und rationalistisch, dem die Schöpfer der Kultur des Fin de siècle in ihrer Krise der Funktion und Bedeutung gegenüberstanden. Ihr Dilemma kristallisiert sich in zwei bedeutenden literarischen Gestalten – Arthur Schnitzler und Hugo von Hofmannsthal –, die wir bei der mühsamen Aufgabe sehen, auf ihre verschiedenen Weisen das Vermächtnis der Tradition den Problemen ihrer gesellschaftlichen Klasse anzupassen.

Der zweite Essay, über die Ringstraße, blickt zurück, um das liberale kulturelle System in seiner politischen Herrschaft im Medium der Stadtplanung und des architektonischen Stils zu untersuchen. Aber er blickt auch nach vorn; die kritischen Antworten auf die liberale Umgestaltung Wiens von zwei ihrer führenden Architekten – Otto Wagner und Camillo Sitte – zeigen das Auftreten widerstreitender Tendenzen, der gemeinschaftsbezogenen und der funktionalistischen im modernen städtebaulichen Denken.

Der dritte Essay, ›Ein neuer Ton in der Politik‹, geht unmittelbar auf den Bereich der Politik in der entscheidenden Epoche des Antisemitismus ein. In der Analyse dreier führender Politiker – zweier Antisemiten und eines Zionisten – verfolgt er das Aufkommen einer Politik der Phantasie, in welcher die fortdauernde Macht der aristokratischen kulturellen Tradition auf die modernen Ziele der Massenpolitik angewandt wird.

Das vierte Kapitel dringt tiefer in das intellektuelle Gebiet und untersucht einen einzigen Text, Freuds epochemachende ›Traumdeutung‹. Dabei wird die psychoanalytische Methode auf modifizierte Weise angewandt, um mittels der Wirklichkeitsreste in Freuds eigenen Träumen die persönliche geschichtliche Erfahrung zu rekonstruieren, die seine Konzeption der Psyche beeinflußt hat. Bei der Untersuchung des sozialen und politischen Inhalts dieser Träume und Erinnerungen – Materialien, die er bei der Selbstanalyse aus seiner verdrängten Vergangenheit birgt – läßt sich zeigen, wie die

Psychoanalyse als ungeschichtliches Gedankensystem Gestalt gewinnt unter dem Trauma, das die Geschichte Freud bereitete.

Der fünfte Essay, über den Maler Gustav Klimt, weitet den Blick wiederum von einem einzelnen Text auf ein Lebenswerk. Als Teilnehmer zuerst an der Kultur des Liberalismus, dann an der Revolte dagegen in der Suche nach der Moderne und schließlich im Rückzug auf rein dekorative Aufgaben gibt Klimt im Stil und in den Ideen seiner Malerei ein Protokoll der wechselnden Eigenschaft und Aufgabe der Kunst innerhalb der Spannungen der späten Habsburger Gesellschaft.

Die beiden letzten Essays, ›Die Verwandlung des Gartens‹ und ›Explosion im Garten‹, gewähren einen Blick auf den allmählichen Gezeitenwechsel der Kunst beim Verlust ihres Bezuges auf die gesellschaftliche Wirklichkeit während des halben Jahrhunderts des Niedergangs des Liberalismus. Der Garten, traditionell das Symbol der ordnenden Kraft des Menschen, dient als Mittel, um das Aufkommen neuer nachrationalistischer Vorstellungen von der menschlichen Existenz über vier Generationen hin zu skizzieren. ›Die Verwandlung des Gartens‹ zeigt an literarischen Beispielen die oft schmerzhafte, aber schöpferische Umgestaltung des Denkens und Fühlens angesichts der Auflösung der Macht der Liberalen und der geschichtlichen Perspektiven, die sie errichtet hatte. Der abschließende Essay, ›Explosion im Garten‹, verfolgt diesen Prozeß bis zur Geburt der expressionistischen Kultur – einer neuen drastischeren Phase, in welcher die Zerstörung der überlieferten kulturellen Ordnung ihren Höhepunkt erreicht und der Neuaufbau beginnt. In einem heftigen Ausbruch gegen den Ästhetizismus des Fin de siècle schufen Kokoschka und Schönberg neue Sprachen in der Malerei und Musik, um das allgemeine Leiden der Menschheit in kühner Leugnung der erklärten Werte ihrer Gesellschaft zu verkünden. Mit der Definition des modernen Menschen als eines, der dazu verdammt ist, »sein eigenes Universum neu zu erschaffen«[4], hat die Kultur Wiens im 20. Jahrhundert ihre Stimme gefunden.

Anmerkungen

1 Eine sorgfältig nuancierte Analyse der Freud-Rezeption in Amerika vor 1918 bei Nathan G. Hale, Freud and the Americans, New York 1971.

2 Zur ersten Phase dieser Revolte und ihren kulturellen Verflechtungen siehe William J. McGrath, Dionysian Art and Populist Politics in Austria, New Haven 1974, passim. Einen kurzen Überblick der ganzen Entwicklung bei Carl E. Schorske, Generational Tension and Cultural Change, Reflections on the Case of Vienna, in: Daedalus (Herbst 1978), S. 111–122.

3 Friedrich Hebbel, zitiert bei Heinrich Benedikt (Hg.), Geschichte der Republik Österreich, München 1954, S. 14.

4 Oskar Kokoschka, Schriften 1905–1955, München 1956, S. 403.

WIEN

GEIST UND GESELLSCHAFT IM FIN DE SIÈCLE

I
DIE SEELE UND DIE POLITIK: SCHNITZLER UND HOFMANNSTHAL

Am Ende des Ersten Weltkriegs zeichnete Maurice Ravel in ›La Valse‹ den gewaltsamen Tod der Welt des 19. Jahrhunderts auf. Der Walzer, lange das Symbol des heiteren Wien, wurde in den Händen des Komponisten zu einer rasenden *danse macabre.* Ravel schrieb: »Ich empfinde dieses Werk als eine Art Verherrlichung des Wiener Walzers, die in meiner Vorstellung verbunden ist mit dem Eindruck von einem phantastischen Wirbel des Schicksals.«[1] Sein groteskes Denkmal möge als symbolische Einleitung zu einem geschichtlichen Problem dienen: der Beziehung von Politik und seelischer Verfassung im Wien des Fin de siècle.

Obwohl Ravel die Zerstörung der Welt des Walzers feiert, stellt er diese Welt am Anfang nicht als einheitlich dar. Das Werk beginnt vielmehr mit einer Skizzierung der einzelnen Teile, die das Ganze bilden werden: Bruchstücke von Walzerthemen, die über eine brütende Stille zerstreut sind. Schrittweise finden die Teile einander – die kämpferische Fanfare, der kraftvolle Trab, das sanfte Obbligato, die schwungvolle Hauptmelodie. Jedes Element wird in seiner eigenen Triebkraft magnetisiert, in das größere Ganze gezogen. Jedes entfaltet seine Individualität, wenn es sich mit seinen Partnern im Tanz vereinigt. Der Schritt beschleunigt sich: unmerklich fast geht der schwungvolle Rhythmus ins Zwingende über, dann ins Rasende. Die konzentrischen Elemente werden exzentrisch, machen sich vom Ganzen los und verwandeln so die Harmonie in Kakophonie. Das treibende Tempo nimmt weiter zu, bis plötzlich Brüche im Rhythmus erscheinen. Der Hörer wird innehalten und in Schrecken erstarren vor der Leere, die entsteht, wenn ein tragendes Element in Schweigen fällt und zu handeln aufhört. Teilweise Lähmung jedes Teils schwächt die Bewegung, und doch bewegt sich das Ganze so unbarmherzig antreibend weiter, wie es nur der zwingende Dreiviertel-Takt kann. Bis zum Ende, wenn der Walzer in einem Kataklysmus von Klängen zusammenbricht, strömt jedes Thema seine inzwischen exzentrische und verdrehte Eigenheit aus in das Chaos des Ganzen.

Ravels musikalisches Gleichnis einer modernen Krise der Kultur stellt, ob er es wußte oder nicht, die Frage in eben der Weise, in welcher sie von der österreichischen Intelligenz des Fin de siècle empfunden und gesehen wurde. Wie war ihre Welt ins Chaos gestürzt? War es geschehen, weil ihre Individuen (bei Ravel die musikalischen Themen) in ihrer psychischen Verfassung Merkmale aufwiesen, die zutiefst unverträglich waren mit dem gesellschaftlichen Ganzen? Oder war es vielmehr das Ganze, welches seine individuellen Teile verzerrte, lähmte und zerstörte? Oder gab es etwa gar kein harmonisches gesellschaftliches Ganzes, sondern nur die Illusion einer einheitlichen Bewegung, die aus der zufälligen Gliederung von grundsätzlich unzusammenhängenden vereinzelten Teilen sich ergeben hatte? Und falls letzteres zutraf, ließ sich die Illusion einer Einheit verwandeln in Wirklichkeit? Mögen diese Fragen für die menschliche Gesellschaft wenig Neues haben, so wurden sie doch besonders dringlich für die Wiener Intelligenz der Jahrhundertwende. Wiens bedeutendste Schriftsteller nicht allein, sondern auch seine Maler und Psychologen, sogar seine Kunsthistoriker waren erfüllt von der Problematik des einzelnen in einer zerfallenden Gesellschaft. Aus dieser Voreingenommenheit entwickelte sich Österreichs Beitrag zu einer neuen Sicht des Menschen.

Das überlieferte liberale Weltbild kreiste um den rationalen Menschen, von dessen wissenschaftlicher Beherrschung der Natur und sittlicher Selbstbeherrschung man die Schöpfung der glücklichen Gesellschaft erwartete. In unserem Jahrhundert hatte der Mensch der Ratio seinen Platz jenem reicheren, aber auch gefährlicheren und schwankenden Geschöpf, dem homo psychologicus, zu räumen. Dieser neue Mensch ist kein vernünftiges Wesen allein, sondern auch ein fühlendes und instinktgelenktes. Nach ihm messen wir alle Erscheinungen unserer Kultur. Unsere verinnerlichten Künstler stellen ihn dar, unsere existentialistischen Philosophen verleihen ihm Bedeutung, und unsere Sozialwissenschaftler, Politiker und Werbefachleute manipulieren ihn. Selbst unsere fortschrittlichsten Gesellschaftskritiker benutzen ihn statt des Maßstabs eines rationalen Grundes, um den Wert einer gesellschaftlichen Einrichtung zu beurteilen. Sogar politische und wirtschaftliche Unterdrückung schätzen wir ab in Begriffen von psychischer »Frustration«. Die Ironie der Geschichte will es, daß es in Wien die politische Enttäuschung war, welche die Entdeckung des jetzt überall durchgedrungenen homo psychologicus antrieb. Sein Entstehen aus der politischen Krise der Wiener liberalen Kultur liefert mir mein Thema.

Dieser Essay will nach einer knappen Skizze von Art und Hintergrund der politischen Krise des Fin de siècle die wichtigsten Merkmale der Wiener liberalen Kultur des 19. Jahrhunderts zeichnen. Obwohl sie viel mit den anderen liberalen Kulturen europäischer Staaten gemeinsam hat, gehören bestimmte Züge doch nur ihr allein an. Seltsam aufgeteilt in schlechtvermittelte moralische und ästhetische Komponenten, versorgte sie die Intelligenz der Jahrhundertwende mit der geistigen Ausrüstung, mit welcher diese der Krise ihrer Zeit entgegentreten sollte. In diesem Zusammenhang lassen sich die unterschiedlichen Weisen verstehen, auf welche zwei führende literarische Gestalten, Arthur Schnitzler und Hugo von Hofmannsthal, sich in der Krise der liberalen Kultur zu orientieren und Vorstellungen von der Beziehung zwischen der Seele und der Politik zu formulieren versuchten.

I

Der österreichische Liberalismus hatte wie der der meisten europäischen Völker sein heroisches Zeitalter im Kampf gegen den Adel und den barocken Absolutismus. Das fand in der überwältigenden Niederlage von 1848 sein Ende. Beinahe aus Versehen kamen die geläuterten Liberalen an die Macht und errichteten nun in den 1860er Jahren eine verfassungsmäßige Regierung. Nicht ihre eigene innere Stärke brachte sie an die Spitze des Staates, sondern die Schlappen, welche die alte Ordnung durch äußere Feinde erfuhr. Von Anfang an mußten sie die Macht mit dem Adel und der kaiserlichen Bürokratie teilen. Selbst während der zwei Jahrzehnte ihrer Herrschaft blieb die gesellschaftliche Grundlage der Liberalen schwach und war auf die mittelständischen Deutschen und deutschen Juden der städtischen Zentren begrenzt. Zunehmend mit dem Kapitalismus identifiziert, hielten sie die parlamentarische Gewalt aufrecht durch das undemokratische Mittel eines beschränkten Klassenwahlrechts.

Bald erhoben neue Gesellschaftsgruppen Anspruch auf Teilhabe an der politischen Macht: die Bauern, die städtischen Handwerker und Industriearbeiter und die slawischen Völker. In den achtziger Jahren bildeten diese Gruppen zur Herausforderung der liberalen Vorherrschaft Massenparteien – antisemitische Christlich-Soziale und Alldeutsche, Sozialisten und slawische Nationalisten. Sie hatten raschen Erfolg. 1895 war Wien selbst, die Bastion der Liberalen, verschlungen von einer Christlich-Sozialen Flutwelle. Der Kaiser Franz Joseph weigerte sich mit Unterstützung der katholischen Hierarchie, die Wahl von Karl Lueger, dem antisemitischen katholischen Bürgermeister, zu bestätigen. Der Liberale Sigmund Freud rauchte eine Zigarre, um diese Handlung des selbstherrlichen Retters der Juden zu feiern. Zwei Jahre später konnte die Flut nicht mehr aufgehalten werden. Der Kaiser beugte sich dem Willen der Wähler und bestätigte Lueger als Bürgermeister. Die christlich-sozialen Demagogen begannen ein Jahrzehnt der Herrschaft in Wien, das all das verband, was dem klassischen Liberalismus verhaßt war: Antisemitismus, Klerikalismus und Sozialismus auf kommunaler Ebene. Auf nationaler Ebene wurden die Liberalen ebenso 1900 als parlamentarische politische Macht geschlagen, um sich nie wieder zu erholen. Sie waren von den modernen Massenbewegungen, christlichen, antisemitischen, sozialistischen und nationalistischen, verdrängt worden.

Diese Niederlage zeitigte tiefe psychologische Rückwirkungen. Die Stimmung, die sie hervorrief, war weniger eine der Dekadenz als der Impotenz. Der Fortschritt schien ein Ende erreicht zu haben. Die ›Neue Freie Presse‹ sah den erwarteten rationalen Lauf der Geschichte grausam verändert. Die »kulturfeindliche Masse« hatte gesiegt, ehe die Erfordernisse einer politischen Aufklärung geschaffen waren. Am Fastnachtsdienstag 1897 schrieb die ›Neue Freie Presse‹, die Liberalen trügen »eine falsche Nase in einem ernsten Gesicht«... »Statt eines fröhlichen Walzers vernahm man nur das Geschrei einer erregten streitenden Menge und die Kommandorufe der Wachtleute, welche die Kämpfer auseinandertrieben.«[2] Angst, Unfähigkeit, eine gesteigerte Wahrnehmung der Härte der sozialen Existenz: diese Züge gewannen eine neue Bedeutung in dem sozialen Klima, in dem der Glaube des Liberalismus von den Ereignissen erschüttert worden war.

Die Schriftsteller der neunziger Jahre waren Kinder dieser bedrohten liberalen Kultur. Welche Werte hatten sie ererbt, mit denen sie jetzt der Krise begegnen mußten? Zwei Gruppen von Wertvorstellungen kann man in der liberalen Kultur der zweiten Jahrhunderthälfte einigermaßen unterscheiden: eine moralische und wissenschaftliche und eine andere ästhetische.

Das moralische und wissenschaftliche Weltbild der Wiener Großbourgeoisie läßt sich kaum vom gewöhnlichen Viktorianismus im übrigen Europa unterscheiden. Moralisch war sie sicher, rechtschaffen und repressiv; politisch um die Herrschaft des Gesetzes besorgt, welchem sowohl die Rechte des Individuums wie die gesellschaftliche Ordnung untergeordnet wurden. Intellektuell vertraute man darauf, daß der Geist den Körper beherrsche, man verschrieb sich einem verspäteten Voltairismus: sozialer Fortschritt durch Wissenschaft, Erziehung und harte Arbeit. Die Errungenschaften, die sich aus der Anwendung dieser Wertvorstellungen in wenigen kurzen Jahrzehnten für das Rechtswesen, die Erziehung und die Wirtschaft Österreichs ergaben, werden zu häufig unterschätzt. Aber weder diese Wertvorstellungen noch der mit ihrer Hilfe vollzogene Fortschritt sind allein für den österreichischen Mittelstand kennzeichnend.

Aussagekräftiger für unsere Frage ist die Entwicklung der ästhetischen Kultur des gebildeten Bürgertums nach der Jahrhundertmitte, weil aus ihr die besondere Empfänglichkeit einer ganzen Gesellschaftsschicht für die Kunst erwuchs und gleichzeitig damit auf der Stufe des Individuums eine psychologische Empfindlichkeit. Zu Beginn unseres Jahrhunderts wurde das übliche moralische Weltbild des europäischen Bürgertums in Österreich sowohl überlagert wie untergraben von einer amoralischen »Gefühlskultur«. Diese Entwicklung ist noch nicht eingehend genug untersucht worden, es können nur ihre Umrisse angedeutet werden.

Zwei grundlegende soziale Tatsachen unterscheiden das österreichische Bürgertum von dem in Frankreich oder England: es vermochte den Adel weder zu zerstören noch sich gänzlich mit ihm zu verschmelzen. Und dieser Schwäche wegen blieb es vom Kaiser abhängig und zugleich ihm tief ergeben als einer fernen, aber notwendigen schützenden Vaterfigur. Das Versagen beim Erringen eines Monopols der Macht gab dem Bürger immer etwas von einem Außenseiter, der zu seiner Vervollständigung sich mit dem Adel verbinden wollte. Der große und wohlhabende jüdische Bevölkerungsanteil in Wien bestärkte noch mit seinem heftigen Assimilationsdrang diese Neigung.

Dabei war die direkte gesellschaftliche Aufnahme in den Adel selten in Österreich. Selbst diejenigen, welche ein Adelspatent erhielten, wurden nicht wie in Deutschland zum kaiserlichen Hof zugelassen. Man konnte die Assimilation auf einem anderen, offeneren Wege erstreben, dem der Kultur. Auch dies hatte seine Schwierigkeiten. Die überlieferte Kultur des österreichischen Adels war weit entfernt von der gesetzestreuen, puritanischen Kultur sowohl des Bürgers wie des Juden. Zutiefst katholisch, war sie eine sinnliche und plastische Kultur. Während das überkommene bürgerliche Weltbild die Natur als einen Bereich auffaßte, den unter göttlichem Gesetz die auferlegte Ordnung sich untertan zu machen hat, erblickte die adelige Kultur Österreichs in der Natur einen Schauplatz der Freude, eine Offenbarung göttlicher Gnade, die es durch die Kunst zu verherrlichen galt. Die österreichische Kultur war ihrem Herkommen nach nicht wie die des deutschen Nordens sittlich, philosophisch und wissenschaftlich, sondern in erster Linie künstlerisch. Ihre Glanzleistungen vollbrachte sie in den angewandten und darstellenden Künsten, der Architektur, dem Theater und der Musik. Das im liberalen Weltbild von Vernunft und Gesetz verwurzelte österreichische Bürgertum stieß damit auf eine ältere adelige Kultur der Sinnlichkeit und Anmut. Die beiden Elemente konnten, wie wir es im Falle Schnitzlers sehen werden, nur eine höchst prekäre Mischung bilden.

Die erste Etappe in der Assimilation an die adelige Kultur blieb rein äußerlich, nahezu mimetisch. Das vom aufsteigenden Bürgertum der sechziger Jahre erbaute neue Wien dokumentiert dies in Stein. Die liberalen Herrscher versuchten in einem städtebaulichen Konzept, welches das Paris Napoleons III. übertrumpfte, mit gewaltigen Bauwerken, die von einer Vergangenheit, die nicht ihre eigene war, sei es Gotik, Renaissance oder Barock, sich inspirieren ließ, ihren Weg in eine Geschichte oder Herkunft zu gestalten.*

Ein zweiter Weg zur adligen Kultur, der noch eindrucksvoller war als die Bauwut, lag in der Begünstigung der traditionell starken darstellenden Künste. Diese Art aristokratischer Überlieferung drang tiefer in das Bewußtsein des Mittelstandes, als es die Architektur vermochte, denn das alte Wiener Volkstheater hatte den Boden dafür bereitet. Mag Wiens neues Großbürgertum seine Patenschaft über das klassische Theater und die Musik

* Vgl. Kapitel II, Abschnitt I und II.

in Nacheiferung der Lobkowitze und Rasumowskys begonnen haben, so kann doch niemand leugnen, daß es am Ende des Jahrhunderts mehr wirkliche Begeisterung für diese Künste bewies als seine Standesgenossen in irgendeiner europäischen Hauptstadt. In den neunziger Jahren waren die Helden des gehobenen Mittelstands schon keine Politiker mehr, sondern Schauspieler, Künstler und Kritiker. Die Zahl der berufsmäßigen Literaten und Gelegenheitsschreiber stieg gewaltig an.

Gegen Ende des Jahrhunderts hatte sich die Bedeutung der Kunst für die mittelständische Wiener Gesellschaft verändert, und bei diesem Wandel spielte die Politik eine entscheidende Rolle. Hatten die Wiener Bürger anfänglich den Tempel der Kunst gepflegt als Ersatz für die verweigerte Aufnahme in den Adel, so fanden sie schließlich in ihm Zuflucht und Freistatt vor der unfreundlichen Welt einer zunehmend bedrohlichen politischen Wirklichkeit. Karl Kraus, der Kritiker, erkannte 1899 die steigende Teilnahme an der Literatur und ihre Kommerzialisierung als ein Ergebnis der Politik: »Vollends in den letzten Jahren, die den Wirkungskreis des Wiener Liberalismus auf ein Premierenparkett beschränkten, hat das literarische Manchestertum eine Entwicklung genommen, die geradenwegs einer Katastrophe zutreiben muß.«[3] Hofmannsthal verknüpfte die zunehmende Hingabe an die Kunst mit der Angst, welche das politische Versagen gezeitigt hatte. »Wir sollen von einer Welt Abschied nehmen, ehe sie zusammenbricht«, schrieb er 1905. »Viele wissen es schon und ein unnennbares Gefühl macht Dichter aus vielen.«[4] Anderswo in Europa bedeutete l'art pour l'art den Rückzug ihrer Jünger aus der angestammten gesellschaftlichen Klasse. In Wien allein beanspruchte sie die Gefolgschaft fast einer ganzen Schicht, von welcher die Künstler ein Teil waren. Das Leben der Kunst wurde ein Surrogat für das Handeln. Und je mehr sich das politische Handeln als vergeblich erwies, desto stärker wurde die Kunst zu einer Religion, der Quelle des Sinns und der Nahrung der Seele.

Daraus darf man nicht folgern, daß der Wiener Bürger in seiner Aneignung der ästhetischen Bildung allen kollektiven Kastengeist und das Gefühl für seine Rolle in sich aufnahm, den der Adel sogar in seinem Niedergang aufrecht erhielt. Ob er nun Geck, Künstler oder Politiker war, von seinem individualistischen Erbe vermochte sich der Bürger nicht zu lösen. Mit dem Wachsen seiner Empfindung für das, was Hofmannsthal »das Gleitende« der Welt nannte, wendete der Bürger die angeeignete ästhetische Kultur nach innen zur Kultivierung des Selbst und seiner persönlichen Einzigkeit. Unvermeidlich führte diese Entwicklung zur vorwiegenden Beschäftigung mit dem eigenen Seelenleben. Sie ergibt das verbindende Glied zwischen Hingabe an die Kunst und der Beschäftigung mit der Seele. Das läßt sich an dem Stil veranschaulichen, der im kulturellen Teil der Zeitungen verwendet wird, im »Feuilleton«.

Der Feuilletonist, ein Kleinkünstler in Zierformen, arbeitete mit jenen versteckten Einzelheiten und Episoden, die dem Geschmack des 19. Jahrhunderts am Konkreten so sehr entsprachen. Aber er versuchte seinem Stoff Farbe zu verleihen, die er aus seiner Einbildungskraft bezog. Das persönliche Reagieren auf ein Erlebnis beim Reporter oder Kritiker, der Eigenton seines Gefühls überwog deutlich den Gegenstand. Einen Zustand der Empfindung wiederzugeben, wurde die Weise, in der man ein Urteil aussprach. Demgemäß verschlangen im Stil des Feuilletonisten die Adjektive die Hauptwörter, und die persönliche Färbung verwischte womöglich die Umrisse des dargestellten Gegenstands.

Theodor Herzl erkannte in einem Aufsatz, den er schrieb, als er erst siebzehn Jahre alt war, einen der wichtigsten Züge des Feuilletonisten, den Narzißmus. Der Feuilletonist, schrieb Herzl, stehe vor der Gefahr, als Narziß sich in seinen eigenen Geist zu verlieben und dadurch jeden Maßstab für sich und andere zu verlieren.[5] Der Feuilletonist versucht, die objektive Analyse der Welt in subjektive Kultivierung persönlicher Empfindungen zu verwandeln. Er nimmt die Welt wahr als eine zufällige Folge von Sinnesreizen, nicht als Schauplatz von Handlungen. Der Feuilletonautor verkörpert selbst den Typus, an den er sich in seinen Spalten wendet: seine Merkmale sind Narzißmus und Introversion, passive Empfänglichkeit für die Außenwelt und vor allem Empfindungsvermögen für seelische Zustände. Diese bürgerliche Gefühlskultur schuf die Bedingungen für die Geisteshaltung ihrer Intellektuellen und Künstler, verfeinerte ihre Sensibilität und erzeugte ihre Probleme.

Versuchen wir nun, die verschiedenen Stränge geistiger und gesellschaftlicher Entwicklung zu verbinden, wie sie in den neunziger Jahren zusammenliefen. In seinem Bestreben, der älteren aristokratischen Kultur der Anmut sich anzupassen, hatte das gebildete Bürgertum sich das künstlerische sinnliche Empfindungsvermögen zu eigen gemacht, aber in einer verweltlichten, verzerrten und hochgradig individualistischen Form. Selbstbespiegelung und eine Hypertrophie des Gefühlslebens waren die Folge. Die Bedrohung durch die politischen Massenbewegungen verlieh diesem schon vorhandenen Zug neue Stärke, weil sie das überkommene liberale Vertrauen in sein eigenes Vermächtnis der Rationalität, des Sittengesetzes und des Fortschritts schwächte. Von einem Ornament wurde die Kunst zum Wesentlichen verwandelt, und von einem Ausdruck von Werten zu einer Quelle der Werte. Der Unglücksfall des Zusammenbruchs des Liberalismus bildete das ästhetische Erbe zu einer Kultur empfindsamer Nerven, eines mißmutigen Hedonismus und einer oft rückhaltlosen Angst. Dazu kam noch, daß die liberale österreichische Intelligenz den älteren Strang ihrer Überlieferung, die moralisch-wissenschaftliche Gesetzeskultur, nicht völlig aufgab. Die Bejahung der Kunst und das Leben der Sinne wurden damit in den besten Geistern Österreichs vermischt mit Schuld und von ihr gelähmt. Die politischen Quellen der Angst wurden in der Seele des einzelnen noch verstärkt durch die hartnäckige Gegenwart des Gewissens im Tempel des Narziß.

II

Die beiden Stränge der Kultur des österreichischen Fin de siècle, der moralisch-wissenschaftliche und der ästhetische, fanden sich bei *Arthur Schnitzler* (1862–1931) in nahezu gleichen Anteilen. Schnitzlers Vater, der ein bekannter Arzt war, bestimmte Arthur für die handfeste ärztliche Laufbahn, welche der junge Mann auch über ein Jahrzehnt verfolgte. Da er die Wiener Begeisterung für die darstellenden Künste teilte, zählte der Vater Schnitzler stolz die großen Wiener Schauspieler und Sänger zu seinen Freunden und Patienten. Aber als Arthur in seinem eigenen Hause von einem so ernsten Fall von künstlerischem Fieber angegriffen wurde, daß er sich zur Literatur berufen fühlte, erwies sich der Vater als Moralist aus der Jahrhundertmitte, der sich heftig den Absichten des jungen Mannes widersetzte.

Schon als Medizinstudent war Schnitzler von der Psychologie angezogen. Er arbeitete als Assistent in der Klinik von Theodor Meynert, dem Lehrer Freuds, und wurde zum Fachmann in klinischen Hypnosetechniken. Wie Freud empfand Schnitzler eine tiefe Spannung zwischen dem väterlichen Erbe sittlicher Werte und seiner modernen Überzeugung, daß das Instinktleben Anerkennung verlange, weil es entscheidend das menschliche Wohl und Wehe bestimmt. Wiederum wie Freud beendete er sein Schwanken, indem er seine wissenschaftliche Haltung von der moralistischen Herkunft löste und sie kühn auf die Beobachtung des Lebens der Instinkte richtete. Kein Wunder, daß Freud Schnitzler zu dessen fünfzigstem Geburtstag (1912) als einen »Collegen« bei der Erforschung eines Gebietes begrüßte, das der »thörichten und frevelhaften Geringschätzung« ausgesetzt sei, »welche die Menschen heute für die Erotik bereithalten«.[6] Allerdings fühlte Freud seine Verwandtschaft zu Schnitzler so stark, daß er den Schriftsteller bewußt als seinen »Doppelgänger« mied.[7]

Als Wiener konnte Schnitzler die Welt des Instinkts gleich von den sozialen Typen aus angehen, die sich dem schriftstellernden Naturforscher darboten. Wiens Verführer und »süße Mädel«, die Sinnesmenschen dieser Zeit, lieferten ihm die Charaktere seiner frühen Werke. Was er in ihnen erkundete, war der Zwang des Eros, waren seine Befriedigungen, seine Täuschungen und – besonders im ›Reigen‹ (1896) – seine seltsame Nähe zum Tod. In den späten neunziger Jahren wuchsen mit dem klaren Sieg der Wiener Antisemiten seine Rücksicht und Sympathie für die alte sittliche Welt. Er wandte sich von den fröhlichen Liebhabern ab, die über die Kultur sittlicher Werte spotten, und hin zu den gläubigen Opfern dieser Kultur. In den Stücken ›Paracelsus‹ (1897) und ›Frau Berta Garlan‹ (1900) zeigt Schnitzler die Brüchigkeit des moralischen Haltes selbst bei denen, die fest entschlossen sind, ihre vitalen Instinkte im Interesse einer ordnungsgemäßen, sittlichen und zielvollen gesellschaftlichen Existenz zu unterdrücken. Ein anderes Stück, ›Der Ruf des Lebens‹ (1905), deckt die grausam-hemmende Macht der herkömmlichen Kultur auf, aber auch die Vergeblichkeit des Versuches, außerhalb der Welt der Konvention in der Hingabe an den Instinkt der Liebe Befriedigung zu finden. Der Ruf des Lebens ist ein Ruf zu einem dionysischen Dasein, das einen Sprung in den Strom bedeutet und damit auch ein Ruf zum Tode ist. Und während Schnitzler die moralistische Tradition bekämpft wegen ihres Versagens beim Verstehen des Triebhaften, verwies er doch auch wie Freud auf die unausweichliche Grausamkeit sich selbst und anderen gegenüber, welche die Befriedigung des Instinkts bedeutet.

Während der Krise des Liberalismus in der Mitte der neunziger Jahre wandte Schnitzler sich Problemen der Politik zu oder vielmehr der Seele, wie sie sich in der Politik offenbart. ›Der grüne Kakadu‹ (1898) ist ein brillantes satirisches Szenarium, bei welchem das Triebleben der Charaktere ihr Schicksal in der Französischen Revolution bestimmt. Schnitzler ergriff nicht Partei, weder für noch gegen die Französische Revolution, die für ihn wie für so viele andere Liberale des späten 19. Jahrhunderts ihre geschichtliche Bedeutung verloren hatte. Er benutzte die Revolution lediglich als Vehikel seiner Ironie über die zeitgenössische österreichische Gesellschaft in ihrer Krise. Die Charaktere aus den Oberschichten ergeben sich im ›Grünen Kakadu‹ einer sinnlichen Existenz, einige als offene Sinnesmenschen, andere als Anhänger der Schauspielkunst. Schauplatz und Mittelpunkt des Spiels ist ein Kabarett, wo die Darstellungen die Grenze zwischen Spiel und Wirklichkeit, Mensch und Maske für ihre Gönner verwischen sollen. Ein bloßer Scherz in gewöhnlichen Zeiten, erweist sich dieses Spiel in revolutionären Zeiten als verhängnisvoll für seine Verehrer. Die Verderbnis der Kunst und die Kunst des Verderbens mischen sich. Mord auf der Bühne wird tatsächlicher Mord, ein von einem Schauspieler aus Eifersucht ausgeführter wirklicher Mord erscheint als heldenhafter politischer Mord, und der Mörder aus Liebe wird ein Idol des vernunftlosen revolutionären Mobs. Zu viel Hingabe an das Sinnesleben hat in der Oberschicht die Kraft zerstört, politisches Handeln vom Spiel zu unterscheiden, sexuelle Aggressionen von sozialer Revolution und Kunst von der Wirklichkeit. Und die Unvernunft herrscht über das Ganze.

Im ›Grünen Kakadu‹ behandelt Schnitzler die österreichische Frage von Psyche und Gesellschaft abstrakt, leicht und ironisch. Fast ein Jahrzehnt später kommt er in einem umfangreichen Roman darauf zurück, doch behandelt er sie diesmal konkret, soziologisch und ernsthaft. Das Phänomen der Auflösung der liberalen österreichischen Gesellschaft unter dem Einfluß des Antisemitismus liefert die geschichtliche Grundlage des Romans. Sein Titel, ›Der Weg ins Freie‹, bezieht sich auf den verzweifelten Versuch der gebildeten jüngeren Generation der Wiener, ihren Weg aus dem Sumpf einer kranken Gesellschaft zu einem befriedigenden persönlichen Dasein zu finden. Jede der jungen jüdischen Nebenfiguren stellt einen wirklichen Weg dar, der noch offen war für die Juden, als der Liberalismus hinweggefegt wurde. Jeder wird von seinem Weg abgebracht, den eine gerechte Gesellschaft ihm offen gelassen hätte, auf einen ihm weniger zusagenden und zuweilen mit seiner Persönlichkeit völlig unverträglichen Weg. Der Mann des politischen Willens wird ein enttäuschter Schriftsteller, der seinen Willen nach innen kehrt, auf sich selbst, zu seiner eigenen Zerstörung. Eine reizende junge Jüdin, die für ein Leben der Liebe geschaffen ist, wird zur militanten sozialistischen Parteigängerin. Der junge Jude, den sein Temperament zum Armeeoffizier von feinstem aristokratischen Zuschnitt bestimmt, wird Zionist. Und so geht es weiter. Wie die Themen in Ravels ›La Valse‹ wird jeder Charakter weg von seinem wahren Selbst in die Exzentrizität abgedrängt durch den rasenden Strudel des Ganzen.

Eine zweite Gruppe von Figuren stellt die ältere Generation dar, die zielvolle sittliche und wissenschaftliche Kultur in ihrem Todeskampf. Jetzt sieht Schnitzler sie positiv. Es ist, als hätte er seinen Frieden mit dem Vater gemacht. Obwohl ihre Wertvorstellungen nun überholt sind und wesenlos für die gesellschaftlichen und seelischen Tatsachen des Lebens, liefern die älteren Figuren noch ein Beispiel an Standfestigkeit, das Antrieb gewährt zu aufbauender Arbeit und sogar Anlaß für menschliche Sympathie. Aber diese Generation besitzt keine Lebenskraft mehr. Schnitzler mag sie mit Sehnsucht und Wärme betrachten, wie Ravel Johann Strauß sieht, aber er erkennt deutlich, wie die Wirklichkeit an ihrer Zerstörung arbeitet. Sein Roman zeigt, daß der Instinkt tatsächlich in der Welt der Politik losgelassen, das Parlament zu einer bloßen Schaubühne zur Manipulation der Massen verkommen ist und die Sexualität befreit wurde vom Sittengesetz, das sie gefaßt hielt. Private Tänze des Lebens wirbeln kühner, wenn der öffentliche Totentanz an Macht gewinnt. Schnitzler steht damit unentschieden zwischen einer erneuerten Hingabe an überkommene Wertvorstellungen und einer wissenschaftlichen Sicht der modernen gesellschaftlichen und psychischen Wirklichkeit, welche diese Werte als unanwendbar erkennen läßt.

Von den jetzt widersprüchlich gewordenen Perspektiven einer alten Moral und einer neuen Psychologie zeichnet Schnitzler den Helden von ›Der Weg ins Freie‹. Georg von Wergenthin, Künstler und Aristokrat in einem, verkörpert den bürgerlichen Bildungshelden des österreichischen Fin de siècle. Durch ihn veranschaulicht Schnitzler den langsamen Tod eines Ideals.

Passenderweise wird Wergenthin zweifach als Held bestaunt in den Kreisen des jüdischen Großbürgertums, in denen er sich bewegt: einmal wegen seines Talents als Komponist und zum anderen wegen seiner aristokratischen Anmut und Herkunft. Obwohl diese Gesellschaft ihn oberflächlich liebt und in seiner Kunst ermutigt, bestärkt sie doch in ihm aus ihrem hoffnungslosen Pluralismus einen Hang zum Treibenlassen, zur Vereinzelung und zum Gefühl der Vergeblichkeit. Der empfindsame Wergenthin spiegelt in seiner Seele den Zustand des Zerrissenen und Getriebenen, der Schnitzlers gesellschaftliches Panorama kennzeichnet. Während die Gesellschaft ein Chaos sich bekämpfender Wertvorstellungen ist, bildet Wergenthin ihr allgemeines Ergebnis – ein Vakuum an Werten.

Es ist die Unfähigkeit, Bindungen einzugehen, die Wergenthins Dasein lähmt. Er verharrt in den fruchtlosen Grenzgebieten des bewußten Lebens: zwischen Arbeit und Spiel, zwischen Bejahung und Verleugnung der treibenden Gewalten seines Inneren, zwischen Koketterie und Liebe, zwischen aristokratischer Weisheit und bürgerlicher Vernunftgläubigkeit. Er trifft keine Entscheidungen. Schnitzler läßt sehr geschickt deutlich werden, wie das, was gerade gesellschaftlich oder triebhaft den stärksten Druck ausübt und sich in Wergenthins seismographisches Bewußtsein einzeichnet, die Entscheidung für ihn trifft. In der Liebe eines Mädchens aus dem unteren Mittelstand ist er der Seligkeit nahe. Als er sich mit ihr aus Wien zurückzieht zu einem einsamen Leben in Lugano, beginnt er von neuem zu komponieren. Die Bindung in der Liebe ermöglicht eine Bindung an das schöpferische Werk. Aber die zersetzende Gesellschaft bricht bald in sein schöpferisches Refugium herein, und Wergenthin fällt von Liebe und Schaffen zurück in ein zielloses Treiben. Annas Kind kommt tot zur Welt.

Der Roman findet keinen wirklichen Schluß, sein Held ist der Tragik nicht gewachsen. Schnitzler war ein Prophet, dem der Zorn fehlte. Der Wissenschaftler in ihm rächte sich sowohl am Moralisten wie am Künstler. Als Beobachter der Gesellschaft und als Psychologe zeichnete er die Welt, die sich ihm bot, als in sich notwendig, aber nicht – wie der wirkliche Tragiker – als gerechtfertigt. Die Moral ist mit dem Kräftespiel sowohl des Triebes wie der Geschichte unvereinbar. Schnitzler vermochte weder zu verzeihen noch zu verdammen.

Und doch hat sein Roman die Kraft, den Tod eines Kulturideals zu verkünden. Der Bruch Georgs mit seinem Künstlerliebchen ist ein Symbol für das Ende der Anstrengungen eines halben Jahrhunderts, Adel und Bürgertum durch ästhetische Kultur zu vermählen. Schnitzler zeigt, daß der Aufstieg der antiliberalen Massenpolitik die geschichtliche Gewalt gewesen ist, welche die Anerkennung dieses Fehlschlags aufzwang. Entsprechend ist der eigne Bruder der reinen und künstlerischen Anna ein übler Antisemit. Während sie durch die Schwäche ihres adeligen Liebhabers gezwungen ist, eine langweilige Kleinbürgerexistenz zu führen, läßt ihr Bruder sich ein in eine verheißungsvolle, aber fürchterliche politische Karriere. Was Georg betrifft, so ist er gelähmt von seiner eigenen überwuchernden Empfindsamkeit und weiß, daß sein Inneres von Instinkten getrieben ist, sein äußeres Dasein von einer irrationalen Gesellschaft. Der Aristokrat des Blutes kann die soziale Wirklichkeit nicht mehr beherrschen, der Aristokrat der Kunst versteht sie nicht mehr. Er fühlt nur mehr sein eigenes Unvermögen in einer bürgerlichen Welt, die aus der Bahn gerät.

Schnitzler erstrebte Tragik, aber er erzielte nur Traurigkeit. Eine seiner Figuren bemerkt, die Wege ins Freie »laufen ja nicht im Lande draußen, sondern in uns selbst. Es kommt nur für jeden darauf an, seinen inneren Weg zu finden.«[8] Schnitzler war gefangen zwischen Wissenschaft und Kunst, zwischen alter Moral und neuen Gefühlswerten und vermochte keine neue befriedigende Bedeutung im Selbst zu finden, wie es Freud und den Expressionisten gelang. Ebensowenig war er imstande, eine Lösung für das politische Problem der Seele zu erdenken, wie Hofmannsthal es tun sollte. Ein verzweifelter, aber zu seiner Haltung stehender Liberaler, formulierte er das Problem deutlich, indem er Illusionen zerstörte. Er vermochte aber keinen neuen Glauben zu schaffen. Als Analytiker der Wiener großbürgerlichen Gesellschaft indessen fand Schnitzler nicht seinesgleichen unter den literarischen Zeitgenossen. Wie Ravel kannte er nicht nur die Traditionen der Welt des Walzers, sondern deutete auch den seelischen Zustand ihrer Bewohner in ihrer zunehmend exzentrisch geratenden Beziehung zu einem sich auflösenden Ganzen. Wie kein anderer beschrieb er die gesellschaftliche Umwelt, in welcher so vieles vom Subjektivismus des 20. Jahrhunderts Gestalt gewann: die sich zersetzende moralisch-ästhetische Kultur Wiens im Fin de siècle.

III

Schnitzler näherte sich zuerst der seelischen Verfassung und dann der Politik von der moralisch-wissenschaftlichen Tradition her. Seine Bindung an dieses Vermächtnis brachte ihn dazu, den Bankrott des ästhetisch-aristokratischen Ideals darzustellen.

Hugo von Hofmannsthal (1874–1929) war im Gegensatz zu Schnitzler im Tempel der Kunst aufgewachsen. Aus ihm brach er aus, und in der Welt der Politik und der seelischen Verfassung suchte er die sterbende moralische und politische Tradition mit dem Zauber der Kunst neu zu beleben. Die beiden Freunde arbeiteten also an denselben Problemen und mit den gleichen kulturellen Stoffen, aber sie gingen sie von verschiedenen Seiten aus an und erzielten unterschiedliche Ergebnisse.

Die Familie Hofmannsthal verkörperte lebendig die ästhetisch-aristokratische Überlieferung des Bürgertums. Der Vater, obwohl teils jüdischer Abstammung, war ein Wiener Patrizier reinsten Gepräges, ein wahrer Aristokrat des Geistes. Ganz anders als Schnitzlers Vater, machte er sich keine feste Vorstellung von der Berufswahl seines Sohnes und dessen Stellung in der Gesellschaft. Es kam nur darauf an, daß der Knabe seine Fähigkeiten entwickelte zum höchsten Genuß einer kultivierten Muße. Der begabte Sohn wurde entsprechend in einem wahren Gewächshaus zur Aufzucht künstlerischer Talente großgezogen.*

* Hermann Broch hat den erhellenden Vergleich gezogen zwischen der Erziehung Hofmannsthals mit ihrer Ausrichtung auf die Muße, und jener Mozarts, dessen Vater die künstlerische Ausbildung seines Kindes als gesellschaftliche Berufung betrieb. Vgl. Hofmannsthal und seine Zeit, in: Essays, hg. von Hannah Arendt (2 Bde., Zürich 1955), I, 111–113.

So ist es kein Wunder, daß der heranwachsende Hofmannsthal zu einem jungen Narziß wurde, »frühgereift und zart und traurig«.[9] Rasch die modische dichterische und bildnerische Kultur ganz Europas in sich aufnehmend, glühte seine Sprache dunkel in Purpur und Gold, schimmerte sie von weltmüdem Perlmutterglanz. Kein Wunder auch, daß er das Idol der kulturgierigen Wiener Intelligenz wurde, der jungen wie der alten. Allein Karl Kraus, der schärfste Kritiker der Stadt, goß seine Verachtung aus über Hofmannsthal, »diesen Edelsteinsammler aller Literaturen«. »Genug, er flieht noch immer das Leben und liebt die Dinge, welche es verschönern.«[10]

Wie falsch urteilte Karl Kraus doch, ebenso falsch wie Hofmannsthals Bewunderer! Alle ließen sich täuschen von des Dichters Redeweise. Aber von Anfang an war die ästhetische Haltung problematisch für Hofmannsthal. Wer im Tempel der Kunst verweilte, das wußte er, war verdammt, den Sinn des Lebens nur in seiner eigenen Seele zu suchen. Er litt empfindlich unter dieser Einkerkerung in das Ich, die ihm keine Verbindung zur äußeren Wirklichkeit gestattete außer der der passiven Empfänglichkeit für Sinneseindrücke. In ›Der Tor und der Tod‹ (1893) erkundete Hofmannsthal den heillosen Skeptizismus, das Absterben aller Lebenskraft und die sittliche Indifferenz, die sich für den ergaben, der sich zum Leben wie ein Edelsteinsammler verhielt.

Im ›Tod des Tizian‹ (1892) gestaltete der Dichter in ihrer eigenen Sprache die Jünger, welche die Kunst zur Quelle aller Werte machten, aber er dokumentierte auch zum erstenmal sein eigenes Streben, der ästhetischen Haltung zur Welt zu entrinnen. Als eine Art »lebendes Bild« wird das kleine Stück fast zu einem Ritus des sterbenden Gottes der Religion der Schönheit. Die Schüler Tizians unterhalten sich in einer Umgebung von stilisiertem Prunk, der an Walter Paters ›Renaissance‹ erinnert, über die ästhetische Vision des Lebens, welche ihnen der Künstler, der nun dem Tode nahe ist, geschenkt hat. Die Schüler verherrlichen ihren Meister, weil er durch seine Seele Natur und Mensch für sie verwandelt hat. Wäre es nicht um seinetwillen,

> So lebten wir in Dämmerung dahin,
> Und unser Leben hätte keinen Sinn...,

sowenig wie für das Volk in der Stadt. Obwohl Hofmannsthal diesem Kult der Schönheit alle Wärme verleiht, die ein Eingeweihter nur geben kann, leistet er ihm nur begrenzt Folge. Er spürt die Gefahr und verleiht ihr selbst in den »ästhetischsten« seiner Werke eine Stimme, denn die Deutung des Lebens als Schönheit bringt die Gläubigen der Kunstreligion in schreckliche Abhängigkeit. Das Genie vermag überall Schönheit zu sehen, ihm gewährt jeder Augenblick Erfüllung. Aber die anderen, die Unschöpferischen, müssen hilflos die Offenbarung des Genies erwarten. Unterdessen entleert sich ihr Leben aller Kraft:

Und unsere Gegenwart ist trüb und leer,
Kommt uns die Weihe nicht von außen her.

Die Wurzel dieser Schwierigkeit vermutet nur der jüngste der Schüler, der sechzehnjährige Gianino, dessen Gestalt wie die des jungen Hofmannsthal »ans Mädchenhafte« erinnert. In »halbem Traum«, dem Zustand, in welchem so viele von Hofmannsthals eigenen Einsichten geboren wurden, war Gianino nächtlich zu einer Klippe gegangen, »wo man die Stadt sieht, wie sie drunten ruht«. Er erblickt Venedig mit den Augen eines Malers, als Gegenstand reiner Anschauung, wie sie »sich flüsternd schmiegt in das Kleid von Prangen, das Mond um ihren Schlaf gemacht und Flut«. Dann erhebt sich der Nachtwind und lüftet das Geheimnis, daß unter diesem Bild »das Leben wacht«: »es wacht der Rausch, die Qual, der Haß, der Geist, das Blut«. Zum erstenmal wird Gianino eines Daseins gewahr, das Handeln, Gefühlsreichtum und Verpflichtung bedeutet. »Das Leben, das lebendige, allmächtige – man kann es haben und doch sein vergessen!...«, wenn man sich von der Stadt absondert.

Tizians andere Jünger beeilen sich, das verlorene Terrain zu retten, das Kunst und Leben trennt; Gianinos Vision droht es zu zerstören. Man erläutert ihm, daß unter dem schönen und verführerischen Antlitz der Stadt »die Häßlichkeit und die Gemeinheit« wohnen. »Und was die Ferne weise dir verhüllt, ist ekelhaft und trüb und schal erfüllt von Wesen, die die Schönheit nicht erkennen«, und die selbst in ihrem Schlafe traumlos »wie die Austern dämmern«. Um diese rohe Welt fernzuhalten, behauptet ein anderer, habe Tizian hohe, schlanke Gitter für die Jünger der Schönheit gezogen: »durch üppig blumendes Geranke soll man das Außen ahnen mehr als schauen«. Gianino antwortet nicht darauf, aber seine Haltung rechtfertigt der sterbende Tizian. Der Meister, in einem letzten Ausbruch der Erkenntnis, »ein unerhört Verstehen«, schreit auf: »Es lebt der große Pan.« Bestärkt von seiner neuen Hingabe an die Einheit allen Lebens, malt Tizian am Vorabend seines Todes ein Bild, dessen Mittelpunkt der große Pan ist. Der Maler stellt Pan, den »Gott, der das Geheimnis ist von allem Leben«, nicht unmittelbar dar, sondern nur als verschleierte Puppe in den Armen eines Mädchens, eines weiblichen Gegenstücks zu Gianino mit seinen androgynen Merkmalen, eines Mädchens, welches das Mysterium des Lebens fühlt, das sie hält. Der Meister hat den Weg zur Vereinigung von Kunst und Leben gewiesen, aber er drang nicht über eine tradierte mythologische Darstellung ihrer Möglichkeit hinaus. Obwohl er es nicht ausspricht, genügt Gianino selbst diese bloß symbolische Vision der Lebenskraft nicht. Er verlangt mehr als ein Symbol. Während die anderen Jünger Tizians Epigonen werden, welche auch des Meisters Verbindung zwischen dem herkömmlichen künstlerischen Werk und Leben verlieren, verstärkt Gianino die Vision des Ästheten, bis sie ihn durch den verzierten Zaun des Bereichs der Schönheit zu einer Sehnsucht nach dem Leben selbst treibt, zum Schrecken seiner

Freunde, denen ein Leben außerhalb der Einfriedung undenkbar scheint. In dem Bruchstück ist das Problem Gianino–Hofmannsthal nicht gelöst, aber die Frage, die den Dichter quält, ist klar gestellt: Wie kann die Kunst die bloß passive Wiedergabe der Schönheit überwinden, um eine fruchtbare Verbindung zum Leben der Welt zu stiften? Einfacher gesagt: Wo kann man aus dem Tempel der Kunst entrinnen?

Ein Jahrzehnt lang prüfte Hofmannsthal still die Tempelmauern, um einen geheimen Ausgang zu finden. Bei der Fülle seiner Erkundungen entdeckte er einen, der für seine eigene geistige Entwicklung besonders verheißungsvoll war: die Kunst als Erwecker des Triebes.

In dem Gedicht ›Idylle; nach einem antiken Vasenbild‹, spricht Hofmannsthal von der Tochter eines griechischen Vasenmalers, die mit einem Schmied zum Gatten unbefriedigt lebt. Die Erinnerungen ihrer Kindheit an die sinnlichen mythologischen Bilder, die ihr Vater zeichnete, erwecken ein Verlangen nach dem Leben des Gefühls, das der allein aufs Werk bedachte Schmied nicht erfüllen kann. Schließlich naht ein Zentaur, und die Flamme des Lebens lodert auf in ihr. Sie versucht mit dem Zentauren zu entfliehen und wird bei dem Versuch von ihrem Gatten mit dem Speer getötet. Das ist alles. Keine sehr bewegende Geschichte, wenn man sie aus ihrer poetischen Fassung herausbricht, und doch ist sie in hohem Maße bezeichnend. Hofmannsthal kehrt hier die Haltung von Keats um, den er so sehr verehrte. Während Keats in seiner berühmten ›Ode on a Grecian Urn‹ das Triebleben anhielt und in Schönheit dauerhaft befestigte, ging Hofmannsthal von der Wahrheit der Schönheit aus, um das wirkende Triebleben wiederzuerwekken, das in der Kunst erstarrt war. Die ›Idylle‹ bezeichnet nur den Anfang von Hofmannsthals Wendung zum Leben der Triebe, die ihn im ersten Jahrzehnt unseres Jahrhunderts zu so gewaltigen Schauspielen wie der ›Elektra‹ und dem ›Geretteten Venedig‹ führte.

Keineswegs sei damit gesagt, daß Hofmannsthal zu einem Vorkämpfer der Lust wurde. Weit davon entfernt, hatte das Triebhafte für ihn wie für Schnitzler etwas Gefährliches und Explosives. Sein Beitrag bestand in dem Hinweis darauf, daß die Schönheit, welche die Kultur, der er angehörte, als bloße Ausflucht von der Welt des Alltags verstand, auf eine andere Welt verwies – den schlecht bestimmbaren Bereich des Irrationalen. Und da er sie für gefährlich hielt, stellte Hofmannsthal die Welt der Triebe selten als zeitgenössisch dar, sondern verkleidete sie lieber in mythisches oder historisches Gewand. Was er über Friedrich Hebbels Dichtung sagte, gilt für seine eigene, »daß sich einem die geheimsten, sonst erstarrten inneren Tiefen regen und das eigentlich Dämonische in uns, das Naturverwandte, dumpf und berauschend mittönt«.[11] Bei all seiner Gefahr verleiht das Triebhafte im Menschen, »das Naturverwandte«, die Kraft, mit welcher man aus dem Kerker des Ästhetizismus und der Lähmung der narzißtischen Empfindung ausbrechen könnte. Bindungen im Leben, das fühlte Hofmannsthal, erfordern die Fähigkeit, zu entscheiden und zu wollen. Und zu dieser Fähigkeit gehört ein Vertrauen zum Irrationalen, auf welchem allein Entschluß und Wille begründet sind. Damit eröffnet die Bejahung des Triebhaften für den künstlerischen Menschen aufs neue das Tor zum Leben des Handelns und der Gesellschaft.

Wie sah denn Hofmannsthal diese große Welt, die er nun betrat? Die moderne Gesellschaft und Kultur erschien ihm wie Schnitzler hoffnungslos pluralistisch und ohne Zusammenhang und Richtung. »... das Wesen unserer Epoche ist Vieldeutigkeit und Unbestimmtheit. Sie kann nur auf Gleitendem ausruhen und ist sich bewußt, daß es Gleitendes ist, wo andere Generationen an das Feste glaubten.«[12] Diese neue Wahrnehmung der Realität untergrub für Hofmannsthal die Wirksamkeit der Vernunft selbst. »Es zerfiel mir alles in Teile, die Teile wieder in Teile«, sagt eine seiner Figuren, Lord Chandos, »und nichts mehr ließ sich mit einem Begriff umspannen.«[13] Hofmannsthal sah es als die Probe der Edelsten, »ein ganz irrationales Maß des Nichthomogenen, das ihnen zum Feind, zur Qual werden kann«, in sich aufzunehmen.[14] Für den Dichter war diese Probe tatsächlich die Berufung, seine ihm eigentümliche Rolle in der modernen Welt wahrzunehmen: die unterschiedlichen zerstreuten Teile des Zeitalters zusammenzufügen, »die Welt der Bezüge« zwischen ihnen zu errichten. Der Dichter würde sein vereinigendes Werk nicht vollbringen, indem er Gesetze auferlegt, sondern indem er die verborgenen Formen enthüllt, in welchen die Teile des Lebens miteinander verbunden sind. Damit anerkennt der Dichter ähnlich dem Historiker die Vielfalt der Dinge in ihrer Einzigartigkeit und enthüllt die Einheit in ihrer dynamischen Wechselwirkung. Er bringt das Widerstrebende durch die Form zur Harmonie.

Dementsprechend gab Hofmannsthal die lyrische Produktion auf zugunsten des Dramas, einer literarischen Form, die der Sphäre des Handelns und damit der Ethik und Politik angemessener ist. Das Handeln, das jetzt auf dem Trieb begründet ist und auf einem Schauplatz stattfindet, wo kein einziges Gesetz herrscht, bedeutet Leiden sowohl um des Selbst willen wie auch, Ursache des Leidens anderer zu werden. Jeder Mensch ist für die anderen Schicksal, wie sie es für ihn sind. Damit löst sich die Ethik bei Hofmannsthal vom traditionellen vernünftigen Sittengesetz und wird dem Gefühlsleben untergeordnet. Hofmannsthal teilt nicht Schnitzlers Ambivalenz zwischen alter Moral und neuer Wirklichkeit. Das sittliche Leben erscheint ihm als ein Leben unablässig erneuerten Empfindungsvermögens, ein Leben, das immer neue Formen der Beziehungen schafft.

In den ersten Jahren des Jahrhunderts experimentierte Hofmannsthal wiederholt mit politischen Themen in einer Reihe von Schauspielen und Dramenentwürfen, die er nicht alle vollendete. Wie bei Schnitzler stellt ihm der Durchbruch des Irrationalen und Dämonischen in der Politik sein Grundproblem. Bei der ersten dieser Skizzen, ›Die Söhne des Fortunatus‹ (1900–1901), bezeichnete er ausdrücklich sein »historisch-soziologisches Grundmotiv: die décadence emporgekommener Familien«.[15] Der reiche

Herrscher ist dämonisch getrieben, seine Macht fühlen zu lassen, so weit, bis seine Untertanen sich erheben. Diese vergleichsweise einfache Parabel vom Mißbrauch der Herrschaft weicht einer vielfältigeren Thematik im nächsten politischen Dramenentwurf, ›König Candaules‹ (1903). Candaules ist ein Monarch in gesicherter Stellung, dessen Beziehung zu seinem Königtum an das Gianinos zur Kunst im ›Tod des Tizian‹ erinnert. Unbefriedigt von der »luftlosen Selbstverständlichkeit« seines Daseins sehnt Candaules sich nach dem pulsenden Leben der Menschenmengen in der Stadt. Beim Versuch, es zu erreichen, begeht er »das Verbrechen des Königs an seinem Königtum. Er will das Mythische auflösen.«[16] Was für Gianino, den Künstler, zur Befreiung wird, gereicht Candaules, dem König, zum Verderben. Große Kunst, scheint Hofmannsthal damit sagen zu wollen, hängt ab vom Anerkennen der psychischen Wirklichkeiten des alltäglichen Lebens, welches dann dichterisch gefaßt werden kann. Große Herrschaft jedoch hängt ab von der unablässigen Anerkennung des Vorrangs ihrer ästhetischen Komponente, und das ist »die Form ›König‹, das hohepriesterliche, nicht mehr menschliche Wesen, der Sohn der Götter«.[17] Damit wehrte sich Hofmannsthal gegen Schnitzlers Pessimismus und rang um einen Begriff von Herrschaft, welche das Irrationale in der Politik zu gestalten und in Bahnen zu lenken vermochte. Den Schlüssel dazu fand er im Tempel der Kunst. Von dort her brachte er in den Bereich des politischen Chaos jene Lösung, die er für das Problem der Beziehung des Dichters zum Chaos des modernen Lebens überhaupt erzielt hatte – die dynamische Form.

Was bedeutet die Bestimmung dynamischer Form für die Politik? Es beginnt bei der Annahme, daß die widerstreitenden Kräfte der Individuen und Gruppen einen Ausweg finden müssen. Diesen Ausweg kann nicht das abstrakte rationale Recht bahnen, das lediglich quantitativ mißt. Der Mensch mit seiner ganzen Seele muß am politischen Prozeß teilhaben. Teilhabe bedeutet hier mehr und weniger zugleich als die demokratische Stimmabgabe selbständiger und gleicher Individuen. Es bedeutet ein Teilnehmen an dem, was Hofmannsthal »die Zeremonie des Ganzen« nannte. Nur in einer rituellen Form der Politik, von welcher keiner sich ausgeschlossen fühlt, können die ungeformten Kräfte der widerstreitenden Individuen in Einklang gebracht werden.

Dieses ritualistische Konzept der Politik trägt deutlich den Stempel habsburgischer Tradition. In der Spätzeit der österreichischen Monarchie war die Stellung des Kaisers mit ihrer Aura zeremonieller Formen der einzig wirkungsvolle Brennpunkt der Staatstreue. Hofmannsthal mag inspiriert worden sein von dieser kaiserlichen Tradition, aber er ließ sich nicht durch sie einschränken. In seinen politischen Schauspielen und Entwürfen stellte er dar, daß die hieratische Form allein nicht ausreiche. Sie muß die lebendige Wirklichkeit einer Kultur enthalten, sonst ist sie zum Scheitern verurteilt. Seine Lehre in der ›Idylle‹, daß die Kunst die Triebe erwecke, blieb eine Warnung für seine Suche nach einer Läuterung der Triebe durch die Politik.

Hofmannsthal verlieh in seinem bedeutendsten Drama, ›Der Turm‹ (1927), seinem zur Reife gekommenen Denken über die Beziehung zwischen Politik und Psyche Ausdruck. Länger als fünfundzwanzig Jahre arbeitete er an diesem Trauerspiel; in ihm verkörperte er seine Erfahrung vom Niedergang und Sturz der Habsburger Monarchie. Der zentrale seelische Konflikt im ›Turm‹ ist ein Ödipus-Problem zwischen Vater und Sohn. Aber ist der Vater ganz König, so ist der Sohn ein Dichter-Prinz. Wie ›Hamlet‹ ist das Stück ebensogut ein politisches wie ein psychologisches Trauerspiel. Der Vater rechtfertigt die politische Unterdrückung, wie es die österreichischen Liberalen getan hatten, mit dem vernunftmäßigen Charakter einer auf dem Gesetz beruhenden Ordnung. Seine Untertanen und mit ihnen sein eingekerkerter Sohn sind ausgeschlossen von der Teilhabe an der »Zeremonie des Ganzen«, weshalb sie zum gewaltsamen Angriff übergehen. Wo das Gesetz den Trieb verleugnet, empört sich der Trieb und stürzt die Ordnung um. Ist damit das gesellschaftliche Handeln seelisch gedeutet, so wird zugleich die Psychologie politisiert. Der Dichter-Prinz jedoch bändigt seine zerstörerischen Triebe und strebt die Gesellschaft durch eine neue dynamische Form der sozialen Ordnung zu versöhnen, eine Form, die von dem vereinigenden, von Unterdrückung freien Beispiel der Kunst inspiriert ist. Während der Vater seine Herrschaft durch das Gesetz rechtfertigt, trachtet der Sohn nach einer Herrschaft durch Gnade. Der Versuch scheitert, und das Drama endet als ein Trauerspiel. Die Meister der politischen Intrige bemächtigen sich in ihrem eigenen Interesse des Chaos, das durch den Sturz des Vaters und seines alten Gesetzes ausgelöst worden ist. Zu spät ist es für eine nur auf das Gesetz gegründete Politik und zu früh für eine Politik der Gnade, welche die Triebe läutert. Der Dichter-Prinz stirbt und hinterläßt wie Hofmannsthal seine Lehre künftigen Generationen.

Hofmannsthal und Schnitzler standen beide vor dem gleichen Problem: der Auflösung des klassisch-liberalen Menschenbildes im Schmelztiegel der modernen Politik Österreichs. Beide anerkannten als Tatsache das Auftauchen des psychologischen Menschen aus dem Schiffbruch der alten Kultur. Schnitzler näherte sich dem Problem von der moralischen und wissenschaftlichen Seite der Wiener liberalen Kultur. Seine soziologische Einsicht war größer als die Hofmannsthals, aber seine Bindung an diese sterbende Kultur erregte in ihm einen herbstlichen Pessimismus, der seinem Werk die tragische Kraft entzog. Hofmannsthal entrann der Lähmung jenes Treibenlassens, das für Schnitzler notwendig zur ästhetischen Kultur gehörte und an welchem Hofmannsthal selbst gelitten hatte. Er anerkannte die psychologische Wahrheit des Menschen nicht weniger als Schnitzler, wandte aber die Prinzipien der Kunst auf die Politik an. Er suchte nach einer Form, in welcher die irrationale Macht des Gefühls viel mehr geleitet als unterdrückt werden sollte. Seine Politik der Teilhabe an der »Zeremonie des Ganzen« hatte einen Beigeschmack von Zeitferne und führte ihn zum Tragischen. Aber daß er das Erfordernis bezeugte, den Bereich politischen Denkens und

Handelns zu erweitern, um menschliches Gefühl ebensogut wie das rationale Recht zu umfassen, warf eine zentrale Streitfrage für die nachliberale Epoche auf. Hofmannsthal bemerkte einst, das Tun der modernen Dichter stehe »unter dem Befehl der Notwendigkeit, als bauten sie alle an einer Pyramide, dem ungeheuren Wohnhaus eines toten Königs oder eines ungeborenen Gottes«.[18]

Hofmannsthal mit seinem Habsburger Traditionalismus und seiner kühnen Suche nach einer Politik der Triebläuterung war vielleicht an beiden am Werk.

Anmerkungen

Die Hofmannsthal-Zitate nach Hugo von Hofmannsthal, Gesammelte Werke in Einzelausgaben, hg. von Herbert Steiner, S. Fischer, Frankfurt a. M. 1945–1953. (Es werden jeweils die Titel der einzelnen Bände angegeben.)

1 Roland Manuel, Maurice Ravel (engl. Übers., London 1947), S. 83.
2 Neue Freie Presse, 2. März 1897, Abendblatt, S. 1.
3 Die Fackel, Heft 1, April 1899, S. 15.
4 Hofmannsthal, Eines Dichters Stimme, in: Prosa II, S. 182.
5 Alex Bein, Theodor Herzl, Biographie, Wien 1934, S. 36; vgl. S. 96f.
6 Georg Brandes und Arthur Schnitzler, ein Briefwechsel, hg. von Kurt Bergel, Bern 1956, S. 29.
7 Freud an Schnitzler, 14. Mai 1922, in: Ernest Jones, The Life and Work of Sigmund Freud, London 1957, Bd. 3, S. 474; vgl. Herbert I. Kupper und Hilda S. Rollman-Branch, Freud and Schnitzler (Doppelgänger), in: Journal of the American Psychoanalytical Association, Jg. 7, Jan. 1959, S. 109ff.
8 Arthur Schnitzler, Der Weg ins Freie, Berlin, o. J., Die erzählenden Schriften III, S. 284.
9 Hugo von Hofmannsthal, Prolog zu dem Buch Anatol, in: Die Gedichte und kleinen Dramen, Leipzig 1912, S. 78.
10 Die Fackel, Heft 1, April 1899, S. 25, 27.
11 Hofmannsthal an Schnitzler, 19. Juli 1892, in: Hugo von Hofmannsthal – Arthur Schnitzler, Briefwechsel, hg. von Therese Nickl und Heinrich Schnitzler, Frankfurt 1964, S. 23.
12 Der Dichter und diese Zeit, in: Hofmannsthal, Prosa II, S. 229ff.
13 Ein Brief, ebd., S. 13.
14 Hugo von Hofmannsthal und Eberhard von Bodenhausen, Briefe der Freundschaft, Berlin 1953, S. 97.
15 Hofmannsthal, Dramen II, S. 508.
16 Ebd., S. 512.
17 Ebd., S. 520.
18 Der Dichter und diese Zeit, siehe oben.

II

DIE RINGSTRASSE, IHRE KRITIKER UND DIE IDEE DER MODERNEN STADT

1860 taten die österreichischen Liberalen ihren ersten bedeutenden Schritt zur Machtergreifung im westlichen Teil des Habsburgerreiches und verwandelten die staatlichen Institutionen gemäß den Prinzipien eines Verfassungsrechts und den kulturellen Werten der Mittelklasse. Gleichzeitig kamen sie in der Stadt Wien an die Regierung. Wien wurde nun ihre politische Festung, ihre wirtschaftliche Hauptstadt und der strahlende Mittelpunkt ihres geistigen Lebens. Vom Augenblick ihres Zugangs zur Macht an begannen die Liberalen, die Stadt nach ihrer eigenen Vorstellung umzugestalten, und bis zu der Zeit, als sie gegen Ende des Jahrhunderts aus der Regierung verdrängt wurden, war ihnen das weitgehend geglückt: das Gesicht der Stadt war verwandelt. Den Mittelpunkt dieser städtebaulichen Erneuerung bildete die Ringstraße. Ein umfangreicher Komplex öffentlicher Gebäude und privater Wohnungen füllte einen breiten Landgürtel aus, der die Innenstadt von den Vorstädten trennte. Dank ihrer stilistischen Gleichartigkeit und ihrem Umfang ist die Wiener Ringstraße für die Österreicher zu einem Begriff geworden, der ihnen die Merkmale einer Epoche in die Erinnerung zu rufen vermag wie das Victorianische für die Engländer, die Gründerzeit für die Deutschen oder das ›Second Empire‹ für die Franzosen.

Gegen Ende des 19. Jahrhunderts, als den österreichischen Intellektuellen Zweifel kamen an der liberalen Kultur, in der sie aufgewachsen waren, wurde die Ringstraße zum symbolischen Brennpunkt ihrer Kritik. Wie alles Victorianische in England wurde der Begriff »Ringstraßenstil« zum allgemeinen Schimpfnamen, mit dem eine Generation zweifelnder, kritischer und künstlerisch empfindsamer Söhne ihre Väter als selbstgewisse Emporkömmlinge verwarf. Insbesondere jedoch wurde die Ringstraße zum Amboß für zwei Vorkämpfer des modernen Städtebaus, Camillo Sitte und Otto Wagner, die darauf und dagegen ihre Ideen von städtischen Lebensformen schmiedeten, deren Einfluß noch unter uns seine Wirkung ausübt. Sittes Kritik hat ihm einen Platz im Pantheon der auf die Gemeinschaft bezogenen Stadtplaner eingebracht, wo er die Verehrung neuerer schöpferischer Reformer wie Lewis Mumford und Jane Jacobs genießt. Die Konzeptionen Wagners, die in ihren Voraussetzungen radikal utilitaristisch sind, haben ihm das Lob moderner Funktionalisten und der ihnen verbündeten Theoretiker wie Nicholas Pevsner und Siegfried Giedion eingetragen. In ihren gegensätzlichen Ansichten vom Städtebau brachten Sitte und Wagner die archaistischen und modernistischen Einwände gegen die Zivilisation des 19. Jahrhunderts zum Bewußtsein, die auch in anderen Bereichen des Lebens in Österreich hervortraten. Und sie offenbarten in ihrer Stadtplanung und Raumauffassung zwei entscheidende Züge der Kultur Österreichs im 20. Jahrhundert – eine hohe Reizbarkeit für seelische Zustände und ein Bewußtsein für die Unkosten und Möglichkeiten einer auf das Leben angewandten planenden Rationalität.

Zunächst möchte ich die Ringstraße selbst als optischen Ausdruck der Werte einer gesellschaftlichen Klasse betrachten. Dabei ist jedoch daran zu erinnern, daß es um mehr ging für eine städtische Entwicklung als die Projektion von Werten in Raum und Stein. Die Liberalen, die Wien regierten, unternahmen einige ihrer erfolgreichsten Anstrengungen für die wenig dramatische technische Arbeit, die es einer Großstadt ermöglicht, eine schnell ansteigende Bevölkerung vergleichsweise gesund und sicher unterzubringen. Mit bemerkenswerter Geschwindigkeit schufen sie die jeder wachsenden Großstadt überall in der Welt gemeinsamen öffentlichen Einrichtungen. Die Donau wurde kanalisiert, um die Stadt gegen Überschwemmungen zu schützen, die sie jahrhundertelang verwüstet hatten. Das städtische Bauamt entwickelte in den sechziger Jahren eine vorzügliche Wasserversorgung. 1873 übernahm die liberale Stadtverwaltung mit der Eröffnung des ersten städtischen Krankenhauses im Namen der medizinischen Wissenschaft die Verantwortung, die zuvor die Kirche im Namen der Nächstenliebe traditionell ausgeübt hatte. Ein öffentliches Gesundheitssystem bannte die schwersten Epidemien, obwohl die Tuberkulose ein lastendes Problem in den Arbeitervierteln blieb.[1] Anders als Berlin und die Industriestädte des Nordens erhielt sich das wachsende Wien seinen barocken Zug zum offenen Raum. Gewiß wurden die Parks nicht mehr ausschließlich in der Sprache der Geometrie konzipiert, sondern auch in den physiologischen, organischen Begriffen, die das 19. Jahrhundert bevorzugte: »Parks«, sagte der Oberbürgermeister Kajetan Felder, »sind die Lungen einer Großstadt.«[2] In der Versorgung mit Parks, Nutzbauten und öffentlichen Diensten stellten die Liberalen Wiens einen ansehnlichen Rekord auf.[3] Im Gegensatz dazu waren die Elemente der Stadtplanung, für die Wien später berühmt wurde – die Versorgung mit preiswerten Wohnungen und die soziale Planung der Stadterweiterung – in der Epoche der Ringstraße völlig abwesend.* Die Planung

* Mit zwei Ausnahmen: der Errichtung eines einzelnen öffentlichen Wohnungsbauprojekts durch die für Franz Josephs Regierungsjubiläum 1898 geschaffene Stiftung und einem kommerziellen Plan von 1912. Vgl. Bobek und Lichtenberger, Wien, Graz und Köln 1966, S. 56f.

der Ringstraße wurde kontrolliert von den Berufsständen und den Wohlhabenden, für deren Behausung und Verherrlichung sie wesentlich entworfen wurde. Der kaiserliche Erlaß für dieses Entwicklungsprogramm nahm den Rest der Stadt von der Verfügungsgewalt der ›Stadterweiterungs-Commission‹ aus und überließ sie damit auf Gnade und Ungnade der privaten Bauindustrie. Öffentliches Planen gründete sich auf ein unterschiedsloses Quadratnetzsystem, wobei nur die Höhe der Gebäude und die Breite der Straßen kontrolliert wurden.[4]

Was immer die Vorzüge und Schwächen der liberalen Stadtväter beim Bestimmen und Entwickeln der öffentlichen Bauvorhaben waren, welche Knochen und Muskeln einer modernen Stadt sind, am stolzesten waren sie auf die Verwandlung des Stadtbilds. Die neue Entwicklung Wiens überschreitet aufgrund ihrer geographischen Konzentration im optischen Eindruck jede Stadterneuerung im 19. Jahrhundert – sogar die von Paris. Im neuen Wien planten die Stadtväter ihr Gesicht nicht weniger bewußt, als die Manager der Chase Manhattan Bank vor wenigen Jahren ihren Stil verkündet hatten mit dem, was sie die »erhabene Eckigkeit« ihres New Yorker Wolkenkratzers im Einheitsmaß nannten. Die praktischen Aufgaben, die der Neuentwurf einer Stadt erfüllen könnte, wurden ausdrücklich der symbolischen Rolle der Repräsentation untergeordnet. Nicht der Nutzen beherrschte die Ringstraße, sondern die kulturelle Selbstdarstellung. Der Begriff, mit welchem man das große Programm der sechziger Jahre gemeinhin zu beschreiben pflegte, war nicht Renovierung oder Entwicklung, sondern »Verschönerung des Stadtbildes«.[5] Wirkungsvoller als jede andere einzelne Quelle gibt uns das große architektonische Gebilde der Wiener Ringstraße die bildliche Summe der Geisteshaltung des aufsteigenden österreichischen Liberalismus.

I

Daß Wien bei seinem Zentrum ein großes Stück offenen Landes hatte, das für die moderne Entwicklung zur Verfügung stand, war – Ironie der Geschichte – die Folge der historischen Zurückgebliebenheit der Stadt. Lange nachdem andere europäische Hauptstädte ihre Befestigungsanlagen geschleift hatten, behielt Wien sie noch immer. Die soliden Verteidigungswerke und das breite Vorfeld, das die kaiserliche Hauptstadt gegen plündernde Türken geschützt hatte, hatten längst aufgehört, die Stadtgrenzen zu bezeichnen. Unsere Karte von 1844 zeigt, wie fest sich der Siedlungsring um das weite Glacis geschlossen hatte (Abb. 1). Die Innenstadt blieb durch den breiten Gürtel offenen Landes getrennt von den Vorstädten. Joseph II., der wohlwollende »Volkskaiser«, hatte einen großen Teil des Glacis zum Erholungsgebiet gemacht, aber die Revolution von 1848 gab der Fläche des Glacis politisch und militärisch wieder eine Rolle im Leben der Stadt. Die Abschaf-

A. Die Stadt Wien.
1. Leopoldstadt
6. Wieden
15. Gumpendorf
16. Magdalenengrund
17. Mariahilf
19. Laimgrube und Wien
21. St. Ulrich
22. Neubau
23. Schottenfeld
24. Alt Lerchenfeld
26. Josephstadt
28. Breitenfeld
31. Thury
32. Lichtenthal
33. Althan Grund
34. Rossau
Maasstabe

1 Wien vor der Stadterweiterung, 1844

fung der feudalen Gerichtsbarkeit integrierte die Vorstädte völlig in die Metropole. Gleichzeitig erwarben sich die Liberalen vom Kaiser das Recht der städtischen Selbstverwaltung nach drei Jahrhunderten unmittelbarer kaiserlicher Herrschaft. Das neue Stadtrecht vom 6. März 1850 lieferte, obwohl es bis zur Einführung einer konstitutionellen Regierung für ganz Österreich im Jahre 1860 nicht zur vollen Ausführung kam, einen politischen Rahmen für die zunehmenden Ansprüche auf das Glacis durch die Bürgerschaft. Hinter dem politischen Druck stand das rasche wirtschaftliche Wachstum der 1850er Jahre, das der Halbmillionenstadt eine Bevölkerungszunahme und bedrängende Wohnungsknappheit bescherte.*[6]

Die Revolution von 1848 führte zu wachsenden politischen und wirtschaftlichen Forderungen nach einer zivilen Nutzung des Verteidigungsgürtels, erneuerte aber auch seine strategische Bedeutung. Der mögliche Feind war jetzt kein ausländischer Angreifer, sondern eine revolutionäre Bevölkerung. Den größten Teil der fünfziger Jahre hindurch widersetzte sich die österreichische Armee, die sich zu ihrem Leidwesen 1848 von Wien zurückziehen mußte, den Plänen für eine zivile Bebauung des Glacis. Die zentrale Militärkanzlei führte als ihr Hauptargument das Fortbestehen einer revolutionären Bedrohung an. Der kaiserliche Hof müsse gesichert sein gegen mögliche Angriffe vom Proletariat in den Vorstädten und umliegenden Ortschaften. Nur das Heer könne die Verteidigung der kaiserlichen Regierung garantieren, behauptete Generaladjutant Karl Grünne noch 1857 gegen das Ansinnen, die Befestigungsanlagen zu schleifen. In einer Zeit revolutionären Taumels, sagte er, würden selbst die Konservativen sich gegenüber dem »Aufruhr« passiv verhalten.[7]

In den späten fünfziger Jahren erwiesen sich die wirtschaftlichen Erfordernisse als stärker denn die gegenrevolutionären Befürchtungen in den höchsten Gremien der Regierung. Am 20. Dezember 1857 erklärte Kaiser Franz Joseph seine Absicht, die militärische Sperrzone für zivile Zwecke zu öffnen, und setzte eine Stadterweiterungs-Commission ein, um ihre Bebauung zu planen und auszuführen. Die liberale ›Neue Freie Presse‹ deutete später den symbolischen Sinn des Ereignisses in der Sprache des Märchens: Der kaiserliche Befehl habe den alten Steingürtel gebrochen, der so viele Jahrhunderte lang Wiens edle Glieder in einem bösen Zauber gefangen gehalten habe.[8]

Der Verfasser dieser Zeilen, der 1873 schrieb, als die Liberalen die Ringstraße übernommen hatten, verfälschte die Anfänge des Bauvorhabens. Denn in der Tat sprachen in den ersten drei Jahren der Planung (1857–1860) aus der Zuteilung von Baugrund und besonders aus der Bevorzugung von Monumentalbauten noch die Werte eines dynastischen Neo-Absolutismus. Zuerst kam die Votivkirche an die Reihe (1856–1879) – ein Denkmal der

* Zwischen 1850 und 1870 verdoppelte sich sowohl die Bevölkerung Wiens wie die Zahl der gewerblichen Betriebe.

Vaterlandsliebe und der Verehrung des österreichischen Volkes für das Kaiserhaus –, mit deren Bau gefeiert wurde, daß der Kaiser der Kugel eines ungarischen nationalistischen Attentäters entging. Durch öffentliche Zeichnung von Spenden unter Führung der kaiserlichen Familie und des höheren Klerus finanziert, sprach aus der Votivkirche die unzerstörbare Einheit von Thron und Altar gegen das, was Erzbischof Josef von Rauscher bei der höchst feierlichen Grundsteinlegung den »tödlich getroffenen Tiger der Revolution« nannte.[9] Ihre Bestimmung zugleich als Garnisonskirche für Wien und als ein Pantheon oder eine Westminster Abbey für Österreichs bedeutendste Männer machte sie in den Worten der ›Neuen Freien Presse‹ zu einem Symbol des »Säbel- und Kultusregiments«.

Das Militär seinerseits erfuhr, obwohl es die Schlacht um die Wälle und Befestigungsanlagen verloren hatte, eine bevorzugte Behandlung in den ersten Plänen für die Ringstraße. Um seine Kette moderner Einrichtungen zur Bekämpfung von Volksaufständen nach einem Programm zu vervollständigen, das 1858 schon weit fortgeschritten war, errichtete man an strategisch günstiger Stelle einen beeindruckenden Arsenalkomplex und zwei Kasernen nahe den Bahnhöfen, die Nachschub für die Hauptstadt aus dem Hinterland aufnehmen konnten. Große Landstücke bei der Hofburg blieben weiterhin reserviert für schützende Feuerstellungen gegen die Arbeitervorstädte.*[10] Schließlich prägte das Militär die Ringstraße in ihrem Charakter als Verkehrsader. Als die Befestigungsanlagen verschwunden waren, bevorzugten die Sprecher der österreichischen Armee ebenso wie ihre Kollegen, die zur selben Zeit die Boulevards in Paris bauten, die breitestmögliche Straße, um eine größte Beweglichkeit der Truppen zu erreichen, bei der geringsten Chance für mögliche Aufrührer, Barrikaden zu bauen.**[11] Deshalb wurde die Straße als große Verkehrsader geplant, die um die ganze Innenstadt führte, um die schnelle Truppen- und Materialbewegung zu jedem Gefahrenpunkt zu erleichtern. Somit vereinigten sich militärische Erwägungen mit dem Wunsch der Bürgerschaft nach einem beeindruckenden Boulevard darin, der Ringstraße sowohl Kreisform wie monumentales Ausmaß zu verleihen.

Im Jahrzehnt nach dem kaiserlichen Erlaß von 1857 verwandelte die

* Das Arsenal beim Südbahnhof wurde 1849–1855 für drei Regimenter und Artilleriewerkstätten gebaut. Die Architekten Siccardsburg und van der Nüll waren an dem Bau beteiligt, obwohl beide Offiziere der Academischen Legion gewesen waren, der wichtigsten militärischen Kraft, die 1848 der Armee Trotz geboten hatte. Das Arsenal wurde ergänzt durch das kostspielige Militärmuseum, die erste »kulturelle Einrichtung«, die auf dem Glacis gebaut wurde. Sein Architekt war Theophil Hansen, der für die griechische Befreiungsbewegung schwärmte und später das österreichische Parlamentsgebäude entwarf. Die größere der Kasernen war die Franz Josephs-Kaserne (1854–1857 erbaut), die um die Jahrhundertwende abgerissen wurde, um dem neuen Kriegsministerium Platz zu machen, dem Sitz der nach neuem Stil von der Verwaltung beherrschten Armee.

** Vergeblich machte die Armee ihren Einfluß geltend, um die Straße breiter als die festgesetzten 25 Meter zu bauen.

politische Entwicklung die neo-absolutistische Herrschaft in eine konstitutionelle Monarchie. Die von Frankreich und Piemont im Jahre 1859 und von Preußen im Jahre 1866 besiegte Armee verlor die entscheidende Stimme in den Gremien des Staates, und die Liberalen ergriffen das Steuer. Als Folge davon änderte sich die Planung der Ringstraße in Wesen und Aussage, entsprechend der Absicht einer neuen herrschenden Schicht, in einer Reihe öffentlicher Gebäude die Werte einer ›pax liberalis‹ auszudrücken. 1860 verbildlichte das erste Blatt, das den Bebauungsplan dem Publikum vorstellte, die Weltanschauung der neuen Herren (Abb. 2). Die Bedeutung der weiblichen Gestalten, die zu Seiten des Planes stehen, ist in den Aufschriften unmißverständlich dargelegt: rechts »Stark durch Gesetz und Frieden« (d. h. nicht durch militärische Kraft); links (wo der Genius der Kunst seine Herrin Wien buchstäblich bekleidet), »Geschmückt durch Kunst«.

Der Gegensatz zwischen der alten Innenstadt und dem Ringstraßenbereich wurde unvermeidlich verstärkt in der Folge des Machtwechsels. Die

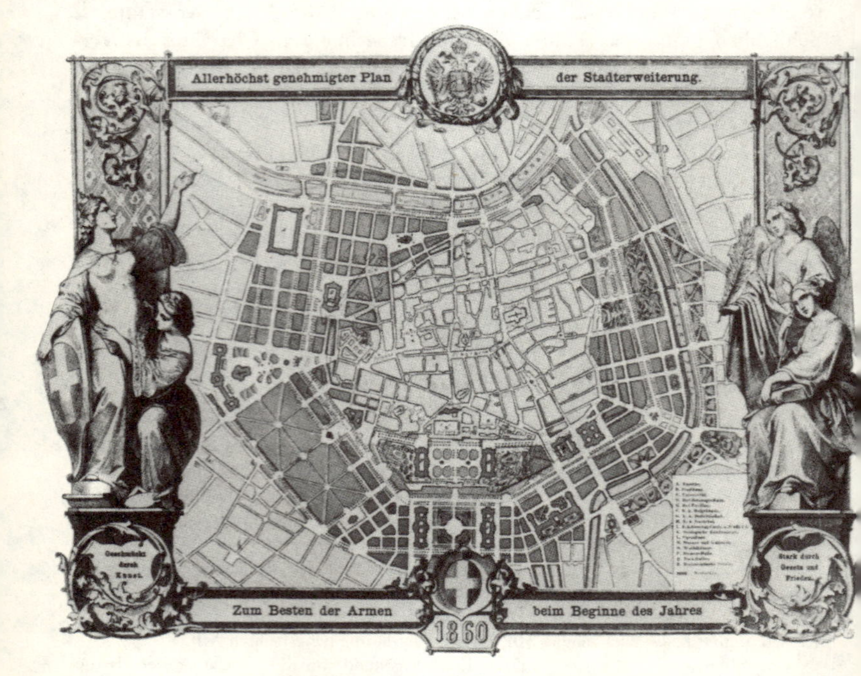

2 Werbeblatt für den Bebauungsplan, 1860

Innenstadt beherrschten architektonisch die Symbole des ersten und zweiten Standes: die barocke Hofburg als Residenz des Kaisers, die eleganten Palais des Hochadels, der gotische Stephansdom und eine Unzahl kleiner, durch die engen Straßen verstreuter Kirchen. In dem neuen Bauvorhaben der Ringstraße feierte der dritte Stand in der Architektur den Sieg des verfassungsmäßigen *Rechts* über die herrscherliche *Macht* und den Sieg der weltlichen Kultur über den religiösen Glauben. Keine Paläste, Festungen und Kirchen beherrschten die Ringstraße, sondern die Zentren einer konstitutionellen Regierung und einer aufgeklärten Kultur. Die Baukunst, die in der Altstadt der Repräsentation adeliger Größe und kirchlicher Pracht diente, wurde jetzt gemeinsamer Besitz der Bürgerschaft und verlieh den verschiedenen Aspekten des bürgerlichen kulturellen Ideals Ausdruck in einer Reihe sogenannter ›Prachtbauten‹.

Mochten Ausmaß und Prachtentfaltung der Ringstraße für die fortdauernde Wirkung des Barocks sprechen, so war die räumliche Konzeption, die seinem Entwurf zugrundelag, eigenständig und neu. Die barocken Architekten gestalteten den Raum, um den Betrachter auf einen zentralen Brennpunkt zu führen: der Raum diente den Gebäuden, die ihn umschlossen und beherrschten, als verherrlichendes Medium. Die Planer der Ringstraße kehrten scheinbar das Verfahren um und benutzten die Bauten, um den Raum in die Horizontale zu erweitern. Sie bezogen alle Elemente auf eine zentrale breite Allee oder einen Corso, die weder einen architektonischen Inhalt noch eine optische Richtung hatten. Die polyedrische Straße ist in dem ausgedehnten Komplex buchstäblich das einzige Element, das ein eigenständiges Leben führt und keiner anderen räumlichen Einheit untergeordnet ist. Wo ein barocker Architekt versucht hätte, die Vorstadt mit dem Zentrum zu verbinden, um weite, auf die zentralen monumentalen Teile gerichtete Perspektiven zu schaffen, unterdrückte der im Jahre 1859 gebilligte Plan mit wenigen Ausnahmen die Perspektiven zugunsten einer Betonung des kreisförmigen Fließens. Damit schnitt die Ringstraße das alte Zentrum ab von den neuen Vorstädten. »Nach dem vorliegenden Plane«, schrieb Ludwig von Förster, dessen Entwurf sich behauptete, »erhielte der innere Stadtteil eine abgeschlossene und regelmäßige Figur, um die herum sich der Korso, eine der herrlichsten Promenaden, ziehen und die innere Stadt von den äußeren Vorstädten trennen würde.«[12] Statt eines betonten Systems von Strahlen, die man als Verbindung der äußeren Teile mit der Stadtmitte erwarten würde, sind die meisten Straßen, die den Ringbereich entweder von der Innenstadt oder von den Vorstädten aus erreichen, wenig oder gar nicht ausgezeichnet. Sie münden in den Kreisstrom ein, ohne ihn zu kreuzen. Damit wurde die Altstadt vom Ring eingeschlossen und, wie ein Kritiker bemerkte, zum Musealen herabgewürdigt.[13] Was einst ein Gürtel militärischer Absonderung gewesen war, wurde nun zu einem Gürtel gesellschaftlicher Trennung.

In dem weiten, durchgehend kreisförmigen Raum der Ringstraße waren

3 Ringstraße mit Parlament, Rathaus, Universität und Burgtheater, um 1888

die bedeutenden Repräsentationsgebäude des Bürgertums teils zu Gruppen geordnet, teils standen sie isoliert. Nur selten waren sie unter einem Prinzip der Unterordnung oder des Vorrangs aufeinander bezogen. Die breite Allee war nicht auf die Gebäude gerichtet; vielmehr waren die Gebäude jeweils einzeln auf die Allee bezogen, die als einziges Prinzip eines gliedernden Zusammenhangs wirkte. Die Photographie der Abbildung 3, die dort aufgenommen ist, wo die Ringstraße um das Parlamentsgebäude biegt, zeigt die lineare Gewalt, die von dieser Straße ausgeht. Die Universität rechts in der Mitte steht nicht dem Parlament zur Linken gegenüber, das von ihr durch den Park getrennt ist. Wie das Parlament und wie das Rathaus, das sich hinter dem Gerüst der Mitte erhebt, steht sie zur Ringstraße völlig unabhängig von ihrer gewichtigen Nachbarschaft.* Die Bäume, welche die Ringstraße in ihrer ganzen Länge enthält, erhöhen noch den Vorrang der Straße und die Vereinzelung der Bauten. Die vertikale Masse ist der ebenen horizontalen Bewegung der Straße untergeordnet. Kein Wunder, daß die »Ringstraße« auch dem ganzen architektonischen Komplex seinen Namen gab.

Die unterschiedlichen Funktionen, die die Gebäude darstellen – politische, erzieherische und kulturelle –, werden in der räumlichen Gliederung als gleichwertig bezeichnet. Als wechselnde Zentren des optischen Interesses sind sie miteinander durch keinen direkten Weg verbunden, sondern nur in ihrer einsamen Gegenüberstellung zur großen, kreisförmigen Verkehrsader, die den Bürger von einem Gebäude zum andern führt wie von einem Aspekt des Lebens zum nächsten. Die öffentlichen Gebäude schweben ohne Beziehung in einem räumlichen Medium, dessen einziges stabilisierendes Element eine Verkehrsader bewegter Menschen ist.

Das Gefühl der Vereinzelung und des fehlenden Bezugs, das die räumliche Gruppierung der Bauten vermittelt, wird noch verstärkt durch die Verschiedenheit der historischen Stile, in dem sie ausgeführt wurden. In Österreich wie anderswo behauptete die siegende Mittelklasse ihre Unabhängigkeit von der Vergangenheit im Recht und in der Wissenschaft. Aber wann immer sie sich bemühte, ihren Werten architektonischen Ausdruck zu verleihen, zog sie sich in die Geschichte zurück. Wie Förster früh in seiner Laufbahn (1836), als er begann, die Aufmerksamkeit der modernen Architekten auf die Schätze der Vergangenheit zu lenken, in seiner ›Bauzeitung‹ beobachtete, vermag »der Genius des 19. Jahrhunderts nicht auf eigener Bahn einherzuschreiten«, trage »das Jahrhundert keine entschiedene Farbe«.[14] So drückte er sich in der visuellen Sprache der Vergangenheit aus und entlehnte dabei den Stil, dessen historische Assoziationen dem repräsentativen Zweck eines gegebenen Gebäudes am meisten entsprechen.

* Bemerkenswerte Ausnahmen der Orientierung zur Straße sind die beiden größeren Museumsgebäude, das Kunsthistorische und das Naturhistorische Museum, die über einen Raum hinweg, den die Architekten als Quadrat konzipierten, einander gegenüberstehen (vgl. S. 95).

Der sogenannte Rathaus-Bezirk, an dem ich soeben den Grundsatz der Gleichwertigkeit in der Anordnung der Bauten veranschaulichte, bietet auch ein Beispiel für den Pluralismus von Baustilen und dessen ideelle Bedeutung. Die vier öffentlichen Gebäude dieses Bereichs bilden zusammen ein Viereck von Recht und Kultur. Wie in einer Windrose stellen sie das Wertesystem des Liberalismus dar: die parlamentarische Regierung im Gebäude des Reichsrats, die städtische Selbstverwaltung im Rathaus, die höhere Bildung in der Universität und die Schauspielkunst im Burgtheater. Jedes Gebäude wurde errichtet in dem historischen Stil, den man seiner Funktion angemessen glaubte. So baute das liberale Wien sein Rathaus in massiger Gotik, um seinen Ursprung als freie mittelalterliche Stadtgemeinde zu beschwören, die jetzt nach einer langen Nacht absolutistischer Herrschaft neugeboren wurde (Abb. 4). Das Burgtheater, das die traditionell in Österreich herrschende Königin der Künste aufnahm (Abb. 5), wurde im Stil des Frühbarock gestaltet, um an die Zeit zu erinnern, als zuerst Geistliche, Höflinge und Bürger durch das Theater in einer gemeinsamen künstlerischen Begeisterung

4 Rathaus (Architekt Friedrich Schmidt), 1872–1883

vereinigt wurden. In dem großen Treppenhaus verdiente sich Gustav Klimt, einer der jüngsten Meister der Ringstraßenmalerei, seine Sporen, als er die Decke mit Ölgemälden verzierte, welche die Geschichte der Schauspielkunst darstellen.* Wie die Oper und das Kunsthistorische Museum bot das Burgtheater einen Raum, wo sich die alte aristokratische und die neue bürgerliche Elite trafen und wo die Unterschiede von Stand und Partei, wenn nicht aufgehoben, so doch durch eine gemeinsame ästhetische Kultur verringert werden konnten. Dem Hof fiel es leicht, sich bis zu dem neuerdings erweiterten Publikum in den Einrichtungen für die darstellenden Künste zu öffnen – dem *Hof*burgtheater, der *Hof*oper und den *Hof*museen –, während die neuen Herren des Bürgertums die überlieferte Kultur durch diese Künste begierig aufnehmen konnten, ohne das stolze Gefühl der Trennung in Religion, Politik und Wissenschaft aufzugeben.

Die Universität im Renaissancestil war im Gegensatz zum Burgtheater ein unzweideutiges Symbol der liberalen Kultur. Dementsprechend mußte sie lange warten, um ihren Anspruch auf einen bedeutenden Bauplatz an der Ringstraße zu verwirklichen. Als Hochburg eines weltlichen Rationalismus

* Vgl. S. 197–198.

5 Hofburgtheater (Architekten Gottfried Semper und Carl Hasenauer), 1874–1888

erhielt die Universität als letzte die Anerkennung von den zähen Kräften der alten Rechten und hatte als erste unter dem Aufstieg einer völkischen antisemitischen neuen Rechten zu leiden. Die Lage der Universität und sogar ihr Baustil gaben Anlaß zu jahrelangen Auseinandersetzungen innerhalb der Regierung und zwischen den wechselnden gesellschaftlichen Interessengruppen, aus denen sie bestand. Jahrelang stand die Universität im Schatten der Rolle, die sie in der Achtundvierziger Revolution gespielt hatte. Die Academische Legion, die aus Lehrkörper und Studenten der Universität und anderen höheren Bildungsanstalten bestand, hatte das Herz der organisierten kämpfenden Kräfte des revolutionären Wien gebildet. Das kaiserliche Heer vermochte seinen eigenen schmählichen Rückzug vor der bewaffneten Intelligenz weder zu vergessen noch zu vergeben. Nach der Niederschlagung der Revolution besetzte das Militär die alte Universität in der Innenstadt und erzwang die Verteilung ihrer Aufgaben auf Gebäude, die durch die äußeren Bezirke verstreut waren. Mit seinem Amtsantritt im Juli 1849 strebte der aristokratische und fromme, aber aufgeklärte konservative Minister für Kultus und Unterricht, Graf Leo Thun, sowohl danach, die Universität zu erneuern wie sie zu bezähmen, ihre Autonomie wiederherzustellen und sie dennoch enger an Thron und Altar zu binden. Vergebens bemühte er sich gegen die Armee und andere politische Gegner, die Universität aus ihrer als Strafe verhängten Diaspora zu lösen. Von 1853 bis 1868 machte sich Graf Thun mit seinen Mitarbeitern daran, einen neuen Universitätsbereich im englischen und gotischen Stil zu schaffen, der um die Votivkirche gruppiert sein sollte – ohne jeden Erfolg.[15] Schließlich wurde das Problem der Universität nur dadurch gelöst, daß die Liberalen an die Macht kamen. Zu jener Zeit waren die drei für die Liberalen bedeutendsten öffentlichen Einrichtungen – Universität, Parlament und Rathaus – noch in vorübergehenden oder unangemessenen Quartieren untergebracht, während die Armee immer noch an dem Paradeplatz, dem letzten offenen Grund des alten Glacis, festhielt. Das neue Bürgerministerium machte deswegen unmittelbar nach seiner Bildung 1868 eine Eingabe an den Kaiser, aber ohne Erfolg. Bürgermeister Kajetan Felder brachte das Stockende dadurch in Gang, daß er eine Kommission aus den drei Architekten für Parlament, Rathaus und Universität einsetzte, um Lagepläne zu entwerfen, die alle drei Gebäude auf dem Paradeplatz Raum finden ließen. Im April 1870 gewann Felder mit der begeisterten Unterstützung des in der Mehrheit liberalen Stadtrates die Zustimmung des Kaisers zu dem dreifachen Bauplan. Gegen eine hohe Entschädigungssumme aus dem Stadterweiterungsfonds räumte die Armee schließlich ihren Paradeplatz für die Protagonisten liberaler Politik und Gelehrsamkeit.[16]

Der Machtwechsel, der den Bau der Universität an einem der angesehensten Plätze an der Ringstraße ermöglichte, spiegelte sich auch in Form und Stil des Gebäudes selbst. Die Pläne des Grafen Thun für eine mittelalterliche ›Cité universitaire‹ mit gotischen Gebäuden, die sich um die Votivkirche drängten wie Küken um die Henne, verschwand mit der neo-absolutistischen Politik, aus der sie entstanden waren. Jetzt gewann die Universität die Gestalt eines unabhängigen Gebäudes, so massiv im Eindruck wie monumental im Ausmaß. Nicht die Gotik, sondern die Renaissance war der erwählte Stil, um die geschichtliche Herleitung der modernen rationalen Kultur aus der Wiedergeburt weltlicher Wissenschaft nach der langen Nacht mittelalterlichen Aberglaubens zu verkünden. Ihr Architekt Heinrich Ferstel (1828–1883), ein Chamäleon selbst unter den politisch flexiblen Architekten seiner Zeit, beherrschte alle Varianten historischer »Stil-Architektur«, wie sie genannt wurde, und kam bereitwillig dem Geschmackswandel entgegen, der den politischen Machtwechsel begleitete. Der Bankierssohn Ferstel hatte den großen Augenblick seiner Jugend als Revolutionär 1848 in der Academischen Legion gehabt, machte aber bald diesen verfehlten Start wieder gut als Architekt für den böhmischen Adel in den konservativen fünfziger Jahren. Mit der Protektion eines dieser Aristokraten, des Grafen Thun, kam Ferstel als Erbauer der Votivkirche zu gewaltigem Ruhm.[17] Als aber schließlich die liberale Epoche der Universitätsplanung begann, wurde Ferstel beauftragt, ein Gebäude im Stil der Renaissance zu entwerfen. Er pilgerte zu der Wiege moderner humanistischer Bildung, nach Italien, um die Universitäten von Padua, Genua, Bologna und Rom zu studieren. Gewiß wandten sich einige Naturwissenschaftler gegen Ferstels Streben, mit seinem beeindruckenden Bauwerk die Vorbilder der Renaissance zu überbieten. Jene verehrungswürdigen Gebäude, lautete ihre Bittschrift, dienten nicht dem Fortschreiten der Naturwissenschaften. Die blühten anderswo – in den Universitäten von Berlin und München, dem Collège de France und der Londoner Universität. In ihren schlichten Gebäuden, die den nüchternen Erfordernissen besser entsprächen, könnten sich die exakten Wissenschaften wohler fühlen. Aber selbst diese Kritiker entwickelten ihre funktionalen Gesichtspunkte einigermaßen apologetisch und paßten sich schließlich der herrschenden Begeisterung für repräsentative Erwägungen an: »Wenn die Bauart der italienischen Universitäten von allen bewundert wird, so liegt darin gewiß ein großer Ruhm, wenn dies bei uns überboten wird.«[18] Damit gewann die Renaissance den Streit als der angemessene Baustil für Wiens monumentales Zentrum liberaler Bildung (Abb. 6).

Das vielleicht eindrucksvollste Gebäude in dem Viereck von Recht und Kultur war der Reichsrat, das Parlamentsgebäude (Abb. 7). Sein dänischer Architekt Theophil Hansen (1813–1891) errichtete fünf von den öffentlichen Gebäuden im Komplex der Ringstraße*, aber dem Parlament widmete er seine besten Gaben. Dafür wählte er den von ihm am höchsten verehrten Stil – den klassisch-griechischen –, um das Gebäude zu bekleiden, obwohl es durch seine gegliederten quaderförmigen Massen größere Nähe zum Barock

* Den Konzertsaal der Musikgesellschaft, die Kunstakademie, die Börse, die Evangelische Schule und den Reichsrat.

hatte. Als wahrer Philhellene glaubte Hansen, »diese edlen klassischen Formen müßten auf die Volksvertreter mit unwiderstehlicher Kraft erhebend und idealisierend wirken«.[19] Wie im Falle der Universität wandelten sich die Pläne für Form, Stil und Lage des Parlaments mit der wachsenden Macht der Liberalen. Zuerst sollten die beiden Kammern der gesetzgebenden Gewalt in getrennten Gebäuden mit verschiedenen Baustilen ausgeführt werden. In seinen ursprünglichen Plänen entwarf Hansen das Herrenhaus im klassisch griechischen, dem »edleren« Stil. Das Abgeordnetenhaus dachte er sich in römischer Renaissance. Aber der Preußisch-Österreichische Krieg und die darauf folgende innere Krise 1866 machten alle Pläne zunichte. Als der Rauch sich verzogen hatte und eine liberalere Verfassung durchgesetzt war, beschloß man 1869, die beiden Kammern in einem einzigen monumentalen Prachtbau zu vereinen, mit einem Flügel für jedes. Eine gemeinsame Mittelhalle, gemeinsame Empfangsräume für die Präsidenten beider Kammern und die Entscheidung für den »edleren« griechischen Stil für das Ganze bezeichneten symbolisch die erhoffte parlamentarische Integration der Standesherren und des Volkes.[20] Man scheute keine Kosten, um die glänzendsten Baustoffe für die Ausführung von Hansens prunkvollen Plänen zu besorgen.

6 Universität (Architekt Heinrich Ferstel), 1873–1884

Das Loskaufen des Paradeplatzes von der Armee verschaffte dem Parlament auch eine Lage, die seiner neuen politischen Bedeutung entsprach. Statt des bescheidenen Ortes, den man ursprünglich vorgesehen hatte*, nahm es nun die vorderste Front der Ringstraße ein, wo es der Hofburg über einen kleinen Park hinweg unmittelbar gegenüberstand. Hansen entwarf das Gebäude so, daß er jede mögliche Höhenillusion schaffen konnte, wie Abbildung 7 zeigt. Er verlegte den Haupteingang zum Parlamentsgebäude in den ersten Stock mit einer eindrucksvollen Säulenhalle und erbaute eine breite Rampe, die für Fahrzeuge vom Erdboden hinaufführte. Die kraftvolle steigende Diagonale der Rampe gibt dem massiven, grobstrukturierten Erdgeschoß den Charakter einer gemauerten Akropolis, auf der die glänzend polierten höheren Geschosse im klassischen Stil ruhen. So einfallsreich er diese Illusion auch erzeugte, der Tempel des Rechts vermittelte doch nicht den Eindruck, als beherrsche er seine Umgebung, wie sein Schöpfer es für ihn gewünscht zu haben scheint.

* Am heutigen Schillerplatz.

7 Reichsrat (Parlament) (Architekt Theophil Hansen), 1874–1883

Die Standbilder, welche die Rampe schmücken, verraten, in welchem Ausmaß der österreichische parlamentarische Liberalismus seinen Mangel an Verankerung in der Vergangenheit empfand. Da er keine Geschichte hatte, hatte er keine eigenen politischen Helden, um ihr Andenken in Stein zu verewigen. Er entlehnte ein paar »Rossebändiger« vom Kapitol in Rom, um die Einfahrt zur Rampe zu bewachen. Entlang der Rampe selbst wurden die Gestalten von acht antiken Historikern aufgestellt – von Thukydides, Polybios und anderen Würdigen. Wo eine historische Tradition fehlt, muß die Gelehrsamkeit den leeren Platz ausfüllen. Schließlich erkor man die Athene zum zentralen Symbol, das man vor die Front des neuen Gebäudes stellte (Abb. 8). Hier sprang der Mythos ein, wo keine Geschichte zu dienen vermochte. Die österreichischen Parlamentarier tendierten nicht zu einer Gestalt, die so revolutionär belastet war wie eine Freiheitsstatue. Athene als Beschützerin der Stadt und Göttin der Weisheit war ein ungefährliches Symbol. Sie war auch die geeignete Göttin, um die liberale Einheit von Politik und rationaler Kultur zu verkörpern, eine Einheit, die in dem oft wiederholten Wahlspruch der Aufklärung, »Wissen macht frei«, ihren Ausdruck fand. Trotz ihres gewaltigen Ausmaßes ist die Athene nicht besser geeignet, den Schauplatz zu beherrschen als Hansens Reichsrat. Steinern starrt sie über den winddurchfegten Mittelpunkt des Lebens hinweg: die Ringstraße selbst.*

Der Vorrang des stilistisch Beeindruckenden über das funktional Nützliche, der selbst bei dem gut entworfenen Parlamentsgebäude zu spüren ist, gefiel nicht immer den Männern der Praxis, die in den Bauausschüssen saßen. Als die Architekten Ferstel und Hansen 1867 Pläne für das Kunsthistorische und Naturhistorische Museum vorlegten, die unangemessene Innenraumlösungen zugunsten der Fassaden boten, zeichnete eines der Ausschußmitglieder dagegen einen Ingenieurs-Entwurf, einen »Nutzbau mit brauchbarem Grundriß und unbrauchbarer Fassade«. Ein neuer Architekt, Gottfried Semper, der im Prinzip die Einheit von Nutzen und Pracht verteidigte, wurde aus Deutschland geholt, um die widerstreitenden Anforderungen zu versöhnen.[21] Interessanterweise fühlten sich die bürgerlichen Stadtväter nur beim Städtebau dem Vorrang des Ästhetischen verpflichtet. Auf dem Lande spürten sie kein Bedürfnis, ihren praktischen Geschäftsgeist zu verschleiern. Als die Stadtväter einen Baustil auszuwählen hatten für das Baden-Aquädukt der neuen Wiener Quellwasserleitung, verwarfen sie einen Vorschlag, der »etwas mit Schmuck« enthielt. Statt dessen folgten sie dem Rat eines Architekten, der erklärte, für einen solchen Nutzbau in der Landschaft gebe es »nur einen einzigen Baustil, der hieße Adam, nämlich nackt und kräftig«.[22] In der Stadt wäre ein solches Entblößen der Muskeln als

* Kundmanns Athene-Standbild wurde, obwohl sie zu Hansens Plan gehörte, erst 1902 aufgestellt, fast zwanzig Jahre nach der Fertigstellung des Gebäudes und lange nachdem der Geist der Rationalität den Reichsrat verlassen hatte.

ärgerniserregend angesehen worden. Dort mußte die Wahrheit einer Industrie und Handel treibenden Gesellschaft in die schicklichen Draperien vorindustrieller künstlerischer Stile gehüllt werden. Wissenschaft und Recht waren moderne Wahrheit, die Schönheit aber stammte aus der Geschichte.

Im ganzen genommen sprachen die Monumentalbauten der Ringstraße die höchsten Werte der herrschenden liberalen Kultur deutlich aus. Auf den Überbleibseln eines Marsfeldes hatten ihre Gläubigen die politischen Institutionen des Verfassungsstaates errichtet, die Schulen für die Erziehung der Elite eines freien Volkes und die Museen und Theater, um allen die Bildung zu bringen, welche die aufsteigenden Schichten aus ihren niedrigen Ursprüngen erheben würden. Wenn es auch schwer blieb, in den alten Adel der Stammbäume aufzurücken, so war der Geistesadel prinzipiell für jedermann

8 Athene-Brunnen vor der Front des Parlaments (Theophil Hansen und Karl Kundmann), 1896–1902

offen auf dem Wege der neuen kulturellen Einrichtungen. Sie halfen, das Verbindungsglied zur älteren Kultur und zur kaiserlichen Überlieferung zu schmieden und die »zweite Gesellschaft« zu verstärken, die man gelegentlich das »Mezzanin« nannte, das Zwischengeschoß, wo sich der Bürger beim Aufstieg mit den Aristokraten traf, die bereit waren, sich neuen Formen gesellschaftlicher und wirtschaftlicher Macht anzupassen, eine Ebene, wo Sieg und Niederlage verwandelt wurden in gesellschaftlichen Kompromiß und kulturelle Synthese. Der zeitgenössische liberale Historiker Heinrich Friedjung deutete die Bebauung der Ringstraße insgesamt als die Begleichung einer historischen Schuld, die Liquidierung der Mühen und Leiden von Generationen gewöhnlicher Wiener Bürger, deren verborgener Reichtum und Schatz schließlich im späten 19. Jahrhundert ausgegraben wurde »wie ungeheure, unter der Erde lagernde Kohleflöze«. »In der liberalen Epoche«, schrieb Friedjung, »ging die Macht, zum Teil wenigstens, auf das Bürgertum über und dieses hat sich in Österreich auf keinem Gebiet so voll und rein ausgelebt wie in der Neugestaltung Wiens.«[23]

Ein junger Mann aus der Provinz, Adolf Hitler, der nach Wien kam, weil er, wie er sagte, »etwas werden wollte«, verfiel dem Zauber der Ringstraße nicht weniger als Friedjung. Nach seinem ersten Besuch, schreibt er, sei er von einem Gegenstand seines Interesses zum nächsten gelaufen, aber es waren die Bauten, die ihn am meisten beschäftigten. Stundenlang konnte er vor der Oper stehen, stundenlang das Parlamentsgebäude anstarren; die ganze Ringstraße erschien ihm wie ein Zauber aus 1001 Nacht.*[24] Aber bald sollte er in seiner Enttäuschung als aufstrebender Künstler und Architekt erfahren, daß die magische Welt von Recht und Kultur nicht leicht zugänglich war.[25] Dreißig Jahre später sollte er zur Ringstraße zurückkehren als Eroberer alles dessen, was sie verkörperte.

II

Die ungewöhnliche Reihe von Monumentalbauten im Bereich der Ringstraße kann leicht die Tatsache vergessen lassen, daß der meiste Baugrund von großen Wohnhäusern eingenommen wurde. Der gute Einfall des Stadterweiterungsausschusses bestand gerade darin, den privaten Sektor dafür in Dienst zu nehmen, um die finanzielle Grundlage für die öffentlichen Bauvorhaben zu schaffen. Die Einkünfte aus dem Grundstücksverkauf kamen in einen Stadterweiterungs-Fonds, der seinerseits die Kosten für Straßen, Parkanlagen und zu einem beträchtlichen Teil auch für die öffentlichen Gebäude bestritt.

* Hitlers bündige, persönliche und oft betroffene Beurteilung der Ringstraße erweist deren Macht und Lebendigkeit als Symbol einer Lebensart.

Die Behörden vertrauten völlig darauf, daß der private Unternehmungsgeist die erforderlichen finanziellen Mittel erzielen würde, und ermutigten dementsprechend auch die Spekulation mit verpachtetem Eigentum, statt sie zu unterbinden. Die drückende Wohnungsnot in der Innenstadt in den fünfziger Jahren lieferte eine ansprechende wirtschaftliche Begründung für solch einen Kurs. Trotz den Protesten der Hauseigentümer in der Innenstadt, welche die Konkurrenz der großen neuen Wohnungsbauten fürchteten, ging die Stadterweiterungs-Kommission nach dem Grundsatz vor, daß die einträglichste Ausbeutung der Grundstücke die besten Ergebnisse für die Allgemeinheit erzielen würde. Natürlich umschrieb die Kommission ihre Ziele nicht mit Begriffen des Wohnraumbedarfs für Schichten mit geringem Einkommen oder gar mit den Begriffen einer wirtschaftlichen Entwicklung des Städtebaus insgesamt, sondern ganz einfach mit den Begriffen der repräsentativen öffentlichen Gebäude und Anlagen der Ringstraße. Bauvorschriften im Wohnbereich waren auf Höhe, Gebäudeumriß und in gewissem Ausmaß auf die Parzellierung beschränkt. Im übrigen bestimmte der Markt die Ergebnisse. Und »Markt« bedeutete den Ort, wo sich die wirtschaftlichen Interessen und die kulturellen Wertvorstellungen der Wohlhabenden kreuzten.

Elisabeth Lichtenberger hat eine eindringliche Studie über die gesellschaftliche und wirtschaftliche Struktur der Ringstraße veröffentlicht, die zusammen mit den Untersuchungen von Renate Wagner-Rieger zur Ringstraßenarchitektur uns das Verständnis des Wohnbezirks ermöglicht, den die neue Wiener aufsteigende Klasse in den fünfzig Jahren nach 1860 für sich selbst errichtet hat. Sowohl die Raumgliederung wie der künstlerische Stil enthüllen die Bedürfnisse und Bestrebungen der Bauherren und ihrer Kunden.

Der Grundtypus der Wohngebäude war das Mietshaus. Vier bis sechs Stockwerke hoch, enthielt das normale Mietshaus selten mehr als sechzehn Wohnungen.[26] Das formale Vorbild dieses Gebäudetyps war das Adelspalais der Barockzeit, von dem es viele schöne Beispiele in der Wiener Innenstadt gab. Das Adelspalais wurde den Bedürfnissen der neuen Elite der Ringstraße angepaßt und wurde in der Sprache der Zeit zum ›Mietpalast‹ oder ›Wohnpalast‹.* Vom Standpunkt eher des Investierenden als des Bewohners aus nannte man es auch Zinspalast. War der Mietpalast plebejisch im Verhältnis zum Adelspalast, so war er doch aristokratisch im Verhältnis zur Mietskaserne, den eintönigen vielgeschossigen Wohnungen, die zur selben Zeit in den Vorstädten aus dem Boden schossen, um die arbeitende Bevölkerung aufzunehmen.[27] Beide Gebäudetypen erhoben mit ihren rechtwinkligen Formen und großen Ausmaßen Ansprüche auf die Abstammung von barocken und

* Das Wort Palast allein bezeichnete nicht nur das große Einfamilienhaus, sondern auch imposante Club- und Geschäftsgebäude und sogar Kaufhäuser von einer gewissen Pracht und Größe ab. Vgl. Renate Wagner-Rieger, Wiens Architektur im 19. Jahrhundert, Wien 1970, S. 205f.

klassizistischen Ahnen in der Innenstadt: der bürgerliche Mietpalast auf das Adelspalais, die Mietskaserne der Arbeiter auf die Kasernen der kaiserlichen Soldaten. Weder die aufsteigenden Neureichen noch die absteigenden Handwerker, die nun ins Heer der Industriearbeiter gehörten, behielten ihre traditionelle Wohnform bei, die, ob im Einzel- oder Mehrfamilienhaus, zugleich Wohnung und Arbeitsplatz für den Meister und seine Leute gewesen war.[28] Das Stadtleben des 19. Jahrhunderts trennte allmählich Leben und Arbeit und die Wohnung vom Laden oder Büro. Das Mietshaus spiegelte den Wandel. Die Bauten der Ringstraße bezeichnen in dieser Entwicklung eine Etappe des Übergangs. Während sie immer noch im Pseudopalast, die der Mietpalast war, den geschäftlichen Bereich mit dem Wohnbereich vereinigten, waren die gewerblich genutzten Räume doch nur selten Arbeitsplätze derer, die in dem Gebäude lebten.

Als die Frage der Grundrißgestaltung der Wohnung sich den Planern der Ringstraße zuerst eröffnete, sahen einige von ihnen die Möglichkeit, eine Fehlentwicklung zu berichtigen, welche die Geschichte durch die Nötigung zum konzentrierten Wohnen erbracht hatte. *›Wie soll Wien bauen?‹* Unter diesem Titel richtete eine zeitgenössische Flugschrift die Frage an die herrschende Elite. In der Altstadt war das Vorwiegen des Mietshauses durch das ansteigende Bevölkerungswachstum bedingt. Das Einfamilienhaus fand jetzt in den Autoren der Flugschrift zwei prominente Vorkämpfer. Es waren der führende Kunsthistoriker der Wiener Universität, Rudolf von Eitelberger, und Heinrich Ferstel, der uns schon als Architekt der Votivkirche, der Universität und anderer wichtiger Bauten der Ringstraße begegnet ist. Beide huldigten einem romantischen Historizismus, und beide waren, wie so viele österreichische Liberale, anglophil. Ferstel war von Reisen im Jahre 1851 nach England und in die Niederlande inspiriert und verfocht die Vorzüge des englischen halb freistehenden Hauses mit seinem kleinen privaten Garten für die Ringstraße. Aber das englische Stadthaus, besonders in der Form, die es im 19. Jahrhundert erhalten hatte, war nur Wohnung. Als Erzeugnis ebensowohl wie als Symptom der modernen Arbeitsteilung, welche die Arbeit auf besondere Gebäude und sogar auf abgesonderte Stadtgebiete konzentriert hatte, diente die Wohnung der englischen höheren Mittelschicht nicht mehr als Arbeitsstätte. Wenn die beiden österreichischen Kritiker das englische Haus für die Ringstraße empfahlen, so paßten sie es einem früheren Lebensstil an: dem des wohlhabenden Handwerkers oder Kaufmanns des Frühkapitalismus, dessen Haus zugleich Werkstatt oder Kontor war. Eitelbergers und Ferstels Modellhaus würde auf ganz unmoderne und ganz unenglische Art den Laden oder das Büro im Erdgeschoß, die Wohnräume der Familie im ersten Stock, Werkstätten und Räume für das Gesinde und die Arbeiter in den oberen Stockwerken enthalten. Für die moderneren bürgerlichen Familien, deren Wohnung vom Arbeitsplatz getrennt war, schlugen Eitelberger und Ferstel ein Haus mit mehreren Wohneinheiten, je eine pro Stockwerk, vor. Dieses sogenannte *Beamtenhaus* (in Österreich war der Staatsbeamte in der Tat der Vorläufer des kaufmännischen Direktors) behielt im Interesse der ästhetischen Gleichartigkeit den Maßstab ihres mittelalterhaften Bürgerhauses bei.[29] Die Vorstellung von der Mittelschicht, die aus diesen Häuserplänen spricht, zeigt den langsamen Schritt der kapitalistischen Entwicklung in Österreich und den gesellschaftlichen Archaismus, der dementsprechend einige der wichtigsten künstlerischen Sprecher des Mittelstandes kennzeichnet.

Das englische oder Patrizierstadthaus spielte bei den Erwägungen der Planer der Ringstraße eine geringere Rolle. Es befriedigte weder die Forderung nach optimaler Bodenausnutzung noch das Verlangen nach den Symbolen aristokratischer Wohnart. Die Bewohner der Wiener Innenstadt waren durch die barocke Tradition an das Mietshaus gewöhnt. Es ging nicht darum, es zu verdrängen, sondern aufzuwerten. Der Wiener Mittelständler vom neuen Typus strebte in seiner äußeren Erscheinung, wenn schon nicht in seinen inneren Wertvorstellungen weniger danach, Patrizier als Adeliger zu sein. Der Mietpalast der Ringstraße trug mit all seinen Widersprüchen das Gepräge der Annäherung von Bürgertum und Adel, wie es für Österreich bezeichnend ist.

9 Kärntner Ring

Die Entscheidung, den Boden in Losen zu verkaufen, die nicht nach dem kleinen Maßstab der Innenstadt und der Vorstädte parzelliert waren, sondern nach dem des traditionellen Palais, besiegelte endgültig das Schicksal der Idee des englischen Hauses.[30] Obwohl ein paar neue eindrucksvolle Palais auf diesen Grundstücken als Einzelhäuser des Blut- oder Geldadels gebaut wurden, entwarf man doch die meisten Gebäude als Mietshäuser, deren »aristokratischer« Charakter zunächst und in der Hauptsache durch die Fassaden geschaffen wurde. Während man das Erdgeschoß, das oft in schwerer Rustika gestaltet war, gewerblicher Nutzung vorbehielt, waren im ersten Stock die geräumigsten Wohnungen, und den nannte man Nobelétage oder Nobelstock (nach dem italienischen ›piano nobile‹). Manchmal hatte der zweite Stock denselben Grundriß wie der Nobelstock, manchmal war er aber auch in kleinere Wohnungen weiter aufgeteilt. Die vertikale Differenzierung der Fassade durch Höhe der Fenster, Reichtum der Verzierungen, Säulen usw. spiegelte in einem gewissen Ausmaß die Größe und Pracht der Wohnungen innen: je höher die Stockwerke lagen, desto zahlreicher und kleiner wurden die Wohnungen. Die sogenannte ›Nobilitierung‹ der Fassade täuschte jedoch oft. Wie Renate Wagner-Rieger gezeigt hat, hing die Zahl und

10 Reichsratsstraße

Verteilung der Wohnungen im Inneren von den Wünschen der Bewohner und dem Willen des Bauherrn ab.[31]

In der ersten Bebauungsphase der Ringstraße von 1861 bis 1865 schuf der enorme Bedarf an Wohnungen für mittlere Einkommen eine Tendenz zu kleineren, einheitlichen Wohnungen, der eine gewisse Gleichförmigkeit der Fassaden entsprach. Diese Tendenz zeigt etwa der Kärntner Ring (Abb. 9).

11 Treppenhaus Kärntner Ring 14, 1863–1865

Bei der zweiten Bauwelle von 1868 bis 1873 überwog die Differenzierung sowohl bei der Fassade wie im Inneren und verkündete damit die Schichtung innerhalb der Gesellschaft der Ringstraße und die Ansprüche ihrer Mitglieder. In der Reichsratsstraße, einer exklusiven Straße hinter dem Parlament, erreichte die verzierte Fassade ihren Höhepunkt (Abb. 10). Die Architekten entwickelten Grundrisse, die so viele Wohnungen wie möglich zur Straße hin

12 Vestibül Reichsratsstraße 7, 1883

vorsahen, um den begehrten Segen der Fassadenfenster aufzuteilen und damit die Rendite zu optimieren.[32] »Nobilitierende« Züge, die das Mieteinkommen erhöhten, wurden nicht nur innerhalb der Wohnungen angebracht. Imposante Treppenhäuser (Abb. 11) und weite Eingangshallen (Abb. 12) waren die beliebtesten Bauelemente, die man für das Wohnhaus der Palastarchitektur entlehnte.[33] Diese Züge wurden natürlich auch benutzt, um die Pracht öffentlicher Gebäude zu erhöhen – man denkt dabei an die ›Kaiserstiege‹ in der Hofoper oder an die beiden Flügel des Burgtheaters, die gänzlich nur verschwenderisch verzierten Treppenhäusern gewidmet waren, von denen eines für den Hof, das andere für die Öffentlichkeit bestimmt war (siehe Kapitel V, Abb. 33). In den streng vertikal differenzierten Wohnhäusern führte die ›Herrschaftsstiege‹ oft nur bis zum Nobelstock oder vielleicht einen weiter, während man die oberen Geschosse auf einfachen Treppen erreichte. Wie auf den breiten Straßen im Bereich des Rings war auch im Inneren ihrer (öffentlichen sowohl wie privaten) Gebäude der Raum für die Verbindungswege verschwenderisch vergrößert worden, um ein Gefühl der Erhabenheit zu erzeugen.

Als Wohnquartier verzeichnete die Ringstraße sowohl für Käufer wie Mieter einen überwältigenden Erfolg. Bis zum Ende der Monarchie – und trotz der Entwicklung der Villenviertel in den Vorstädten – behielt die Ringstraße ihre magnetische Anziehungskraft für alle Teile der Wiener Elite: Aristokraten, Kaufleute, hohe Beamte und Akademiker.[34] Die höchsten Schichten der Gesellschaft wohnten nicht nur im Gebiet des Rings, sondern besaßen mit überraschender Häufigkeit auch die Gebäude, in denen sie wohnten. Denn Wohnungen in der Ringstraße wurden, obwohl sie im allgemeinen von Baugesellschaften erstellt wurden, als eine der sichersten und einträglichsten privaten Geldanlagen eingeschätzt. Um sie noch verlokkender zu machen, erließen Reich und Stadtverwaltung die Grundsteuer für dreißig Jahre. Der hohe Adelige, der Kaufmann, die Witwe mit festem Einkommen oder der Arzt, der es sich leisten konnte, wurden alle bewogen, sich ein Wohngebäude zu kaufen, in einer seiner Wohnungen zu leben und von den anderen Miete zu erhalten. Im Ringstraßenhaus bestärkten das gesellschaftlich Wünschbare und das Einträgliche einander wechselseitig.

Beträchtlicher Scharfsinn wurde darauf verwendet, das Verlangen nach größtem Gewinn bei mäßigen Kosten zu befriedigen. Die Baugesellschaften erwarben Parzellen von ganzen Blöcken. Die namhaftesten Architekten – August von Siccardsburg und Eduard van der Nüll, die Erbauer der Oper, Theophil Hansen, der das Parlament geschaffen hatte – wurden beauftragt, ihr Können der besten Ausnutzung der Grundstücke zu widmen. Manchmal bedeckten sie das ganze Häuserviereck mit einem einzigen Gebäude, dessen Ausmaß und Proportionen schon Großartigkeit verkündeten, und bauten Treppenhäuser und Innenhöfe, die rhetorische Akzente setzten, ohne zu viel Raum im Verhältnis zur bewohnten Fläche zu verbrauchen. Um Einzelkäufer anzulocken, waren aber kleinere Einheiten nötig. Hansen löste dieses

13 Gruppenzinshaus (Architekt Theophil Hansen), 1870

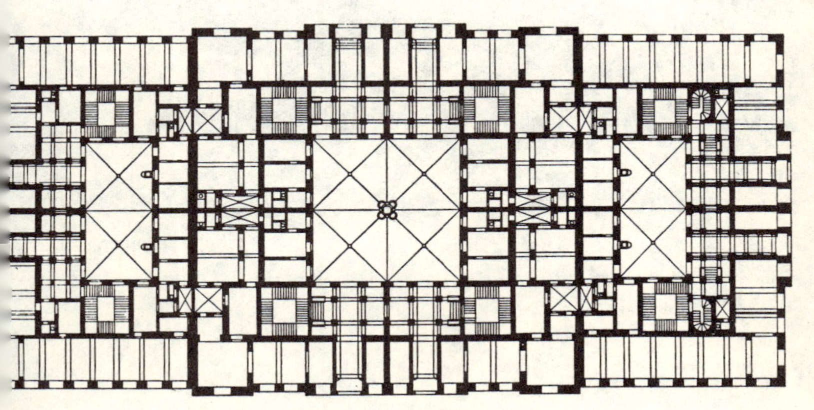

14 Grundriß des Gruppenzinshauses

15 Schwarzenbergplatz

Problem für die Allgemeine Österreichische Baugesellschaft durch einen Gemeinschaftsbau, das Gruppenzinshaus (Abb. 13). Er entwarf sein blockgroßes Gebäude derart, daß es sich in acht Mietshäuser teilen ließ, deren jedes an einen anderen Eigentümer verkauft werden konnte (Abb. 14). Man teilte sich in den Innenhof und die ausladende palastartige Fassade und nahm die gleichen Portale, damit jeder Eigentümer in den Genuß einer Großartigkeit kam, die bei einzeln gestalteten Wohneinheiten der von ihm gewünschten Größe unerschwinglich teuer geworden wäre.[35] Beim Entwerfen benachbarter Gebäude für verschiedene Auftraggeber stimmten die Architekten ihre Pläne gelegentlich aufeinander ab, um neben der Wirtschaftlichkeit auch die Großartigkeit zu erzielen, die stilistische Gleichartigkeit bei Schwellen, Geschoßlinien und selbst bei Verzierungen bewirken konnte.[36]

Die glückliche Verbindung von Ansehen und Einträglichkeit in Mietpalästen einzelner Eigentümer spiegelt eine der wichtigeren gesellschaftlichen Tendenzen der liberalen Ära: die Annäherung zwischen Adel und Bürgertum. Das Streben nach Integration kam dabei nicht immer von unten. Allerdings war sowohl der Geld- wie der Blutadel unter den ersten, die bedeutend in die Ringstraßenwohnungen in den sechziger Jahren investierten. Diese höchste Gesellschaftsschicht baute fast ein ganzes eigenes Viertel um den weiträumigen Schwarzenbergplatz (Abb. 15). Dort besaßen ihre Mitglieder wie der Erzherzog Ludwig Viktor und der Bankier Freiherr von Wertheim fast die Hälfte der Häuser.* Die Aristokraten waren nicht nur Gutsbesitzer, die fern der Stadt lebten; die Hälfte von ihnen bewohnte die palastartigen Mietshäuser auch, die sie erbaut hatten. Während Adel von jeglicher Art viele Immobilien im Bereich der Ringstraße noch 1914 besaß (etwa ein Drittel allen Privatbesitzes), wohnte er nur im Schwarzenbergviertel auch in den Häusern, deren Eigentümer er war.[37]

Innerhalb der Mittelschicht bildeten die Textilfabrikanten die größte Gruppe von Wohnungseigentümern in einem Bereich. Was das Schwarzenbergviertel für die Aristokratie war, das war das Textilviertel für das Bürgertum: ein Bereich sichtbarer Vorherrschaft. Die Textilindustrie war in den sechziger Jahren, als die Bebauung der Ringstraße begann, in einem entschiedenen Modernisierungsprozeß begriffen. Sie hatte aber auch starke Bindungen an die Vergangenheit. Bis ins 20. Jahrhundert waren die Textilfirmen keine anonymen Gesellschaften, sondern von einzelnen Unternehmern geleitete Firmenbetriebe. Während die Herstellung weitgehend in die Provinz verlagert war, besonders nach Böhmen und Mähren, blieb die Geschäftsführung und Verwaltung in der Hauptstadt. Das alte Tuchmacherviertel der Innenstadt verlagerte sich einfach in den nordöstlichen Sektor der Ringstraße, um das neue Textilviertel zu werden. Dort erbauten sich die

* Ferstel baute die Palais beider Auftraggeber mit interessanten Varianten in der inneren Gestaltung, die dem fortdauernden Unterschied im Lebensstil des alten Adels bzw. des Geldadels entsprachen. Vgl. Norbert Wibiral und Renata Mikula, Heinrich von Ferstel, in: Renate Wagner-Rieger (Hg.), Die Wiener Ringstraße, Bd. 8, 3, S. 76–85.

Textilfabrikanten Häuser, die in der herkömmlichen Weise Wohnung und Arbeitsstätte vereinigten (Abb. 16). Im Erdgeschoß und gelegentlich im Mezzanin waren die Büroräume. In der Nobelétage wohnte der Eigentümer mit seiner Familie. Die oberen Geschosse waren, sofern sie nicht für weitere Büros oder Lagerraum benötigt wurden, vermietet. Nächst dem Adel bildeten die Textilfabrikanten die Gruppe mit dem höchsten Verhältnis von Hauseigentümern zu Mietern im Bereich der Ringstraße. Im allgemeinen waren es natürlich nur die bedeutendsten Firmen, deren Eigentümer ihr Hauptquartier in der Ringstraße errichten konnten. Zwei Drittel der 125 in diesem Bereich vertretenen Unternehmen beschäftigten mehr als 500 Personen, zwei Fünftel mehr als 1000.[38]

Es gab auch andere Firmen auf dem Ring, aber ihre Geschäftsräume wurden gewöhnlich in Gebäuden untergebracht, die als Mietshäuser entworfen worden waren. In der Zeit, als die großen sich immer mehr bürokratisierenden Handelsgesellschaften das Bedürfnis nach einem eigenen Gebäudetypus verspürten, war die Ringstraße so gut wie vollständig bebaut und die Vorherrschaft des Mietpalastes fest begründet. Neue Geschäftsräume konnten nur durch Renovierung geschaffen werden. Noch 1914 waren nur 72 von den 478 in Privatbesitz befindlichen Gebäuden in der Hand von körperschaftlichen Eigentümern, und von diesen hatten wiederum nur 27 ihr Büro in den Häusern, die ihnen gehörten.[39] Auch hier erwies sich die Bebauung des Rings als die Schöpfung einer Zeit des Individualismus. Die über den Geschäftsräumen liegenden Wohnungen ordneten sich diese unter und absorbierten sie optisch in ihre Fassaden. Kommerzielle Bedürfnisse durften das Gesicht der Wohnbauten oder die gesellschaftliche Aufgabe der Repräsentation, zu deren Befriedigung die Gebäude entworfen worden waren, nicht beherrschen.

Trugen das Textilviertel und das Gebiet um den Schwarzenbergplatz deutlich hervorstechende Klassenmerkmale, so mischten sie in den meisten Bereichen der Ringstraße die fließenden Schichten von Adel und Großbürgertum. Geht man den Ring im Uhrzeigersinn entlang vom Schwarzenbergplatz zur Oper, so beginnt die »zweite Gesellschaft« zu überwiegen, jene Mischung einer Elite aus gebildetem Adel, Privatiers, höheren Beamten und Geschäftsleuten, während der Hochadel zurücktritt. Geht man weiter zu dem Bereich zwischen den Museen und der Universität, so betritt man die klassische Zone des Großbürgertums, das Rathausviertel. Hier wohnten die kräftigsten Stützen des herrschenden Liberalismus, wie würdige Persönlichkeiten, die durch die Reichsratsstraße spazieren, vermuten lassen (Abb. 10) und wie auch die Statistik beweist. Führende Bankiers und Geschäftsleute, Privatiers, Professoren der Universität und die größte Zahl hoher Regierungsbeamter und Industrieller, die überhaupt auf einen Bezirk kommt, lebte hier.[40] Die Anhäufung monumentaler Bauten der neuen Ordnung in Politik und Kultur – Reichsrat und Rathaus, die Museen und das Burgtheater, die Universität – wirkten als Magnet, um die herrschende Elite anzuzie-

16 Concordiaplatz

SCHAPIRA MORSER

hen, in ihrem Dunstkreis zu residieren, ganz so wie die Kaiserliche Hofburg in der Altstadt früher den Adel angezogen hatte, sich in ihrer Nähe niederzulassen.

Die Wohnhäuser im Rathausviertel erzielten, obwohl sie in einem an St. Petersburg erinnernden Maßstab erbaut wurden, eine starke gemeinsame Würde trotz ihres Prunks im einzelnen. Die Reichratsstraße, die hinter Hansens Parlamentsgebäude liegt und zum Rathaus führt (Abb. 10), erscheint beinahe wie eine bürgerliche Antwort auf die alte aristokratische Herrengasse, die zu dem Platz vor der Hofburg führt (Abb. 17). Die Fassaden der einzelnen Mietpaläste der Reichsratsstraße sind, obwohl in ihrem schweren Neo-Renaissance-Stil hochgradig vereinzelt, aneinander angepaßt durch die Art der Rustika, die Fenstersimse und die Fensterhöhe, um eine gleichartige Ansicht der Straße mit Fluchtlinien zu den großen öffentlichen Gebäuden, dem Rathaus und der Votivkirche, zu erzeugen. Wie die Herrengasse vermittelt die Reichsratsstraße ein starkes Gefühl einer Wohnstraße. Das steht im Gegensatz zur Ringstraße selbst, welche ihre Bauten sowohl durch das Verhältnis der Breite zur Höhe wie durch die Kraft ihres horizontalen Drucks verkleinert. Schließlich verbargen die Architekten des Rathausviertels das Kommerzielle ihrer Mietpaläste durch die diskreteste Anpassung der Läden und Büros an das Erdgeschoß. Ob sie nun die Geschäfts- und Ladenfronten hinter kostspieligen Arkaden versteckten nach Art der Rue de Rivoli in Paris oder durch schlichtes Vermeiden auffälliger Kennzeichnung, die Architekten wahrten eine selbst im Bereich der Ringstraße seltene Eleganz. Das Rathausviertel ist zwar nicht so imponierend wie der Schwarzenbergplatz mit der weiträumigen barocken Fläche und den voll zur Schau gestellten Gebäudeblöcken, bewirkt aber doch das Gefühl wohlhabender Würde, das die Elite der liberalen Ära anstrebte. Seine Wohnhäuser lieferten die passende Umgebung für die Vertrauen einflößenden monumentalen öffentlichen Bauten, die Juwelen am Ring des liberalen Wien waren.

III

Verkörpert die Ringstraße eine Fülle sozialer Werte in Stein und Raum, so sprachen auch ihre Kritiker notwendig nicht nur rein architektonische Fragen an. Ästhetische Kritik war in weiteren sozialen Themen und Haltungen verankert. Wer Dissonanzen im Verhältnis von Stil und Funktion bei der Ringstraße wahrnahm, stellte tatsächlich eine weitere Frage, die Frage nach dem Verhältnis von kulturellem Anspruch und gesellschaftlichem Gehalt in einer liberalen bürgerlichen Gesellschaft. Die Diskrepanz zwischen Stil und Funktion aber konnte man von verschiedenen Seiten aus angehen. Camillo Sitte nahm die historisch-ästhetischen Ansprüche der Erbauer der Ringstraße ernst und kritisierte, daß sie die Tradition an die Erfordernisse des modernen Lebens verraten hatten. Otto Wagner ritt seine Attacke von der entgegengesetzten Seite und klagte das Vermummen der Modernität und ihrer Funktionen hinter den stilistischen Schutzwällen der Geschichte an. Somit haben im Streit der Antiken und Modernen um die Ringstraße beide die Synthese der Bauherren der Jahrhundertmitte angegriffen. Sittes Archaismus und Wagners funktionaler Futurismus nährten beide eine neue Ästhetik des Städtebaus, worin soziale Zielsetzungen von psychologischen Erwägungen beeinflußt wurden.

17 Herrengasse

Sitte verfocht in seinem Hauptwerk ›Der Städtebau‹ (1889) die grundsätzliche Kritik an der modernen Stadt vom Blickpunkt der Alten und benutzte die Ringstraße dabei als negatives Vorbild. Sitte nannte sich selbst den Anwalt der künstlerischen Seite und erstrebte einen Modus vivendi mit der modernen Art des Städtebaus.[41] Diese Selbstdefinition ist wichtig, weil sie Sittes tiefe Überzeugung enthüllt, daß ›künstlerisch‹ und ›modern‹ gegensätzliche Begriffe seien. Das Moderne bedeutete für ihn die technische und rationale Seite des Städtebaus, den Primat dessen, was er wiederholt als »Verkehr, Hygiene etc.« bezeichnete. Das Wirkungsvolle und Malerische einerseits und das Effiziente und Praktische andererseits waren ihrem Wesen nach widersprüchlich und entgegengesetzt, und ihr Gegensatz würde sich noch vergrößern in dem Maße, in dem das moderne Leben noch mehr von materiellen Erwägungen beherrscht würde.[42] Das Gewinnstreben, das ein Erzielen dichtester Bebauung vorschrieb, bestimmte die Nutzung des Baulandes und die Grundrißgestaltung. Ökonomische Absichten drückten sich in der erbarmungslosen Geometrie der Stadtpläne – in rechtwinkligen, strahlenförmigen und Dreieckssystemen – aus. »Moderne Systeme!« klagte Sitte. »Jawohl! Streng systematisch alles auffassen und nicht um Haaresbreite von der einmal aufgestellten Schablone abzuweichen, bis der Genius totgequält und alle lebensfreudige Empfindung im System erstickt ist, das ist das Zeichen unserer Zeit.«[43]

Gegen den gleichförmigen Raster stellte Sitte die freien Formen der antiken und mittelalterlichen Gliederung des städtischen Raumes: unregelmäßige Straßen und Plätze, die nicht am Reißbrett, sondern ›in natura‹ entstanden waren. Gegen die machtvollen Ansprüche der Bauspekulanten und Ingenieure versuchte er durch ein bewußtes künstlerisches Planen zu erreichen, was frühere Epochen durch ein spontanes allmähliches Wachstum erlangt hatten: eine malerische und psychologisch befriedigende Raumgestaltung. Er beschwor Aristoteles als Zeugen gegen das moderne Zeitalter: »daß eine Stadt so gebaut sein solle, um die Menschen sicher und zugleich glücklich zu machen. Zur Verwirklichung des letzteren dürfte der Städtebau nicht bloß eine technische Frage, sondern müßte im eigentlichsten und höchsten Sinne eine Kunstfrage sein.«[44]

Bei seiner Kritik der Ringstraße nahm Sitte kaum Anstoß an den einzelnen Monumentalbauten. Er ging mit ihren entlehnten historischen Stilen ganz einig. Niemals stellte er das für das 19. Jahrhundert geltende Prinzip der Wahl eines historischen Stils in bezug auf die Bestimmung des Gebäudes in Frage, und er spürte auch nicht die optische Dissonanz, die dabei für ein modernes Auge entsteht. Weit davon entfernt, den Historismus zu bekämpfen, wollte Sitte ihn vielmehr ausdehnen – vom einzelnen Gebäude auf dessen räumliche Umgebung. Die modernen Architekten ahmten zwar in ihren Bauten Griechisches, Römisches und Gotisches nach, wo aber blieben die entsprechenden architektonischen Rahmen, die Plätze: die Agora, das Forum, der Marktplatz, die Akropolis? »Daran dachte niemand«, klagte Sitte.[45]

Der Platz war es, in welchem Sitte den Schlüssel für die Erlösung der Stadt von »unserem mathematischen Jahrhundert« und der Herrschaft der Straße erblickte.[46] Der Platz als bequemer umschlossener Raum hatte in der Vergangenheit dem Ideal der Gemeinschaft sichtbaren Ausdruck verliehen. Der richtige Platz könnte der Seele des modernen Menschen den Fluch der Einsamkeit in der Stadt und die Furcht vor der öden und geschäftigen Leere nehmen. Der anonyme Raum wird durch die umgebenden Seiten eines Platzes zu einem menschlichen Schauplatz verwandelt, die unbegrenzte städtische Weite zu einem kleinen Raum. Ein Platz ist nach Sittes Ansicht nicht lediglich ein Stück unbebauten Grundes, sondern ein von Wänden umschlossener Raum, ein Raum im Freien, der als Schauplatz des gemeinsamen Lebens dient.[47]

Sittes Kritik war durchtränkt von Sehnsucht nach einer vergangenen Zeit. Sie erhob auch spezifisch moderne sozialpsychologische Forderungen, die er mit zeitgenössischen Kulturhistorikern teilte und vor allem mit seinem Halbgott Richard Wagner. Für Sitte verkörperte die Ringstraße die schlimmsten Eigenschaften eines herzlosen utilitaristischen Rationalismus. Bei der Ringstraße isoliere die Gier nach offenem Raum – mit einer vom Auge nicht mehr zu beherrschenden Straßenbreite und entsprechend maßlosen Plätzen – sowohl die Menschen wie die Bauwerke. Sitte fand, daß eine neueste, moderne Krankheit sich ausbreite: Platzscheu, eine Furcht, die weiten Räume in der Stadt zu überqueren. Die Menschen fühlen sich als Zwerge im Raum und machtlos gegenüber den Fahrzeugen, denen er übergeben wurde.[48] Sie verloren auch jedes Gefühl der Beziehung zu Bauten und Denkmälern: der »Freistellungswahn« – die Gebäude zu isolieren, statt sie in den umgebenden Raum einzufügen – zerstört die Verbindung von Architektur und Umwelt. Die Wirkung von Bauten wie der Wiener Votivkirche und der Oper ist zerstört, weil sie im leeren, gleichförmigen Raum verstreut sind. »So ein freigelegtes Bauwerk bleibt ewig eine Torte am Präsentierteller.«[49] Darüber hinaus kommen solche Bauten auch bei ihren Benutzern nicht an. Sogar die Universität, das Werk von Sittes Lehrer Heinrich Ferstel, litt seines Erachtens unter diesem Mangel: ihr schöner Innenhof lockte niemals die Vorübergehenden hinein. Große Fassaden müssen die Leute anziehen, Raum muß die schönen Fassaden umrahmen, und schöne Fassaden müssen den Raum bereichern. Sitte kritisierte den gesamten Ring vom Standpunkt einer auf den Menschen bezogenen Bauweise aus und plädierte für die Verbindung von Architektur und Volk zu einer gemeinschaftlichen Ganzheit.

Was ließ sich für die Ringstraße tun? Sitte machte einzelne Vorschläge. Er wollte Plätze schaffen als Inseln menschlicher Gemeinschaft im kalten Meer des vom Verkehr dominierten Raumes. Er schlug die Errichtung von Seitenflügeln vor den großen Bauwerken – der Votivkirche, dem Reichsrat und anderen – vor, die vom Hauptgebäude ausgehend einen Platz bilden würden, der die Hauptfassade umrahmte. Gelegentlich sollten diese Seitenflügel die

Form von Außenwänden niedrigerer Bauten annehmen wie bei dem Rathausplatz in Brüssel, gelegentlich die von Säulengängen wie diejenigen von Bernini am Petersplatz in Rom. In jedem Falle wäre das Ergebnis die Verinnerlichung des Raumes, seine Verwandlung von einem grenzenlosen Medium zu einem bestimmten Volumen. Der richtungslose Fluß der Ringstraße würde angehalten in Teichen von befriedigendem Ausmaß. Sitte entwickelte damit eine Art psychologischen Funktionalismus des Platzes als Gegengewicht zum bewegungsorientierten Funktionalismus der Straße. Die historischen Vorbilder von Plätzen verwandte er nicht dazu, eine Funktion zu symbolisieren, wie es die Baustile der Gebäude der Ringstraße taten, sondern um die Erfahrung der Gemeinschaft im Rahmen einer rationalen Gesellschaft wiederzuerwecken.

Wie kam Sitte zu diesen Vorstellungen, die sich für die Geschichte der modernen Stadtplanung als so fruchtbar erweisen sollten? Ein Element seines Denkens war gewiß die für das 19. Jahrhundert typische Begeisterung für die Vergangenheit. Das erwarb er wie mehrere akademische Architekten der Ringstraße durch das Studium der neuen und erregenden Disziplin der Kunstgeschichte. Sittes Verpflichtung gegenüber dem künstlerischen Erbe einer entschwundenen Vergangenheit war jedoch nicht lediglich eine gelehrte romantische Sehnsucht. In Österreich waren Kultur und Gesellschaft einer vorindustriellen Epoche in der Mitte des 19. Jahrhunderts noch sehr lebendig, wenn sie sich auch in der Defensive befanden; und in ihnen wurzelte Sitte. Für die zeitgenössischen englischen Reformer wie Ruskin und Morris ging es um die Neubelebung einer toten Kultur des Kunsthandwerks. Im zurückgebliebenen Österreich ging es nicht ums Neubeleben, sondern ums Überleben: das Bewahren einer noch lebendigen, aber tödlich bedrohten Handwerkerkultur. Sitte entstammte dieser Handwerkerklasse. In seiner Person verband er das neue Wissen mit dem alten Handwerk.

Der Vater, Franz Sitte, war ein beachteter Kirchenbauer und Restaurator. Er bezeichnete sich selbst als »Privatarchitekt«, und dieser Titel spiegelte den Übergang vom mittelalterlichen Baumeister zum modernen staatlich geprüften Architekten akademischer Herkunft. In der Revolution des Jahres 1848 spielte der ältere Sitte eine Rolle beim Kampf für die Neugotik als Volksstil gegen den vorherrschenden Klassizismus der Regierung. Zugleich ging es bei dieser Auseinandersetzung um die Autonomie der Architekten als Künstler. Anders aber als seine akademischen Kampfgenossen hegte der Vater Sitte die Werte einer sterbenden vorindustriellen sozialen Klasse und war dem neuen akademischen Betrieb gegenüber genauso mißtrauisch wie gegenüber der Autorität des Staates.[50]

Vom Knabenalter an arbeitete Camillo Sitte mit seinem vielseitigen Vater zusammen und erlernte auch die bildenden Künste der Malerei und Plastik als Teile der Gesamtkunst architektonischer Verschönerung. Seine theoretische Ausbildung als moderner Architekt und Kunsthistoriker erstand auf dieser handwerklichen Basis. Was er aus neuen Büchern lernte, verstärkte nur Sittes Verpflichtung gegenüber der alten Art und seine Liebe zu den Werten eines vergangenen Stadtlebens. Der intime Piaristenplatz, wo sein Vater die Kirchenfassade renoviert hatte und er ins Gymnasium gegangen war, blieb Sittes Ideal und ein Beispiel des liebenswürdigen traditionellen Wiener Lebensraumes, das er der herzlosen Ringstraße gegenüberstellte.[51]

Das historische Pathos von Sittes Universitätsbildung bestärkte noch die ihm in Kindheit und Jugend eingeflößten Wertvorstellungen. Sein wichtigster akademischer Lehrer war Rudolf von Eitelberger, Wiens erster (1852 ernannter) Professor für Kunstgeschichte und ein Verfechter der angewandten Kunst. Wir sind ihm schon als erfolglosem Anwalt der privaten Wohnung im Ringstraßenbereich begegnet. Nach seiner Rückkehr von der Londoner Weltausstellung von 1862, wo ihn das South Kensington (heute Victoria and Albert) Museum angeregt hatte, überzeugte Eitelberger die Regierung davon, ein Kunstgewerbemuseum zu errichten. In einer Zeit, als die Industrieproduktion und die liberale Gesetzgebung gegen die Zünfte das Handwerk schwächten, gewann Eitelberger die Unterstützung des Staates, um die Handwerkstradition ins industrielle Zeitalter zu überführen. Nach guter Art des 19. Jahrhunderts sollte vom Vorrang der Idee die Erlösung kommen. Eitelberger erwartete, daß sein Museum die Handwerker und Manufakturunternehmer inspirierte, Erzeugnisse nach den herrschenden Stilen der hohen Kunst zu schaffen.[52] Was der Vater Sitte von unten, aus der praktischen handwerklichen Überlieferung erstrebte, wollte Eitelberger von oben durch staatlich geförderte wissenschaftliche Arbeit, Ausstellungen und Ausbildung erreichen. 1863 wurde Eitelberger das Museum genehmigt, 1868 wurde dem Museum eine Schule für angewandte Kunst angegliedert. Camillo Sittes wichtigster Architekturlehrer am Polytechnikum, Heinrich von Ferstel, entwarf das Gebäude für Eitelbergers Schule und Museum am Ring und konzipierte es auf großartig pädagogische Weise als Gesamtkunstwerk angewandter Kunst.[53] Eitelberger und Ferstel, denen es nicht gelungen war, das mittelalterliche Bürgerideal in ihrer gemeinsamen Kampagne für das Einfamilienstadthaus an der Ringstraße durchzusetzen, hatten doch Erfolg dabei, das traditionelle Kunsthandwerk als staatlich gefördertes Vorbild für die moderne Industrie einzuführen. Dank Erziehung im Museum und in der Schule konnte die moderne Produktion durch Wiederaufnehmen des Handwerksgeistes verbessert werden. Hier ebenso wie in der Architektur blickten die Menschen der neuen Zeit zur Vergangenheit zurück nach Formen, ihre Gegenwart zu bereichern.

Die Wirtschaftskrise von 1873 gab der staatlichen Unterstützung der Überlieferung im Kunsthandwerk einen weiteren Anstoß. Die liberale Regierung hatte gerade die rechtliche Auflösung der traditionellen Zunftstruktur im Handwerk – durch die Handelsgesetze von 1859 – vollendet zugunsten eines völligen »laissez faire«, als sie sich darum bemühte, in der Ausbildung einen Ersatz für die Zünfte zu finden als Mittel zur Stärkung der bedrängten Handwerkerklasse. Das völlig unerwartete Scheitern des freien

Unternehmertums rief bei der neuen herrschenden Klasse Schuld- und Nostalgiegefühle wach. Gleichzeitig verstärkte es den Unwillen der Handwerker, die sich politisch für größere Freizügigkeit und wirtschaftliche Schutzbestimmungen einzusetzen begannen.[54] Die Regierung entzog die Aufsicht über die Handwerkerausbildung dem Handelsministerium und übertrug sie dem Unterrichtsministerium mit der Aufgabe, ein umfassendes Berufsschulwesen zu entwickeln. Der leitende Beamte, der das Schulsystem entwarf, war selbst ein Liberaler, dessen Nationalismus sowohl von den Fehlschlägen des »kosmopolitischen« Kapitalismus in Österreich verstärkt wie auch dadurch in traditionell romantische Bahnen gelenkt wurde.*

Das neue Programm der handwerklichen Ausbildung bot Camillo Sitte einen idealen institutionellen Rahmen, um seine beiden wichtigsten Interessen, die bildenden Künste und Handwerke und die Kunst- und Baugeschichte, gemeinsam zu verfolgen. 1875 wurde Sitte auf Eitelbergers Empfehlung Direktor der neuen Staatsgewerbeschule in Salzburg. 1883 wurde er berufen, eine entsprechende Schule in Wien zu gründen und zu leiten. Franz Sitte empfand es schmerzlich, daß sein Sohn seine Erstgeburt als freier Künstler für eine solche Beamtenstellung hingab.[55] Tatsächlich aber bewahrte der Kompromiß seines Sohnes seine nahezu mittelalterliche Handwerkskultur auf die einzig mögliche Weise: durch staatlich geförderte Ausbildung und wissenschaftliches Propagieren. Sitte verband die ästhetisch-kritische Bildung eines John Ruskin mit dem praktischen handwerklichen Können eines William Morris und organisierte nicht nur die Ausbildung in einer Vielzahl von Handwerken von der Töpferei bis zum Holzschnitzen, sondern führte in der Presse und vom Lehrstuhl herab eine massive öffentliche Kampagne für das Kunsthandwerk. Er schrieb über Buchbinden, Lederarbeiten, die Geschichte der Majolika, das Restaurieren von Brunnen, über Bauernkeramik und zahllose andere Dinge und verband dabei die Verehrung für die Vergangenheit mit der Freisetzung der modernen ästhetischen Vorstellungskraft.[56]

Diese Angaben mögen genügen, um zu erweisen, daß Sitte 1889 sich mit dem Städtebau nicht als Stadt-»Planer« beschäftigte, sondern als Verfechter

* Der Beamte war Armand Freiherr von Dumreicher, Sohn eines Professors für Chirurgie an der Wiener Universität und ein Freund Eitelbergers. Da seine deutschnationalen Gefühle durch die Erfahrung des preußisch-österreichischen Konflikts in den sechziger Jahren erweckt und enttäuscht worden waren, wandte der junge Beamte sich dem kulturellen Nationalismus zu, zunächst seines politischen Potentials wegen. Da auch konservativere Elemente der Aristokratie und des Handwerks die Gewerbe unterstützten, ist es beachtenswert, daß die Führung ihrer spezifisch erzieherischen Erneuerung von einem enttäuschten Liberalen ausging. Dumreicher stellte seinen Posten in der Verwaltung 1886 aus nationalistischer Überzeugung zur Verfügung, um als Parlamentarier zu wirken. Ein Jahrzehnt später trat er aus der liberalen Verfassungspartei aus, weil sie nicht mehr gegen die Slovenischen Rechte in den Schulen kämpfen wollte. Vgl. Ferdinand Bilger, Armand Freiherr von Dumreicher, in: Neue Österreichische Biographie, 1815–1918, Wien 1923ff., Bd. 5, S. 114–129.

der angewandten Kunst und als Konservator und zugleich Vorkämpfer einer handwerklich gearbeiteten Umwelt. Er nannte sein Buch nicht ›Stadtplanung‹, sondern ›Der Städtebau‹; der Titel schon, der das Gewicht mehr auf das Tun als auf den abstrakten Entwurf legt, kündigt die Betonung des Handwerks an. Der Untertitel spiegelt jedoch Sittes modernes Selbstbewußtsein als Künstler: (Der Städtebau) ›nach seinen künstlerischen Grundsätzen‹. Damit meinte er, daß der moderne Mensch durch ästhetische Überlegung erlangen muß, was man einst durch lebendige handwerkliche Praxis erreichte.

Die Theorie, die es Sitte ermöglichte, die historische Bildung mit der handwerklichen Überlieferung zu einer ästhetischen und gesellschaftlichen Mission zu vereinen, war die von Richard Wagner. Sitte hatte schon in seiner Schulzeit im Piaristengymnasium dauerhafte Freundschaft mit musikalischen Schulkameraden aus der angegliederten Schule des Löwenburg-Convents geschlossen, wo in einer Tradition musikalischen Handwerks der berühmte Hofknabenchor (die heutigen Wiener Sängerknaben) ausgebildet wurde. Während Sitte selbst ein fertiger Amateurcellist wurde, sollte einer seiner besten Freunde, Hans Richter, in den sechziger Jahren Richard Wagners vertrauter Assistent und ein großer Wagner-Dirigent werden.[57]

Nach 1870, am Vorabend des preußischen Sieges über Frankreich und der deutschen Einigung, breitete sich Wagners Nationalismus unter den jungen österreichischen Intellektuellen rasch aus, während der Krach von 1873 Wagners Verherrlichung der deutschen mittelalterlichen Handwerkergemeinschaft der Meister im Gegensatz zur modernen kapitalistischen Gesellschaft besonders anziehend machte. Sitte war unter denen, die in den mächtigen Strom gerissen wurden, und blieb sein ganzes Leben lang ein leidenschaftlicher Wagnerianer. Natürlich wurde er auch ein Anhänger Bayreuths.[58] Josef Hoffmann, der Bühnenbildner der Festspiele*, war ebenso wie Hans Richter, der erste Dirigent des ›Ring‹, ein guter Freund von ihm. Durch ihn wurde er mit Wagners Theaterarchitekten Gottfried Semper bekannt, dessen Ideen zu Stadtplanung und Theaterbau bei der Ringstraße selbst zum Tragen gekommen waren. 1876, in dem Jahr, als Richter den ersten vollständigen ›Ring des Nibelungen‹ in Bayreuth dirigierte, wurde Sittes ältester Sohn geboren und Siegfried getauft. Und als Sitte sich 1883 die schöne Wohnung einrichtete, die ihm als Direktor der neuen Wiener Staatsgewerbeschule überlassen worden war, schmückte er die Dekke des Salons mit Gemälden von Szenen aus dem ›Ring‹.[59]

1875 machte Sitte in einem Vortrag vor dem Wiener Wagner-Verein Wagners Bedeutung für den geistigen Rahmen seines eigenen Kampfes um die Werte des Handwerks in einer modernen kapitalistischen Welt deutlich.[60] Die grundlegende Tatsache der modernen Existenz war für Sitte der Mangel an lebensfähigen Wertvorstellungen. Die Schöpfer der modernen Welt von

* Nicht zu verwechseln mit dem Architekten gleichen Namens.

Galilei bis zu Darwin waren entweder Naturwissenschaftler oder Entdecker-Eroberer und abenteuerlustige Kauffahrer. Goethes ›Faust‹ und Wagners ›Fliegender Holländer‹ (der, wie Sitte meinte, einen wirklichen abenteuernden Handelsmann zum Vorbild hatte) waren die epischen Helden dieses einzigartig modernen Menschentypus – Umstürzler, welche den religiösen Mythos zerstörten, auf den die Menschen vorher ihr Leben gegründet hatten. Das Wesen des modernen Daseins ist die Zersplitterung des Lebens, und deshalb brauchen wir einen vereinigenden Mythos. Sitte behauptete, daß der Wahn des Historismus, die griechische oder eine andere Kultur wiederherzustellen, mißlinge, er erzeuge lediglich blutlose Gespenster, im Leben wie in der Kunst. Statt dessen forderte er ein neues konkretes Ideal, das neben und über der wirklichen Welt stehen sollte, um die in der Gegenwart zerbrochenen Werte des Menschen in das Bild einer zusammenhängenden Zukunft zu wandeln. Sitte erhob Wagner zum Genius, der dieses erlösende zukunftsorientierte Werk als die dem Künstler eigene Aufgabe erkannt hatte. Die Welt, welche die wurzellosen Entdeckungsreisenden der Wissenschaft und des Handels zerstört hatten, wobei sie dem Volk keinen lebensfähigen Mythos mehr ließen, mußte der Künstler von neuem schaffen. Sitte zitierte die Anklage des Geisterchors gegen Faust:

> Du hast sie zerstört,
> Die schöne Welt,
> . . .
> Baue sie wieder,
> In deinem Busen baue sie auf!

Richard Wagner habe diesen Weg in zwei Richtungen gewiesen, glaubte Sitte: als Schöpfer des Gesamtkunstwerks und als Schöpfer eines mythischen Helden zur nationalen Erlösung. Das Gesamtkunstwerk biete das Modell zur Überwindung der Zersplitterung. Wie das Musikdrama die geteilten Künste vereine, so müsse ein nationaler Mythos die geteilte moderne Gesellschaft einen. Wagners Held weise die Richtung seiner Aufgabe dem Künstler wie dem Volke. Wagners Siegfried, der seine Wurzeln in der germanischen Zeit des physischen Kampfes habe, besitze Stärke, die zur Neubelebung des deutschen Volkes in einer Zeit übermäßiger Ausbildung seines Verstandes und des Nützlichkeitsdenkens besonders erforderte Tugend. Siegfried schmiedete in unschuldiger Kraft und mit unschuldigem Willen aus den Bruchstücken von seines Vaters Schwert eine neue Waffe, um die Drachen des gehorteten Reichtums zu erschlagen und die Herrschaft todgeweihter Götter zu erschüttern. So müsse auch der moderne Künstler durch das Beispiel seiner Kunst die Stärke zur Überwindung der Zersplitterung erzeugen und dem Volk als Ganzem die Aussicht auf ein gemeinschaftliches Leben eröffnen.

Sittes Begriff des Volkes folgte dem Wagners genau: das Volk ist konservativ und neigt zum Philistertum, es ist aber auch fähig, dem Ruf des Genius zu folgen und die tiefsten Werte zu erkennen. Die Bürger in den ›Meistersingern‹ zeigten das Volk »voll entwickelt«, sagte Sitte. Obwohl sie gewöhnlich nach den Regeln handwerklicher Überlieferung leben, sind sie doch imstande, die neue Kunst des Helden der Oper aufzunehmen, eine Kunst, die auf dem Ruf des Herzens gründe. Für Wagner wie für Sitte ist das Volk jedoch nicht das aktive Element der Politik, wie es das für Marx oder die Theoretiker der Französischen Revolution gewesen ist. Das Volk ist passiv und konservativ und bedarf der Befreiung durch die modernen destruktiven Umstürzler von oben – die Wissenschaftler und abenteuernden Handelsleute. Die Künstler als Erlöser würden den Fortschritt nicht wie Faust durch das erbarmungslose Zerstören des konservativen (d.h. vorindustriellen) Volkes bringen, sondern im Bündnis mit ihm. Sie würden den Schauplatz eines neu gegliederten modernen Lebens schaffen, der den innersten Beweggründen seiner Kultur entspräche. Sitte sagt ausdrücklich, daß Siegfried zu machen, die Zukunft zu machen bedeute, den neuen deutschen Menschen. Das sei die Aufgabe des Bildners nicht weniger als die des Musikdramatikers.

So gewappnet, weihte Sitte sein Leben der Förderung des Wagnerschen Ideals in seiner Kritik der Stadtplanung und in der Neuorganisation der vom Menschen geschaffenen Umwelt. Wagners Konzeption der Aufgabe des Künstlers in der modernen Gesellschaft bietet allen Elementen von Sittes Werk und Auftreten ihren Platz: seiner Treue zur Handwerkerklasse, der er als Erzieher, Gelehrter und Propagandist diente, deren frühere künstlerische Leistungen er neubelebte und veröffentlichte, um damit ihre weitere Existenz zu rechtfertigen; und seinem Bestreben, alle wichtigen Künste an jedem Gebäude und im Städtebau zu zeigen.[61] Und schließlich übertrug Sitte Wagners Idee des Gesamtkunstwerks als gesellschaftliches Modell für die Zukunft aus dem Opernhaus auf die Stadt selbst. Als »Anwalt der künstlerischen Seite« des Städtebaus bürdete er dem Wort »künstlerisch« eine gemeinschaftsbezogene soziale Bedeutung auf, die weit über die Absichten seines Lehrers Eitelberger und der historischen Architekten der Ringstraße hinausgeht. Sein gesellschaftlicher Traditionalismus und sein Wagnerischer Funktionalismus brachten ihn dazu, die Rolle des Städtebauers so zu bestimmen, wie Wagner die Rolle des Komponisten bestimmt hatte: als Erneuerer der Kultur. Das war Sittes Beitrag zur Bewußtseinsbildung des modernen Stadtplaners, wie wir ihn heute kennen: eine Siegfried-Gestalt, die mit der Neugestaltung unserer städtischen Umwelt auch unser Leben erneuert.

Der Städtebau ist in Sittes Wagnerischen Begriffen »keine bloß mechanische Kanzleiarbeit«, sondern »ein bedeutsames, seelenvolles Kunstwerk, und zwar ein Stück großer, echter Volkskunst« besonders jetzt, da »gerade unserer Zeit ein volkstümliches Zusammenfassen aller bildenden Künste im Dienste eines großen nationalen Gesamtkunstwerkes fehlt«.[62] Kann der

Architekt keine ganze Stadt bauen, so sollte man ihm wenigstens einen Platz überlassen. Was das Musikdrama für Wagner bedeutet, ist der Platz für Sitte: ein Kunstwerk der – oder genauer, ein Kunstwerk für die – Zukunft. Der Platz muß die verschiedenen Künste zu einem optischen Gesamtkunstwerk vereinen. Der Künstler muß ein Modell gemeinschaftlicher Ganzheit schaffen für eine Gesellschaft, die der harten aufsplitternden Herrschaft von Verstand, Mammon und Nützlichkeit ausgeliefert war. In der kalten, vom Verkehr durchjagten modernen Stadt des Zollstocks und der Slums kann der malerische psychologisch angenehme Platz Erinnerungen an die verschwundene bürgerliche Vergangenheit erwecken. Diese räumlich inszenierte Erinnerung will uns anregen, eine bessere Zukunft zu schaffen, die frei von Philistertum und Nützlichkeitsdenken ist. Weist Sitte damit in die Zukunft, so schließt er doch nicht weniger als Richard Wagner seinen Kompromiß mit den herrschenden Mächten der Gegenwart:

»... denn der Künstler braucht für seine Zwecke nur wenige Hauptstraßen und Plätze, alles übrige mag er gerne dem Verkehr und den täglichen materiellen Bedürfnissen preisgeben. Die breite Masse der Wohnstätten sei der Arbeit gewidmet und hier mag die Stadt im Werktagskleide erscheinen, die wenigen Hauptplätze und Hauptstraßen sollten aber im Sonntagskleide erscheinen können zum Stolz und zur Freude der Bewohner, zur Erweckung des Heimatgefühles, zur steten Heranbildung großer edler Empfindungen bei der heranwachsenden Jugend. Genau so finden wir es in den alten Städten.«[63]

Für die Ringstraße kamen Sittes Vorschläge trotz ihrer Bescheidenheit zu spät. Seine Anstrengungen, die Vorherrschaft der Straße zu brechen durch das Einschließen der Räume vor der Votivkirche und den Monumentalbauten des Rathauskomplexes in Plätze, scheiterte an den Interessen, die sich durchgesetzt hatten, und den Werten, die diese stützten – am Stolz auf den Vorrang der Beweglichkeit und des Fließens, das die Ringstraße verkörpert. Der Anstoß von Sittes gemeinschaftsbezogener Vision des wieder menschlich werdenden städtischen Raumes hatte auf eine allgemeinere Abneigung gegen die Großstadt zu warten, als die österreichische Gesellschaft vor dem Ersten Weltkrieg aufzubringen vermochte.

IV

Der Architekt Otto Wagner gewann 1893, vier Jahre nach der Veröffentlichung von Sittes ›Städtebau‹, einen Wettbewerb für einen neuen Bebauungsplan Wiens unter Voraussetzungen, die völlig von denen Sittes abwichen. Der von der Stadtverwaltung ausgeschriebene Wettbewerb hatte seinen Grund in der Eingemeindung – im Jahre 1890 – eines breiten neuen Gürtels von Vorstädten, der die Stadt zuerst wieder seit dem Beginn des Ringstraßenunternehmens entschieden vor die Notwendigkeit einer Planung stellte. 1859, als die Bebauung der Ringstraße formell begann, hatte die Erklärung der Regierung einen Bebauungsplan für die gesamte Stadt ausdrücklich auf die Zukunft verschoben. Die Ringstraße wurde als Ergebnis dessen wie ein selbständiger Bereich ohne Rücksicht auf ihre ferneren Auswirkungen behandelt. Dieses Mal entschloß sich der Gemeinderat, eine Regelung des künftigen Wachstums umfassender anzugehen, als es die Planer der Ringstraße getan hatten.* Es ging wesentlich um die nicht ästhetischen Faktoren des Städtebaus: Verkehrswege, soziale und hygienische Kontrollmaßnahmen und Differenzierung der Bodennutzung.[64]

Den neuen Absichten des Gemeinderats entsprechend, legte Wagner für den Wettbewerb 1893 einen Entwurf vor, der von der Lösung von Transportproblemen als dem Schlüssel zum Wachstum beherrscht wurde. Er schlug eine Reihe von vier kreisförmigen Straßen und Schienengürteln vor, deren ersten die Ringstraße bildete. Diese würden von radialen Verkehrsadern gekreuzt. Unbegrenzte Ausdehnung war die Voraussetzung, die Wagner für sein Wien der Zukunft freudig akzeptierte. Die Ziele der Repräsentation und der Verschönerung des Stadtbilds, welche die Planung der Ringstraße bestimmt hatten, spielten weder bei den Bedingungen des Wettbewerbs noch bei Wagners Lösungsversuch eine Rolle. Im Gegenteil schmückte Wagner seinen Entwurf für Wien als Großstadt mit einem Motto, das Camillo Sitte das Herz hätte erschauern lassen: *Artis sola domina necessitas* (Notwendigkeit ist die einzige Herrin der Kunst).[65]

›Notwendigkeit‹ bedeutete für Wagner zu diesem Zeitpunkt ganz schlicht die Erfordernisse der Effizienz, Ökonomie und die Erleichterung beim Betreiben der Geschäfte. Das war dem Menschen der Moderne – im Gegensatz zu dem der Vergangenheit – die Hauptsache. Sein Plan enthielt keine Skizze, wie die Bestandteile einer Stadt – Industrie, Wohnbereich, Geschäftsbereich – geographisch verteilt werden sollten. Statt dessen richtete sich sein Entwurf auf die Transportwege, die eine ausgedehnte Hauptstadt wirkungsvoll vereinigen konnten, ganz gleichgültig, aus welchen Teilen sie bestand und wo diese lagen. Nur in dem neuen Außengürtel der Stadt zeichnete Wagner Stellen als Zentren des Verkehrs und der örtlichen Dienstleistungen ein.[66]

Hatte Sitte versucht, den Historismus auszudehnen, um den Menschen von der modernen Technik und Nützlichkeit zu erlösen, so arbeitete Wagner in der entgegengesetzten Richtung. Er wollte den Historismus im Interesse der Werte einer folgerichtig rationalen städtischen Zivilisation zurückdrängen. Wagner verkündete, »daß bei Durchführung dieser Zweckerfüllung die Kunst allem Entstehenden die Weihe verleihen muß. ... Die Kunst hat daher

* Die Ausschreibung der Stadt lautete auf Pläne »zur Erlangung von Entwürfen für einen Generalregulierungsplan über das gesamte Gemeindegebiet von Wien«.

die Aufgabe, das Stadtbild der jeweiligen Menschheit anzupassen.«[67] Seinem Lehrbuch ›Moderne Architektur‹ stellte er 1895 ein Vorwort voran mit der Zurückweisung – in Großbuchstaben – des Historismus, der alle architektonische Ausbildung im 19. Jahrhundert beherrscht hatte:

Ein Gedanke beseelt die ganze Schrift, nämlich der, DASS DIE BASIS DER HEUTE VORHERRSCHENDEN ANSCHAUUNGEN ÜBER DIE BAUKUNST VERSCHOBEN WERDEN und die Erkenntnis durchgreifen muß, daß der einzige Ausgangspunkt unseres künstlerischen Schaffens nur das moderne Leben sein kann.[68]

So startete Wagner seinen ersten größeren Angriff auf die überlebte Formenwelt der Ringstraßenzeit und stellte neue Ansprüche an Architekten und Stadtplaner. Sie müssen, fügte er später hinzu, »unser besseres demokratisches, selbstbewußtes und klardenkendes Wesen veranschaulichen, und den gewaltigen technischen und wissenschaftlichen Errungenschaften ebenso gerecht werden wie dem wesentlich praktischen Charakter der modernen Menschheit«.[69]

Am Ende der Ringstraßenzeit beschwor Sitte optische Vorbilder einer gemeinschaftsbezogenen Vergangenheit, um sie der Verkehrtheit des modernen Stadtlebens entgegenzusetzen, während Wagner neue ästhetische Formen suchte, um die Wahrheit des hektischen, zielbewußten, kapitalistischen Stadtgebietes auszudrücken, die er freudig akzeptierte. Als Architekt und Polemiker, als Lehrer und Theoretiker des Städtebaus tauchte Wagner aus der Kultur der Ringstraße empor als der Modernist par excellence.

Wagner, 1841 geboren, hatte eine vielfältige und erfolgreiche Karriere als Ringstraßenarchitekt hinter sich, als er plötzlich zum Angriff auf deren Historismus in den neunziger Jahren ansetzte. Seine gesellschaftliche Herkunft und seine geistigen Beziehungen werfen wie bei Sitte einiges Licht auf seine schöpferische Kritik der Grundsätze der Ringstraße. Stammte Sitte aus der bedrohten Handwerkerklasse, so wurde Wagner in die »zweite Gesellschaft« hineingeboren, die sich die Ringstraße zu ihrem Bilde entwarf und baute. Wagners Vater, selbst von niedriger Herkunft, hatte eine erfolgreiche Karriere als Hofnotar gemacht. Seine tatkräftige Mutter kam aus einer wohlhabenden Beamtenfamilie. Madame Wagner, die früh verwitwet war, prägte ihrem Sohn die neuen Werte des Unternehmertums ein – ein starkes Selbstgefühl und einen womöglich noch stärkeren Ehrgeiz nach wirtschaftlichem Erfolg. Wagner berichtet, daß seine »abgöttisch verehrte Mama viele Male gesagt habe: ›Strebe nach Unabhängigkeit; Geld und wieder Geld ist das Mittel hierzu; dann werden die Leute deinen wahren Wert erkennen.‹ Es ist eine merkwürdige Philosophie, aber die allein richtige: ›dann, sprach sie, wirst du ganz deinen Idealen leben können.‹«[70]

Von Kindheit an war Wagner mit den Erbauern der Ringstraße vertraut. Schon vor 1848 hatte seine geschäftstüchtige Mutter einen Block von drei

Wohnhäusern besessen, die von Theophil Hansen, dem Architekten des Reichsrats, »modernisiert« wurden.[71] Madame Wagner erzog ihren Sohn zielbewußt zum Erfolg in der neuen Welt von Bildung und Besitz. Nichts von der handwerklichen Erfahrung und nichts von dem geschichtlichen Pathos, das Sittes Erziehung ausfüllte, hatte Wagner berührt. Nach einer soliden Schulbildung besuchte er das Wiener Polytechnikum, um seine Ausbildung als Architekt zu beginnen. Ein kurzer Ausflug in Berlins klassische Architekturschule bereitete ihn darauf vor, sein Studium an der orthodoxen und elitären Wiener Akademie der bildenden Künste, die er von 1861 an besuchte, auf guten Grund zu legen. Seine Lehrer dort waren August von Siccardsburg und Eduard van der Nüll, Ringstraßenarchitekten, die damals auf der Höhe ihrer Macht und ihres Ansehens waren und gemeinsam die Hofoper bauten. Siccardsburg, so erinnert sich Wagner, nahm »sich meiner Künstlerseele an und bildete das Utilitätsprinzip in mir aus«, während van der Nüll ihn durch sein Zeichentalent anregte.[72] Nützlichkeit hinter einer Wand historischen Stils: Das war das Erbe der Kunstakademie für Wagner.

In den späten sechziger Jahren, als Sitte seine handwerkliche Orientierung und historische Gelehrsamkeit an den geistigen Randzonen der Ringstraßengesellschaft entwickelte, stürzte Wagner sich mitten in die Spekulation mit dem Bauboom. Ein Vierteljahrhundert lang war er Architekt und Unternehmer und baute viele Wohnhäuser im Bereich der Ringstraße. Wagner wohnte oft selbst in seinen Häusern, bis er sie verkaufen konnte, um das nächste Wagnis zu finanzieren. Da Wagner sich eng an den beliebten Stil ›freie Renaissance‹ hielt, gab es keine Ursache, in ihm einen werdenden Modernisten zu vermuten.[73] In seinen öffentlichen Bauten, wo sein Erfolg geringer war, widerspiegelte Wagner ähnlich den gargantuanischen Geist des Monumentalen, der die Architektur der Beaux Arts und der Ringstraße so stark prägte. Wie weit ihn dabei seine Phantasie treiben konnte, zeigt sein ›Artibus‹-Projekt von 1880 (Abb. 30), ein utopischer Museenkomplex in einem Maßstab, der die Museen der Ringstraße noch weit hinter sich läßt.*

In einer Hinsicht trennte Wagner sich früh von der Praxis der Ringstraße. Da ihn die Vorstellung selbständiger Geschäftsbauten anzog, ging er von der Gewohnheit ab, in einem Gebäude Geschäfts- und Wohnbereich unterzubringen. Bei der Länderbank (1882–1884), einem der frühen selbständigen Geschäftsgebäude für eine Körperschaft in Wien, vereinfachte Wagner die herkömmliche zweireihige Renaissancefassade drastisch (Abb. 18). Er tilgte die vertikalen Fugen zwischen den Rustikablöcken in der unteren Hälfte und verwandelte dadurch das Mauerwerk in horizontale Bänder, die das Gebäude mit dem Linienzug der Straße vermittelten. Bei den Innenhöfen ging der Architekt noch einen Schritt weiter (Abb. 19). Er nahm den Außenwänden jede Spur von Verzierung, verlegte die Fenster nach vorn in die Ebene der verputzten Wände und nahm damit deutlich den funktionalen

* Siehe unten, S. 99–104.

Stil – oder Metastil – der Zukunft vorweg. Auch beim Treppenhaus der Länderbank brach Wagner mit der Praxis der Ringstraße. Wo seine Zeitgenossen Treppen mit verschwenderischer Großartigkeit behandelten, um den Status ihrer Eigentümer zu verherrlichen, benutzte Wagner schlanke klassische Formen, um durch die Schlichtheit der Aussage dem Benutzer die Funktion von Treppen vor Augen zu führen: ein ehrliches Mittel vertikaler Verbindung zu liefern (Abb. 20).

18 Österreichische Länderbank, Straßenfront (Architekt Otto Wagner), 1882–1884

Trotz ein paar solcher Anzeichen neuer Richtungen trat Wagner nicht als Theoretiker des Funktionalismus und als Stilist des Städtebaus auf, ehe er sich in den neunziger Jahren mit dem Bebauungsplan der Stadt beschäftigte. Der erste Schritt zu dieser Verwandlung geschah bei seiner Teilnahme an städtischen Ingenieurbauten, der zweite durch die Teilnahme an der Bewegung der Secession, dem Wiener Jugendstil. Ein Stadtbahnprojekt vermittelte ihm neue Konstruktionsprinzipien, während die Secession den neuen Stil zu ihrer

19 Österreichische Länderbank, Hinterhof

Ausführung lieferte. Probleme des Ingenieurbaues und die Ästhetik des ›Art nouveau‹ beeinflußten Otto Wagner in den neunziger Jahren, wie es die handwerkliche Ausbildung und die Richard Wagnersche Weltanschauung bei Sitte in den siebziger Jahren getan hatten. Sie lieferten die Koordinaten eines intellektuellen Systems zur Kritik und Verwandlung der mit der Ringstraße verbundenen Stadtformen in Theorie und Praxis.

20 Österreichische Länderbank, Treppenhaus

Als Wagner sich bei dem Wettbewerb von 1893 für die Idee des Verkehrsnetzes als Schlüssel zur Stadtplanung eingesetzt hatte, fand er sich selbst plötzlich mitten in dem entsprechenden großen Ingenieurprojekt: der Konstruktion des Wiener Stadtbahnsystems von 1894–1901. Als Chefarchitekt des Unternehmens entwarf Wagner nicht allein mehr als dreißig Stationen, sondern beschäftigte sich auch mit der Anlage und dem Entwurf von Viadukten, Tunnels und Brücken. Er wollte Bahnstationen einfach und nützlich gestalten, die zugleich durch die schlichte Eleganz und Verschiedenheit ihres Äußeren der Umgebung als Brennpunkte öffentlichen Verkehrs dienen würden. Wagner kämpfte für das, was er später »ein Zusammenstimmen von Kunst und Zweck« nannte, das »nach modernen Anschauungen immer die erste Bedingung einer guten Lösung« sei.[74] Zunächst herrschte die Kunst bei seinen Entwürfen vor, Stationsgebäude, in traditionellen Materialien mit verkleideten oder verputzten Ziegeln. Selbst entlang der Geleise behauptete ›Stil‹ seine fernere Vorherrschaft auf meilenweiten Schutzwänden, deren römisch inspirierte Quadrat- und Diagonalmuster als angemessene inoffizielle Kennzeichnung des Metrosystems der österreichischen kaiserlichen Hauptstadt dienten. Sowie das Werk voranschritt, übten Funktionen und Materialien wachsenden Druck auf Entwurf und Form aus.[75] Wagner gestattete eiserne Elemente an der Außenseite der Stationsbahnhöfe: unverkleidete Eisenträger (I-Profile) wurden als Fensterüberlagen verwendet, während die Vorhallen und Schalterräume ostentativ herausgestellte Eisenkonstruktionen zeigen.[76] Selbst bei der anachronistischsten von allen ›Tiefbahn‹-Stationen – dem privaten Stadtbahnpavillon für die Familie des Kaisers in Hietzing (Schönbrunn) – sprang die reiche eiserne Überdachung der Auffahrt mit einem Tonnengewölbe hervor aus einem beinahe barocken Steingebäude. Hier drückte sich die Vergötterung des modernen Materials nicht im Gegensatz zum historischen Stil aus, sondern als ornamentale Ergänzung. Bei einer weiteren, der Unter-Döbling-Station, sieht man, wie sich der fortdauernde Ringstraßenanspruch auf Symbolisierung in der architektonischen Form gegen sich selber kehrt (Abb. 21). Ein ornamentaler eiserner Bogen, der das vorspringende Dach des Hauptgebäudes trägt, ist in der Form eines eisernen Bahnbrückenbogens gestaltet. Damit benützte Wagner Eisen repräsentierend, um durch eine Form, in der Eisen gewöhnlich Bahnviadukte trägt – die Form des Brückenbogens –, eine Funktion zu symbolisieren, die es hier nicht ausübt.[77] Wie seltsam sind doch die Paradoxe des werdenden Funktionalismus! Der eiserne Bogen verkündet hier, angesichts der Tradition der Ringstraße, die Gültigkeit technischer Formen als Symbole. Damit brachte Wagner den zweckmäßigen Stil Adams, »nackt und kräftig«, in die Stadt, den die Erbauer der Ringstraße nur bei Ingenieurbauten auf dem Land geduldet hatten.

Solche Regelwidrigkeiten waren die unvermeidlichen Begleiterscheinungen von Wagners Bemühung, neue Baustoffe als Vokabular in eine überlieferte Grammatik des architektonischen Ausdrucks einzupassen. Das gleiche

Problem war den Anstrengungen von Wagners Vorgängern, den Beaux-Arts-Architekten von Bahnstationen in der Jahrhundertmitte begegnet.[78] Wagners Arbeit zeichnete sich dadurch aus, daß er dem Technischen Würde verlieh, es als ›Kultur‹ verherrlichte. Bei den meisten Stationen bleibt sein Grundidiom historisch. Obwohl er die überlieferten Bauformen erfinderisch mit neuen Materialien durchsetzte – vor allem mit Eisen und Glas –, blieben sie bei seinen Stationsbauten vorherrschend. Bei Viadukten, Durchstichen und Brücken ging Wagner jedoch radikaler vor, gab der technischen Struktur den Vorrang und gestattete deren ästhetischen Attributen, sich in schwingenden Tragbalken, bei massiv vernieteten Winkelstücken von Widerlagern und ähnlichem zu zeigen (siehe z. B. Abb. 22). Doch sogar hier stimmte Wagner gewöhnlich seine radikale strukturelle Ästhetik mit der Tradition ab, indem er kosmetisch die Eigenschaften hinzufügte, welche die Struktur schön machten: Steinfassaden zum Verbergen roher Eisenträger; Verblendungen, Girlanden und Steinmetzarbeiten, um die neuen Baumaterialien zu schmükken und sozusagen zu zivilisieren. Mit wenigen Ausnahmen kennzeichnet eine Dissonanz zwischen der funktionalen Ethik der Konstruktion und der traditionellen Ästhetik der Verschönerung untilgbar Wagners Bemühungen aus dieser Periode.

21 Stationsgebäude Unter-Döbling (Architekt Otto Wagner), 1895–1896

1894 wurde Wagner, während er noch mit der Arbeit beschäftigt war, die seine architektonische Praxis revolutionieren würde, zum Architekturprofessor an der Akademie der bildenden Künste ernannt. Die Tatsache dieser Wahl selbst bedeutete die Anerkennung seiner Arbeit an der Stadtbahn. Die Idee einer nützlichkeitsorientierten Konzeption der Stadtplanung nagte am kulturellen Ideal der Ringstraße selbst in ihrer Festung, der Akademie. Der Lehrstuhl, auf den Wagner berufen wurde, war früher für historischen Stil bestimmt und verlangte einen Dozenten, der »ein überzeugter Vertreter der klassischen Renaissance« sei. Die fortgeschrittenen Architekturstudenten hatten entweder diese Ausbildung in Renaissance oder ihr Gegenstück in gotischer Architektur zu wählen.

Unter den Architekten, die sich bewarben, aber abgewiesen wurden, war Camillo Sitte. 1876, in der Atmosphäre des Stimmungsumschwungs gegen den Kapitalismus, hatten Sittes traditionalistische Ideen für das Handwerk Zugkraft bewiesen und ihm die Direktion der Staatsgewerbeschule eingetragen. Jetzt, zwei Jahrzehnte später, war Wagner daran, auf den Wogen der Zeit zu reiten und aus der Begeisterung, moderne Verkehrsmittel und Ingenieurtechnik in die Großstadt zu bringen, Gewinn zu ziehen. Denn die Stadtbahn ersetzte die großen Alleen als Symbol städtischer Größe und des

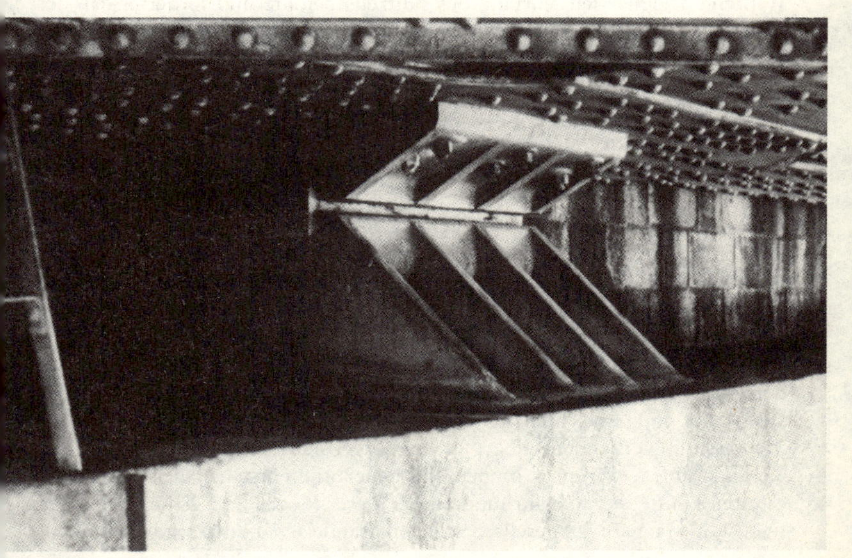

22 Donauschleuse in Nußdorf (Architekt Otto Wagner), 1894–1898: Ingenieurskunst

Fortschritts ganz so, wie in der Zeit der Ringstraße die Allee den Platz ersetzt hatte. Die Berufungskommission der Akademie folgte dem Trend. Sie wählte Wagner nicht wegen des Ansehens, das er sich in dreißigjähriger Bautätigkeit im Renaissancestil erworben hatte, sondern im Gegenteil wegen seiner Fähigkeit, die Bedürfnisse des modernen Lebens und die Verwendung moderner Baustoffe und Konstruktion mit künstlerischen Erfordernissen in Einklang zu bringen. Nicht ohne Bedauern stellte die Kommission in ihrem Bericht fest, daß der Niedergang im Monumentalbau es schwer mache, Meister in historischen Stilen zu erkennen.*[79]

Seine Verpflichtungen als Professor gaben Wagner die Gelegenheit, seine Vorstellungen auszuarbeiten und zu formulieren. In seiner Antrittsvorlesung vor der Akademie schlug er den Grundton für ein neues Zeitalter der Architektur an:

»Der Realismus unserer Zeit muß das Kunstwerk durchdringen, (...) kein Niedergang der Kunst wird daraus resultieren, er wird vielmehr neues, pulsierendes Leben den Formen einhauchen und sich mit der Zeit neue Gebiete, welche heute noch der Kunst entbehren, wie beispielsweise das Gebiet des Ingenieurwesens, erobern.«[80]

Während Wagner den Vorrang des Nutzens betonte und forderte, daß der Architekt die Form frei an den Zweck anpasse, hatte er keineswegs die Vorstellung vom Architekten als Künstler aufgegeben. Im Gegensatz zu Sitte jedoch, der den Architekten als Verfechter der Schönheit gegen die Nützlichkeit sah, versuchte Wagner die künstlerische Aufgabe des Architekten durch seinen Dienst an der Nützlichkeit als einem Gut wiederzubeleben. In der Antrittsvorlesung prophezeite er, daß das moderne Leben selbst die Architekten zwingen würde, einen »einzigen Stil« zu finden, der uns darstelle. Als ersten Schritt habe der Architekt sich selbst von der Knechtschaft der Geschichte zu befreien, von der Tradition der ›Stilarchitektur‹.

In seinem herausfordernden Lehrbuch ›Moderne Architektur‹ (1895) entfaltete Wagner eine geschichtliche Theorie zur Erklärung des traurigen Dilemmas der eklektischen Stilarchitektur des 19. Jahrhunderts. Jeder neue Stil, jedes neue Schönheitsideal in der Geschichte, sagte er, sei gradweise aus dem vorhergegangenen entstanden. »Neue Bauweisen, neue Baustoffe, neue Aufgaben und Ansichten der Menschen haben einen Wechsel oder die Neufassung vorhandener Formen hervorgerufen. Große gesellschaftliche Veränderungen waren es immer, die neue Stile entstehen ließen.« In der zweiten Hälfte des 19. Jahrhunderts sei dieser Prozeß zum Erliegen gekommen. Die Gangart des gesellschaftlichen Wandels war zu rasch gewesen, als

* Karl Hasenauer (1833–1894), der Vorgänger auf dem Lehrstuhl, war seiner Meisterschaft im Monumentalstil wegen erwählt worden und hatte einige der prächtigsten Gebäude der Ringstraße ganz oder teilweise entworfen: die beiden Museen, das Burgtheater und die neue Hofburg.

daß die Kunst in ihrer Entwicklung damit hätte zurecht kommen können. Unfähig, einen Stil zum Ausdruck der Bedürfnisse und Ansichten des modernen Menschen zu entwickeln, hätten die Architekten alle historischen Stile aufgegriffen, um die Leere zu füllen. Wagner bemerkte, daß die Zeit der Ringstraße den Auftrag an einen Architekten einen »Stilauftrag« genannt habe. Undenkbar in jeder früheren Epoche der Geschichte, verrate schon der Begriff die Trennung der Kunst vom Zweck, die Reduzierung der Arbeit des Architekten auf Erzeugnisse archäologischen Studiums. Das seien die Ursprünge des »künstlerischen Katzenjammers«, unter dem die Zeitgenossen litten. Wagner rief den Architekten als Künstler (und nicht nur als nützlichen Techniker) auf zu einer sittlichen Empörung zugunsten des modernen Menschen gegen ein halbes Jahrhundert der Lethargie in der Kunst.[81] In seinem Ausbildungsprogramm erklärte Wagner dem Gedächtnistraining, der vom Historismus begünstigten Fähigkeit, den Krieg. Er verdammte die Italienreise, den klassischen Schlußstein des Beaux Arts-Architekturstudiums, weil die italienischen Vorbilder dem modernen Menschen zu wenig sagten. Man lasse den Jünger der Architektur statt dessen »die Großstädte und jene Orte, wo moderner Luxus zu Hause ist«, besuchen.[82]

Was aber war nun ein moderner Stil? Die Schutzwälle der Geschichte abzutragen, ist eines; das Wesen des modernen Menschen zu bestimmen und ihn im Bauwerk zu verherrlichen, etwas anderes. Bei der Suche nach einer seiner Zeit angemessenen optischen Sprache fand Wagner Verbündete in der jüngeren Generation von Wiener Künstlern und Intellektuellen, die bei der Herausbildung der höheren Kultur des 20. Jahrhunderts Pionierarbeit leisteten. Eine Gruppe von ihnen hatte sich 1897 zusammengeschlossen, um die Secession zu bilden, eine Vereinigung, welche die Fesseln der Tradition brechen und Österreich den europäischen Innovationen in der Plastik – und besonders dem Art nouveau – öffnen wollte. Das Motto der Secession konnte bei Wagner nur den stärksten Widerhall finden: »Der Zeit ihre Kunst, der Kunst ihre Freiheit.« So drückte auch ›Ver Sacrum‹, die Zeitschrift der Secession, schon mit ihrem Namen die feierliche Verpflichtung der Bewegung aus, die Kunst in Österreich und Österreich durch die Kunst zu erneuern. Einer von Wagners begabtesten jüngeren Mitarbeitern, Josef Olbrich, entwarf das bahnbrechende moderne Haus der Secession, wobei er die Form eines modernisierten Tempels benutzte, um die Funktion der Kunst als Religionsersatz für Wiens weltliche intellektuelle Elite anzudeuten (Abb. 39).*

Unter den vielen von der Secession geschaffenen Symbolen ist dasjenige, das Wagner am meisten entspricht, vielleicht das der ›Nuda veritas‹: ein junges Weib, das dem modernen Menschen den Spiegel entgegenhält (Abb. 38). Gustav Klimt, der das Symbol entwarf, verkündete mit demselben Imperativ wie Wagner eine neue Funktion der Kunst, ehe er die

* Siehe unten, Kapitel V, S. 200–207; Abb. 39.

künstlerischen Mittel zu ihrem Ausdruck gefunden hatte. Klimt, Präsident der Secession und ihr beachtlichstes Talent, gab (wiederum wie Wagner die historisierende Architektur) die klassische Historienmalerei auf, mit welcher er seinen Ruhm als Künstler der Ringstraße erworben hatte, um sich auf ein fieberhaftes experimentierendes Suchen nach einer malerischen Sprache einzulassen, welche die Existenz des modernen Menschen zu gestalten vermöchte. Wagner vergötterte Klimt und nannte ihn den »größten Künstler, den die Erde je getragen«.[83] Klimt wurde für ihn das, was Richard Wagner für Sitte war: ein Kulturheros, mit dessen Hilfe er seine Mission als Lehrender und als Künstler neu bestimmte. Wie Sitte seinen Salon mit Szenen aus Wagner-Opern zierte, so hängte Otto Wagner Gemälde von Klimt an die Wände seiner eleganten Villa in Hüttelsdorf.[84]

Klimt und die Secession beeinflußten Wagners Ideen in doppelter Weise: sie stärkten seine Parteinahme für das Moderne, und sie schenkten ihm die neue optische Sprache, um die historischen Stile der Ringstraße zu ersetzen. Die Beziehung war jedoch von Paradoxen verrätselt. Denn Klimt und Otto Wagner erblickten ganz verschiedene Gesichter des modernen Menschen im Spiegel der Nuda veritas. Darüber hinaus behinderte der Art nouveau-Stil Wagners Grundsätze der Nützlichkeit und strukturellen Funktion in der Stadtarchitektur ebenso, wie er sie förderte.[85]

Klimts Suche nach dem modernen Menschen war im wesentlichen orphisch und innerlich, eine Suche nach dem ›homo psychologicus‹, wie sie in der Literatur schon in den frühen neunziger Jahren begonnen hatte. Klimt begann mit einem fröhlichen Aufstand für das Triebleben – vor allem das erotische –, wurde aber bald von dem durch die Rückkehr des Verdrängten verursachten Schmerz gequält. Er bot eine Schopenhauerische Welt verflüssigter Grenzen und unterhöhlter rationaler Strukturen und malte in einer allegorischen und symbolischen Sprache die leidende Seele des ohnmächtig in den Strom des Schicksals geworfenen modernen Menschen.*

Wie anders war doch das Gesicht in Wagners Spiegel der Moderne: ein aktiver, tüchtiger, rationaler, modischer Bürger – ein Städter mit wenig Zeit, viel Geld und einem Geschmack fürs Monumentale. Wagners Großstädter litt nur an einem Mangel: ihm fehlte eine Richtung. In seiner schnellebigen Welt von Zeit und Bewegung spürte man nur zu leicht die »peinliche Unsicherheit«, wie Wagner es nannte. Der Architekt mußte helfen, sie durch bestimmte Bewegungslinien zu überwinden. Klimts Stil und der der Secession halfen Wagner bei diesem Bemühen. Zunächst verlieh Klimts zweidimensionale Raumvorstellung, die für die symbolische Darstellung des abstrakten Wesens der illusionären Welt der Substanz konzipiert war, der Architektur die Fähigkeit, ein neues Gefühl für die Wand zu schaffen. Im Gegensatz zu den schwer gegliederten und plastisch verzierten Mauern der Mietpaläste der Ringstraße bot Wagners erstes Wohnhaus im Stil der Seces-

* Siehe unten, S. 213–218.

sion eine Fassade, die in ihrer Flachheit ihre Wandfunktion darstellte. Betonte das skulptierte Haus der Ringstraße seine Unterscheidung von der Straße, so spiegelte Wagners secessionistische Front die Einfachheit der Straße als Fläche, unterwarf sich ihrer Richtung und betonte sie. In seiner Innengestaltung paßte Wagner dementsprechend die Art nouveau-Linie seiner Leidenschaft für die Führung an: Treppengeländer, Teppiche und Parkettböden wurden mit eingelegten Streifen in der Hauptlinie der Bewegung entworfen, um den Bürgern zu helfen, ihre »peinliche Unsicherheit« zu überwinden.

Die Secession, die in ihrer Weltanschauung militant antihistorisch war, befreite selbstbewußt die Phantasie zur Formulierung eines Stiles, der unbehindert von der Vergangenheit ist. Aber die selbstbewußte Suche nach dem Stil als solchem blieb. Indem sie Wagner einen neuen ornamentalen Wortschatz lieferte, hielt sie in ihm eine fortgesetzte Trennung der Struktur vom Stil aufrecht – gerade das an der Architektur der Ringstraße, was er von Grund aus angegriffen hatte. Die ›Schönheit‹ bei Wagners Bauten blieb bis zu einem gewissen Grade zufällig, eine Sache der Oberfläche, ein ästhetisches Futteral zur Verzierung seiner Formen, die in modischen Symbolen den Ruhm der Moderne verkünden.

Zwei aneinanderstoßende Wohnhäuser, die Wagner 1898–1899 in der Wienzeile errichtete, zeigen seinen Gebrauch des Secessionsstils, um radikal mit dem Vorbild des Renaissance-Palazzo beim Ring zu brechen (Abb. 23). Bei diesen Gebäuden vereinigte Wagner zum ersten Mal die drei wesentlichen Prinzipien, die er in den neunziger Jahren entwickelt hatte. Zwei davon stammten von den Ingenieurbauten: der Vorrang des Zweckes, der die Form bestimmt, und die ehrliche Verwendung moderner Materialien entsprechend ihren Eigenschaften; das dritte Prinzip, eine allgemeine Parteinahme für die unhistorische, beinahe symbolische Sprache der Moderne, bezog er von der Secession.

Wagner gab bei der Durchführung des ersten Grundsatzes der zweckbestimmten Ehrlichkeit die verschleiernde Vereinigung von Geschäft und Wohnung hinter einer Renaissancefassade auf. Statt dessen ließ er die Fassade seiner Häuser an der Wienzeile in unterschiedlichen entgegengesetzten Formen die beiden getrennten Zweckbestimmungen des Innenraumes verkünden: unten Geschäft und oben Wohnung (Abb. 23). Ein kräftiger durchlaufender Streifen von Glas und Eisen kennzeichnet das Erdgeschoß als kommerziellen Raum. Über dem zweiten Geschoß übernimmt der Wohnzweck die Fassaden, und die Verzierung beginnt.* Wagners nachdrückliche dichotomische Symbolisierung der beiden Funktionen des Gebäudes erkennt man am besten aus der Eckansicht. Auf der rechten Seite, mit der Front zur

* An einem der beiden Gebäude nebenan breitet sich vom zweiten Stockwerk aus ein großer Rosenstrauch hinauf, der das Äußere der Wohnetagen ganz bedeckt. Am anderen Gebäude sind vergoldete und gestutzte Lebensbäume am Ende jeder Fassade an vorragenden Säulen als Relief emporgezogen.

23 Wohnhäuser Linke Wienzeile und Köstlergasse (Architekt Otto Wagner), 1898–1899

CAFE

Wohnstraße hin, ist alles einheitlich mit kleinen Läden im Erdgeschoß, die unaufdringlich auf herkömmliche Weise absorbiert werden, um zur ruhigen Atmosphäre der Wohnstraßenseite zu passen. Im Gegensatz dazu ist die linke Seite des Gebäudes, die zur Wienzeile und ihrem Markt zeigt, horizontal aufgeteilt zwischen Arbeitsplatz und Wohnung, wobei jedes seinen eigenen Stil und sein eigenes Material hat. Die Behandlung der Ecke treibt die sich ergebende Dualität auf einen Gipfel der Intensität, wobei der eckige Geschäftsraum aus Eisen und Glas entschieden hervortritt unter der zierlich gerundeten und stuckierten Ecke der oberen Wohngeschosse. Oben krönt eine luxuriöse Villa mit Girlanden, Zweigen, Steinvasen und Statuen das Gebäude wie ein reiches Diadem als Symbol des städtischen Luxuslebens, das seine ökonomische Basis in den prosaischen nüchternen Geschäftsräumen unten hat. Bei den Gebäuden der Wienzeile drückte Wagner die beiden Seiten des modernen Städters aus, wie er ihn sah, und gab jeder Seite ihre eigene Stilsprache: für den Geschäftsmann und für den Mann von Geschmack. Damit legte er in einer heiklen, aber offenen Nebeneinanderstellung bloß, was die Architekten der Ringstraße durchs Verbergen vereinigen wollten, als sie wie im Textilviertel die kommerziellen Funktionen unter dem Wohnstil des Renaissance-Palastes verhüllten.

Wagners doppelte Redeweise dauerte nicht lange. Innerhalb weniger Jahre eroberte der rationale Stil, den er für den kommerziellen Teil der Gebäude der Wienzeile entwickelt hatte, erst die Geschäftsbauten und dann die Wohnhäuser und herrschte in beiden. Es war, als ob das geschäftsmäßige Wesen des modernen Menschen und der seinem Arbeitsleben angemessene Stil alle Dimensionen seines Daseins beherrschen sollte. Hinter dieser Stilentwicklung in der Architektur stand die Bürokratisierung der Regierung wie des Geschäftslebens. Die Ausdehnung eines zentralisierten Verwaltungsapparates erzeugte einen Raumhunger, der nicht länger durch die Unterbringung von Büros in einem oder den beiden unteren Geschossen von Wohnhäusern befriedigt werden konnte. Wagner, der in Wiens selbständigem Bürobau mit der Länderbank in den Jahren 1882–1883 Bahnbrechendes geleistet hatte, ergriff gern die neuen Gelegenheiten zu funktionaler Gestaltung.

Den passenden Anlaß für den letzten schöpferischen Ausbruch des Architekten bot die Bebauung des Schlußteils der Ringstraße, des sogenannten Stubenviertels, im Jahrzehnt vor dem Ersten Weltkrieg. Wagner war schon in den neunziger Jahren mit der Planung dieses Abschnitts beschäftigt. Nach der Jahrhundertwende beschleunigte die Regierung ihr Fortschreiten durch Ausschreibung von Wettbewerben für zwei große Verwaltungsgebäude in diesem Bezirk: das neue Kriegsministerium und ein Bürogebäude für die Hauptverwaltung des Österreichischen Postsparkassenamtes. Beide Projekte bedeuteten politisch einen Archaismus, obwohl sie mit der Berücksichtigung der Bedürfnisse einer umfassenden Konzentrierung der Verwaltung modern waren. Sie bedeuteten eine Rückkehr zur Ringstraße des Militärs und des

Katholizismus – der beiden traditionellen Kräfte, die bei der Geburt der Ringstraße führend waren, aber durch den Sieg des Liberalismus früh von ihrer Entwicklung ferngehalten wurden. Jedoch kehrten beide alten Kräfte in moderner bürokratischer Form zurück. Das neue Kriegsministerium, das die riesige Verwaltung eines modernen Wehrpflichtigenheeres zu beherbergen hatte, sollte das Gelände der Franz Josef-Kasernen einnehmen, eines der konterrevolutionären Stützpunkte der alten Berufsarmee in den fünfziger Jahren, die 1898 als anachronistisch abgerissen wurden. Der Bauauftrag aus diesem Wettbewerb ging nicht an Otto Wagner, sondern an einen traditionelleren, im Barockstil bauenden Architekten.

Das Postsparkassenamt, dessen Verwaltungsgebäude Wagner errichtete, bezeugt das entsprechende Wiederaufleben der alten religiösen Kräfte im neuen sozialen Gewand. Die Institution war für den »kleinen Mann« geschaffen als staatlich geförderte Bemühung, die Macht der Großbanken – der Rothschild-»Partei« – einzudämmen. Die Christlich-Soziale Partei hatte sie als Antwort für die untere Mittelschicht gegen die Macht der jüdischen Bankiers und der Liberalen benutzt: viele kleine Sparer würden ihre Rücklagen zusammenbringen als Gegengewicht zur Macht der wenigen Großen. Georg Coch, der Beamte, der 1880 die Postsparkasse schuf, wurde für die Christlich-Sozialen zum Märtyrer. Seinen Anhängern gelang es nicht, seine Büste im neuen Verwaltungsgebäude aufzustellen, wegen einer, wie sie behaupteten, einflußreichen jüdischen Opposition. Bürgermeister Karl Lueger machte daraus ein Politikum. Seine christlich-soziale Stadtverwaltung beanspruchte den Platz vor dem Postsparkassenamt für Coch und errichtete mit Wagners ausdrücklicher Zustimmung Cochs Büste auf einem Sockel auf dem Platz – das erste Denkmal eines antisemitischen Kulturheros auf der Ringstraße.[86] Wir haben gesehen, wie die Votivkirche die Macht der traditionalistischen katholischen Reaktion am einen Ende der Ringstraße gerade zu der Zeit symbolisierte, als die liberale Ära begann; das Postsparkassenamt bezeichnete ihr Wiederaufleben als Volksmacht am anderen Straßenende – dem neuen Kriegsministerium gegenüber –, als die liberale Ära zu Ende ging.

Was auch immer die antikapitalistische Bedeutung der Postsparkasse gewesen sein mag, ihre funktionalen architektonischen Anforderungen waren durchaus modern. Otto Wagner schuf als Vorkämpfer des städtischen Geschäftsstils mit diesem Gebäude den reichen, aber schlichten und eleganten modernen Stil, nach dem er zumindest ein Jahrzehnt lang gesucht hatte (Abb. 24). Darin entwickelte er die vorher bei den Wohnhäusern der Wienzeile bemerkten Tendenzen weiter: die flächenhafte Fassade mit den Fenstern fast auf gleicher Ebene mit der Wand, das Experimentieren mit neuen Materialien (in diesem Fall mit Aluminium) und die Vereinfachung der Form. Die eindrucksvolle Gleichförmigkeit des bürokratischen Rationalismus spiegelte sich schon in der Außenfläche des Gebäudes mit seinen ausgewogenen unaufdringlichen Fensterflügeln, seinen unverzierten Mauern

24 Österreichisches Postsparkassenamt (Architekt Otto Wagner), 1904–1906.

Im Vordergrund das Denkmal für Georg Coch

25 Neustiftgasse 40 (Architekt Otto Wagner), 1909–1910

mit Marmortafeln, die mit reichen, aber schlichten Aluminiumbolzen befestigt waren, seinem Eingang, der starken Publikumsverkehr aufnehmen kann, jedoch im Vergleich mit den monumentalen Portalen, die man bei den früheren Ringstraßenbauten bevorzugte, zurückhaltend ist.*

Wagner hatte einmal die Probleme des Bürohauses als Sondertypus gelöst und wandte nun die dabei gewonnenen Techniken bald auf die Wohnarchitektur an: die Verwendung von Aluminium, bewegliche Zwischenwände, Eisenbeton, die drastisch vereinfachte Treppengestaltung in geometrischer Form, freistehende Säulen, Lichtinstallation und eine elegante Übereinstimmung zwischen der Innengestaltung und der äußeren Form. Das waren die Eigenschaften der Neustiftgasse 40 (Abb. 25), des ersten Wohnhauses, das er nach dem Postsparkassenamt baute.

In dem Gebäude der Neustiftgasse 40 vollendete Wagner seine große Neuerung – die Übertragung eines neuen für das Bürohaus konzipierten Stils auf die Wohnarchitektur selbst. In seiner frühen Zeit blieben seine funktionalen Experimente im Geschäftsbau innerhalb der Renaissancegrundformen (Abb. 18). Dann verzeichneten die Häuser der Wienzeile einen ersten Durchbruch, wobei die am Nutzen orientierten Formen im konventionell dominierenden Bereich des Wohnbaus sich parallel zeigten (Abb. 23). Schließlich erreicht die Bahn der Entwicklung bei der Neustiftgasse 40 (Abb. 25) ihr Ziel mit dem Sieg des Büros über die Wohnung. Die einheitlichen Fenster ohne Sims kündigen unmißverständlich den uniformen Zellenraum eines Geschäftsgebäudes an. Sie bedeuten ferner im Gegensatz zur vertikalen Differenzierung der Wohnungen in der Ringstraße, die den unterschiedlichen ökonomischen Status ihrer Bewohner sogar äußerlich zeigen, Gleichheit der Mieter. Verschwunden ist auch alles zufällige Ornament – sei es das viktorianische aus Stein oder das des Art nouveau in Malerei und Applikation. Zurückhaltende rechtwinklige Linien und Muster verstärken nur den geometrischen Charakter des Baues. Der kommerzielle Raum in den unteren Geschossen ist zwar immer noch nach Art der Renaissance von den oberen Stockwerken abgehoben und wird streng durch Schaufenster und Bänder von schwarzglasierten Klinkerziegeln abgegrenzt. Behaupteten in der Wienzeile die oberen Wohngeschosse mit ihren zierlichen Formen und durch Dekoration ihre Unabhängigkeit von den Fronten der Geschäftsräume unten, so nehmen hier die oberen Geschosse bescheiden die Sprache der geschäftlichen Hälfte an. Darüber hinaus war das Haus leicht zu finden für den geschäftigen Städter, der nach Wagners Meinung zu diesem höchst rationalen Gebäude geführt werden mußte – durch die klare, blockartige Form des Ganzen und mit Hilfe des großen tafelartigen Feldes, das hoch oben die Straße und Hausnummer des Gebäudes verkündete.

* Es ließe sich viel über die baulichen Neuerungen des Gebäudes sagen, was aber nicht zu unserem Thema gehört.

Mit der Neustiftgasse 40 erreichte der Architekt zuletzt einen gleichförmigen Baustil für den modernen Städter und eine abschließende Etappe auf seiner langen, an Experimenten reichen Suche.

V

Wagner nahm im Jahre 1910, als er sein einheitliches modernes Gebäude Neustiftgasse 40 vollendet hatte, noch einmal das Problem der Stadt im Ganzen auf. Es war nun fünfzig Jahre her, daß man mit der Ringstraße begonnen hatte, und fast zwanzig Jahre seit der Annahme des zweiten Stadterweiterungsplans für Wien. Wagner hatte an beiden Phasen teilgenommen. In der ersten hatte er sich als Architekt und Bauspekulant an dem klassengebundenen historistischen Monumentalismus beteiligt, der sie beherrschte. 1893 hatte Wagner als Sieger beim Wettbewerb für den zweiten Stadterweiterungsplan die Faktoren des Verkehrs zum Mittelpunkt seines Vorschlags gemacht und sich damit vom Primat des Ästhetischen weg dem Primat des Funktionellen und Technischen zugewandt. Wagner verband die neue Technologie mit der neuen Kunst, schuf damit eine vom historischen Pathos erstaunlich freie Architektur und erzielte einen eleganten, einfachen und funktional ausdrucksvollen Stil des zeitgemäßen Stadtgebäudes für Büros und Wohnungen. Nun blieb ihm die Aufgabe, eine entsprechende Vorstellung von der Stadt herauszuarbeiten – einen Rahmen zu entwerfen, innerhalb dessen seine Gebäude ihre funktionalen und ästhetischen Möglichkeiten verwirklichen könnten.

Es paßte dazu, daß Wagner seinen neuen Begriff der modernen Stadt auf eine Einladung aus Amerika hin formulierte, das schon zum klassischen Land der Großstädte geworden war. In einem ansprechend gestalteten Band mit dem Titel ›Die Großstadt‹ entwickelte Wagner die Vorstellungen, die er für einen internationalen Kongreß für städtische Künste an der Columbia University ausgearbeitet hatte.*

Wie Sitte in seinem Buch ›Städtebau‹, so benutzte auch Wagner Wien zur Erläuterung seiner Grundsätze der Stadtplanung, aber Wagner betonte weniger die Praktiken der Vergangenheit als die Möglichkeiten der Zukunft. Dabei richtete er, ohne Namen zu nennen, einen heftigen Angriff auf Sitte und dessen Gefolgschaft, gegen »das Gejammer der Historiker in der Stadtbaufrage«.[87] Wagner verspottete deren »so beliebte Schlagworte von Heimatkunst, Einfügen in das Stadtbild, Gemüt im Stadtbild usw.« zusammen mit allen Maßnahmen, die Sitte dafür vorgeschlagen hatte – malerische Gestaltung, bewußt unregelmäßige Straßen und Plätze, »den leider so beliebten Aufputz einer Stadt«.[88] Genau diese Faktoren, die Sitte als die notwendi-

* Der Kongreß fand unter der Schirmherrschaft des Staates und der Stadt New York statt. Siehe Otto Wagner, Die Großstadt, eine Studie über diese, Wien 1911, S. 1.

gen Übel des modernen Städtebaus angesehen hatte – ökonomische Faktoren, Verkehr, Hygiene usw. –, erkannte Wagner als Grundlage positiven Planens an. Vor allem schätzte er die massige Gleichförmigkeit, vor der Sitte zurückschreckte, und entwickelte deren Möglichkeiten für eine künstlerische Gestaltung der Stadt ganz bewußt.

Für Wagner war es unvermeidlich, daß die moderne Wirtschaft die moderne Stadt unbegrenzt ausdehne. Er identifizierte sich mit dem »selbstverständlichen« Wachstumswillen jeder Stadtverwaltung. Die Notwendigkeit der Ausdehnung erschien als psychologischer Wert. Unverbesserlicher Städter, der er war, bezweifelte Wagner nicht, daß die Mehrheit der Menschen lieber in einer Großstadt als in einer Kleinstadt oder auf dem Lande leben möchte. Lebensweise, soziale Stellung, Bequemlichkeit, Luxus, das Vorhandensein intellektueller und sportlicher Einrichtungen, Zeitvertreib im guten und schlechten Sinne und schließlich Kunst motivieren diese Erscheinung. Wie in der Architektur so auch bei der Stadtplanung »hat die Kunst das Stadtbild der jeweiligen Menschheit anzupassen«.[89]

Die Ausdehnung der Städte und die kapitalistische Wirtschaft diktierten den riesigen Wohnblock als einzige Lösung, um die Millionen Stadtbewohner unterzubringen. »Unser demokratisches Wesen, in welches die Allgemeinheit mit dem Schrei nach billigen und gesunden Wohnungen und mit der erzwungenen Ökonomie der Lebensweise eingepreßt wird, hat die Uniformität unserer Wohnhäuser zur Folge.« Wir dürfen dieser Herausforderung nicht durch Rückzug in die Vergangenheit begegnen, sondern dadurch, daß wir »diese Uniformität zur Monumentalität« erheben.[90]

Für die Erbauer der Ringstraße lag der Schlüssel zum Monumentalen in den großen öffentlichen Gebäuden, zu denen die Straße den Bürger bei seinen Gängen führe. Wagner verlieh der Straße Monumentalität. Die natürliche Plazierung von Häusern in einer Reihe schuf lange ebene Flächen, welche die Straße einfassen. Stimmte man ihre Höhe aufeinander ab und nahm ihnen den verwirrenden plastischen Schmuck, so machten die Häuser die Straße selbst zu einem Monument. Die glatte, lineare Fassade des Wohnhauses bot auch einen psychologischen Vorteil. Sie verstärkt die Linienführung der Straße, die so wichtig ist, wie wir sahen, um dem Geschäftsgang Leitung und Orientierung zu geben. Schließlich könnte der künstlerische Planer sowohl der Monumentalität der Straße wie ihrer Orientierungsfunktion dienen, um sie gelegentlich durch architektonische Brennpunkte nach barocker Art zu unterbrechen: Plätze, öffentliche Gebäude oder steinerne Denkmäler. Diese Unterbrechungen der Straße sollten nicht, wie Sitte es wollte, hineinziehen, sondern zu etwas hinführen. Sitte in seinem Kampf gegen das Unregelmäßige benutzte den Platz, um den Strom sich bewegender Menschen aufzuhalten; Wagner benutzte ihn, um diesem Strom Richtung und Ziel zu geben. Die Perspektive der Fahrzeuge bestimmte Wagners Vorstellungen von der Stadt wie jene der Fußgänger die Perspektive Sittes. Wenn Wagner sich auf die Erfahrung des Fußgängers in der Stadt bezog, so war es mit dem Blick des Geschäftsmannes oder dem des Einkaufenden. Wie ein Baudelaire des Konsumwesens jubelte er über die leuchtende ununterbrochene Kette schöner Läden, aus denen künstlerische Erzeugnisse des Landes und der Stadt winken.[91]

Wagner, der für die unbegrenzt ausdehnbare Stadt eintrat, stand vor dem Problem, diese Stadt lebensfähig zu machen. Er erkannte das Bedürfnis, das Zentrum von übertrieben starkem Bevölkerungsdruck zu befreien und die Verbindung von Arbeits- und Wohnbereich in vernünftigen geographischen Grenzen zu halten. Seine Lösung war wie bei seinem modernen Wohnhaus der Modul. Für sein Beispiel Wien schlug er vor, daß jeder neue Stadtbezirk als eine halb selbständige Stadt von 100000 bis 150000 Einwohnern zu planen sei. Jede hätte ihre Arbeitsplätze (Wagner vermied die Erwähnung von Fabriken!), ihre gleichförmigen Wohnblöcke, deren jeder an eine Grünfläche grenzt, und ein sehr formelles »Luftzentrum«, wo die öffentlichen und kulturellen Bauten ihren Platz finden würden. Gewiß feierten Lineal und Zirkel ihren Triumph in dem in Abbildung 26 gezeigten Plan. Wagners Zeichnung des Luftzentrums aus der Vogelperspektive (Abb. 27) zeigt ebenso, wie kompromißlos er sein Ziel erreichte, das Gleichförmige zum Monumentalen zu erheben. Die Ansprüche der Ringstraße auf Großartigkeit scheinen kümmerlich im Vergleich mit Wagners Großstadt-Utopie, dem Traum der Vernunft eines späten Rationalisten.

Sitte hatte im Geist eines entmutigten Realismus den größten Teil der Stadt den Utilitaristen überlassen und betonte die Bewahrung der Schätze einer Stadt aus der Vergangenheit und das Erbauen von Plätzen als Vorbilder für eine bessere Zukunft der Stadt. Wagner hatte sich fürs Gegenteil entschieden: er hatte die Hoffnungslosigkeit erkannt, die alte Stadt wiederaufzubauen, überließ diese Aufgabe den Historisten und empfahl nur das notwendige Minimum an Regulierung und Erneuerung der bestehenden Großstadt. Sein Blick ging in die Zukunft: auf die Peripherie und die umgebende Landschaft. Dort konnte die Stadt rational geplant werden. Wie bei seinem Plan von 1893 entwarf Wagner in seinem Buch ›Die Großstadt‹ strahlenförmige Verkehrsadern für Straße und Schiene vom Zentrum aus in die Richtung des Wachstums (Abb. 28).

In die Maschen des so entstandenen Netzes könnten neue Vorstädte eingefügt werden, wenn ihre Zeit gekommen sei. Wagner wies die Idee eines grünen Gürtels rund um die Stadt von der Hand – gerade zu der Zeit, als Wien ihn unter der reformerischen christlich-sozialen Regierung tatsächlich anlegte. Überhaupt sei die Anlage eines Grüngürtels um die Großstadt, schrieb er, wieder nur »eine festgestellte Einschließung, die sicher zu vermeiden ist«. Es scheint richtiger, »jedem einzelnen Bezirk entsprechende Luftzentren zu geben«.[92] Wagners Rationalismus ließ der romantischen Natur keinen Platz. Seine Äußerungen zeigen, daß seine unbegrenzte Stadt nicht nur das Land verschlingen, sondern auch alle Vegetation in grüne Architekturskulptur verwandeln würde.

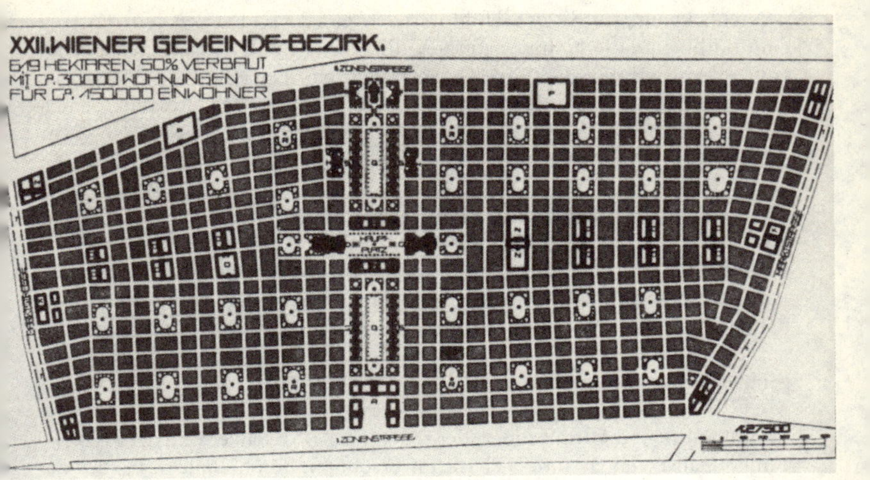

26 Plan eines Stadtbezirks von Otto Wagner, 1911

27 Luftzentrum, Zeichnung von Otto Wagner, 1911

Nichts konnte für Sittes Gefühl fremder sein. Er schlug den anderen Weg ein und brachte die Natura naturans, die erzeugende Natur, in seine ruhevolle und malerische städtische Gemeinschaft ein. Die Allee, wo Bäume nur eine ornamentale Geste der Stadt sind – die in Wagners Stadtplanung einen bedeutenden Platz einnimmt –, war für Sitte »eine flammende Anklageschrift gegen unseren Geschmack«:

»Kann es denn Abgeschmackteres geben, als die freie Naturform eines Baumes, die ja gerade in der Großstadt uns die freie Natur phantastisch vorzaubern soll, in gleicher Größe, in mathematisch haarscharf gleichen Abständen... und noch obendrein in schier endloser Länge immer wiederholt aufzustellen? Man bekommt ja förmlich Magendrücken vor beklemmender Langeweile. Und das ist die Haupt-›Kunstform‹ unserer Städtebauer geometrischer Observanz!«[93]

Camillo Sitte und Otto Wagner, der romantische Archaiker und der rationale Funktionalist, teilten unter sich die unversöhnten Bestandteile des Erbes der

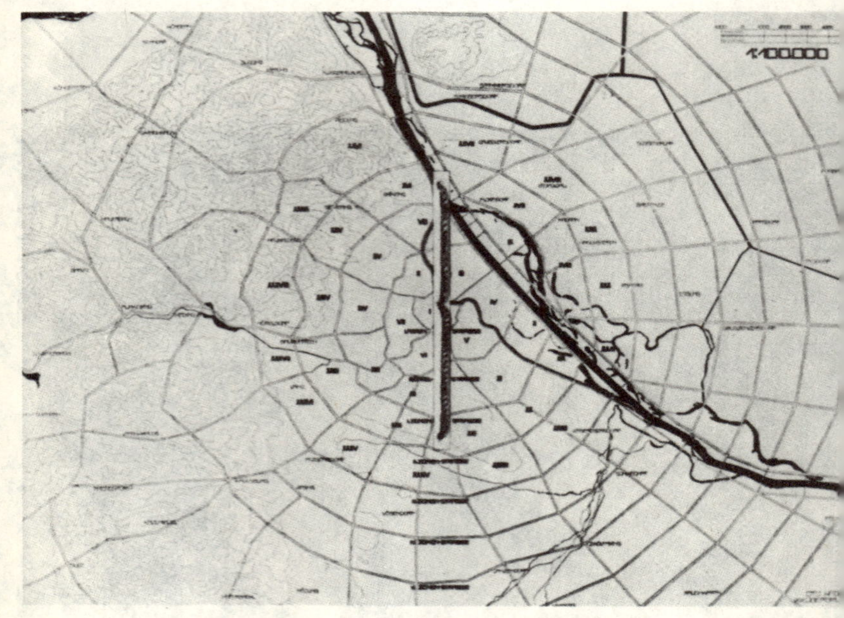

28 Plan Otto Wagners für die ausdehnungsfähige Stadt, 1911

Ringstraße auf. Sitte ergriff aus der handwerklichen Tradition heraus den Historismus der Ringstraße, um seinen Plan der Erneuerung einer gemeinschaftsbildenden Stadt mit dem umschlossenen Platz als dem Vorbild für die Zukunft zu fördern. Wagner nahm aus bürgerlicher Bejahung der Technologie das für wesentlich, was Sitte am meisten bei der Ringstraße verurteilt hatte: die vorrangige Dynamik der Straße. Der konservative Sitte fürchtete das Wirken der Zeit und setzte seine Hoffnung für die Stadt in den umschlossenen Raum, in die menschlichen sozialisierenden Umgrenzungen des Platzes. Wagner unterwarf noch mehr als die fortschrittlichen Architekten der Ringstraße vor ihm die Stadt der Herrschaft der Zeit. Deshalb war die Straße König, die Verkehrsader von Menschen in Bewegung, und der Platz konnte bestenfalls als Ziel der Straße dienen, seinen Benutzern Richtung und Orientierung zu geben. Stil, Landschaftsgestaltung und all jene Elemente, durch die Sitte im Kampf gegen moderne Anatomie Vielfalt und malerisches Aussehen erzielen wollte, benutzte Wagner im wesentlichen zur Verstärkung der Macht der Straße und ihrer zeitlichen Linienführung.

Obwohl beide Theoretiker auf je verschiedene Weise gegen die heikle Synthese von historischer Schönheit und moderner Nützlichkeit bei der Ringstraße rebellierten, blieben sie einem der wesentlichen Werte der liberalen bürgerlichen Städtebauer treu: dem Monumentalen.[94] Wagner beurteilte den Erfolg des Stadtplaners als Künstlers nach seiner Fähigkeit, das Gleichförmige zum Monumentalen zu erheben.

Auf der Grundlage ihres gemeinsamen Eintretens fürs Monumentale waren die beiden Kritiker sich einig in ihrer Bewunderung des großartigsten Projekts der ganzen Ringstraßenplanung: des Äußeren Burgplatzes (Abb. 29). Gottfried Semper hatte diesen Mammutplatz – er nannte ihn das Kaiserforum – entworfen, um die Hofburg mit den beiden großen Museen, dem Naturhistorischen und dem Kunsthistorischen, über die Ringstraße hinweg zu verbinden. Als Freund Richard Wagners und dessen Kampfgefährte für die Freiheit im Jahre 1848 hatte Semper die ersten Entwürfe für Wagners Bühnenhaus zur Aufführung der erlösenden Musikdramen gezeichnet. Natürlich mußte Sitte ihn bewundern. Nach der Revolution war Semper nach England geflohen, wo er als Mitbegründer des South Kensington (heute Victoria and Albert) Museum zur Vereinigung von Kunst und Gewerbe auch ein einflußreicher positivistischer Architekturtheoretiker wurde. Diese Seite von ihm sprach natürlich Otto Wagner an.

Mit seinem Kaiserforum an der Ringstraße bot Semper eine praktische Lösung für das Repräsentationsproblem in der Stadtplanung. Seinen riesigen Platz konzipierte er so, daß er die Souveränität von Försters kreisendem Raum herausforderte. Das Forum würde als Achse die Ringstraße zweiteilen. Große Bögen sollten die beiden Museen im Vordergrund in zwei Richtungen mit der kaiserlichen Hofburg im Hintergrund verbinden. Die Achse würde so den Pflastergürtel durchbrechen, mit welchem die Ringstraße den Gürtel steinerner Festungsanlagen um die Innenstadt ersetzt hatte.

29 Äußerer Burgplatz (Kaiserforum), Entwurf von Gottfried Semper, 1896

Sie würde das Alte mit dem Neuen verbinden: den Hof mit den volkstümlichen Zentren der höheren Bildung, die Residenz der alten Monarchie mit den Instituten bürgerlicher Wissenschaft und Kunst, die innere Stadt mit der äußeren.

Semper hatte, wie Sitte es aussprach, »den majestätischen neuen Burgplatz«... »kolossal«, »in antikem Geiste« – besonders im Geiste Roms konzipiert. Seiner enormen Größe wegen hatte Rom räumliche Modelle geschaffen, die für moderne Städte vorbildlich seien, Räume, die monströse Menschenmassen zu handhaben fähig sind. Sitte, der sich gewöhnlich um Intimität und Malerisches sorgte, unterwarf sich den heroischen Proportionen von Sempers Plan. Er hielt es für ein Zeichen von Wiens zunehmender Reife, daß man ein Projekt in Auftrag gab, das »zu Beginn der ganzen Bewegung wahrscheinlich als Utopie betrachtet worden« wäre. Die Zeit gelangte zur Reife, und die Stunde hatte für Semper, einen Meister des dramatischen Raumes, geschlagen.[95]

Otto Wagner hatte Semper seit den neunziger Jahren bewundert als einen Theoretiker des Vorrangs von Zweck und Technologie in der stilistischen Gestaltung. Darüber hinaus entsprachen die barocke Größe und die klaren Brennpunkte von Sempers Forum zwischen Hofburg und Museen Wagners Gefühl für Rationalität ebenso wie seinem Sinn für Maßstab. Die rechtwinkligen Rasenflächen mit Wegen, die deutlich auf Tore oder in andere Richtungen führten, die einfache Symmetrie in der Anordnung der Gebäude waren wie geschaffen für Wagners Imperative der Richtungsklarheit innerhalb des Monumentalen. Gegen Wiens sonstiges künstlerisches Versagen stand für Wagner Sempers Werk in Glorie da. Trotz der vorhandenen günstigen Voraussetzungen habe Wien in sechzig Jahren mit Ausnahme von Sempers äußerem Burgplatz kein großstädtisches Bild geschaffen, während die Ringstraße ihre Entstehung einem glücklichen Zufall verdanke. Wagner nahm Sempers Platz als die Ausnahme, um dem Laien die Regel zu beweisen, daß ohne Vision, ohne Kunst, die das Werdende unablässig weihe, eine schöne Großstadt nicht entstehen könne.[96]

Die Ironie der Geschichte wollte es, daß gerade dieses eine Stück der Ringstraße, in dessen Bewunderung unsere beiden Kritiker sich einig waren, nie vollendet wurde. Sempers Bögen, welche die kaiserliche Residenz mit den bürgerlichen Kulturstätten verbinden sollten, wölbten sich nicht über die Ringstraße. Noch durch den schnellen Autoverkehr bestärkt, betont die Stadt heute mehr denn je ihre Macht, zwischen der Innenstadt und den Außenbezirken zu trennen.

Es ist wenigen Stadtplanern gegeben, ihre Träume zu verwirklichen. Sittes und Wagners eigene Visionen einer Stadt der Zukunft hatten sogar noch weniger Glück als Semper und sein Forum. In den rasch wachsenden Städten der Jahrhundertwende verlieh das Gefühl vom rasenden Schritt der Zeit dem Verbreiten der Ideen für eine gute Stadt, ehe Spekulation und Indifferenz die Zukunft der Stadt zu Farblosigkeit und Auswucherung zwangen, besondere Dringlichkeit. Daher wirkten Sitte und Wagner unermüdlich – in ihrem Unterricht, als öffentliche Redner, in der Presse und in zahllosen Kommissionen des Staates, der Stadt und der Berufsverbände. Beide erwiesen sich als Kinder des 19. Jahrhunderts, als sie sich einer von dessen beliebtesten Einrichtungen zuwandten, um ihre Botschaft der Nachwelt zu übermitteln: dem Museum. Beiden war das Museum zugleich eine pädagogische Aufgabe und ein sehnsüchtiges Denkmal ihrer selbst, um die Vorstellungen zu inszenieren, die sie einer sich zersplitternden gesellschaftlichen Wirklichkeit auferlegen wollten. Ein Vergleich ihrer Museumsprojekte – beide blieben unverwirklicht – biete uns einen abschließenden Einblick in ihre Stellung als Kritiker.

Sitte entwarf sein Museum als großen Turm, als nationales Denkmal deutscher Kultur. Es sollte die optische Darbietung eines gewaltigen wissenschaftlichen Vorhabens werden, an dem er zeit seines Lebens arbeitete: einer siebenbändigen ›Gesamtkunstgeschichte‹ der Kunstformen. Bei der Stadtplanung hatte Sitte mit modernen utilitaristischen Erfordernissen und der ökonomischen Macht ausgiebig Kompromisse geschlossen; sein Museum dachte er sich dagegen unbefleckt von der Realität, frei von jedem praktischen Zweck, ein rein künstlerisches nationales Denkmal. Form und Lage drückten sowohl ein positives Ideal wie einen tatsächlichen Rückzug aus. Sitte nannte es ›Holländer-Turm‹ und wollte es fern der Großstadt an einem öden Strand plazieren. Wagners ›Fliegender Holländer‹ soll die Namensgebung für den Turm inspiriert haben.[97] Vielleicht verband Sitte hier den Holländer mit Goethes greisem Faust, der in seiner letzten Rolle als moderner Pionier dem Meer Land abgewinnt, in Holland eine utopische Gemeinschaft errichtet und dabei einen Turm baut.* Woher sein Bild auch stammen mag, das Turm-Museum Sittes drückte sowohl mit seiner phallischen Form wie mit seinem historischen Gehalt seinen Wunsch aus, die Macht des Vergangenen gegen die Verwüstungen der Gegenwart zu behaupten. Der Ort dafür war der psychologisch passende. Nur fern von einer realen modernen Großstadt konnte eine derartig nekrophile Phantasie in Sicherheit gepflegt werden.

Otto Wagners Traummuseum war von anderer Art. Es war den Künsten der Gegenwart und der Zukunft geweiht. Doch wie Sittes Denkmal die Künste von gestern, so empfahl Wagners Museum für morgen sein eigenes noch unerfülltes Eintreten für die Verwandlung der städtischen Zivilisation. Auch Wagner hatte zeit seines Lebens die Probleme des Museums angesprochen. Früh in seiner Laufbahn (1880) hatte er eine Art utopischer Museums-

* Da Sitte Wagners Holländer mit Goethes Faust als Archetypen des modernen Unternehmers verband (siehe S. 65–67), mag das faustische Element auch bei der Wahl der Form des Turmes gegenwärtig gewesen sein. Um seinen Turm zu bauen, beseitigte Faust die alten Landleute, die Wanderer wie den Holländer retteten und ihnen halfen. Sittes Turm, der die Volkskultur der Vergangenheit verewigen sollte, wäre somit im Vergleich zu Goethes Turm eine Sühne für die Vergehen der modernen Planer.

stadt entworfen, die er ›Artibus‹ nannte (Abb. 30). Mit einem Pantheon der Kunst in seiner Mitte beweist diese Beaux Art-Ecke des irdischen Paradieses, in welchem Ausmaß Wagner ursprünglich die Ansprüche der Ringstraßenkultur geteilt hatte.[98] Mit seiner Bekehrung zur Secession und der Suche nach einem neuen Stil im Jahre 1897 wechselten auch seine Vorstellungen vom Museum die Richtung. Wagner schloß sich der Kampagne der Secession für ein staatlich gefördertes Museum der modernen Kunst an. Seine Bemühungen durch politisches Agitieren, durch Mitarbeit im Kunstrat des Unterrichtsministeriums und durch Vorlage von Museumsentwürfen zeitigten nur geringen Erfolg für die Sache und keinen Auftrag.[99] Wagner verwarf die vorherrschende Vorstellung von einem modernen Museum als Behältnis einzelner Kunstgebilde, die gesammelt und betreut werden. Er vermied

30 Entwurf einer Museumsstadt (»Artibus«) von Otto Wagner, 1880

selbst den Namen ›Museum‹ und plädierte statt dessen für einen dynamischen Schauraum, der »ein klares Bild des jeweiligen Kunstschaffens im kommenden Jahrhundert zu gewinnen« erlaubte.[100] Wagner stellte sich das Innere seiner Galerie als unausgeführt vor. Ihr Raum würde in zwanzig Einheiten unterteilt, die nacheinander im Abstand von fünf Jahren im Lauf des Jahrhunderts angefüllt würden. Jede Einheit würde eine gemeinsame Ausstellung der besten Kunst und Architektur, die im jeweiligen Lustrum geschaffen worden sei. Kustoden wurden nicht gebraucht und waren auch nicht erwünscht. Die Durchführung jeder Ausstellung des Standes der Kunst im Intervall von fünf Jahren sollte, so meinte Wagner, einem führenden zeitgenössischen Künstler oder einer Künstlergruppe anvertraut werden, »deren Schaffen dem Empfinden und dem Geist ihrer Zeit

UNSERER ZEIT

31 Galerie für Kunstwerke unseres Zeitalters, Entwurf von Otto Wagner, 1900

32 MCM-MM: Otto Wagners Entwurf einer Kunstgalerie, 1913

entspricht«.*[101] Während Sittes Museum gelehrt, an der Vergangenheit orientiert, von Kustoden verwaltet und statisch war, wie es seinen konservierenden Ansichten entsprach, sollte Wagners Haus der Kunst sich selbst bestimmen, gegenwartsbezogen, kreativ und dynamisch sein.

Die erste architektonische Form, die Wagner seiner Galerie für Kunstwerke unseres Zeitalters 1900 gab, war ebenso erdgebunden, wie Sittes Entwurf hochfliegend war: ein gedrungenes, niedriges zweigeschossiges Gebäude (Abb. 31). Über die ganze Breite des zweiten Stockes zog Wagner horizontal einen Majolikafries mit seiner Devise der Wahrheitsfunktion der modernen Kunst: »Die Künste heben den Schleier, der bisher auf der Menschheit lagerte, empor.«[102] Wagners reformerischer Impuls und sein geschichtlicher Optimismus waren noch bei diesem Entwurf am Werk.

1913, als Wagner im Alter von siebzig Jahren seinen Plan einer modernen Galerie nochmals umarbeitete, war sein Optimismus deutlich geschwächt.[103] Das neue Gebäude, das er einfach MCM-MM nannte, ist weit davon entfernt, eine weltanschauliche Aussage über die offenbarende Funktion der modernen Kunst zu machen, sondern verrät eine seltsame Mischung von Modernität des Gefühls und Traditionalismus der Form (Abb. 32). Wagner behandelte die Wände auf seine moderne Art als Häute, hinter denen eher Volumen als Masse zu vermuten ist. Aber in der Gestaltung des Gebäudes kehrte er in die Geschichte zurück und zu den Meistern der Ringstraße. Die Bezugnahme auf das Kunsthistorische und das Naturhistorische Museum, die Bauten von Semper und Hasenauer (Abb. 29), ist unverkennbar: zwei Geschosse, die in fünf Glieder geteilt sind, wobei der zentrale Eingangsflügel vorspringt. Das eigenartigste Element bei diesem Zitieren einer Form der Neorenaissance der Ringstraße ist die Kuppel, die die Fassade krönt. Wo Wagners Vorgänger eine feste, gedeckte Kuppel anbrachten, nahm er nur ein Metallgerippe, wie ein skeletthaftes Memento mori der Ringstraßenrenaissance.

Trotz seines Willens, die klösterliche Geisteshaltung Sittes zu vermeiden, hatte Wagners zunehmendes Gewahren der Isoliertheit des Künstlers und seiner relativen Ohnmacht, die moderne Welt zu gestalten, selbst ihren eigenen utilitaristischen Bedürfnissen entsprechend, ihn zurück zu der Vergangenheit genötigt, die er hinter sich lassen wollte. Eine letzte tiefe Ironie war es für diesen rationalistischen Optimisten, durch die Wahrheit seines eigenen stolzen Wahlspruchs – Artis sola domina necessitas – gezwungen zu sein, sein Denkmal für die ästhetischen Beispiele der ›Modernen‹ trotz allem als historisches Museum zu entwerfen. Mitten in seine geliebte Vaterstadt hinein hatte Wagner unbewußt ein Gegenstück zu Sittes ›Holländer-Turm‹

* Wagner muß bei diesem Vorschlag von der Strategie der Secession beeinflußt gewesen sein, bei der österreichischen Regierung und durch gemeinsames Ausstellen im Ausland usw. einen repräsentativen Status für sich zu gewinnen. Der von Wagners Schüler Josef Olbrich 1897 entworfene offene Grundriß für das Haus der Secession mag ebenso sein Projekt einer modernen Galerie beeinflußt haben. Siehe S. 204–205.

an der Küste geplant – ein Museum für die idealen Visionen der Zukunft, gestaltet in einer geisterhaften Form der Ringstraße, deren Historismus er so kühn zu überwinden bestrebt war.

Anmerkungen

1 Hans Bobek und Elisabeth Lichtenberger, Wien, Graz und Köln 1966, S. 60f.
2 Karl Glossy, Kajetan Felder, in: Neue Österreichische Biographie, Bd. 4, S. 215–217, künftig: NOB.
3 Eine detaillierte Darstellung von Wiens Verwaltungsgeschichte gibt Rudolf Till, Geschichte der Wiener Stadtverwaltung, Wien 1957, S. 38–99.
4 Bobek/Lichtenberger, Wien, S. 45–47.
5 Eduard Suess, Erinnerungen, Leipzig 1916, S. 171.
6 Zur Bevölkerungsstruktur in bezug auf die Veränderung der Stadt im 19. Jahrhundert siehe: Bobek/Lichtenberger, Wien, S. 30–41.
7 Siehe Walter Wagner, Die Stellungnahme der Militärbehörden zur Wiener Stadterweiterung in den Jahren 1848–1857, in: Jahrbuch des Vereines für Geschichte der Stadt Wien, Jg. 17/18, 1961–1962, S. 216–285. Grünnes Stellung vor der Zustimmung des Kaisers zur Öffnung des Glacis, ebd., S. 282–284.
8 Neue Freie Presse (Morgenblatt), 2. Dezember 1873.
9 Reinhold Lorenz, Politische Geschichte der Wiener Ringstraße, in: Drei Jahrhunderte Volk, Staat und Reich, Wien 1944, S. 487–489. Die Abgabe von Land vom Glacis an die Kirche setzt natürlich den allgemeinen Erlaß von 1857 voraus, der das Gebiet freigibt.
10 Heinrich Friedjung, Österreich von 1848 bis 1860, 3. Aufl. Stuttgart, Berlin 1912, Bd. 2, S. 424–426.
11 Wagner, Jahrbuch ... Wiens (Anm. 7), ebda., S. 284.
12 Zitiert bei Bruno Grimschitz, Die Wiener Ringstraße, Bremen, Berlin 1938, S. 6. Siehe auch Renate Wagner-Rieger (Hg.), Die Wiener Ringstraße, Bild einer Epoche, Wien, Köln, Graz 1969ff., I. Das Kunstwerk im Bild, 1969, S. 87.
13 Grimschitz, Ringstraße, S. 6. Die beste Darstellung des strahlenförmigen Verkehrsmodells gibt die Geographin Elisabeth Lichtenberger, Wirtschaftsfunktion und Sozialstruktur der Wiener Ringstraße, in: Wagner-Rieger (Hg.), Die Wiener Ringstraße, VI, S. 24–26.
14 Zitiert bei Grimschitz, Ringstraße, S. 8.
15 Norbert Wibiral und Renata Mikula, Heinrich von Ferstel, in: Wagner-Rieger (Hg.), Wiener Ringstraße, VIII, Bd. 3, S. 44–49.
16 Lorenz, Drei Jahrhunderte, S. 497–499; Friedjung, Österreich, 1848–1860, Tl. 2, Bd. 1, S. 426f.; Wibiral/Mikula, Ferstel, S. 55–57.
17 Ferstel als echtes Mitglied der »zweiten Gesellschaft« baute nicht nur große öffentliche Gebäude, sondern auch Paläste für Mitglieder der kaiserlichen Familie und für Bankiers und ebenso Wohnhäuser für spekulierende Baugesellschaften. Ferstels Laufbahn bei Wibiral/Mikula, Ferstel, passim; zu seiner Beschäftigung mit Bauten für die Universität S. 44–75.
18 Zitiert aus einer Fakultätspetition vom 4. August 1871, ebd., S. 61.
19 Über Unterhaltungen mit Hansen berichtet Eduard Suess, Erinnerungen, S. 171f. Hansen war von 1838 bis 1846 Lehrer und Architekt in der jungen griechischen

Monarchie und hatte 1861 die Griechische Akademie der Wissenschaften entworfen.

20 Diese und andere Einzelheiten der Planungsgeschichte gab die parlamentarische Kommission in ihrem Bericht zur Begutachtung der Pläne für das neue vereinigte Parlaments-Gebäude zu Wien eingesetzten gemischten Kommission, 5. März 1873, Baron Kübeck, Berichterstatter, Wien 1873. Siehe auch Renate Wagner-Rieger, Wiens Architektur im 19. Jahrhundert, Wien 1970, S. 177f.

21 Suess, Erinnerungen, S. 171f. Zur großen Debatte über den Museumswettbewerb siehe: Festschrift des historischen Museums zur Feier des fünfzigjährigen Bestandes, Teil I, Alphons Lhotsky, Die Baugeschichte der Museen und der neuen Burg, Wien 1941, S. 53–92.

22 Suess, Erinnerungen, S. 216.

23 Friedjung, Österreich, II, 1, S. 427f.

24 Adolf Hitler, Mein Kampf, Bd. 1, München 1925, S. 17.

25 Ebd., Kap. 2 und 3 passim.

26 Lichtenberger, Wirtschaftsfunktion und Sozialstruktur, S. 46.

27 Zum Wohnungsbau für die Wiener Arbeiter im 19. Jahrhundert: Bobek/Lichtenberger, Wien, passim.

28 Zu einer umfassenden und nuancierten Diskussion der Entwicklung der Haustypen des 19. Jahrhunderts aus älteren, siehe: Lichtenberger, Wirtschaftsfunktion und Sozialstruktur, S. 46–48.

29 Ebd., S. 34–36; Wagner-Rieger, Wiens Architektur, S. 216.

30 Lichtenberger, Wirtschaftsfunktion und Sozialstruktur, S. 34.

31 Wagner-Rieger, Wiens Architektur, S. 206.

32 Vgl. Lichtenberger, Wirtschaftsfunktion und Sozialstruktur, S. 34, 39–43.

33 Wagner-Rieger, Wiens Architektur, S. 206.

34 Die vollständige Analyse von Eigentümern und Mietern bei Franz Baltzarek, Alfred Hoffmann, Hannes Stekl, Wirtschaft und Gesellschaft der Stadterweiterung, in: Renate Wagner-Rieger (Hg.), Die Wiener Ringstraße, V, Wiesbaden 1975.

35 Wagner-Rieger, Wiens Architektur, S. 207–209, woher auch der Grundriß Abb. 14 stammt. Siehe auch Theophil Hansen, Die für die Allgemeine Österreichische Baugesellschaft ausgeführte Baugruppe am Schottenring, in: Zeitschrift des Österreichischen Ingenieur- u. Architektenvereins, S. 30, Abb. 1–6.

36 Wagner-Rieger, Wiens Architektur, S. 208. Es versteht sich von selbst, daß die Architekten, die im öffentlichen und im privaten Bereich bauten, eine mächtige Interessengruppe wurden. Zu ihrem Einfluß auf die Ausbildung in der Akademie der bildenden Künste Walter Wagner, Die Geschichte der Akademie der bildenden Künste Wiens, Wien 1967, S. 119–246, passim.

37 Lichtenberger, Wirtschaftsfunktion und Sozialstruktur, S. 55–58; genaue Aufgliederung nach Sozialstatus der Eigentümer und Mieter, S. 53–63, wo das Material übersichtlich in Tabellen gegliedert ist.

38 Ebd., S. 58, 68–72.

39 Ebd., S. 57–59.

40 Ebd., S. 63.

41 Camillo Sitte, Der Städtebau nach seinen künstlerischen Grundsätzen, 5. Aufl. Wien 1922, S. 102.

42 Ebd., S. 121f., 102.

43 Ebd., S. 101.

44 Ebd., S. 2.

45 Ebd., S. 92.

46 Ebd., S. 2.

47 Ebd., S. 2–12.
48 Ebd., S. 56.
49 Ebd., S. 67, 33.
50 Zu den architektonischen Arbeiten des Vaters siehe: Sitte, Franz, in: Thieme-Becker, Allgemeines Lexikon der bildenden Künstler, Leipzig 1907–1950. Bd. 31, S. 106. Zur architektonischen Dimension der Revolution von 1848 Wagner-Rieger, Wiens Architektur, S. 106–108. Franz Sittes Biographie: Heinrich Sitte, Camillo Sitte, in: NOB, Bd. 6, S. 132–149 passim.
51 In ›Der Städtebau‹ beruft er sich nur indirekt auf den Piaristenplatz bei der Erörterung der barocken Kirchenplatzgestaltung, siehe S. 151 f.
52 Wagner-Rieger, Ringstraße I, 2, Erläuterungen S. 139; dies. Wiens Architektur, S. 150.
53 Dies., Ringstraße, I, 2, S. 139f. Das Gebäude wurde 1871 vollendet. Gut analysiert wird es bei Wibiral/Mikula, Ferstel, S. 126–133.
54 Zur beharrlichen sozialen Ausdauer des österreichischen Handwerks und Kleinhandels im Vergleich zum deutschen und zum politischen Druck, den die Handwerkerschaft während der großen Depression auf den Liberalismus ausübte, Hans Rosenberg, Große Depression und Bismarckzeit, Berlin 1967, S. 227–252.
55 George R. Collins und Christiane Crasemann Collins, Camillo Sitte and the Birth of Modern City Planing, Columbia University Studies in Art History and Archeology, Nr. 3, New York 1965, S. 8.
56 Ein repräsentatives Verzeichnis von Sittes Aufsätzen bei Collins, Sitte, S. 112, Anm. 12.
57 Wilhelm Kienzl, Hans Richter, in: NOB, Bd. 7, S. 218–224.
58 Sitte, Sitte, in: NOB, Bd. 6, S. 138, 140f., 143. Er entwarf auch Kostüme für den Parsifal. Siehe: Robert Judson Clark, Joseph Maria Olbrich and Vienna, unveröfftl. Diss., Princeton University 1973, S. 24, Anm. 37.
59 NOB, Bd. 6, S. 138, 141, 143.
60 Richard Wagner und die deutsche Kunst. Ein Vortrag. Separatabdruck aus dem Zweiten Jahresbericht des Wiener Akademischen Wagner-Vereins, Wien o. J. (1875). Die folgende Darstellung beruht auf diesem Vortrag.
61 Das ist offensichtlich bei der Mechitaritenkirche, wo Sitte die Gemälde ebenso wie die Architektur ausführte. Siehe: Sitte, Sitte, in: NOB, Bd. 6, S. 141.
62 Camillo Sitte, Großstadtgrün, 1900, Anhang zur 5. Aufl. von ›Städtebau‹, S. 211.
63 Sitte, Städtebau, S. 102.
64 Siehe: Sokratis Dimitriou, Großstadt Wien – Städtebau der Jahrhundertwende, in: Der Aufbau, Jg. 19, 1964, S. 189, 192.
65 Das Motto ist das Gottfried Sempers, des bahnbrechenden Theoretikers der industriellen Kunst. Heinz Geretsegger und Max Peintner, Otto Wagner, 1841–1918, Salzburg 1964, S. 12.
66 Dimitriou, Aufbau, Jg. 19, S. 193, 196.
67 Otto Wagner, Die Baukunst dieser Zeit. Dem Baukunstjünger ein Führer auf diesem Gebiet, 4. Aufl. Wien 1914, S. 76. Das ist die erweiterte Ausgabe des Lehrbuchs, das Wagner zuerst 1895 veröffentlichte unter dem Titel: Moderne Architektur. Wagner änderte den Titel, wie er sagte, unter dem Einfluß der Polemik von Heinrich Muthesius, Baukunst, nicht Stilarchitektur, die ein bedeutendes Dokument in der Revolte gegen die historische Ästhetik ist.
68 Ebd., S. 10f.
69 Otto Wagner, Die Großstadt. Eine Studie über diese, Wien 1911, S. 39.
70 Hans Ostwald, Otto Wagner. Ein Beitrag zum Verständnis seines baukünstlerischen Schaffens. Diss. ETH Zürich, Baden 1948, S. 24.

71 Geretsegger und Peintner, Wagner, S. 11.
72 Ostwald, Wagner, S. 17.
73 Geretsegger und Peintner, Wagner, S. 12.
74 Wagner, Baukunst, S. 75.
75 Dagobert Frey, Otto Wagner, in: NOB, Bd. 1, S. 181.
76 Geretsegger und Peintner, Wagner, S. 56.
77 Der ursprüngliche Entwurf hatte ausgeführtes Schnörkelwerk in dem Teil des Bogens, den jetzt die rechtwinkligen Streben mit ihrer funktionalen Symbolik einnehmen. Siehe: ebd., S. 55, Abb. 25.
78 Vgl. z. B. Carroll Meeks, The Railroad Station, New Haven 1956, passim.
79 Walter Wagner, Geschichte der Akademie, S. 252f.
80 Zitiert bei Ostwald, Wagner, S. 60.
81 Wagner, Baukunst, S. 17, 31–33.
82 Ebd., S. 26f.
83 Zitiert nach einem unveröffentlichten Brief bei Ostwald, Wagner, S. 23.
84 Ebd., S. 56.
85 Wir behandeln nur die Erscheinungen beim Zusammentreffen Wagners mit der Secession, die sich auf Städtebau beziehen. Seine architektonische Entwicklung im engeren Sinne bedarf noch einer eigenen Untersuchung. Bisher der beste Anfang dazu bei Adriana Giusti Baculo, Otto Wagner dall'architettura di stile allo stile utile, Neapel 1970, S. 83–98 und passim.
86 Gerhard Kapner, Ringstraßendenkmäler, in: Wagner-Rieger (Hg.), Wiener Ringstraße, IX, i, S. 59–61; ders., Monument und Altstadtbereich, zur historischen Typologie die Wiener Ringstraßendenkmäler, in: Österreichische Zeitschrift für Kunst und Denkmalkunde, Jg. 22, 1968, S. 96.
87 Wagner, Großstadt, S. 3.
88 Ebd., S. 3, 4.
89 Ebd., S. 7, 3.
90 Ebd., S. 3.
91 Ebd., S. 5.
92 Ebd., S. 10.
93 Camillo Sitte, Großstadtgrün, Anhang zu ›Städtebau‹, S. 210.
94 Sitte, Städtebau, S. 161, 126.
95 Ebd., S. 161.
96 Wagner, Großstadt, S. 22.
97 Da Sitte seinen Museumsplan vor der Öffentlichkeit geheim hielt, wissen wir davon nur durch seine engsten Freunde. Er hinterließ ein umfangreiches Archiv von Zeichnungen und Notizen zur Geschichte der Kunstformen, die den Inhalt des Museums bilden sollten. Zum ganzen Projekt siehe: Julius Koch, Camillo Sitte, in: Zeitschrift des österreichischen Ingenieur- und Architektenvereins, Jg. 55, 1904, S. 671; Karl Henrici, Der Städtebau, Jg. 1, Heft 3, 1904, S. 33f. (Nachruf).
98 Geretsegger und Peintner, Wagner, S. 180f. Die Inspiration an Sempers Kaiserforum (Abb. 29) scheint deutlich zu sein.
99 Zur Rolle Wagners im Kunstrat siehe: Allgemeines Verwaltungsarchiv, Protokoll des Kunstrates, 1900, S. 7, 10; zu Wagners Museumsplänen: Geretsegger und Peintner, Wagner, S. 196f. Zur Geschichte des Modernen Museums siehe: Felix von Oppenheimer, 25 Jahre Vereinsarbeit für öffentliche Kunstsammlungen, Wien 1936, passim. Die Stellung der Secession dazu: Ver Sacrum, Jg. 3, 1900, S. 178.
100 Otto Wagner, Einige Skizzen, Projekte und ausgeführte Bauwerke, Wien 1890–1922, Bd. 3, 1906, Nr. 21, 3–4.
101 Ebd., S. 4.

102 Geretsegger und Peintner, Wagner, Abb. 209 und Beschriftung. Den Plan für die Galerie in: Wagner, Einige Skizzen, Iv, Nr. 21, S. 14–15.

103 Die Etappen des Wachstums von Wagners Pessimismus hinsichtlich der Zukunft der Kunst in seiner Einleitung zu seinem Werk. Einige Skizzen, II; ferner seine Ansprache als Präsident 1908 in: Bericht über den VIII. Internationalen Architektenkongreß, Wien 1908, S. 112–116. Zum schließlichen Museumsentwurf siehe: Otto Graf, Ein Haus der Kunst MCM–MM von Otto Wagner, in: Mitteilungen der Österreichischen Galerie, Bd. 6, 1962, Nr. 50, S. 33–45.

III
EIN NEUER TON IN DER POLITIK: EIN ÖSTERREICHISCHES TRIO

I

»Leute, die damals noch nicht gelebt haben«, schrieb Robert Musil über das österreichische Fin de siècle, »werden es nicht glauben wollen, aber schon damals bewegte sich die Zeit so schnell wie ein Reitkamel. ... Man wußte bloß nicht, wohin.« »Man konnte auch«, fährt Musil fort, »nicht recht unterscheiden, was oben und unten war, was vor und zurück ging.«[1]

Die gesellschaftlichen Kräfte, die sich zur Herausforderung des liberalen Aufstiegs erhoben, mußten einen Beobachter verwirren, der sie mit einem liberalen Begriffsschema und mit der Geschichtserwartung eines Liberalen ansah. In den sechziger Jahren des 19. Jahrhunderts hatten die österreichischen Liberalen, obwohl weder Utopisten noch Fortschrittsgläubige, ziemlich klare Vorstellungen davon, »was oben und unten war, was vor und zurück ging«. Sie glaubten, daß die Aristokratie, die historisch meist »oben« gewesen war, entweder liberalisiert werden oder zu einem harmlosen, ornamentalen Genußleben absinken würde. Die Prinzipien und Programme des liberalen Glaubens waren so gestaltet worden, daß sie systematisch die der »Feudalen«, wie man den Adel abschätzig nannte, ersetzen sollten. Die konstitutionelle Monarchie würde an die Stelle des aristokratischen Absolutismus treten und parlamentarischer Zentralismus an die Stelle von aristokratischem Föderalismus. Wissenschaft würde die Religion ersetzen. Die deutschstämmigen Staatsbürger würden als Lehrer die unterworfenen Völker erziehen, statt sie, wie die Feudalen, als unwissende Knechte zu halten. So würde die Nationalität schließlich selbst zum Prinzip volksmäßigen Zusammenhalts im Vielvölkerstaat. »Die Deutschen in Österreich«, schrieb der führende Liberale J. N. Berger 1861, »haben nicht die politische, sondern die Hegemonie der Kultur unter den Völkern Österreichs anzustreben, die Kultur nach dem Osten zu tragen, die Propaganda des deutschen Gedankens, der deutschen Wissenschaft, der deutschen Humanität zu vermitteln.«[2] Schließlich würde in der Sphäre der Wirtschaft ein Laissez faire die willkürliche Herrschaft des Privilegs brechen und die Leistung statt des Privilegs oder der Barmherzigkeit zur Grundlage des wirtschaftlichen Einkommens machen.

Die österreichischen Liberalen wußten, daß sie in allen Aspekten ihres Programms die gesellschaftlich Höheren und geschichtlich Älteren bekämpften: sie sahen sich als Führer dessen, was unten war und vorwärts strebte gegen alles, was oben und rückwärtsgewandt war. Wenn man dem einfachen Volk noch nicht vertrauen konnte, weil es nicht immer verstand, so würde die Ausdehnung einer rationalen Bildung eines Tages die Voraussetzung für eine breite demokratische Ordnung liefern. Die Macht des Volkes würde nur wachsen in Beziehung zum vernünftigen Verantwortungsbewußtsein.

Die Gesellschaft in Österreich hielt sich nicht an diese liberalen Koordinaten von Ordnung und Fortschritt. Während des letzten Viertels des 19. Jahrhunderts verursachte das Programm, das die Liberalen gegen die höheren Klassen ersonnen hatten, die Explosion der unteren Klassen. Den Liberalen gelang es wohl, die politische Macht der Massen zu entfesseln, aber eher gegen sich selbst als gegen ihre alten Gegner. Jeder Schuß gegen den Feind oben löste eine feindliche Salve von unten aus. Den deutschen Nationalismus, der sich gegen die aristokratischen Weltbürger artikulierte, beantworteten die slawischen Patrioten mit der Forderung nach Autonomie. Wenn die Liberalen mit ihrem Deutschtum im Interesse des Vielvölkerstaates leisetreterisch zurückhielten, wurden sie vom antiliberalen Kleinbürgertum als Verräter an der nationalen Sache gebrandmarkt. Das Laissez faire, das mit der Absicht proklamiert wurde, die Wirtschaft von den Fesseln der Vergangenheit zu befreien, rief die marxistischen Revolutionäre der Zukunft auf den Plan. Der Katholizismus, den man als Handlanger aristokratischer Unterdrückung aus Schule und Gerichten jagte, kehrte als Weltanschauung von Bauern und Handwerkern wieder, für die Liberalismus Kapitalismus und Kapitalismus Jude bedeutete. Am Ende des Jahrhunderts begannen selbst die Juden, denen der österreichische Liberalismus Emanzipation, Chancen und die Assimilation an die Moderne geboten hatte, ihren Wohltätern den Rücken zu kehren. Der Fehlschlag des Liberalismus machte den Juden zum Opfer, und die überzeugendste Antwort auf diese Entwicklung war die Flucht in eine nationale Heimat, die der Zionismus nahelegte. Als andere Nationalisten den österreichischen Staat mit der Spaltung bedrohten, drohten die Zionisten mit dem Auszug.

Weit davon entfernt, die Massen gegen die alte herrschende Klasse oben zu vereinigen, weckten die Liberalen gegen ihren Willen in den gesellschaftlichen Niederungen die Kräfte einer allgemeinen Disintegration. Stark genug, um die alte politische Ordnung aufzulösen, vermochte der Liberalismus aber nicht die sozialen Kräfte zu binden, welche die Auflösung entfesselten und unter der toleranten, aber ungeschmeidigen Herrschaft des Liberalismus neue auseinanderstrebende Stöße erzeugten. Die neuen antiliberalen Massenbewegungen – tschechischer Nationalismus, Pangermanismus, die Christlich-Sozialen, die Sozialdemokratie und der Zionismus – erhoben sich von unten, um die Vormundschaft der gebildeten Mittelschichten herauszufordern, ihr politisches System zu lähmen und ihr Vertrauen in eine vernunftbestimmte Geschichte zu untergraben.

Es ist hier nicht unsere Aufgabe, die verworrene Geschichte nachzuzeichnen, wie die österreichischen Liberalen von der politischen Macht ausgestoßen wurden oder wie der Parlamentarismus durch nationalen und sozialen Konflikt gelähmt wurde. Wir wollen statt dessen unser Interesse auf jene führenden Politiker richten, die mit ihrer eigenen liberalen Herkunft brachen und die Ansprüche jener Gruppen organisierten und zum Ausdruck brachten, welche die Liberalen für sich gewinnen konnten. Unser Trio von Führern der neuen Massenbewegungen erweist trotz aller Unterschiede in der politischen Zielsetzung einen gemeinsamen neuen Stil – Vorläufer einer neuen politischen Kultur, in welcher Macht und Verantwortung anders einander ergänzen als in der Kultur des rationalen Liberalismus.

Nicht alle neuen nationalen und ideologischen Bewegungen, welche den liberalen Aufstieg von den Seiten und von unten her angriffen, stellten eine Abwendung von der liberalen politischen Kultur dar. Die nichtdeutschen nationalistischen Parteien und die Sozialdemokratie waren für gewöhnliche Liberale noch am ehesten zu verstehen. Nachdem sie selbst für ein halbes Jahrhundert in den Kampf um die deutsche nationale Selbstbestimmung verstrickt waren, erschienen ihnen die zunehmend radikalen Ansprüche der Tschechen nach Gleichheit bei den Institutionen von Gesetzgebung und Kultur als begreiflich, selbst wenn sie sie beklagten oder zurückwiesen. Die als Partei formal 1889 gegründete Sozialdemokratie bot dem liberalen Verständnis entsprechend geringe Schwierigkeiten. Zweifellos trug von allen aufrührerischen Söhnen, die die Väter ersetzen wollten, niemand deutlicher ausgeprägt die väterlichen Züge als die Sozialdemokraten. Ihre Rhetorik appellierte an die Vernunft, ihre Beziehung zur Kirche war kämpferisch und ihr Glaube an die Erziehbarkeit ging ins Grenzenlose. Zwar hatte Victor Adler, der wichtigste der sozialdemokratischen Führer, als Student gegen den Rationalismus rebelliert, als er für deutschen Nationalismus und Wagners Vorstellungen von gesellschaftlicher Integration auf völkischer Basis eintrat.[3] Doch in der Folge bekannte sich Adler zum marxistischen Glauben und bestärkte das grundlegende Bündnis mit dem rationalistischen Erbe von Wissenschaft und Gesetz.

Die Liberalen selbst empfanden über alles Trennende hinweg die Herkunft der Sozialisten von ihrer Kultur. Die Liberalen konnten die Sozialdemokraten wegen ihres Utopismus verurteilen, wegen ihrer absurden Forderungen nach einem Sozialstaat, ehe auch nur die »primitivsten Vorstufen« politischer Aufklärung geschaffen waren.[4] Aber weder die ungeduldige

Vernunftsgläubigkeit noch das klassenbewußte Weltbürgertum der Sozialisten machten die verwandtschaftlichen Gefühle der Liberalen zunichte. Auch wenn man den Standpunkt eines Sozialisten verwarf, konnte man doch mit ihm in der gleichen Sprache reden. Für das liberale Bewußtsein war der Sozialdemokrat unvernünftig, aber nicht irrational.

Andere Bewegungen, die sich aus der Unfähigkeit der Liberalen ergaben, die Massen zum Staat zu führen, bedeuteten einen weit revolutionäreren Bruch mit der Tradition des österreichischen Liberalismus und riefen unter seinen Anhängern eine traumatische Antwort hervor. Das waren die deutsch-nationalen und christlich-sozialen Bewegungen und – als Reaktion auf beide – der Zionismus. Gegen die trockene, rationale Politik des Liberalismus entwickelten die mächtigen Führer dieser Bewegungen das, was als schärferer Ton bekannt wurde, eine Weise politischen Verhaltens, die zupakkender, schöpferischer und für das Gefühlsleben befriedigender war als der bedächtige Stil der Liberalen. Zwei führende Virtuosen dieses neuen Stils – Georg von Schönerer von den Deutsch-Nationalen und Karl Lueger von den Christlich-Sozialen – wurden zu den Anregern und politischen Modellen Adolf Hitlers. Ein dritter, Theodor Herzl, ging darin voraus, Hitlers Opfern die ansprechendste und machtvollste politische Antwort nahezulegen, die je der antisemitischen Terrorherrschaft gegeben wurde. Schon bevor Wiens Intellektuelle die Pfade legten zur avantgardistischen Kultur des 20. Jahrhunderts, wurden diese drei Söhne der Stadt zu Pionieren seiner nicht-rationalen Politik.

Sowohl Schönerer wie Lueger und Herzl begannen ihre Laufbahn als politische Liberale und wurden dann abtrünnig, um die vom aufsteigenden Liberalismus vernachlässigten oder zurückgewiesenen Massen zu organisieren. Alle drei besaßen die besondere Gabe, die sozialen und geistigen Bedürfnisse ihrer Gefolgschaft zu befriedigen, indem sie ideologische Collagen zusammenstellten – Collagen aus Bruchstücken der Moderne, Flimmer der Zukunft und wiederauferweckten Überresten einer halbvergessenen Vergangenheit. Für liberale Augen waren diese ideologischen Mosaiken mystifizierend und rückschrittlich, da sie das ›Oben‹ mit dem ›Unten‹, das ›Vor‹ mit dem ›Zurück‹ vermischten. Doch jeder dieser politischen Virtuosen – Schönerer, Lueger und Herzl – bekam eine sozialpsychologische Wirklichkeit in den Griff, welche die Liberalen nicht zu sehen vermochten. Jeder brachte politisch eine Rebellion gegen Vernunft und Gesetz zum Ausdruck, die sich bald auch in andere Bereiche ausdehnte. In ihrer Art des Aufbruchs aus der liberalen politischen Tradition und in der Form ihrer Herausforderung, die sie deren Werten entgegensetzten, entwarfen sie eine Lebensauffassung und eine Handlungsweise, welche, das rein Politische überschreitend, einen Teil jener größeren kulturellen Revolution bildete, die in das 20. Jahrhundert führte.

II

Georg von Schönerer (1842–1921) organisierte 1882 die radikalen Deutsch-Nationalen und führte sie zu einer extrem antisemitischen Politik. Obwohl es ihm nie gelang, eine mächtige Partei zu bilden, machte er den Antisemitismus zu einer größeren spaltenden Kraft im politischen Leben Österreichs. Stärker vielleicht als jede andere einzelne Gestalt war er verantwortlich für die neue Lautstärke der österreichischen Politik, den »schärferen Ton« rauher Debatten und Straßenkrawalle, die das letzte Jahrzehnt des 19. Jahrhunderts bestimmten.

Eine seltsame Mischung von Gangster, Philister und Aristokrat, hielt Schönerer sich selbst für den ritterlich kämpferischen Erlöser des deutschen »Volkes«. Er liebte Beiwörter, die nach Rittertum rochen: »Ritter Georg« oder – nach seinem Gut in Niederösterreich – »Der Ritter von Rosenau«. Das offizielle Lied seiner Partei, *Ritter Georg hoch!*, wurde nach der Melodie gesungen, mit der die Österreicher ihren militärischen Helden zu ehren pflegten, ›Prinz Eugen der edle Ritter‹.[5] Es ist erstaunlich, daß Schönerer für sein Programm revolutionärer völkischer Subversion demokratische Studenten, eine enttäuschte untere Mittelklasse und Handwerkerschicht im archaischen Gewand des Ritters ansprach. Seine aristokratische Anmaßung bietet einen Schlüssel sowohl zu den psychologischen Quellen seiner eigenen erbitterten Rebellion gegen die liberale Kultur wie zur sozialen Gefühlswelt der Schichten, die er organisierte.

Georg von Schönerer hat seinen Adelstitel redlich geerbt, war aber keineswegs von adeligem Geblüt. Als einziger von unseren drei Protagonisten stammte er aus der neuen industriellen Klasse. Sein Vater hatte das Adelspatent aus der Hand eines dankbaren Kaisers empfangen für Dienste als Ingenieur und Eisenbahnverwalter. Georg war demnach Sohn eines Selfmademan, eines »Mannes mit Eigenschaften«. Er verbrachte sein Leben im Schwanken, entweder seinem Erbe nachzuleben oder es Lügen zu strafen.

Matthias Schönerer: was war das für ein Mann, was für ein Archetyp der Frühzeit der Industrie! 1828, als er erst einundzwanzig Jahre alt war, baute er Österreichs erste Schienenbahn – noch von Pferden gezogen – und danach mehrere Eisenbahnen mit Dampflokomotiven.* Von einer Studienreise zum Eisenbahnbau in den Vereinigten Staaten brachte er 1838 die erste Dampflokomotive, die ›Philadelphia‹, mit nach Wien zurück. Daraufhin organisier-

* Schönerers Energie, Geschäftssinn und Skrupellosigkeit erweisen sich bei seinem ersten Unternehmen, als er den Chefplaner, seinen eigenen Lehrer, ersetzte, indem er mit wirtschaftlich orientierten Direktoren gegen ihn paktierte. Vgl. Oesterreichischer Eisenbahnbeamtenverein, Geschichte der Eisenbahnen der Oesterreichisch-Ungarischen Monarchie, Wien, Teschen und Leipzig, 1897–1908, I. Teil 1, S. 99–101.

te er, um die Abhängigkeit Österreichs von ausländischen Lieferungen zu beseitigen, die ersten Werke zum Bau von Lokomotiven und Waggons und holte amerikanische Lokomotivführer ins Land, um einheimische auszubilden.[6] Zu seinen Amtssporteln gehörte eine Dienstwohnung in Wiens neuem Südbahnhof; in diesem modernen Gebäude wurde der künftige Retter der Deutschen 1842 geboren. Der alte Schönerer verfügte nicht weniger über die Gaben eines Verwalters als über die eines Erbauers.* In einem Industriezweig, wo engste Zusammenarbeit zwischen dem Ingenieur und den Banken erforderlich war, entwickelte Schönerer ausgezeichnete Arbeitsbeziehungen zu den Magnaten der Großfinanz jener Tage. Ob durch sein diplomatisches Talent oder durch seine Unersetzlichkeit als Eisenbahnerbauer, es gelang ihm, mit zwei der bittersten Feinde in der österreichischen Großfinanz zusammenzuarbeiten: einerseits mit dem Hause Rothschild und andererseits mit Baron Simon Sina, der in seinen Eisenbahnunternehmungen häufig mit dem jüdischen Haus Arnstein und Eskeles verbunden war. Als der Wettkampf zwischen diesen bedeutenden Privatbankiers die schrecklichere Form eines Kampfes zwischen den riesigen neuen Aktienbanken annahm – Sinas Crédit mobilier und Rothschilds Oesterreichischer Creditanstalt –[7], konnte man Matthias Schönerer bei den Verhandlungen auf höchster Ebene in den Eisenbahnunternehmen beider Gruppen finden. Die Rothschilds beriefen ihn 1834 als Experten zur Entscheidung, ob sie ihre groß geplante Nordbahn mit Pferden oder mit Dampf betreiben sollten.[8] Diese Bahnlinie sollte Schönerers Sohn zum Brennpunkt seines antisemitischen Nationalisierungskreuzzugs 1884 machen. Schönerer senior erreichte den Gipfel seiner Geschäftskarriere als Mitglied des Direktoriums der Kaiserin Elisabeth-Bahn (erbaut 1856–1860). Als ein von Rothschild kontrolliertes Unternehmen war ihr Direktorium eng verzahnt mit dem der Creditanstalt.[9] Der energische Ingenieur wurde ein reicher Mann und zum Mitarbeiter von Bankiers, Liberalen, Juden, Börsenjobbern und kaiserlichen Verwaltungsbeamten: all jenen sozialen Typen, deren Vernichtung sein Sohn Georg sein politisches Wirken widmen würde – nach seines Vaters Tod.

Bei Gelegenheit der Einweihung der Kaiserin Elisabeth-Bahn 1860 zeichnete der dankbare Monarch Matthias Schönerer für seine Dienste als Eisenbahnerbauer mit dem Adelspatent aus. Schönerer war wie andere stolz auf seine Errungenschaften in der Welt der Industrie und des Handels und wählte ein seiner Bestimmung angemessenes Wappen: ein geflügeltes Rad in

* Ein Gefäß, das Schönerer von seinen ergebenen Mitarbeitern 1846 überreicht wurde, als er Direktor der Bahn Wien–Gloggnitz war, feiert seine vielen Talente mit der bildnerischen Vielfalt, die für das Zeitalter typisch ist: Minerva stand für den Erfindungsgeist des Zivilingenieurs; Merkur war seiner überlieferten Rolle als Schelm und Götterbote enthoben worden, um ›Verwaltung‹ darzustellen; eine Lokomotive war der Götterversammlung beigegeben, um ›Eisenbahnbau‹ anzudeuten, während ein Amboß mit der Aufschrift ›Maschinenbau‹ das Quartett der Symbole vervollständigte. Vgl. Constantin von Wurzbach, Österreichische Nationalbiographie, Wien 1856–1891, Band 31, S. 149.

den Farben der Technik, Silber und Blau. Auch sein Motto, *Recta sequi* (Folge dem Rechten) entsprach sehr der Ethik, wenn auch nicht immer der Praxis seiner Klasse und seiner Generation.[10] Weniger typisch war der Entschluß Schönerers, seinen gesellschaftlichen Aufstieg durch den Erwerb eines adeligen Besitzes zu verherrlichen. Er kaufte das Rittergut Rosenau bei Zwettl, eine Liegenschaft aus dem 14. Jahrhundert mit einem entzückenden Schloß aus der Zeit Maria Theresias. In England hatte die Zeit den Übergang vom Kaufmann zum Junkertum mittels des Landhauses geheiligt. In Österreich war die Erhebung in den Adelsstand für wirtschaftliche Leistungen üblich geworden, aber sein gewöhnliches Kennzeichen und Begleitumstand war höhere Bildung, und nicht wie in England ein Landsitz. Der Erwerb eines Ritterguts sprach nicht für guten Geschmack; er würde das Stigma gesellschaftlicher Anmaßung tragen.

Von solchen Anwandlungen fühlte sich der ältere Schönerer unberührt. Und im Gegensatz zu anderen Selfmademen seiner Zeit schien er nicht darum besorgt, seinen Sproß mit der humanistischen Kultur zu nähren, die zum gesellschaftlichen Stil der österreichischen Großbourgeoisie gehörte, und besonders zum Briefadel, in den Schönerer jetzt eingetreten war. Die zwei seiner fünf Kinder, über die man etwas weiß, waren beide nach dem Maßstab ihrer Klasse intellektuell ziemlich bescheiden. Georgs Schwester Alexandrine von Schönerer teilte das Organisationstalent mit ihrem Vater und Bruder. Aber sie hatte auch teil an der herrschenden Wiener Leidenschaft für das Theater. Nach einiger Erfahrung als Schauspielerin wandte sie ihre Gaben und den Hauptteil ihres Erbes daran, als Theaterunternehmerin zu wirken. Sie kaufte 1889 das Theater an der Wien, eines der ältesten Zentren des Volkstheaters (sein Begründer war Emanuel Schikaneder, der das Libretto für Mozarts ›Zauberflöte‹ geschrieben hatte und zuerst Beethovens ›Fidelio‹ aufführte). Unter Madame Schönerers Leitung wurde es das überragende Operettentheater, wobei die lustvollen Werke von Johann Strauß und Karl Millöcker die Stücke mit ernsthafter Gesellschaftsmoral von Johann Nestroy und Ludwig Anzengruber ersetzten. Als Mitglied der kosmopolitischen österreichischen Theatergemeinschaft, zu der viele Juden gehörten, verwarf Alexandrine ausdrücklich die antisemitische Politik ihres Bruders. Dem Unterhaltungstheater ebenso wie dem Unternehmergeist verpflichtet, blieb sie der Kultur des mittelständischen Wiener Liberalismus treu.[11]

Georg scheint tiefer als seine Schwester unter den Zweideutigkeiten gelitten zu haben, die das Kind eines tatkräftigen Aufsteigers quälen. Matthias Schönerers Erziehung seines Sohnes weckt wieder den Verdacht einer gewissen Überspanntheit bei diesem sonst so auf Ordnung bedachten Unternehmer. Er schickte den Jungen nicht auf das Gymnasium, wie es für seine Klasse üblich war, sondern auf die technisch orientierte Oberrealschule. Die Tatsache, daß Georg öfter die Schule wechselte, spricht für Anpassungsschwierigkeiten.[12] 1859 kam Georg nach Dresden in die Handelsschule. In den folgenden Jahren, als sein Vater Adel und Rittergut erwarb, wechselte Georg den Unterricht. Er verließ die Handelsschule 1861 und beendete seine Bildung auf zwei Landwirtschaftsakademien. Im Geiste seines Vaters, wenn nicht gar unter dessen Druck, bereitete Georg sich darauf vor, das neuerworbene Gut und den Titel zu erben – und das Leben eines Landjunkers zu führen. Der aristokratische Anspruch und der wirtschaftliche Realismus sollten, wenn nicht beim ersten, so doch beim zweiten Ritter von Rosenau vereinigt werden.

Es war daher angemessen, daß Georg den Schlußstein seiner Erziehung setzen sollte, indem er als Verwalter auf den Gütern eines von Österreichs bedeutendsten adeligen Unternehmern, des Fürsten Johann Adolph Schwarzenberg, dienen sollte. Fürst Schwarzenberg tat für die wirtschaftliche Erneuerung des Landadels das, was sein begabter Bruder Felix, der Lehrer des Kaisers Franz Joseph, für die politische Erneuerung 1848–1852 tat.[13] Indem er sich in England in den neuesten Techniken kapitalistischer Landwirtschaft ausbildete, in Lebensmittelindustrie und Mineralextraktion, verwandelte Johann Adolph seine alten Liegenschaften in einen großen, reichen Gewinn bringenden Herrschaftsbesitz. Man nannte ihn »den Fürsten unter den Landwirten und den Landwirt unter den Fürsten«. Als politischer Führer im Böhmischen Landtag war er eine Säule extremen aristokratischen Konservatismus, aber als Unternehmer verkehrte er in denselben bürgerlichen Finanz- und Industriekreisen, in denen sich auch Matthias Schönerer bewegte. Fürst Schwarzenberg war Gründungsmitglied und erster Präsident des Verwaltungsrats der Oesterreichischen Creditanstalt, die so eng mit dem Direktorium der Kaiserin Elisabeth-Bahn verknüpft war.[14] Durch ihre vielen gemeinsamen Finanzpartner wird Matthias Schönerer leichten Zugang zum Fürsten gehabt haben. Obwohl ein direkter Nachweis fehlt, wird man vermuten dürfen, daß der Vater seine Verbindungen nutzte, um seinem Sohn einen so wertvollen Zugang zur technokratischen Aristokratie zu sichern. In jedem Fall konnte der zukünftige Ritter von Rosenau kaum eine günstigere Lehrstelle finden als auf den Gütern des Fürsten Schwarzenberg.

Während die meisten Söhne des erfolgreichen Mittelstands in Österreich einen städtischen Beruf suchten, wurde Georg Schönerer bestimmt, ein bescheidenes Abbild des Fürsten Schwarzenberg zu werden und Wissenschaft und Unternehmergeist als moderner Gutsherr auf das Land zu bringen. Wir wissen nicht, ob diese Laufbahn in den Wünschen des Vaters oder den Zielen des Sohnes ihren Ursprung hatte.[15]

Georg bemühte sich hartnäckig und entschieden, wenn auch schwerfällig, die Rolle des Grandseigneurs zu spielen. Doch im Rahmen der noblen Lebensart von Rosenau bereitete er nach und nach seinen Aufstand gegen alles das vor, worauf sein Vater sein Leben gebaut hatte: die Treue zum Hause Habsburg, den Kapitalismus, die Toleranz anderen Rassen gegenüber und die Finanzspekulation. Als enttäuschter Pseudoaristokrat rüstete Georg sich fast unbewußt, jene gesellschaftlichen Schichten zu führen, die gegen die Herrschaft der Industriebourgeoisie grollten, der er selbst entstammte. Aufrührerische Massen und ein rebellierender Sohn sollten einander auf dem bestimmten Wege treffen.

Die Verwandlung des Ritters von Rosenau in einen nationalistischen Demagogen geschah langsam und kam erst nach seines Vaters Tod 1881 zum Abschluß. Mit Hilfe seines Vermögens schuf Schönerer sich mit großer Tatkraft und seiner praktischen Kenntnis der ländlichen Bedürfnisse in seinem Heimatbezirk eine solide Grundlage für eine politische Karriere. Er gründete und finanzierte Gesellschaften zur Verbesserung der Landwirtschaft und freiwillige Feuerwehren. Für die Arbeit in seinem Wahlkreis erkor er sich das symbolträchtige Bild des Volkskaisers Joseph II., der es zur Aufgabe seiner Politik gemacht hatte, die Früchte der Wissenschaft aufs Land zu bringen und ein starkes Bauerntum erstehen zu lassen. Schönerer stiftete Denkbilder für mehrere Dörfer seines Wahlkreises, die den Kaiser Joseph am Pflug zeigten.[16] Hier vermischten sich die liberale Verehrung der Wissenschaft und öffentlichen Wohlfahrt mit Habsburgertreue: Schönerer stand offensichtlich noch im Rahmen der liberalen Josephinischen Überlieferung.

Auf dieser sicheren ländlichen Basis begann Schönerer seine parlamentarische Laufbahn. 1873 in den Reichsrat gewählt, schloß er sich dem Fortschrittsklub*, dem linksdemokratischen Flügel des liberalen Lagers an. Er begründete sein frühes Ansehen als Verteidiger der Interessen der Landwirte. Bald kam er mit den führenden liberalen Kräften in Konflikt. Es gab zwei Dinge, die zunächst Schönerers Unzufriedenheit mit seinen Kollegen hervorriefen: ihre Indifferenz gegenüber sozialen Problemen und ihr Mangel an Energie bei der Bekämpfung des slawischen Nationalismus. An dieser Front errang Schönerer seinen ersten großen Erfolg in der Schwächung des österreichischen Liberalismus. Die deutschen Liberalen spalteten sich damals in der Nationalitätenfrage. Zugeständnisse an die militanten Tschechen bedeuteten den Bruch mit der deutschen Mittelklasse in Böhmen und Mähren und schwächten damit den Liberalismus. Andererseits hätte das Versagen von Zugeständnissen die slawischen Völker zu einer schärferen Reaktion gedrängt und damit die Gesamtmonarchie selbst bedroht. Auf keinem Wege verfügten die Liberalen über ein Prinzip, ihre nationalen, kosmopolitischen und sozialen Treueverpflichtungen zu vereinigen. Ihre beste Verteidigung schien noch die Aufrechterhaltung des beschränkten Klassenwahlrechts, das die radikalen nationalistischen Massen von den Wahlen fernhielt.[17] Wenn ihre nationalen Werte einigen Verlust erlitten, ließ sich doch die Einheit des Vielvölkerstaats mit dem gesetzlichen und gesellschaftlichen Übergewicht der Liberalen, das nur leicht geschwächt war, noch aufrechterhalten.

* Der Klub war die Grundeinheit der Parteiorganisation im Parlament. Eine Partei war ein loser Verband, der im allgemeinen aus mehreren solcher Gruppen bestand.

Als die gespaltenen Liberalen 1879 die Macht verloren, rebellierten Schönerer und eine beträchtliche Gruppe junger Akademiker, die ihn zu ihrem parlamentarischen Repräsentanten erwählt hatten, offen gegen die Linie ihrer Partei. Sie hielten demokratische und deutschnationale Grundsätze höher als den Bestand der Monarchie und die Herrschaft der Mittelklasse.* Im sogenannten Linzer Programm (1882) formulierte diese Gruppe ein Wahlprogramm, das Radikaldemokratie, Sozialreform und Nationalismus in einer Weise verband, die an zeitgenössische populistische Erscheinungen in den Vereinigten Staaten erinnern. In ihrer Unterstützung der einheimischen Industrie und der »ehrlichen Arbeit«, einer obligatorischen Ausbildungsbescheinigung für Handwerker und dem Verbot des Hausierens trug das Programm den Beschwerden der antisemitischen Wiener Handwerkervereinigungen Rechnung. Das waren Überbleibsel eines früheren wirtschaftlichen Zustands, der jetzt durch das Aufkommen der Fabrik, des Einzelhandels und der jüdischen Hausierer, die Fabrikwaren an die früheren Kunden der ansässigen Handwerker verkauften, hart bedrängt wurden. Das Programm war jedoch in der Zielsetzung nicht unmittelbar antisemitisch.

Das Linzer Programm enthielt Obertöne einer »großdeutschen« Orientierung in ihren Forderungen nach einer Zollunion und engeren Handelsabkommen mit dem Deutschen Reich.[18] Es enthielt jedoch ein Ziel nicht, das Schönerer im Reichsrat in einem Augenblick des Zorns ausgesprochen hatte: »Wenn wir doch schon zum Deutschen Reich gehörten!«[19] Schönerers nationalistische Parteigenossen hatten 1882 nicht den Punkt erreicht, wo sie die Habsburger Monarchie völlig auflösen wollten, und die meisten von ihnen hätten es nie getan. Aber sie stimmten mit ihm überein, indem sie zwei Forderungen an den österreichischen Staat zusammenkoppelten, welche die Liberalen ihm entgegengeschleudert hatten, aber weder zügeln noch befriedigen konnten: die Ansprüche auf nationales Übergewicht und soziale Gerechtigkeit.

Schönerer brachte seine Synthese von Lösungsmitteln 1881 in einem Manifest für seine nationalistische Vereinigung zum Ausdruck, dem Verein der deutschen Volkspartei: Er wollte dem Gefühl der Verbundenheit des deutschen Volkes in Österreich nicht nur beim Kampf gegen das Slawentum, sondern auch gegen die Ausbeutung der edelsten Kräfte des Volkes zugunsten der Wenigen lebhaften Ausdruck verleihen.[20] Diese Synthese vermochte eine ziemlich breite Front von deutsch-österreichischen Nationalisten zusammenzufassen, die sozialreformerisch gesonnen waren. Aber die Front ließ sich nicht stabilisieren. Schönerer selbst drang darauf, beide Begriffe seiner

* Dazu gehörten unter anderen Viktor Adler und Engelbert Pernerstorfer, später Führer der Sozialdemokratie, Robert Pattai, später Führer der Christlich-Sozialen, und Heinrich Friedjung, der liberale Historiker. Die Gruppe hatte ihren Ursprung zunächst in einer studentischen Vereinigung, dem ›Leseverein der deutschen Studenten Wiens‹ (1871–78). Vgl. J. McGrath, Student Radicalism in Vienna, in: Journal of Contemporary History, II, Nr. 2, 1967, S. 183–195.

Synthese bis zu dem Punkt zu treiben, wo sie völlig unvereinbar wurden mit dem österreichischen Liberalismus. Auf der nationalen Seite deutete er das Gefühl der Solidarität so, daß es nicht nur die Deutschen in Österreich, sondern Deutsche überall umfaßte. Hier ging Schönerer auf das »großdeutsche« Ideal von 1848 zurück, als deutsche demokratische Revolutionäre das nicht national orientierte monarchische Staatensystem durch ein einheitliches Gesamtdeutschland ersetzen wollten. Während des Deutsch-Französischen Krieges und der Reichsgründung 1871 hatten sich Universitätsstudenten in Wien und anderen Orten für eine Ausdehnung der Reichsregierung in die Habsburgischen Länder eingesetzt. 1878 wurde Schönerer zugleich mit dem bejahrten Kaplan der Academischen Legion von 1848 zum Ehrenmitglied des Studentischen Lesevereins gewählt. Dieses Zusammentreffen macht deutlich, wie schwierig es war, zwischen ›Vor‹ und ›Zurück‹ zu unterscheiden, und wie leicht der ältere demokratische Nationalismus sich in neuen rechtsgerichteten radikalen Formen verkörpern konnte. Schönerer seinerseits zielte nicht auf eine einheitliche deutsche Republik wie die Demokraten von 1848 ab, sondern auf das Zerschlagen der »proslawischen« Habsburger Gesamtmonarchie, um ihren westlichen Teil mit dem Bismarckreich zu vereinigen. Nur wenige Anhänger des neuen Fortschritts vermochten Schönerer in diese Richtung einer konservativen Revolution zu folgen. Aber sein Entwickeln einer antiösterreichischen nationalen Solidarität fand in studentischen Kreisen nachhaltiges Echo. Die Universitäten, einst Mittelpunkte des siegreichen österreichischen Liberalismus, wurden in den späten siebziger und achtziger Jahren zum Schauplatz lärmender nationalistischer Agitation, als sich der Einfluß der »Schönerianer« ausbreitete.[21]

Schönerers zweite Ausdehnung seines nationalsozialen Programms zielte auf Antisemitismus. Seine erste Absichtserklärung gegen die Juden äußerte er in einem Wahlprogramm 1879. Hier verknüpfte Schönerer bezeichnenderweise Adel und Volk – »Die Interessen des Grundbesitzes und der produktiven Hände« gegen die »bisher bevorzugt gewesenen Interessen des beweglichen Kapitales – und der bisherigen semitischen Herrschaft des Geldes und der Phrase«. Als verdamme er seinen alten Vater und damit die Ursache seines eigenen beträchtlichen Vermögens, forderte er Gesetze »gegen die sittlichen und wirtschaftlichen Gefahren«, »welche die bisherige unzureichende Verantwortlichkeit der Gründer und Gesellschaftsvorstände nach sich zieht«.[22] Bald eröffneten sich breitere politische Möglichkeiten für Schönerer als antisemitischen Radikalen, und diese fielen mit dem nahenden Tod seines Vaters 1881 zusammen, der seine gestauten Aggressionen gegen alles entfesselte, wofür Matthias Schönerer stand. Die gesellschaftliche Grundlage für Georg Schönerers antiliberale Führerschaft und die psychologischen Bedingungen, sie zu verfechten, liefen zusammen.

Wie die nationalistischen Studentenbewegungen Schönerer in seinem alldeutschen Einigungsstreben vorangegangen waren, so hatte die Handwerkerbewegung seinen gesellschaftlichen Antisemitismus vorweggenommen.

1880 wurde die erste antisemitische Gesellschaft zur Verteidigung der Handwerker in Wien gegründet. 1882 ging sie auf in der Österreichischen Reform-Union, bei deren Gründungsversammlung Schönerer der Hauptredner war, der den Krieg erklärte dem »Vampyr der Aussaugung... der klopft an das schmalfenstrige Haus des deutschen Landwirtes und Gewerbmannes« – dem Juden.[23] Der schlechte »neue Ton« dieser Rhetorik zielte nicht weniger auf enttäuschte Handwerker als auf Studenten, die Wagnerianer waren.

Schönerer wurde als Parlamentarier besonders in den Jahren 1884–1885 berüchtigt, als er den Kampf um die Nationalisierung der Nordbahn führte, der Eisenbahnlinie, die sein Vater vor Jahren den Rothschilds zu bauen geraten hatte. Die Genehmigung für diese einträgliche Linie stand zur Erneuerung an zur gleichen Zeit, als der Protest gegen das Laissez faire in verschiedenen Schichten der Gesellschaft spürbar wurde. Indem er den populären Kampf gegen die Bankiers und Makler in antisemitische Kanäle lenkte, verlieh Schönerer der Sache die Sprengkraft seiner verspäteten ödipalen Rebellion. Er klagte nicht nur die Liberalen und die Minister an, sondern indirekt auch den Hof, »sich (zu) beugen vor der Macht Rothschilds und Genossen«, und er drohte allen mit »ganz kolossalen gewaltsamen Umwälzungen« durch das Volk, wenn jene Macht nicht bald gebrochen würde.[24] Die Rückkehr des Verdrängten in der kapitalistischen Gesellschaft fand ihre Entsprechung in der Rückkehr des Verdrängten in Schönerers Psyche. Die Liberalen sahen sich angesichts dieses Ausbruchs roher Erbitterung mit dem Rücken an die Wand gedrängt.

Eine weitere Zielscheibe in seiner antisemitischen Kampagne bezog Schönerer unmittelbar von den radikalisierten Wiener Handwerkern, mit denen er identifiziert wurde. Der jüdische Hausierer entsprach in der Unterklasse dem jüdischen Einzelhändler: beide bedrohten den herkömmlichen Ladenbesitzer, und beide zogen sowohl die Feindschaft wie die Kundschaft der Kleinverbraucher an. Schließlich richtete Schönerer seinen Feldzug gegen die Juden auf einen Versuch, ihre Einwanderung aus Rußland in der Zeit von Pogromen zu beschränken. Während sein Vater für amerikanische Ingenieure als technische Vorbilder seiner Eisenbahnplanungen sorgte, wandte sich Georg Schönerer den Vereinigten Staaten auch zu, um ein Modell für eine Gesetzgebung rassischer Diskriminierung zu finden: das Gesetz von 1882 zum Ausschluß der Chinesen.

In mancher Hinsicht ist Schönerers Antisemitismus von größerer Bedeutung für die Beurteilung seines auflösenden Einflusses auf die liberale Gesellschaft als sein Nationalismus für sich genommen. Wie Hannah Arendt richtig bemerkt hat, waren die Juden das »Staatsvolk« par excellence in Österreich.[25] Sie bildeten keine Nationalität – nicht einmal eine sogenannte ungeschichtliche Nationalität wie die Slowaken und Ukrainer. Ihre bürgerliche und wirtschaftliche Existenz hing nicht von ihrer Teilhabe an einer nationalen Gemeinschaft ab wie bei den Deutschen oder Tschechen, sondern im Gegenteil davon, keinen solchen Status anzunehmen. Selbst wenn sie sich völlig der Kultur einer vorhandenen Nationalität assimilierten, vermochten sie dem Konvertitenstatus dieser Nationalität nicht zu entwachsen. Weder die Treue zum Kaiser noch die Treue zum Liberalismus als politischem System brachte solche Schwierigkeiten. Der Kaiser und das liberale System boten den Juden einen Status, ohne eine Nationalität zu fordern; sie wurden zum übernationalen Volk des Vielvölkerstaates, und in der Tat zu dem Volk, das in die Fußstapfen der früheren Aristokratie trat. Ihr Glück stand und fiel mit dem des liberalen kosmopolitischen Staates. Noch wichtiger für uns ist es, daß das Schicksal des liberalen Bekenntnisses selbst mit dem Schicksal der Juden sich verstrickte. In dem Ausmaß, wie die Nationalisten jedes Volkes versuchten, in ihrem Interesse die Zentralgewalt der Monarchie zu schwächen, wurden die Juden somit im Namen jeder Nation angegriffen.

Schönerer war der mächtigste und konsequenteste Antisemit, den Österreich hervorbrachte. Gleicherweise und dementsprechend war er der heftigste Gegner jedes Integrationsprinzips, mit dem der Vielvölkerstaat zusammengehalten werden konnte: Gegner des Liberalismus, des Sozialismus, des Katholizismus und der kaiserlichen Macht. Als völliger Nationalist konnte er sich nicht mit dem Kaiserstaat zufriedengeben. Der Kaiser erschien ihm zu Recht als Vermittler zwischen den Völkern, in welche sein Reich sich national, und den Ideologien, in welche dieses Reich sich gesellschaftlich teilte. Wenn der Kaiser übernational war, so standen die Juden unter den Nationen als allgegenwärtige Volksmasse des Kaiserreiches, deren Vertreter in allen nationalen und allen ideologischen Gruppierungen zu finden waren. In welcher Gruppe sie auch wirkten, nie strebten die Juden danach, das Reich zu zerstückeln. Deshalb wurden sie die Opfer jeder zentrifugalen Kraft, sobald und nur solange diese Kraft das Reich zu zerstören trachtete. Schönerer war der erste maßlose Vorkämpfer zentrifugaler Auflösung, der sich in der Ära der liberalen Herrschaft erhob. Niemand ist je in diesem vollen Umfang für *jede* die Gesellschaft spaltende Gewalt eingetreten: Klasse, Ideologie, Nationalität und Religion. Der Nationalismus lieferte das positive Zentrum für Schönerers Glauben. Da aber der Nationalismus ohne völlige Auflösung hätte befriedigt werden können, bedurfte er eines negativen Elementes, um seinem System Zusammenhalt zu geben. Dieses Element war der Antisemitismus, der ihn in die Lage versetzte, zur gleichen Zeit gegen Sozialismus, Kapitalismus, Katholizismus, Liberalismus und Habsburg zu sein.

Es gelang Schönerer nie, eine große Massenbewegung aufzubauen, wie es seine Nachfolger Lueger und Hitler taten. Sein wichtigster fortdauernder Einfluß wirkte im Bereich des politischen Verhaltens in Worten und Taten, wo sein Stil so aggressiv war wie seine Weltanschauung, aber ansteckender. Schönerer und seine Parteigenossen führten in den Reichsrat, das Zentrum liberaler Gesetzmäßigkeit und Würde, den schärferen Ton ein mit der heiseren Stimmlage von Krawall und Beleidigung. Jene erlauchte Körperschaft mußte sich an seine Ausfälle gegen Finanzjuden, Nordbahnjuden, jüdische Hausierer, Pressejuden, jüdische Betrüger und dergleichen gewöhnen. Diese Angriffe zum Nutzen des »edlen« deutschen Volkes wurden in Gegenwart sowohl von Juden wie von Nichtjuden geführt. Es kostete einiges, sich daran zu gewöhnen.

Im Juni 1886 versuchte der Führer der liberalen Partei, Dr. Ernst von Plener, ein würdiger Anwalt und anglophiler Gentleman, der antisemitischen Agitation im Reichsrat ein Ende zu machen. Er sprach sein Bedauern aus, daß der »Herr Präsident, der sonst mit großem Pflichtgefühle für die Würde des Hauses sorgt, einen derartigen Ton einreißen läßt«, der das Haus spalte. Er regte an, daß das Präsidium einen strengeren Gebrauch von seiner Hausgewalt mache. Plener schlug auch vor, daß die Antisemiten ihre großsprecherischen Mahnungen zur Bändigung der Juden zumindest in der Form von Gesetzesvorlagen darboten. »Dann«, folgerte Plener, »wird man einmal sehen, was die Herren wirklich meinen, und dann wird auch dem hohen Hause Gelegenheit gegeben sein, seine Meinung über eine Agitation auszusprechen, die eines der bedauerlichsten Symptome unseres jetzigen Zeitalters ist.«

Schönerer beantwortete diese Herausforderung mit einer nachdrücklichen Verbindung von parlamentarischem Handeln und der Androhung von Gewalt. Er versprach, eine Reihe von Gesetzentwürfen zur Bändigung der Juden einzubringen. Zwischen das Versprechen und die Erfüllung fiel die Drohung. Sollte der Präsident des Hauses dem Rat Pleners folgen und die Redefreiheit in der Judenfrage beschränken, »dann wird diese Frage allerdings nicht durch im Parlament gestellte Anträge und gesprochene Worte der Lösung näher gebracht werden können, sondern es werden dann die Fäuste außerhalb des Parlaments in Wirksamkeit treten«.[26] Während die Liberalen die »eines zivilisierten Volkes unwürdige sogenannte antisemitische Bewegung« verdammten, forderte der Ritter von Rosenau die »sittliche Wiedergeburt des Vaterlandes« durch gesetzliche Beschränkungen der jüdischen Volksausbeuter. Hier gebrauchte Schönerer wieder die Rhetorik der Drohung: Er verhieß 1887 dem Reichsrat, falls seine Bewegung jetzt keinen Erfolg zeitigte, »werden gewiß aus unseren Gebeinen die Rächer erstehen« und »zum Schrecken der semitischen Bedrücker und ihrer Anhänger« das Prinzip »Aug' um Aug' und Zahn um Zahn« wahr machen.[27]

Der politische Stil und das persönliche Temperament Schönerers trugen beide die Kennzeichen der Paranoia. Sowohl als Ankläger wie als Angeklagter wurde er häufig in Verleumdungsklagen verwickelt. Die Angriffslust, die ihm Gefolgsleute einbrachte, richtete ihn am Ende auch zugrunde. Kein Jahr nachdem er den Reichsrat mit »Aug' um Auge« bedroht hatte[27], brach der edle Ritter in die Redaktionsräume des ›Neuen Wiener Tagblatts‹ ein und verprügelte mit Hilfe einiger Genossen die Mannschaft dieses »jüdischen Laffen«. Moritz Szeps, der Chefredakteur des Blattes, war ein Freund des Kronprinzen Rudolf. Als einer der aggressiveren Liberalen war Szeps vorher schon mit Schönerer sowohl in Rede- wie Gerichtsduelle verwickelt gewesen und nicht immer siegreich daraus hervorgegangen.* Schönerers Angriff auf das Redaktionsbüro war jedoch das erste Mal, daß der neue Stil der Politik die Form einer Bewährung im Kampf annahm. Der schärfere Ton bei Wortgefechten war eine Sache, die »konkrete Musik« physischer Gewalt eine andere. Das Gericht verurteilte Schönerer nicht nur zu einer kurzen Haftstrafe, sondern – was für seine politische Karriere verhängnisvoll wurde – zur Aufhebung seiner politischen Rechte für die Dauer von fünf Jahren.[28] Schließlich kostete das Gerichtsurteil Georg von Schönerer automatisch seinen Adelstitel. Damit hatte der Ritter von Rosenau das eine Erbe seines Vaters verloren, das er wahrhaft schätzte. Beim Versuch, die Welt seines Vaters zu zerstören, zerstörte er das Symbol des höheren Status, das die Belohnung für den Erfolg in jener Welt war. Schönerers Laufbahn politischer Zerstörung endete in Selbstzerstörung. Er kehrte bald in die Vergessenheit zurück, aus welcher sein Vater aufgetaucht war.

Die verwirrende Verbindung von Eigenschaften in Schönerers Erscheinung erinnert uns wieder an den ernsten geschichtlichen Gehalt von Musils ironischer Bemerkung, daß in jener Zeit niemand »recht unterscheiden« konnte, »was oben und unten war, was vor und zurück ging«. Sowohl in seiner Person wie in seiner Weltanschauung verband Schönerer höchst unterschiedliche und widersprüchliche Elemente. In seinem verzweifelten Streben nach Aristokratischem hätte er wohl als preußischer Junker Erfolg haben können, aber niemals als österreichischer Kavalier. Denn die österreichische Adelstradition erforderte Anmut, Bildsamkeit und, wie man hinzufügen kann, Toleranz für die Fehler und Übel dieser Welt, was Schönerers Auftreten völlig fremd war. Die meisten sozial aufstrebenden Söhne erfolgreicher Wiener Bürgerfamilien, besonders die, die es zum Dienstadel gebracht hatten, erwarben ästhetische Kultur als annehmbaren Ersatz für den Eintritt in den historischen Adel des Stammbaums. Schönerers Vater versuchte eine schärfere Gangart, um den Erfolg zu erzwingen, indem er ein Rittergut erwarb und zum adeligen Technokraten wurde. Dementsprechend äußerte der Sohn seine politische Leidenschaft nicht gegen die Aristokratie, in deren Kreise einzudringen ihm nicht gelang, sondern gegen seines Vaters Welt der Liberalen und des Großbürgertums, die er hinter sich zu lassen hoffte. Seine Laufbahn politischer Zerstörung scheint ihre persönlichen Ursachen im verqueren Ehrgeiz des schlecht ausgebildeten und überspannten Sohnes eines Emporkömmlings zu haben.

Im Verfolg seiner Revolution des Hasses erbaute Schönerer seine alte Weltanschauung aus den Haltungen und Werten vieler Zeitalter und vieler gesellschaftlicher Schichten: Vorstellungen von aristokratischer Elite und

* 1885 verbrachte Szeps einen Monat im Gefängnis als Ergebnis eines von Schönerer gegen ihn inszenierten erfolgreichen Verleumdungsprozesses. Vgl. Bertha Szeps-Zuckerkandl, Ich erlebte fünfzig Jahre Weltgeschichte, Wien 1939.

aufgeklärtem Despotismus, Antisemitismus und Demokratie, großdeutscher Demokratie von 1848 und Bismarckschem Nationalismus, mittelalterlichem Rittertum und Antikatholizismus, Zunftbeschränkungen und staatlichem Besitz öffentlicher Einrichtungen. Jedes dieser Paare von Werten hätte der Liberale des 19. Jahrhunderts für widersprüchlich gehalten. Aber es gab einen gemeinsamen Nenner bei dieser Menge von Ideenbruchstücken: die völlige Verneinung der liberalen Elite und ihrer Werte.

Wie Schönerer ein zorniger Mann war, so wandte sich seine weltanschauliche Montage an zornige Leute: um ihre Vergangenheit betrogene Handwerker, welche die Gegenwart nicht ermutigte und welchen die Zukunft keine Hoffnung bot; Studenten, erfüllt vom Geist romantischer Rebellion, die unbefriedigt waren von den seichten Predigten der moralischen Tradition des Liberalismus: das waren die ersten Entwurzelten, die geistigen Vorläufer des sozialen Treibguts des europäischen Niedergangs, den die Führer der Rechten später organisieren würden. Es paßt dazu, daß der zutiefst mittelständische Ritter von Rosenau, ein verspäteter und gewalttätiger Don Quijote, in Handwerkern und Jugendlichen sein pseudofeudales Gefolge fand, mit dem er seine rohe Farce probte. Eines Tages sollte diese Farce als Trauerspiel auf die Bühne kommen, mit Schönerers Verehrer Hitler in der Hauptrolle.

III

Karl Lueger (1844–1910) hatte viel mit dem Ritter von Rosenau gemeinsam. Beide begannen als Liberale, beide kritisierten den Liberalismus zunächst von einem sozialen und demokratischen Standpunkt aus, und beide endeten als Abtrünnige, die für ausgesprochen antiliberale Bekenntnisse eintraten. Beide benutzten den Antisemitismus, um die gleichen labilen Elemente der Bevölkerung zu mobilisieren: Handwerker und Studenten. Und – was für unsere Zwecke entscheidend ist – beide entwickelten Tendenzen außerparlamentarischer Politik, der Politik der Schläger und des Pöbels. Damit enden die Gemeinsamkeiten.

Schönerers zentrale positive Leistung war es, eine Tradition der alten Linken in die Weltanschauung der neuen Rechten umzuformen: er verwandelte den demokratischen großdeutschen Nationalismus in einen rassistischen Pangermanismus. Lueger tat das Gegenteil: er machte aus einer Weltanschauung der alten Rechten – dem österreichischen politischen Katholizismus – eine Weltanschauung der neuen Linken, den christlichen Sozialismus. Schönerer begann als meisterlicher Organisator seines ländlichen Wahlkreises und endete als Agitator mit kleiner fanatischer Gefolgschaft in der Großstadt. Lueger begann als Agitator in der Stadt, eroberte die Großstadt und organisierte dann eine bedeutende Partei mit solider Grundlage auf dem Lande. Wir werden uns mit dem kämpfenden, nicht mit dem siegenden

Lueger beschäftigen. Nach 1900 hütete der reife völkische Politiker seine einst hirtenlose Herde in den wohnlichen Stall der Hofburg ein. Wir richten den Blick eher auf den Volkstribun, den Partner und Konkurrenten Schönerers im Erfinden des neuen Tons; denn dieser Lueger spannte das ›Vor‹ und ›Zurück‹, das ›Oben‹ und ›Unten‹ zusammen, er vereinte die alten und neuen Feinde des Liberalismus zu einem gemeinsamen politischen Angriff auf seine wichtigste Festung Wien. Im Jahre 1897, als der widerstrebende Kaiser schließlich doch Luegers Wahl als Bürgermeister ratifizierte, erreichte die Ära der klassischen liberalen Herrschaft in Österreich ihr förmliches Ende.

»Wir können warten. Wissen macht frei.« In diese vertrauensvollen Worte kleidete der wackere Ritter von Schmerling die rationalistischen Erwartungen des politischen Prozesses zu Beginn der liberalen Ära 1861.[29] Am Ende dieser Ära bot der Dichter Hofmannsthal, Sproß einer kultivierten Mittelstandsfamilie, eine abweichende Formel für den politischen Erfolg: »Politik ist Magie. Welcher die Mächte aufzurufen weiß, dem gehorchen sie.«[30] Lueger begann seine Laufbahn auf dem überlieferten liberalen Weg als »Dr. Lueger«, aber als er Tritt gefaßt hatte, wurde er zum »schönen Karl«, zum Zauberer. Erfolgreicher noch als sein Rivale Schönerer, ging er den Weg von Schmerling zu Hofmannsthal, von der Politik der Vernunft zur Politik der Einbildungskraft.

Während Schönerer in der Dienstwohnung des Wiener Südbahnhofs aufwuchs, verbrachte der kleine Karl Lueger seine Kindheit in den Räumen eines weit niedereren Beamten, in der Hausmeisterwohnung des k.u.k. Polytechnischen Instituts. Lueger sprach öffentlich den Stolz auf seinen Vater Leopold aus, der, vom Land nach Wien kommend, dieses Ziel erreichen konnte, ohne zuvor eine Ausbildung genossen zu haben.[31] Aber es steht zu vermuten, daß Karls Mutter die wirklich treibende Kraft im Haushalt war. Weder die beiden Töchter noch der Sohn heirateten je – ein Zeichen äußerster mütterlicher Herrschaft. Einem Chronisten zufolge forderte Frau Lueger auf ihrem Totenbett von ihrem vierundvierzigjährigen Sohn das Gelübde, daß er unverheiratet bleibe, um für seine Schwestern zu sorgen.[32] Diese beiden Schwestern hatte sie auch fest an sich gezogen zum Betreiben der Tabaktrafik, mit welcher sie nach ihres Gatten Tod den bescheidenen Lebensunterhalt verdiente. Es gibt kein Anzeichen dafür, daß der Aufstieg ihres Sohnes den einfachen Lebensstil der Familie veränderte – oder die ursprüngliche Bindung des Sohnes an die willensstarke Mutter.[33] Während ein mächtiger Emporkömmling als Vater den Ritter prägte, formte eine zähe Kleinbürgerin die Zukunft des »Herrgotts von Wien«.

Von früh an ermutigte Frau Lueger ihren Sohn, auf dem Wege der Bildung einen höheren sozialen Status zu erreichen. Wie ihr dankbarer Sohn berichtete, las sie als einfache Frau aus dem Volke Ciceros Reden mit ihm. Sie verstand kein Wort davon; sie folgte nur mit peinlichster Aufmerksamkeit den Wörtern des Textes – »und wehe mir, wenn ich ein Stück ungenau las!«

Sie hielt ihn streng zum Lernen an.[34] Von mütterlicher Disziplin gestützt, erhielt der kleine Karl Zugang zur exklusivsten Vorschule von Wien, dem Theresianum.*

Man darf es sich aber nicht so vorstellen, als sei Karl in den sechs Jahren am Theresianum mit den Söhnen der Großen auf gleichem Fuße gestanden. Er war nicht »Zögling«, sondern »Externist«. Erst seit 1850 hatte die Schule überhaupt externe Schüler zugelassen. Sie kamen fast ausschließlich aus dem Wiener Bezirk Wieden, wo die Schule lag. Während die Söhne der höheren Bourgeoisie unter den Externen vorherrschten**, erschienen daneben immer, wie der Schulchronist berichtet, Kinder aus dem ganz einfachen Volk, wie Karl Lueger.[35] Die Externisten saßen mit den Zöglingen in denselben Klassen, trugen aber wohl keine Schuluniform.

Der externe Schüler muß diese Unterscheidung von den ›regulären‹ verspürt haben – besonders wenn er, wie es bei Lueger der Fall war, aus der untersten der vertretenen Schichten stammte. Doch scheint Karl Lueger nur Gewinn aus seiner Erfahrung am Theresianum gezogen zu haben. Es gibt kein Anzeichen dafür, daß er je, wie Schönerer, neidisch auf den Adel wurde. Er erwarb und erhielt sich immer eine ehrerbietige Haltung zu Österreichs traditionell führender Schicht. Obwohl er zum Volksaufwiegler wurde, behielt sein Stil immer das Kennzeichen einer gewissen Anmut, einen fast ästhetischen Zug, der ihm den Beinamen »der schöne Karl« eintrug.[36] Er gehörte jener seltsamen schweigenden Gemeinschaft des Verstehens an, die in Wien zwischen dem niedergehenden Adel und dem »kleinen Mann« fortbestand – was Hermann Broch die »Gallert-Demokratie« von Wiens heiterer Apokalypse nannte. Zweifellos verfeinerte das Theresianum Luegers natürliches Gespür für gesellschaftlichen Rang und vermittelte ihm, verglichen mit dem hartnäckigeren bürgerlichen Haufen, der sein Gegner werden sollte, trotz seiner geringen Herkunft einen feinen

* Die Bedeutung dieser Anstalt für den hohen Blut- und Dienstadel kann man an der Tatsache ermessen, daß die Festlegung einer festen Quote von Plätzen für die Sprößlinge berühmter ungarischer Familien Gegenstand wurde von Verhandlungen auf höchster Ebene zwischen den österreichischen und ungarischen Behörden nach Errichtung der Doppelmonarchie 1867 (Eugen Guglia, Das Theresianum in Wien. Vergangenheit und Gegenwart, Wien 1912, S. 156f.). Die Stelle eines Kurators des Theresianums wurde im allgemeinen nur einer Persönlichkeit von nationalem Ansehen anvertraut. Als Lueger 1854 in diese Schule kam, war Graf Taaffe der Kurator, der Vater des Ministerpräsidenten, in dessen Amtszeit Luegers Aufstieg fiel. Ein weiterer Regierungschef, Anton Ritter von Schmerling, war von 1865 bis 1893 Schulkurator, während sein Nachfolger, Baron Paul Gautsch von Frankenthurn, 1897 österreichischer Ministerpräsident wurde, in dem Jahr, als es Lueger schließlich gelang, seinen Traum, Bürgermeister von Wien zu werden, zu verwirklichen.

** Manche bürgerlichen Familien waren auf ihren Stand zu stolz, um ihre Söhne dem snobistischen aristokratischen Milieu des Theresianums auszusetzen. Das bevorzugte Gymnasium der aufgeklärten Liberalen – und der Juden – war das Akademische Gymnasium. Vgl. Karl Kautsky, Erinnerungen und Erörterungen, ’s-Gravenhage, 1960, S. 211.

Sinn für gesellschaftliche Überlegenheit. Es war das Gespür eines wohlerzogenen Bedienten, der mehr von feiner Lebensart weiß als die Klassen, die zwischen der seinigen und der seines Herrn liegen. Das sollte sich als ein Vorteil bei seiner späteren politischen Aufgabe erweisen, ein Bündnis des Adels und der Massen gegen die liberale Mittelklasse zusammenzuschweißen.

Auf der Universität widmete sich Lueger dem Studium des Rechts. Im Rigorosum in Jura und politischer Wissenschaft verteidigte der junge Mann Thesen, die ihn als österreichischen Demokraten erkennen ließen, als Fürsprecher eines allgemeinen Wahlrechts mit einem Blick für die soziale Frage. Anders jedoch als die meisten Demokraten, scheint Lueger nationale Orientierungen verworfen zu haben. »Die Nationalitäten-Idee ist zerstörerisch und ein Hindernis für den Fortschritt der Menschheit«: eine so radikal kosmopolitische These zu verfechten, entsprach keiner typisch studentischen Auffassung, als Lueger am Vorabend des Deutsch-Französischen Krieges am 14. Januar 1870 sein Examen ablegte.[37] Nach Kriegsausbruch, als Wellen deutschnationaler Leidenschaft die studentische Gemeinschaft der Wiener Universität überschwemmten, kehrte der junge Dr. Lueger zu seiner Alma mater zurück, um den preußenfreundlichen Nationalismus zu bekämpfen. Bei einer studentischen Demonstration der Solidarität mit jenen, die unter dem schwarz-weiß-roten Banner fochten und starben, erregte Lueger einen Tumult, als er die preußischen Farben der Deutschen als Ergebnis despotischer Willkürherrschaft denunzierte. Obwohl sein Gefolge ihn ermunterte, wurde Lueger von den zornigen Nationalisten so bedroht, daß er die Halle fluchtartig verlassen mußte.[38] Seine erste Erfahrung mit dem schärferen Ton in der Politik machte er als Opfer – und das wegen des Einzigen, dem er seine ganze Laufbahn hindurch treu bleiben sollte: der Opposition gegen die kleindeutsche Lösung einer deutschen Einigung ohne Österreich. Hierin erwies er sich selbst nicht als typischen Demokraten der Zeit, sondern als wahren Sohn des Theresianums.

Preußenfeindschaft genügte jedoch nicht, um in der Stadt Wien in den frühen siebziger Jahren eine politische Karriere aufzubauen. Mit einem juristischen Examen in der Hand als Eintrittskarte, betrat Lueger die Politik durch den sichersten Vorhof, den Liberalen Bürgerklub seines eigenen III. Bezirks der Stadt. Sein Führer, der Ritter von Khunn, ein alternder Veteran von 1848, bildete den jungen Mann aus als einen, der Zugang habe zum kleinen Mann – der, obwohl noch ohne Wahlrecht, zum Stoßtrupp der demokratischen Radikalen zu werden drohte. 1876, nach erst einem Jahr im Wiener Gemeinderat, erhielt Lueger den Beifall der ›Neuen Freien Presse‹ als »Brustpanzer der Zentrumsparteien gegen die Linke«.[39] Jedoch nicht für lange Zeit. Im gleichen Jahr noch schwenkte Lueger nach links und verbündete sich mit dem jüdischen Demokraten Ignaz Mandl, einem Volkstribun, der gegen Monopole und Korruption in der liberalen Oligarchie loszog, die die Hauptstadt kontrollierte. Bürgermeister Kajetan Felder, ein Selfmademan, Rechtsanwalt und Schmetterlingssammler, wurde die Hauptzielscheibe der Mandl-Lueger-Streitkräfte. Die beiden Verbündeten repräsentierten die kleinen Ladenbesitzer, die »Schneider- und Gemüsehändlerversammlungen« mit ihrer Forderung nach größerem Mitspracherecht in politischen Angelegenheiten. Diese Gefolgschaft bestand nicht aus Proletariern, sondern den kleinen Steuerzahlern, den »Zehn-Gulden-Leuten« der dritten Wahlklasse, die besonders empfindlich auf Verschwendung der Stadtverwaltung reagierten und auf die Segnungen der Protektion, an denen sie keinen Anteil hatten. Sie nahmen auch die exklusive Macht übel, welche ein Klassenwahlrecht den Privilegierten in der Stadtverwaltung zugestand.[40] Lueger und Mandl führten einen neuen Stil in die Kommunalpolitik ein. Der Salonton der einst homogenen Ratsversammlung der Intellektuellen machte dem Platz, was Felder die »Hemdsärmeligkeit« der demagogischen Demokraten nannte.[41] Der rechtsgerichtete Bürgermeister, der dem zunehmend demokratischen Stadtrat die Untersuchung seiner Amtsführung verweigerte, trat 1878 zurück. Das war der wichtigste Triumph der Wiener unteren Mittelklasse in ihrer demokratischen Verkörperung.[42] Inzwischen führten Lueger und Mandl jene Gruppe im Stadtrat, welche die Ausdehnung des Wahlrechts forderte – eine Reform, über der sich die Liberalen spalteten und die nicht vor 1884 zum Abschluß kam, als den Fünf-Gulden-Steuerzahlern das Wahlrecht zugestanden wurde.[43] Der Widerstand einiger Liberalen – mit Bürgermeister Felder an ihrer Spitze – gegen die Ausdehnung des Wahlrechts verstärkte nur die antiliberale Stimmung der Unterklassen. In diesem Zusammenhang wurden Demokratie und Liberalismus beinahe zu Gegenbegriffen.

Fast unbemerkt zog Luegers Erfolg als demokratischer Agitator ihn tiefer in die wachsende Opposition zur liberalen Ordnung insgesamt. Er erzielte spürbare Erfolge dort, wo die soziale Erbitterung dramatisiert werden konnte, um demokratische Übelstände durch wirtschaftlichen Neid zu verstärken. Das Identifizieren seiner liberalen politischen Gegner mit den Männern der Großfinanz bot den Erbitterten eine bequeme Zielscheibe. So setzte Lueger eine Kampagne gegen eine englische Ingenieurfirma in Gang, welche den Vertrag für den Aufbau eines städtischen Verkehrssystems erhalten sollte. Er beschuldigte diejenigen, welche diese Firma unterstützten, des Versuchs, ihn und andere Stadträte zu bestechen; die darauffolgende Verhandlung der Verleumdungsklage trug ihm großes öffentliches Ansehen ein. Wie Schönerer erschien er nun in der Rolle des David gegen den mächtigen Goliath des »internationalen Kapitals«. Diese Finanzcliquen und Geldmächte vergiften und korrumpieren das öffentliche Leben, sagte Lueger, nachdem er in einem zweiten Verleumdungsprozeß im März 1882 freigesprochen worden war; und er gelobte, weiter gegen sie zu kämpfen.[44]

Weitere fünf Jahre, von 1882 bis 1887, bezeichnete Lueger sich selbst als Demokraten, und er saß auf der linken Seite im Reichsrat. Als Kommunalpolitiker, dessen größte Gabe es war, die Haltungen seiner Wähler widerzuspiegeln und auszudrücken, war es ihm ganz unvermeidlich, daß er dem »kleinen Manne« folgen würde, als der Marsch auf radikalere Positionen zuging: von der Empörung gegen die Korruption zum Kampf gegen den Kapitalismus und weiter zum Antisemitismus.

1883 verband Lueger sich mit Schönerer in dessen Kreuzzug, um zu verhindern, daß den Rothschilds die Konzession für die einträgliche Nordbahn erneuert würde. Während Schönerer den Kampf um die Nationalisierung im Reichsrat führte, organisierte Lueger die Unterstützung für ihn im Stadtrat und in der Wiener öffentlichen Meinung.[45] Sein Kampf als demokratischer Stadtreformer gegen die Rendite führte Lueger in die unteren Handwerkerschichten, wo antisemitische Ressentiments im Wachsen waren. Er nahm Verbindungen auf mit derselben Österreichischen Reform-Union, bei deren Gründungsversammlung 1882 wir Schönerer agieren sahen.

Ein stärkerer Opportunist als Schönerer und weniger als dieser der Sklave seiner eignen starken Gefühle, bezog Lueger nicht so rasch eine antisemitische Position. Lueger widerspiegelt in seinen öffentlichen Äußerungen in den beweglichen achtziger Jahren den trüben Übergang von einer demokratischen zu einer protofaschistischen Politik. Noch 1884 war er aktiv an dem Entwurf eines demokratischen Parteiprogramms beteiligt, das auf dem »Grundsatz der Gleichheit aller Konfessionen« bestand.[46] Bei den Reichsratswahlen von 1885, den ersten, an denen die Fünf-Gulden-Steuerzahler teilnahmen, wurde Lueger noch als Demokrat geführt. Es war bezeichnend sowohl für seinen Wiener Wahlbezirk Margarethen wie für die Schicht seiner Wähler, daß auch sein Rivale für den Reichsratssitz 1885 auf der Liste der Demokraten stand. Der Unterschied der Kandidaten lag in ihrer äußeren Bestätigung: die antisemitische Reform-Union unterstützte Lueger, die Liberalen unterstützten seinen Rivalen. Die demokratische Weltanschauung diente noch als gemeinsamer Boden für einen sinkenden Liberalismus und einen aufsteigenden Antisemitismus. Dadurch, daß er seinen demokratischen Kreuzzug gegen die Rendite führte und Antisemitismus damit nur nebenher betrieb, verdroß Lueger die Reform-Union, erhielt aber genügend demokratische Wählerstimmen, um die Wahl mit einem Plus von 85 Stimmen zu gewinnen. Lueger nahm damit seinen Reichsratssitz 1885 bei den von Dr. Ferdinand Kronawetter geführten Österreichischen Demokraten ein, aber seine Zugehörigkeit zur Partei ermangelte der früheren Entschlossenheit. »Wir wollen sehen, welche Bewegung die stärkere wird, die demokratische oder die antisemitische«, sagte er zu Kronawetter, »und man wird sich dementsprechend einrichten«.[47]

Als Schönerer seine Gesetzesvorlage zur Einschränkung der jüdischen Einwanderung im Mai 1887 einbrachte, schien Lueger sich zu entscheiden: er unterstützte Schönerers Gesetzentwurf. Ein letzter Bruch mit Kronawetter folgte; Lueger gab den Versuch auf, die beiden immer stärker auseinanderstrebenden Strömungen, Demokratie und Antisemitismus, zusammenzuhalten. Trotz seiner Verwerfung der alldeutschen Haltung fand Lueger das

Bündnis mit Schönerer verheißungsvoller als die überalterte Zugehörigkeit zu Kronawetter.

Damit schloß Lueger die gleiche Entwicklung 1887 ab, die Schönerer fünf Jahre früher durchgemacht hatte: vom politischen Liberalismus durch die Demokratie und soziale Reform zum Antisemitismus. Aber einen Unterschied gab es: Lueger war ein *Wiener* Politiker und somit Vertreter der Interessen der Stadt als kaiserlicher Metropole. Er blieb der Habsburger Monarchie grundsätzlich ergeben und war damit immun gegen deutschen Nationalismus, der bei Schönerer das positive Verschmelzungsmittel der unzähligen Haßvorstellungen war. Lueger sollte das vereinigende Element seiner Weltanschauung anderswo finden.

Gerade weil Lueger von seiner Gefolgschaft aus unterer Mittelklasse und Handwerkern zu Schönerer gedrängt wurde, eröffneten sich Möglichkeiten für eine weniger nationalistische Massenpolitik auf einem höchst unerwarteten Feld – nämlich der katholischen Gemeinschaft. Der Katholizismus bot Lueger eine Weltanschauung, welche die unterschiedlichen antiliberalen Elemente zu vereinigen vermochte, die sich im Laufe seiner Karriere in entgegengesetzte Richtungen bewegt hatte: Demokratie, soziale Reform, Antisemitismus und Treue zu Habsburg. Umgekehrt konnte Lueger dem Katholizismus die politische Führerschaft bieten, um seine auseinandergeratenen sozialen Komponenten zusammenzuschmelzen zu einer Organisation, die stark genug wäre, ihren Weg in die moderne säkulare Welt zu machen.

Bis zum Auftreten von Luegers Christlich-Socialer Partei um 1889* war der österreichische Katholizismus sowohl politisch wie religiös in Anachronismen dahingewelkt. Intellektuell und ihren gesellschaftlichen Vorstellungen nach blieb die katholische Führung einer Ordnung verpflichtet, welche die liberale Herrschaft für immer zerstört hatte. Die wichtigsten politischen Führer des Katholizismus waren föderalistische böhmische Adelige und provinzielle Konservative aus den Alpen. Ihre parlamentarischen Clubs waren ›Honoratiorenparteien‹. Die moderne Zeit und alle ihre Werke und all ihr Gepränge versetzten sie in Schrecken; sie vermochten nur sehnsüchtig auf jene entschwundenen Tage zurückzublicken, als die Religion die Grundlage bildete für eine ehrerbietige Gesellschaft, in welcher der Landadel vorherrschte. Um Schutz in der lebendigen Gegenwart zu finden, lehnten sie sich in josephinischer Weise an den Kaiser an, obwohl er ja seit 1860 offensichtlich ein Gefangener der Liberalen geworden war.

Auch die kirchliche Hierarchie, deren höchste Prälaten gewöhnlich adeligen Familien entstammten, bot dementsprechend geringen Widerstand dagegen, daß die Kirche ihrer überlieferten Herrschaft beraubt wurde. Bischöfe wie Priester und der Vatikan selbst waren bestürzt über den Zusammenbruch des Neoabsolutismus. Der österreichische Kaiser als erster Sohn und

* Wegen der mehrjährigen Gruppierung der Einheiten, aus denen die neue Bewegung bestand, ist das Datum nicht genau festzulegen.

letzter Schutz der universalen Kirchen war auf dem Schlachtfeld 1860 von Piemonteser Abtrünnigen und 1866 von preußischen Protestanten geschlagen worden. »Casca il mondo!« (die Welt stürzt zusammen) rief der Staatssekretär des Papstes Pius IX., als er Österreichs Niederlage bei Königgrätz erfuhr. Diese Worte waren ebenso prophetisch für das Schicksal des barocken Katholizismus in einer Zeit liberaler Herrschaft, wie sie das beschränkte und verschreckte Gesichtsfeld seiner Würdenträger ausdrückten. Der Liberalismus feierte seinen Sieg in Österreich nicht nur durch die Institution einer verfassungsmäßigen Regierung, sondern auch dadurch, daß er das Konkordat zwischen Reich und Papsttum durch Einführung einer Schulreform bedrohte und jubelte, als der Papst Rom verlor und sich im Vatikan vermauerte.

»Casca il mondo!« Als die alte Welt zusammenbrach, kehrte die österreichische Kirche, unfähig, sich der neuen Welt anzupassen, zu ihren josephinischen Gepflogenheiten zurück. Sie klammerte sich an dem kaiserlichen System als an dem Felsen fest, an dem sie scheitern sollte, wirkte vermittels der Honoratioren und des Hofes und suchte jede Unruhe zu vermeiden. Die Kirche verhielt sich so auf die gleiche Weise wie die große Mehrheit des Adels, der ihre Führer angehörten. Sie beugte sich dem Unvermeidlichen und trug ihre Leiden als ein geduldiger Patient ohne jede Selbstprüfung oder den geringsten Zweifel an sich selbst.

Aus dieser resignierten Haltung konnte keine Regeneration erwachsen. In Österreich wie auch sonst in Europa konnte neue Lebenskraft der katholischen Gemeinschaft nur daraus entstehen, daß die Gläubigen die moderne Gesellschaft auf ihre Möglichkeiten hin untersuchten und ihre alte Kirche gleichzeitig nach Mängeln durchforschten. Laien wie Klerus wurden allmählich in diesen Prozeß der Prüfung und Neuorientierung hineingezogen. Diese vielschichtige Entwicklung, welche sich weit über die gesellschaftliche Sphäre ausdehnte, liegt außerhalb unserer Betrachtung. Der aggressive Geist jedoch, von dem sie getragen war, beschäftigt uns, denn er betraf die Welt des säkularen Liberalismus. Dieser kam deutlich zur Erscheinung beim ›Ersten Allgemeinen Österreichischen Katholikentag für die gesamte Monarchie‹ 1877. Sein vorbereitender Ausschuß schildert die neue Stimmung in einer Adresse an Papst Pius IX.:

»Es fehlt in unseren Ländern nicht an glaubenstreuen Völkern, vielen der aufrichtigsten Katholiken aber fehlt es an klarem Verständnis der Lage, der Erkenntnis der unter den neuen Verhältnissen notwendigen Kampfesweise und vor allem der erforderlichen Organisation. Von jeher gewohnt, von unseren katholischen Monarchen und den von ihnen frei gewählten Männern ihres Vertrauens im christlichen Geiste regiert zu werden, weiß die große Mehrheit der katholischen Laien sich noch nicht zurechtzufinden...«[48]

Diese Äußerung enthält die Elemente des Programms, dem die katholische politische Erneuerung folgen sollte: Befreiung der Gemeinschaft der Katholiken von der Abhängigkeit vom Monarchen und seinen Ratgebern, das Finden neuer Kampfmittel, die den neuen Bedingungen angepaßt sind, und die Organisation.

Zwischen 1875 und 1888, als Lueger sich von seinen liberalen Ursprüngen entfernte und unruhig zwischen weltlicher Demokratie und nationalistischem Antisemitismus hin und her schwankte, traten allmählich die Elemente eines politischen Katholizismus in Erscheinung, die diese Aufgaben zu erfüllen imstande waren. Die Mitstreiter dieser neuen Bewegung stammten aus Bereichen der Gesellschaft, die in verschiedenem Grade unter der liberalen kapitalistischen Herrschaft litten: Adelige und katholische Intellektuelle, Geschäftsleute, Geistliche und Handwerker. Beispielhaft für den ganzen neuen Zusammenhang war die Entscheidung des Grafen Leo Thun, eines der gemäßigteren Führer der katholischen Konservativen, den Freiherrn Karl von Vogelsang zum Herausgeber seiner politischen und theoretischen Zeitschrift ›Das Vaterland‹ zu bestellen. Vogelsang erkannte die soziale Gleichgültigkeit der Kapitalisten als Achillesferse des Liberalismus. Dagegen richtete dieser neo-feudalistische Theoretiker seine tödlichen Geschosse. Indem er den Kapitalismus mit dem revolutionären Geist von 1789 verband, erreichte Vogelsang durch die Mittelklasse hindurch den Handwerker und den Arbeiter, die zunehmend gegen die Pression des Laissez faire rebellierten. Was »oben« war – Teile des Adels –, in Gemeinschaft mit dem, was »unten« war – den Opfern des Laissez faire aus der Unterklasse. Das war ein Verfahren, das mutatis mutandis starke Vorläufer in England, Frankreich und Vogelsangs Geburtsland Deutschland hatte. Aber in keinem dieser Länder war diese Weltanschauung Programm einer erfolgreichen demokratischen Partei geworden.

Im Bereich der Sozialgesetzgebung schufen einige Adelige ein praktisches Gegenstück zu Vogelsangs Weltanschauung. Fürst Aloys von Liechtenstein, bei seinen Gegnern als »der rote Fürst« bekannt, übernahm in den achtziger Jahren die Führung beim Erzwingen einer Sozialgesetzgebung von der rechten Seite des Hauses aus. Karl Lueger unterstützte seine Bemühungen von der linken Seite her. Der aristokratische Abweichler und der demokratische Demagoge fanden einander.[49] Zwei weitere Elemente kamen zu dieser lockeren Koalition hinzu, um die Mischung der Bestandteile der Christlich-Socialen Partei abzurunden: eine eifrige Gruppe junger Priester und Theologen, die nach einem lebendigeren Band zwischen Kirche und Volk strebten, und die antisemitische Handwerkerbewegung, die schon Schönerer und Lueger unterstützt hatte.

Das erste Treffen inoffizieller Vertreter all dieser Gruppen fand an einem symbolischen Ort statt: der Villa der Fürstin Melanie Metternich-Zichy. Unter Vorzeichen, die derart nach entschwundener Vergangenheit rochen, vereinten Adelige, Sozialtheoretiker und Praktiker der Massenpolitik ihre Kräfte: Fürst Liechtenstein; Professor Franz Schindler, ein Moraltheologe; Vogelsang; Lueger für die Demokraten und Ernst Schneider für die antisemitischen Handwerker. Unter Schindlers geistiger Führung erarbeiteten sie in einer langen Reihe von Gesprächen ein Programm und sandten es durch die Österreichischen Katholikenkongresse von 1889 und 1893 in die religiöse Welt. Durch Bildung der Vereinten Christen (1888) und ihre Ausbreitung in der Christlich-Socialen Partei war eine politische Organisation geschaffen, um die Aufgabe einer katholischen Erneuerung auszuführen.

Sowohl im kirchlichen wie im politischen Bereich stieß das Programm der christlichen sozialdemokratischen Aktion auf den Widerstand der älteren und vorsichtigeren Generation. Das neue Programm bedeutete, dem »Establishment« den Fehdehandschuh hinzuwerfen und somit ein Risiko einzugehen, das niemals beliebt war bei den disziplinierten Führern der katholischen Welt. Der schärfere Ton erschien mit all seiner Roheit in der katholischen Gemeinde in den späten achtziger Jahren und den neunziger Jahren ebenso deutlich wie im liberalen Wiener Stadtrat, als Mandl und Lueger ihre demokratische Opposition losließen, oder im Reichsrat, als Schönerer zu seinem Kreuzzug gegen die Juden aufbrach. Die radikalen Katholiken offenbarten viele der Anzeichen kultureller Entfremdung, welche die Deutschnationalen, die Sozialdemokraten und die Zionisten charakterisierten. Sie gründeten ihre eigenen Zeitungen, organisierten Sportvereine und entwikkelten, wie die Deutschnationalen, einen Schulverein, um ihre Gemeinschaft von der Abhängigkeit von staatlicher Erziehung zu befreien. Und sie gingen auf die Straße in lärmenden Massendemonstrationen, womit sie die alte Garde der kirchlichen Würdenträger ebenso schockierten, wie sie die Liberalen erschreckten. Die jüngeren Katholiken neuen Stils schienen wie die jüngeren Nationalisten das Bedürfnis zu fühlen, ihre Entfremdung von der hergebrachten Ordnung als notwendiges Vorspiel zur Erlösung zu bekunden. Ob ihr Heil nun in einem Rückzug vom Staat oder in seiner Eroberung liegen würde, die psychologische Voraussetzung des Erfolgs schien ein klares Bekenntnis zu einem Minderheitenstatus zu sein, sich freimütig als unterdrückte gesellschaftliche Untergruppe zu bestimmen. Das galt ebenso für die neuen Katholiken wie für die neuen Nationalisten und die Zionisten.

Der politische Chemiker, der die Elemente katholischer sozialer Unzufriedenheit zu einer Organisation ersten Ranges verschmolz, war Karl Lueger. Obwohl nicht eigentlich religiös, wußte Lueger die neue katholische Soziallehre als Katalysator seines politischen Experiments zu benutzen. Wie er sich die Unterstützung von Schönerers Gefolgschaft durch antisemitische Bekenntnisse gesichert hatte, so war er nun imstande, dank Schönerers Haft, die Hauptmasse von dessen Wiener Handwerkergefolge in die christlichsociale Gemeinde zu führen.

Im Wiener Stadtgebiet wuchs Luegers Gefolgschaft von Wahl zu Wahl, bis er 1895 die für eine Bürgermeisterwahl nötige Mehrheit im Stadtrat erzielte. Sein öffentliches Auftreten zeigte alle Facetten seiner vielfarbigen Wählerschaft. »Der schöne Karl« verfügte über jenes feine, fast dandyhafte Auftreten, das sich, wie Baudelaire bemerkte, als wirkungsvolles Attribut politischer Führerschaft zeigt in »Perioden des Übergangs, wenn die Demokratie noch nicht allmächtig und die Aristokratie erst teilweise ins Wanken geraten ist...«[50] Sein elegantes, fast kühles Benehmen forderte Respekt bei den Massen, während seine Fähigkeit, sie in Wiens warmem Dialekt anzusprechen, ihre Herzen gewann. Als Volksmann mit aristokratischem Anstrich verfügte Lueger auch über einige Eigenschaften, die Wiener Mittelklasse um sein Banner zu scharen. Er liebte die Stadt mit echter Leidenschaft und arbeitete an ihrer Verbesserung. Doch tadelte er seine Vorgänger scharf für ihre unnützen Ausgaben und ließ seiner kritischen Zunge freien Lauf bei allen Anzeichen von Verschwendung. So machte Lueger stetig Einbrüche in die Gefolgschaft der Liberalen, bis er im März 1895 die wohlhabende zweite Wählerklasse gewonnen hatte. Nur die reichsten Besitzbürger blieben dem Liberalismus treu.

Luegers Sieg an den Wahlurnen 1895 in Wien eröffnete eine zweijährige Periode des Stillstands, die man als letzten Posten des Wiener Liberalismus ansehen kann. Obwohl Lueger ordnungsgemäß von der erforderlichen Mehrheit des Stadtrates zum Bürgermeister gewählt worden war, verweigerte der Kaiser die Ernennung. Von drei Seiten wurde auf den Kaiser Druck gegen Lueger ausgeübt: von den Liberalen und Konservativen in der Koalitionsregierung und vom höheren Klerus. Vergebens suchte die Regierung durch die persönliche Vermittlung des Kardinals Franz Schönborn sich der päpstlichen Intervention gegen die Bewegung zu versichern. Die Wiener gingen an die Urnen, um ihre Entscheidung zu bestätigen. Der Kaiser aber beharrte bis 1897 bei seiner Weigerung.

Die Liberalen, ursprünglich die Vorkämpfer für eine repräsentative Regierungsbildung, befanden sich nun in einer höchst paradoxen Lage. Sie konnten, wie ihr Führer Ernst von Plener sagte, überzeugt sein, daß eine Koalitionsregierung, die den Kampf gegen die Radikalisierung des politischen Lebens zu einem ausdrücklichen Programmpunkt erhoben hatte, dem Kaiser nicht gestatten konnte, den »Sprecher einer das Revolutionäre streifenden Bewegung«, »einen lokalen Demagogen«, der für »Barbarisierung des parlamentarischen Tones in unserem Repräsentantenhaus« verantwortlich war, zu bestätigen.[51] Wie verständlich Pleners Überlegung sein mochte, seine antiklerikale Partei war nun in die Lage geraten, erstens von bischöflicher – und selbst päpstlicher – Disziplin abhängig zu sein, um die Folgen liberaler institutioneller Anordnungen zu vermeiden, und zweitens vom kaiserlichen Machtspruch, um zu verhindern, daß der Wille des Wählers erfüllt werde. Selbst der fortschrittliche Sigmund Freud, der in seiner Jugend wie Beethoven hartnäckig sich geweigert hatte, durch Lüften seines Hutes Ehrerbietung für den Kaiser zu bezeugen, feierte nun Franz Josephs selbstherrliches Veto gegen Lueger und den Willen der Mehrheit.[52]

Das kaiserliche Veto ließ sich in einem Zeitalter der Massenpolitik nicht aufrechterhalten. Karfreitag 1897 kapitulierte der Kaiser, und »der schöne Karl« zog im Triumph ins Rathaus ein. Gleichzeitig verfiel die österreichische Regierung in eine tiefe Krise über die Sprachregelungen in den tschechischen Ländern. Somit geriet der Reichsrat, gerade als die alte liberale Bastion an die christlichen Antisemiten fiel, selbst in eine hoffnungslose Uneinigkeit, die der Kaiser lösen mußte, indem er eine Regierung durch Erlaß einsetzte. Die Liberalen konnten, wenn auch voller Reue, den Wechsel nur begrüßen. Ihre Rettung lag von nun an in einer Rückkehr zum Josephinismus, dem Vermeiden nicht nur der Demokratie, sondern sogar der repräsentativen parlamentarischen Regierung, die nur zu zwei Ergebnissen zu führen schien: zum allgemeinen Chaos oder zum Sieg der einen oder der anderen der antiliberalen Kräfte.

Schönerer und Lueger war es, jedem auf seine Weise, gelungen, sich für die Demokratie einzusetzen und zugleich den Liberalismus zu bekämpfen. Beide stellten weltanschauliche Systeme zusammen, die die Feinde des Liberalismus vereinigten. Jeder benützte auf seine Weise aristokratischen Stil, Haltung oder Anmaßung, um eine Massengefolgschaft zu mobilisieren, die noch nach einem Führertum hungerte, welches seine Herrschaft auf etwas Älteres und tiefer Verwurzeltes gründete als die Macht des rationalen Arguments und der empirischen Evidenz. Von beiden Führern war Schönerer der skrupellosere und der stärkere Vorkämpfer der Entfesselung zerstörerischer Instinkte. Er brach die Mauern mit seiner mächtigen antisemitischen Herausforderung, aber Lueger organisierte die Truppen, um Sieg und Beute zu erringen.

Lueger war sowohl weniger entfremdet wie auch traditioneller als der enttäuschte Bürger-Ritter von Rosenau. Selbst in seinem Antisemitismus fehlte ihm die Erbitterung, Überzeugungskraft oder Konsequenz Schönerers. Während Schönerer den übernationalen Charakter der jüdischen Gemeinschaft ausbeutete, um jedes vereinigende Prinzip des gesellschaftlichen und politischen Lebens Österreichs anzugreifen, relativierte Lueger den Antisemitismus zum Angriff auf Liberalismus und Kapitalismus. Sein berühmter Satz, »Wer Jude ist, bestimme ich«, erlaubte ihm, das explosive und umstürzende Potential des Antisemitismus im Interesse der Monarchie, der katholischen Kirche und selbst des Kapitalismus, den er zu bekämpfen behauptete, abzumildern. Wer Koalitionen bildet, kann nicht strikt nach Prinzipien handeln. Lueger duldete deshalb den übelsten Antisemitismus bei seinem Gefolge, hat ihn selbst aber, da er mehr Taktiker und Konstrukteur als Ideologe war, eher benutzt als sich zu eigen gemacht. Selbst beim neuen Ton der Politik wendete Lueger auf das Zeitalter der Massenpolitik – und auf Kosten seines wilden Rivalen Schönerer – den alten Habsburger Grundsatz an:

> Bella gerant alii,
> Tu, felix Austria, nube...
> (Laß andere Krieg führen,
> Du, glückliches Österreich, heirate...)

Er hatte größeren Erfolg bei einem Bündnis von Aristokraten und Demokraten, Handwerkern und Geistlichen, indem er die Anwendung des rassistischen Giftes nur auf die Bekämpfung des liberalen und sozialdemokratischen Gegners beschränkte.

IV

Als die politischen Grundlagen des Liberalismus angenagt wurden und die Ereignisse seine sozialen Voraussetzungen Lügen straften, begannen diejenigen, welche der liberalen Kultur verpflichtet waren, nach neuen Grundlagen zu suchen, um deren kostbarste Werte zu retten. Unter ihnen befand sich Theodor Herzl (1860–1904). Er strebte danach, für sein Volk eine liberale Utopie zu verwirklichen, nicht mit Schmerlings rationalistischer Voraussetzung – »Wissen macht frei« –, sondern aus schöpferischer Phantasie mit den Mitteln von Sehnsucht, Kunst und Traum: »Wollen macht frei.« Mit dem Zionismus errichtete Herzl dem Zeitalter der liberalen Herrschaft ein passendes, wenn auch widersprüchliches Denkmal und schuf als Folge ein Gegenstück zu dem schrecklichen Zerstörungswerk, das Schönerer und Lueger begonnen hatten.

Herzl vermochte den Opfern des Antisemitismus eine solche machtvolle Führung zu bieten, weil er in seiner Person das Ideal der Assimilation verkörperte. Als wahres Inbild des kultivierten Liberalen gestaltete er seinen in hohem Maße schöpferischen Zugang zur jüdischen Frage nicht aus der Versenkung in die jüdische Überlieferung, sondern aus seiner vergeblichen Bemühung, sie hinter sich zu lassen. Er gelangte zu seiner phantasievollen Politik jenseits des Liberalismus nicht, wie Schönerer und Lueger, aus sozialer Feindschaft und politischem Opportunismus, sondern aus persönlicher Enttäuschung und ästhetischer Verzweiflung. Selbst Herzls Entwurf von Zion versteht man am besten, wenn man ihn als Versuch ansieht, ebensowohl das Problem des Liberalismus durch einen neuen jüdischen Staat wie das Problem der Juden durch einen neuen liberalen Staat zu lösen. Seine Lebenserfahrung versah ihn mit allen Werten eines Intellektuellen des Fin de siècle. Auf diese bezog er sich, um die bedrängten Juden von der in sich zusammenstürzenden liberalen Ordnung zu erlösen. Wenn seine Antwort auf die Frage auch ganz sein eigen war, so waren die Materialien, aus denen er sie aufbaute, die der nichtjüdischen liberalen Kultur, die er, wie so viele Juden der höheren Mittelschicht, zu der seinen gemacht hatte.

Die Tatsache, daß Herzl in Budapest zur Welt gekommen und aufgewachsen war, hinderte ihn nicht daran, ein Wiener bis in die Fingerspitzen zu sein. Seine Familie gehörte zu jener zunehmend wohlhabenden Schicht von Juden, die mit dem Eintritt in die moderne Klasse der Unternehmer die deutsche Kultur und die deutsche Sprache selbst in einer vorwiegend nichtdeutschen ethnischen Region annahmen. Der Glaube der Väter verlor sich in dem Maße, wie die Söhne gesellschaftlich aufstiegen. Theodor Herzls väterlicher Großvater hing als einziger von drei Brüdern noch seiner Religion an, während sein Sohn, Herzls Vater, nur noch die religiösen Formen bewahrte. Theodor Herzls Mutter, Jeannette Diamant, hatte eine weltliche Erziehung durch ihren Vater genossen, einen wohlhabenden Tuchhändler. Ihr Bruder Wilhelm folgte dem rascheren Gang der Assimilation, indem er 1848 am ungarischen Freiheitskampf in der revolutionären Armee teilnahm, obwohl seine Beförderung zum Oberleutnant erst mit der vollen Emanzipation der Juden 1867 bestätigt wurde.[53] Als Theodor 1860 zur Welt kam, war seine Familie in jeder Beziehung dem Ghetto entwachsen: wirtschaftlich gesichert, religiös »aufgeklärt«, politisch liberal und kulturell deutsch. Ihr Judentum belief sich nur noch auf wenig mehr als das, was Theodor Gomperz, der assimilierte jüdische Gräzist und Philosoph, »un pieux souvenir de famille« zu nennen pflegte.

Somit wuchs Herzl im Umkreis des aufgeklärten Judentums als gebildeter Bürger des österreichischen liberalen »Staatsvolkes« auf. Seine Mutter, eine kraftvolle Frau von starker Phantasie, ihrem weniger gebildeten Gatten im gesellschaftlichen Status und an kulturellen Gütern überlegen, vermittelte ihrem Sohn eine tiefe Begeisterung für die deutsche Literatur. Mit vierzehn Jahren, nicht lange nach seiner Bar-Mizwah (die seine Eltern lieber ›Confirmation‹ nannten), organisierte Herzl mit seinen Schulkameraden zusammen eine deutsche literarische Gesellschaft, »Wir«, die der Ausbreitung der Kenntnisse ihrer Mitglieder durch Schriften gewidmet sein sollte, in welchen die Ideen »aber immer in eine angenehme Form gekleidet sein« mußten.[54] Mit dem Beginn eines ungarischen Antisemitismus in seiner Schule trat der junge Herzl aus dieser Realschule aus und wechselte über in das Budapester Evangelische Gymnasium, dessen Schüler in der Mehrheit Juden waren. Als Jugendlicher verwarf Herzl ausdrücklich die wachsende Tendenz der Juden in Ungarn, sich der magyarischen Kultur zu assimilieren. Bestärkt durch den stark deutschfreundlichen Einfluß seiner Mutter, durch häusliche Theateraufführungen und Privatunterricht in Französisch, Englisch und Musik, wandte Herzl sich mehr und mehr einer weltbürgerlichen deutschen Kultur und besonders ihrer ästhetischen, humanistischen Tradition als Zentrum seines Wertesystems zu.

Wie verschieden war dieser Akkulturationsprozeß von dem von Herzls Vater! Der hatte den sozialen Aufstieg durch wirtschaftliche Tätigkeit und religiöse Säkularisierung verwirklicht. Als er fünfzehn war, hatte er die vier Klassen der deutschen Normalschule absolviert und wurde im Geschäft eines Verwandten in Debreczin in die Lehre gegeben und war mitten auf dem Wege zu einer Geschäftslaufbahn. Im gleichen Alter war sein Sohn Theodor auf dem Gymnasium und empfing eine allgemeine Bildung, die nicht unmittelbar auf einen Beruf vorbereitete.

Jeder unserer drei Helden fühlte sich dem Adel und dem aristokratischen Erbe verpflichtet: Schönerer erhielt seine aristokratische Rolle vom Vater bestimmt und füllte sie aus in antiliberalem Groll. Luegers bewegliches Verhältnis zur Aristokratie erstand aus respektvollen Beziehungen in Schule und Politik; er forderte weder Zugang zur höchsten Klasse noch wollte er sie zerstören. Herzls Verhältnis zur Aristokratie war ursprünglich gleicherweise gesellschaftlich bedingt, aber doch eher ein geistiges. Bei gleichem Ehrgeiz danach, »adlig« zu sein wie Schönerer, führten seine gesellschaftliche Stellung wie die Werte seiner Mutter Herzl dazu, einen romantischen Adel des Geistes als Ersatz für die Aristokratie des Stammbaums oder des Adelspatents zu verkünden. Ähnlich wie viele junge bürgerliche Intellektuelle es taten, erwarb Herzl ästhetische Kultur anstelle des Rangs.* Der geistige Aufstieg bedeutete auch einen gesellschaftlichen.

In Österreich, wo die höhere Bildung von der liberalen städtischen Mittelschicht so stark als Statussymbol geschätzt wurde, teilten die Juden dieser Schicht lediglich die geltenden Werte oder achteten sie vielleicht noch höher, da der Makel des Händlertums ihr Leben tiefer eingefärbt hatte. Herzl machte in seinem späteren Leben die Bemerkung, daß die Juden tatsächlich dem Dasein als Händler entrinnen wollten, das man bei ihnen für naturgegeben hielt: »Weitaus die meisten jüdischen Kaufleute lassen ihre Söhne studieren. Daher kommt ja die sogenannte Verjudung aller gebildeten Berufe.«[55] Assimilation durch Bildung als zweite Etappe in der jüdischen Assimilation war aber nur ein Sonderfall unter den Verlaufsformen der Aufstiegsbewegungen der Mittelschicht von wirtschaftlichen zu intellektuellen Berufen. Herzls Eltern verhielten sich ganz den Wertvorstellungen ihrer Klasse entsprechend, wenn sie den Jungen in seiner Absicht, Schriftsteller zu werden, voll unterstützten und dabei nur darauf bestanden, daß er zur Sicherheit ein Jurastudium absolvierte.

Selbst Herzls früheste Schriften aus seinen Studentenjahren zeigen die seltsame Mischung von Werten, die sich aus der zweideutigen gesellschaftlichen Lage eines großbürgerlichen Geistesaristokraten ergaben. Die Helden seiner kleinen Schauspiele und Erzählungen waren gewöhnlich Adelige sowohl des Blutes wie auch der sittlichen Überzeugung. Umgeben von der groben Ehrlosigkeit einer materialistischen Welt, bewiesen sie kühles Blut, Anmut und Edelmut in der Verteidigung der Opfer des bösen Willens oder des Unglücks.[56] Weder Selbstverwirklichung noch Meisterung der Wirklichkeit, sondern Selbstopferung und Verzicht scheinen die Hauptziele der Herzlschen Helden zu sein. Nicht die bürgerliche Hingabe an Gesetz und Arbeit, sondern der adelige Geist des Rittertums und der Ehre beseelt ihr Handeln. Aber diese edlen Helden ermangeln einer gesellschaftlichen Grundlage; sie sind Ausnahmen in ihrer Umgebung, soziale Anachronismen und geistig isoliert in einer fremden Welt.

Herzl pflegte als Student ein öffentliches Auftreten, das völlig dem seiner aristokratischen Helden entsprach. Auf dem Gymnasium schon hatte er

* Vgl. oben S. 6–8, 14–15, 280–283.

begonnen, die Eigenschaften eines Dandy auszubilden. Ein Klassenkamerad erinnerte sich an ihn: »Ein schwarzer, schmächtiger, stets elegant gekleideter Junge, immer gut gelaunt und stets zu Spaß und Witz aufgelegt, doch meistens überlegen, ironisch, sogar sarkastisch.«[57] Träumer sowohl wie Zyniker, wehrte er sich heftig gegen die Welt auf dem einsamen Weg des Dandys, seine Superiorität über sie dadurch zu beweisen, daß er sie als Spiegel benutzte. Während seiner Studienzeit prägte sich sein stolzer persönlicher Stil sogar noch stärker aus. Arthur Schnitzler, der zur gleichen Zeit die Universität Wien besuchte, sah Herzl aus der Entfernung und sehnte sich danach, als sein Freund anerkannt zu werden, beneidete seine kühle Haltung und seine stolze Verachtung einer niederen Welt. Beide Studenten gehörten der Akademischen Lesehalle an, einer ursprünglich unpolitischen studentischen Vereinigung, die nach einem heftigen Konflikt von den deutschen Nationalisten beherrscht wurde im gleichen Semester, als Herzl ihr beitrat. Schnitzler war beeindruckt von Herzls Fähigkeit, im neuen Ton zu sprechen: »Ich weiß noch – ›als ich zum ersten Mal dich sah‹ –, das war in der akad. Lesehalle. Sie hielten eine Rede und waren ›scharf‹ in einer Weise scharf! [...] Sie lächelten ironisch – und ich begann Sie zu beneiden. ›Wer so reden und so lächeln konnte‹ dachte ich mir.«[58]

Und wiederum, als der junge Schnitzler sich elegant kleiden wollte und in dem modischsten Aufzug erschien, untersuchte Herzl seine Krawatte und – »vernichtete« ihn. Dabei sagte er: »Und ich hielt Sie für einen – Brummell!« Angesichts von Herzls ironischem Lächeln und befehlender Gebärde fiel Schnitzler, wie er bekannte, in jene »gedrückte Stimmung«, die man Leuten gegenüber hat, die einem auf derselben Straße zwanzig Schritte weit vorauslaufen. Vor allem war Schnitzler überwältigt von Herzls Vertrauen auf seine Zukunft als Meister des Dramas, der angesehensten Kunstform Wiens. Als das neue Burgtheater noch im Bau war, strolchten sie an einem Spätherbstabende »vor dem Bretterzaun auf u ab«, und Herzl habe zu Schnitzler, »mit einem bescheiden erobernden Blick, der auf den aufsteigenden Mauern ruhen blieb«, gesagt: »da komm' ich einmal hinein!«[59]

Schnitzler übertrieb mächtig die Festigkeit und das Selbstvertrauen, die hinter des jungen Herzl Maske von Selbstbeherrschung und Könnerschaft lagen. Tatsächlich heuchelte Herzl einen Erfolg, den er ersehnte, aber zu erlangen verzweifelte. Sein einfühlsamer Biograph, Alex Bein, hat die schmerzliche Enttäuschung dargestellt, welche Herzls hochstrebender Ehrgeiz – literarisch wie gesellschaftlich – ihm verursachte.*

Manchmal dachte Herzl, seine höchste Erfüllung als Mitglied der höheren Verwaltung oder im Offizierskorps des Heeres finden zu können. Wäre nicht

* »Kein Erfolg will kommen«, schrieb Herzl 1883 in sein Tagebuch, als seine Manuskripte bei den erstklassigen Theatern und Zeitschriften, welchen allein er sie anvertrauen wollte, nicht angenommen wurden. »Und ich brauche doch den Erfolg. Ich gedeihe nur im Erfolg.« Alex Bein, Theodor Herzl. Biographie, Wien 1934, S. 70, vgl. auch S. 54, 75.

die Rücksicht auf die Haltung seiner Eltern gewesen, er selbst hätte die für diese Laufbahn nötige Taufe akzeptiert. Selbst nachdem er sich der jüdischen Sache verpflichtet hatte, verließ ihn nicht seine Sehnsucht nach einem quasi aristokratischen Status. »Übrigens, wenn ich etwas sein möchte, wär's ein preußischer Altadeliger«[60], vertraute er im Juli 1895 seinem Tagebuch an. Und wiederum, als er 1895 mit Graf Badeni über die Übernahme der Herausgeberschaft einer offiziellen Regierungszeitung verhandelte, war es seine hauptsächlichste Bedingung, daß er jederzeit persönlich bei Badeni vorsprechen dürfe, »comme un ambassadeur...«[61] Als Herzl 1891 den bedeutenden Posten des Pariser Korrespondenten der ›Neuen Freien Presse‹ erhielt, sprach er nicht nur seinen »teuren, geliebten Eltern« die Befriedigung aus, daß er »das Sprungbrett, von dem ich mich hochschwingen werde«, erreicht hatte, sondern er erinnerte auch daran, daß die bedeutendsten Journalisten wie Heinrich Heine und Henri Blowitz von der Londoner ›Times‹ die gleiche Stellung wie Botschafter eingenommen hatten.[62]

Im Lichte dieser persönlichen Wunschvorstellungen sind Herzls literarische Helden bedeutungsvoll genug. Als Adelige, deren edles Dienen durchkreuzt wurde von einer korrupten bürgerlichen Welt, waren sie das umgekehrte Bild von Herzls persönlicher Lage eines Bürgerlichen, dessen Streben nach einem adeligen Status von einer undurchdringlichen aristokratischen Welt durchkreuzt wurde.

Herzls romantischer Ästhetizismus, so typisch er auch für seine Generation junger Bürgerlicher war, erlangte eine bedeutende psychologische Macht. Er wurde von seiner Erfahrung des aufkommenden Antisemitismus an der Universität bestärkt. 1880 war Herzl in die Burschenschaft Albia aufgenommen worden, damals eine stark nationalistische schlagende Verbindung. Herzl scheint damals sehr vom deutschen Nationalismus angezogen worden zu sein. Das Erstarken des Antisemitismus machte diese Stellung jedoch für ihn unmöglich. Einer seiner Bundesbrüder in der Albia, Hermann Bahr, war Sprecher bei einem antisemitischen studentischen Kommers 1883 bei der Gelegenheit von Wagners Tod, wobei die Polizei einschritt. Als die Albia Bahr unterstützte, bot Herzl seinen Austritt an aus persönlichen Gründen als Jude und aus politischen, da er diese Bewegung dann »vom Standpunkt der Freiheitsliebe aus verurteilen müßte, selbst wenn er nicht Jude wäre«.[63] Es war für ihn ein Schlag, sich plötzlich aus der Mitgliederliste gestrichen zu finden.

Die Ironie von Herzls Zurückweisung durch seine Bundesbrüder lag darin, daß er selbst die Juden insgesamt mit Verachtung ansah als körperlich und geistig durch das Ghetto mißbildet. Die Intoleranz von außen und die jüdische Inzucht hatten, wie er glaubte, die Juden physisch und geistig beschränkt. Sie wurden an der Verbesserung ihrer Rasse gehindert. Die Kreuzung der westlichen Rassen mit der sogenannten östlichen auf der Grundlage einer gemeinsamen Staatsreligion, das sei die große ersehnte

Lösung, schrieb Herzl 1882.[64] Daß er derart die totale rassische und religiöse Assimilation verkündete, machte seine Ausstoßung als Jude so verletzend wie unsinnig.

Herzls Erfahrungen untergruben seine dandyhafte Sicherheit. Jene, die sein Gleichgewicht und seine Stärke bewunderten, so vertraute er seinem Tagebuch an, »Ah, sie wissen nicht, wieviel Elend und Schmerz und Verzweiflung dieser ›aufstrebende junge Mann‹ hinter seiner Weste unsichtbar mit sich herumträgt. Zweifel, Verzweiflung! Ein eleganter Zweifel, eine parfümierte Verzweiflung!«[65]

Mit diesem Gefühl gesellschaftlicher Ohnmacht und individueller Isolierung begann Herzl seine Laufbahn als Schriftsteller. Das Leben der Kunst konnte ihm zu einem Teil als Mittel des Erfolgs dienen und zum anderen als Weise des Selbstentwurfs. Dazu paßte es, daß er einen Halt im Journalismus suchte, statt sich allein der schönen Literatur zu weihen. Hier fänden seine schöpferischen Pläne Auslauf und er gewänne ein Publikum und würde zum Schiedsrichter im Feld der Kultur ohne das Risiko der Einsamkeit und des Versagens, welches das Genie auf sich nehmen muß. Herzl als Geistesaristokrat sollte der Journalismus die gleiche sichere Grundlage für seine spätere zionistische Karriere bieten wie das Rittergut Rosenau es Schönerer als ritterlichem Erlöser des deutschen Volkes gab.

Die stark ästhetische Richtung der Wiener Presse kam Herzls Talenten entgegen. Er gab sich dem Verfassen von Feuilletons hin. Diese populärste und charakteristischste Gattung des Wiener Journalismus bot die von einer positivistischen Kultur geforderte naturalistische Beschreibung, aber in einer höchst persönlichen Färbung.* Sie lieferte dem Leser ein journalistisches Äquivalent von Walter Paters Idee der Funktion der Kunst im allgemeinen: »ein Winkel des Lebens durch ein Temperament gesiebt«.

Schon als Gymnasiast hatte Herzl die Gefahren erkannt, die sich einem Feuilletonschreiber entgegenstellen. Diese Gefahren aber – äußerster Subjektivismus, Narzißmus – gehörten zu seiner Natur und machten ihn zu einem Meister dieser Gattung. Nach fast einem Jahrzehnt Erfahrung als freier Mitarbeiter brachte ihm sein Erfolg dabei den Ausweg. 1891 wurde Herzl auf einen der begehrtesten Posten des Österreichischen Journalismus berufen, den des Pariser Korrespondenten der ›Neuen Freien Presse‹. Wenn die Pflichten dieses Amtes ihm auch viel Freiheit zur Kultivierung des Geistes ließen, so verlangten sie doch auch die harte und kühle Berichterstattung über die politische und gesellschaftliche Szene. Paris zwang Herzl zurück in die Welt der gesellschaftlichen Wirklichkeit, vor welcher er seit seiner Studienzeit in den ästhetischen Journalismus entflohen war. »In Paris geriet ich – wenigstens als Beobachter – in die Politik.«[66] Vier Jahre genauer Beobachtung des politischen und gesellschaftlichen Lebens in Frankreich verwandelten Herzl: zunächst vom Ästheten zum interessierten Liberalen,

* Siehe oben S. 8f.

dann vom Liberalen zum Juden und schließlich vom Juden zum zionistischen Kreuzritter.

Herzl hatte in Österreich in seiner Studienzeit die Qualen antisemitischer Verachtung und die Schwachheit des Liberalismus kennengelernt. Frankreich, so vermutete er, würde anders sein. Wie die meisten österreichischen Liberalen suchte er in Frankreich die Quelle von Freiheit und Zivilisation, das Vaterland der Menschenrechte. Seine Vorgesetzten bei der ›Neuen Freien Presse‹ teilten Herzls frankophile Vorurteile und färbten dementsprechend ihre Instruktionen für den neuen Pariser Korrespondenten: »Unsere Sympathien sind zumeist auf der opportunistisch-republikanischen Seite. Dabei werden wir freilich oft Stellung gegen Frankreich als solches nehmen müssen; dem Korrespondenten aber, der sich Verbindungen schaffen und erhalten muß, gestatten wir gern, um ein paar Nuancen franzosenfreundlicher zu sein.«[67]

Willens und beauftragt, über Frankreich als ein Land der Aufklärung zu berichten, fand Herzl statt dessen ein Volk vor, das von einer ernsten allgemeinen Krise der liberalen Ordnung erschüttert war. In den frühen neunziger Jahren schien sich Frankreich in ein womöglich noch schlimmeres Chaos als Österreich aufzulösen. Die Republik litt an allen sozialen Krankheiten der Zeit: am Verfall des Adels, an der Korruption des Parlaments, dem sozialistischen Klassenkampf, dem anarchistischen Terror und der antisemitischen Barbarei.

Der stolze Gleichmut, mit welchem Herzl das politische Leben Österreichs angesehen hatte, war weniger leicht aufrechtzuerhalten bei einer Gesellschaft, an die er höhere Erwartungen stellte. Darüber hinaus nötigten ihn seine Pflichten als Berichterstatter, die Wirkungskräfte der gesellschaftlichen und politischen Szene genau zu untersuchen. Doch selbst bei seinem wachsenden politischen Interesse hielt Herzl weiterhin die wohlerwogene ästhetische Distanz zu der Szene aufrecht, die er beschrieb. Die politischen Begriffe waren für sein Gefühl zu eng mit den gesellschaftlichen Einheiten verbunden, die sie beschrieben, und verloren wie jene die Verbindung untereinander. »Handwerker«, »Fabrikarbeiter«, »Steuerzahler«, »Staatsbürger«: diese Begriffe der modernen Welt machten den politischen Beobachter zum »Krämer in Kleinigkeiten«[68], der sich außerstande sähe, die Teile in einem zusammenhängenden Ganzen miteinander zu verbinden. Selbstbewußt näherte sich Herzl der französischen Politik mit dem Auge des Künstlers, überzeugt, daß die Kunst besser dazu imstande sei, die allgemeinen menschlichen Bedingungen zu durchdringen, die den verstreuten sozialen Bruchstücken zugrundeliegen.* »Aber die Dichtung«, schrieb er am Ende seines ersten Jahres in Paris, »befaßt sich mit einer höheren Abstraktion, mit der Welt. Und wer Welt aufzufassen vermag, der wäre unfähig, den Staat zu begreifen?«[69] Entschlossen hielt er an der ästhetischen Haltung des Feuilleto-

* Vgl. Hofmannsthals ähnliche Auffassung, oben S. 18–19.

nisten fest, als er sich in das Reich konkreter Politik bewegte, und damit schuf Herzl sich eine Stellung der Unparteilichkeit gegenüber den Gruppen, aus denen es sich zusammensetzte – eine Stellung, die seinen Blick schärfte, während sie seinem Engagement Grenzen zog.

Die Erscheinungen in Frankreich, die Herzls Aufmerksamkeit in den frühen neunziger Jahren besonders auf sich lenkten, standen in Verbindung mit der Aushöhlung der liberalen gesetzlichen Ordnung. Keineswegs leugnete Herzl wie Schönerer oder Lueger die Legitimität jener Ordnung oder begrüßte gar ihren Zusammenbruch; ganz im Gegenteil beobachtete und beschrieb er ihren Verlauf mit einer Art erschreckter Faszination. 1892 berichtete Herzl über die Anarchisten, deren Morde und Bombenattentate einen Schauer des Entsetzens durch ganz Europa jagten. Er schrieb Leitartikel über die Gerichtsverhandlung gegen den französischen Terroristen François Ravachol. Der Korrespondent versuchte keineswegs ihn zu rechtfertigen, aber er fühlte Sympathie und Bewunderung für den Terroristen. Herzl gelangte zu einer psychologischen Lösung des moralischen Problems politischer Verbrechen: Ravachol »glaubt heute an sich und seine Mission. Er ist in den Verbrechen ehrlich geworden.« »Ravachol hat eine andere Wollust entdeckt: die Wollust der großen Idee und des Martyriums.«[70] Während Herzl damit die Tat des Anarchisten verwarf, zeigte er seine Affinität zu den psychologischen Ursachen seiner Gewalt. Völlig verdammte er jedoch das Geschworenengericht, das sich zu keinem Todesurteil entschließen konnte. Das Versagen der Geschworenen zeigte, wie Herzl glaubte, daß die Volkssouveränität in Frankreich ihren Mut und ihre Ehre verloren hatte. Die Demokratie war mit der Zeit ausgehöhlt, und eine Sehnsucht nach der Monarchie erfüllte sie schon: die Demokratie war bereits monarchisch und die Gesellschaft wiederum reif für einen Erlöser, der alle Verantwortung auf sich nehmen würde, vor welcher die gesetzestreuen Bürger zurückschreckten und die zu tragen sie aus Furcht sich weigerten. Dieser neue und »gestrenge Herr«, prophezeite Herzl, würde sich erheben und sagen: »Ich, hört Ihr, ich nehme Euch das ganze Ungemach ab. Auf meinem Haupte soll sich aller Haß der Unterdrückten sammeln.«[71] Damit würde die Wollust des Terrors im Vorkämpfer der Unterklasse ihre Antwort für die höheren Schichten finden in einem Erlöser und Herrscher. Die republikanische Gesetzestreue würde sich in dieser Perspektive einer charismatischen monarchischen Ordnung unterwerfen.

Herzls Sorgen waren verfrüht. Ravachol wurde von einer höheren Instanz verurteilt und öffentlich hingerichtet, und Herzl frohlockte aufrichtig, daß die Republik wieder zu ihrer Strenge zurückgefunden hatte. Doch blieb die Wiederherstellung seines Vertrauens in die liberale Ordnung unvollständig. Er hatte selbst die tiefe Wirklichkeit der »Wollust der großen Idee« in einem Massenführer erfahren und als Antwort darauf die Versuchung des Erlöser-Herrschers auf der Seite der Anhänger der gesetzlichen Ordnung, die vom Schrecken der Anarchie betroffen waren. Nicht als Jude, sondern als österreichischer Liberaler spürte Herzl zutiefst in sich die Schauer der französischen anti-republikanischen Politik.

Versagen oben, Erschütterung unten: das war die Verbindung, die sich Herzl immer stärker aufdrängte bei seinem ferneren Wirken als Berichterstatter der Ereignisse in Frankreich. Vor allem beschäftigte ihn das Problem der Massen. »Ich starre auch das Phänomen der Menge an; lange Zeit, ohne es zu begreifen«, erinnerte Herzl sich später.[72] Es waren nicht die Forderungen der Masse nach sozialer Gerechtigkeit, die seinem Verständnis Schwierigkeiten bereiteten. Wie die meisten jungen Liberalen seiner Herkunft setzte er sich für diese Forderungen ein – zumindest im Prinzip – gegen den traditionellen Liberalismus des Laissez faire. Er glaubte, daß die Technik eine breitere Verteilung des Privateigentums bewirken würde. Von dieser bürgerlichen utopischen Perspektive aus betrachtete Herzl den Marxismus mit seinem Ziel, das ursprüngliche System des Gemeineigentums wiederherzustellen, während doch alle Geschichte zur Individualisierung und zur Erweiterung der Rechte des einzelnen strebe[73], als einen Rückfall.

Was Herzl beim Sozialismus Marxscher Prägung beschäftigte, waren nicht seine wirtschaftlichen Ziele, sondern die psychische Gewalt, die ihn vorwärts drängte. Die sozialistische Bewegung in Frankreich, das wirkliche Proletariat auf dem Marsch, bot eine Erscheinung urtümlichen Gruppenverhaltens, die Herzl mit Furcht und Schrecken erfüllte. Er beobachtete, wie die Massen den Gerichten eine Niederlage beibrachten: als der Sozialistenführer Paul Lafargue 1892 zu Gefängnis verurteilt wurde, befreiten ihn die Wähler von Lille, indem sie ihn zum Abgeordneten machten.[74] Im Sommer 1893, während einer Wahlkampagne, berichtete Herzl von der beklemmenden Erfahrung der Massen bei einer sozialistischen Versammlung in Lille. Einerseits drückte Herzl sein Mitgefühl für die menschlichen Sklaven der Maschine aus, die das Publikum ausmachten. Andererseits beschrieb er ihr Massenverhalten auf eine Weise, die wenig darauf berechnet war, den Beifall der Leser der ›Neuen Freien Presse‹ zu erregen:

»Ihr Gemurmel wächst, nun ist es eine dumpfe Brandung, die in diesem noch dunklen Saale sonderbar ergreift. Es überfliegt mich wie eine körperliche Ahnung ihrer Macht. Die einzelnen nicht zu unterscheiden, zusammen sind sie wie ein großes Tier, das anfängt die Glieder zu recken, noch halb unbewußt seiner Kraft. Viele Hunderte von harten Köpfen und doppelt so viel harte Fäuste, und vielleicht lauter unzufriedene Gemüter. Das ist nur ein Bezirk einer Stadt in Frankreich.«[75]

Gefährlich in ihrer Gewalt, ist die Masse auch gestaltlos, unbeständig und beeinflußbar. Bei der Wahlkampagne 1893 berichtete Herzl vom Sieg verführerischer Demagogie über Standfestigkeit und politische Vernunft. Wie andere österreichische intellektuelle Liberale, deren Glaube an ein unaufgeklärtes Wahlvolk niemals stark war, begann Herzl »das Volk« als »die Masse«

anzusehen. Er verzweifelte an seiner Weisheit mit der Frage: »Ah, das Volk! Und das soll man befragen?«[76] In dieser Enttäuschung über die demokratische Bewegung in Frankreich können wir die Quellen von Herzls späteren politischen Werturteilen als Zionist finden. In seiner ersten bedeutenden zionistischen Abhandlung schrieb er 1896: »Das Volk ist überall ein großes Kind, das man anerkanntermaßen erziehen kann. Aber diese Erziehung würde selbst unter den günstigsten Bedingungen solche gewaltigen Zeitspannen erfordern, daß wir uns lange vorher auf andere Weise helfen können.«[77]

Herzls Verlust seines Glaubens an das Volk versteht man am besten in Beziehung zum Gegenstück, seinem Verlust an Vertrauen zu dessen Führern. Hier wurde der Panamaskandal entscheidend als Testfall des Bankrotts des französischen Parlamentarismus. Politische Bestechung und Veruntreuung wurden bei der Untersuchung der groben Mißwirtschaft bei dem gewaltigen Kanalprojekt aufgedeckt, das Tausende von Menschenleben und Millionen von Francs verschlungen hatte. Das Prinzip der Verantwortlichkeit war ruiniert, die Abgeordneten »repräsentierten« das Volk in keinerlei moralischem Sinne mehr. Korruption untergrub die Herrschaft des Gesetzes und entfesselte die irrationale Gewalt der Masse. Schließlich kamen die neuesten Feinde der Republik an die Oberfläche: die Antisemiten. Herzl beobachtete das Schauspiel, wie das gesamte politische System ausbrach wie ein Vulkan, als die siedenden inneren Spannungen der französischen Gesellschaft die erhabenen Schranken des Gesetzes und der Sittlichkeit sprengten.

Der Korrespondent Herzl stellte als Kind der bedrohten Kultur des Rechtes für die Liberalen Österreichs die wesentlichen Fragen: Worin liegt der Sinn einer parlamentarischen Regierung, wenn sie doppelt verletzbar ist: von innen durch Korruption und von außen durch jeden Angriff? War es zu rechtfertigen, daß die Gerichte durch die Strafverfolgung der öffentlichen Beamten im Panamaskandal einen so niederschmetternden Schlag gegen die Republik führten? Herzl betrat hier schwankenden Boden, indem er den Primat des Gesetzes selbst und die politische Klugheit, ihn gelten zu lassen, in Frage stellte, wenn die Republik und die Gesellschaft dadurch in Gefahr gerieten. Er beschloß seinen Überblick über das Jahr 1892 mit einer apokalyptischen Einschätzung der französischen Entwicklung: »Wer die Raserei der letzten Kammersitzungen mit eigenen Augen sah, hatte eine Vision der kochenden Leidenschaften des Convents. Torheiten und Verbrechen wiederholen sich, wie die Menschen selbst. Beharrlich stehen die Erinnerungen auf. So war's vor hundert Jahren, und es folgte das blutgetränkte Jahr. Sterbeglokken läuten: Dreiundneunzig!«[78] Das Vaterland des Liberalismus war krank an seinem parlamentarischen Herzen. Für einen österreichischen Liberalen bedeutete das mehr als nur eine neue politische Erfahrung; es war ein Schlag gegen das Vertrauen auf die Lebensfähigkeit des politischen Liberalismus, denn er traf dessen Ursprungsland Frankreich.

Bei dieser breiten Exposition einer Krise des Liberalismus in den frühen neunziger Jahren erhob sich das Problem des Antisemitismus, um sich nachdrücklich Herzls Bewußtsein aufzudrängen. In gewisser Weise gab es keinen Angriff auf die Republik, bei dem nicht der Antisemitismus seine Rolle spielte. Edouard Drumonts Buch ›La France juive‹ (1885) machte das internationale Judentum verantwortlich für den Niedergang Frankreichs und verlangte eine Neuverhandlung der Emanzipation und die Enteignung jüdischen Kapitals. 1894 brachte Drumont seine einflußreiche Zeitschrift ›Libre Parole‹ in Gang, um eine Basis für seinen unablässigen Angriff auf die Juden und ihre Verteidiger zu haben. Wiederum zog der irrationale politische Stil Herzl an. 1895, gerade nachdem er sich dem Zionismus zugewandt hatte, schrieb er in sein Tagebuch: »Drumont verdanke ich viel von der jetzigen Freiheit meiner Auffassung, weil er ein Künstler ist.«[79] Und ein Künstler im politischen Bereich, daran sei erinnert, bedeutete für Herzl jemand, der sich selbst von den Einschränkungen der Stückhaftigkeit befreien konnte, die allen Kategorien einer positivistischen Analyse der Gesellschaft zu eigen ist.

Alex Bein hat Herzls sich vertiefende Beschäftigung mit der Judenfrage in Frankreich bis zu ihrem Höhepunkt in der Verurteilung des Hauptmanns Dreyfus nachgezeichnet. Von einer Episode zur anderen – einem antisemitischen Theaterstück, dem Tod eines Offiziers in einem Duell wegen der Verteidigung seiner Ehre als Jude, antisemitischen Demonstrationen, Verleumdungsklagen und dem Panamaskandal – berichtete Herzl, er dachte über sie nach und ließ sich immer tiefer darauf ein. Zunächst sah er als guter Anhänger der Assimilation im jüdischen Problem eine Randerscheinung der sozialen Frage. Als ein Gesichtspunkt der Probleme der modernen Gesellschaft konnte das jüdische Problem nur gemeinsam mit den größeren gelöst werden. 1893 zog er die Folgerung, daß die Juden, »an die Wand gedrängt, keinen anderen Ausweg als den Sozialismus haben werden«.[80] Herzl schrieb dies nicht, weil er eine solche Lösung bejahte, sondern weil er an jeder anderen verzweifelte.

Selbst als die Erfahrung seine Hoffnungen aufzehrte, blieb es doch seine wichtigste Sorge, die nichtjüdische Gesellschaft zu retten, in welchem Falle das jüdische Problem sich von selbst lösen würde. Das bewog ihn dazu, einflußreichen Österreichern zu raten, wie man dem Aufstand der Massen zuvorkommen könne, der sich in Frankreich wie ein Ausbruch ereignete. Er bedrängte die Herausgeber der ›Neuen Freien Presse‹, sich für das allgemeine Wahlrecht einzusetzen, ehe die demokratischen Massen sich aus Empörung über ihre Beschränkung im Wahlrecht gegen den Liberalismus wenden würden. Er empfahl auch konstruktive Sozialpolitik. Im Entwurf einer Denkschrift für den Baron Chlumecky, einen einflußreichen führenden Liberalen, schlug er die Errichtung einer staatlichen Arbeitshilfe vor (nach französischem Modell), um die Erwerbslosen als potentielle städtische Revolutionäre aus den Großstädten zu entfernen und sie mit aufbauender Tätigkeit auf dem Lande zu beschäftigen. »Innere Kolonisation« könnte einen Mittelweg zwischen Sozialismus und Laissez faire schaffen. Dieser Zugang zur Sozialreform sollte in Herzls späteren Plänen für einen Judenstaat erscheinen. 1893 jedoch war er nicht mit den Juden beschäftigt, sondern damit, dem österreichischen Liberalismus zu helfen, sein gesellschaftliches Schwanken zu überwinden.[81]

Dazu war es zu spät, und Herzl machte sich das bald deutlich. Von Frankreich aus sah Herzl Lueger und den Antisemitismus bei jeder österreichischen Wahl an Kraft zunehmen. Seine Sorge um das Geschick der liberalen Ordnung in Frankreich und in Österreich wurde zu ein und derselben. Als das geschah, hatte die »jüdische Frage« in seinem Denken sich aus einem Symptom des europäischen sozialen Unbehagens – einem Blitzableiter zur Erleichterung nichtjüdischer Frustrationen – zu einer Frage auf Leben und Tod für die Opfer verwandelt.

Wie konnte man die Juden retten? Diese Fragestellung erwuchs logisch aus seinen Jahren der Beobachtung, und doch war sie vollkommen neu und wesentlich getrennt von seinen früheren Rollen als Künstler, Berichterstatter oder Liberaler. Herzls schließliche Verpflichtung auf diese Frage trug ganz den Charakter eines Bekehrungserlebnisses.

Ein starkes persönliches Element, das dem Psychologen eher zugänglich ist als dem Historiker, hatte fraglos einen entscheidenden Anteil dabei, ihn auf die Rolle des Erlösers festzulegen. Seit 1890 hatte Herzl unter einer Reihe persönlicher Traumata gelitten. Seine Heirat mit einer Frau von höherer sozialer Stellung als der seinen war von Anbeginn unbefriedigend, und er verbrachte viel Zeit entfernt von Frau und Kindern. Obwohl er nicht wie Karl Lueger Junggeselle geblieben war, verehrte Herzl eindeutig seine hübsche willensstarke Mutter ebensosehr wie Lueger die seine. Auch in der Beziehung beider Männer zu ihren Schwestern gab es Ähnlichkeiten. Der Junggeselle Lueger widmete sich der Sorge um seine altjüngferlichen Schwestern und gehorchte so dem Willen seiner Mutter. Obwohl Herzls Schwester Pauline starb, als er achtzehn war, blieb er ihrem Gedenken auf beinahe pathologische Weise treu. Jedes Jahr machte er am Tage ihres Todes eine Pilgerfahrt zu ihrem Grab in Budapest.[82] Die dauerhafte Fixierung auf die Frauen der Familie, aus der er stammte, scheint ihm neue Liebesbeziehungen zu Frauen erschwert zu haben. Davon war vor allem seine Frau Julie betroffen. Wenn die wenigen Briefe Herzls an sie, die sich erhalten haben, manchmal Zuneigung beweisen, so doch eher eine besorgte als eine liebende. Sicherer in der Vaterrolle als in der des Liebhabers, redet er dabei seine Frau oft als »Mein liebes Kind« an und unterzeichnete »Dein treuer Papa, Theodor«.[83]

Ein zweites persönliches Element bei Herzls Bekehrung bildete eine Krise bei seinen Freundschaften. Auch hier forderten die frühen neunziger Jahre harten Tribut, denn er verlor seine beiden besten Freunde. Sie stellten zwei extreme Typen jüdischer Intelligenz dar: der erste, Heinrich Kana, eine feinfühlige Persönlichkeit, die ihre eigenen Maßstäbe schöpferischer Vollendung nicht zu erreichen vermochte, beging Selbstmord; der zweite, ein kraftvoller Journalist, verlor sein Leben, als er mit der Ansiedlung russischer Juden in Brasilien beschäftigt war.[84] Beide Männer schienen Herzls Stellung zu dieser Zeit zu flankieren; beide Schicksale sah er als jüdisch an, beide als sinnlos vergeudet.

Unglücklich verheiratet und seiner besten Freunde beraubt, war Herzl in seinem Gefühlsleben in den Pariser Jahren mehr als gewöhnlich verarmt. Das mag seine Bereitschaft erklären helfen, seine Entfernung von der gesellschaftlichen Welt aufzugeben und sich mit Leib und Seele einer größeren Sache zu verschreiben. Das Korpus des jüdischen Volkes wurde ihm zum kollektiven Liebesobjekt, zu dem er zurückkehrte wie zu einer nährenden Mutter, die er nie hinreichend anerkannt hatte.* Aber warum machte er nicht die proletarische oder liberale Sache zu seiner eigenen, die beide seine Aufmerksamkeit in seinen ersten Jahren in Frankreich erregt hatten? Der Grund liegt darin, daß sie keine so tiefe Beziehung zu seinen eigenen Ursprüngen hatten wie das Judentum. In den neunziger Jahren des 19. Jahrhunderts wie zu seiner Studentenzeit, als ihm der Antisemitismus zum erstenmal einen harten Schlag versetzte, brach sein kulturell bewirkter Widerstand gegen eine jüdische Selbstidentifizierung zusammen. »Tatsächlich«, schrieb er 1895 über seine Beziehung zur ›Judenfrage‹, »bin ich immer wieder zu ihr zurückgekehrt, wenn mich die Erlebnisse, Leiden und Freuden meiner eigenen Person ins allgemeine aufsteigen ließen.«[85]

In den traumatischen Jahren in Frankreich konvergierte die Aushöhlung seines persönlichen Lebens allmählich mit der Erfahrung der Krise des Liberalismus und dem gewalttätigen Angriff des Antisemitismus, um das zu beschleunigen, was man nur Herzls Bekehrung zur Sache der Juden nennen kann. Der gebildete Anhänger der Assimilation wurde durch den freien Akt der erneuten Identifikation zum Retter des leidenden erwählten Volkes. Er löste seine eigenen Probleme, indem er sie mit denen dieses Volkes zusammenspannte und damit seinen Übergang vom Künstler zum Politiker vollendete.

Verschiedene Züge von Herzls Verhalten zur Zeit, da er sich dem Augenblick seiner Bekehrung nähert, verraten seine tiefe Verwandtschaft mit Schönerer und Lueger: sein Verwerfen rationaler Politik und seine Hinwendung zu einem noblen, aristokratischen Führungsstil mit einer starken Vorliebe für die große Gebärde. Ein anderes Band, das ihn mit seinen Gegnern verknüpfte, auch wenn er ganz andere Folgerungen daraus zog, war seine Abneigung gegen die Juden.

1893 war Herzl dazu gelangt, alle Versuche abzulehnen, die Judenfrage

* Norman O. Brown, Love's Body, New York 1966, dt. München 1973, eröffnet ein völlig neues Verständnis einer Gemeinschaftsidentifikation als Mutterersatz, das Herzls Entwicklung erhellt. Vgl. besonders S. 32–36 der Originalausgabe.

dadurch zu lösen, daß man der Möglichkeit vertraute, mit Vernunft zu überzeugen. Er wollte nichts mit dem Verein zur Abwehr des Antisemitismus zu tun haben, den hervorragende deutsche und österreichische Intellektuelle gegründet hatten. Durch das Verweigern seiner Mitarbeit bei der Zeitschrift dieses Vereins erläuterte Herzl seine Überzeugung, daß jedes vernünftige Argument hoffnungslos sei: Die Zeit sei lange vorbei, als man mit höflichen und gemäßigten Mitteln etwas erreichen konnte. Es schien unmöglich für die Juden, sich von den Merkmalen zu befreien, die man zu Recht an ihnen tadle. Das sei ein langer, schwieriger, hoffnungsloser Weg. Er sah nur zwei wirkungsvolle Möglichkeiten: ein Vorbeuge- und ein Heilmittel. Das beste Vorbeugemittel gegen die Anzeichen des Antisemitismus wäre ein Rückgriff auf »brutale Gewalt« in der Form persönlicher Duelle mit den Beleidigern der Juden.[86] Damals und immer machte Herzl die »Ehre« der Juden zum Mittelpunkt des Problems. Es stimmte nur zu sehr damit überein, daß er zur Verteidigung seiner romantischen feudalen Werte das romantisch feudale Mittel des Einzelkampfes suchte. Ein halbes Dutzend Duelle, schrieb er dem Verein, würden die gesellschaftliche Stellung der Juden sehr heben. In einer der höherfliegenden heroischen Phantasien, die er seinem Tagebuch anvertraute (für den Druck wurde diese Passage gestrichen), erwog Herzl, selbst als ritterlicher Vorkämpfer der jüdischen Ehre zu Felde zu ziehen. Er wollte die Führer des österreichischen Antisemitismus – Schönerer, Lueger oder Fürst Aloys Liechtenstein – zum Duell fordern. Sollte er sein Leben bei dem Treffen verlieren, so hätte er einen Brief bei sich, der seinen Tod »als Opfer der ungerechtesten Bewegung« der Welt verkündete. »Hätte ich aber den Gegner erschossen«, stellte Herzl sich vor – vielleicht aufgrund der Verhandlungen, die er in Frankreich erlebt hatte –, daß er eine aufrüttelnde Rolle im Gerichtssaal spielen würde, wo man ihn anklagen würde. »... so wollte ich vor dem Schwurgericht eine großartige Rede halten, worin ich zuerst den Tod eines Ehrenmannes bedauerte... Dann wäre ich auf die Judenfrage eingegangen, hätte eine gewaltige Lassallesche Rede gehalten, die Geschworenen erschüttert, gerührt, dem Gerichtssaal Achtung abgezwungen und wäre freigesprochen worden. – Darauf wäre mir von den Juden ein Abgeordnetenmandat angeboten worden. Ich hätte es aber ablehnen müssen, weil ich nicht über die Leiche eines Menschen in die Volksvertretung gelangen wollte.«[87] Das Vorbeugemittel gegen den Antisemitismus hätte damit die Form eines Ehrenhandels angenommen.

Das andere, therapeutische Verfahren gegen den Antisemitismus blieb assimilatorisch, aber wie Herzl das Vertrauen in die Macht des Liberalismus verloren hatte, kehrte er auch in seinem Assimilationismus zu einer archaischeren christlichen Vision zurück: der Massenbekehrung. 1893 träumte er davon, eine epochemachende Übereinkunft mit dem Papst zustande zu bringen. Mit Hilfe der österreichischen Kirchenfürsten wollte Herzl Zugang zum Heiligen Vater erlangen und sagen:

»Helfen Sie uns gegen den Antisemitismus, und ich leite eine große Bewegung des freien und anständigen Übertritts der Juden zum Christentum ein ... Am hellichten Tage, an Sonntagen um zwölf Uhr, sollte in feierlichen Aufzügen unter Glockengeläute der Übertritt stattfinden in der Stefanskirche. Nicht verschämt, wie es einzelne bisher getan, sondern mit stolzen Gebärden ... (im Gegensatz zum bisherigen) wo der Übertritt wie Feigheit oder Streberei aussieht.«[88]

Die Vision entsprach noch der Assimilation, aber kaum liberalen Vorstellungen. Theatermäßig, irrational, trug sie das Gepräge des Herzl, der sich heimlich wünschte, ein preußischer Altadeliger zu sein, des Herzl, der vom Anarchisten Ravachol die »Wollust der großen Idee« oder vom Antisemiten Drumont die Gewalt politischen Künstlertums gelernt hatte.

Assimilation der Juden durch die Kirche von Rom – ein seltsamer Vorschlag für einen weltlichen Liberalen! Die schöne Geste des Duells verriet gleicherweise eine anachronistische Eigenschaft: ein Gefecht nicht für die neuzeitliche Freiheit, sondern für die ritterliche Ehre auszutragen. Ziele der Assimilation nahmen archaische, vorbürgerliche Formen an, ebenso wie Herzl nach Lösungen einer post-rationalen Politik für die Zukunft der Juden tastete. Noch isoliert von den Juden selbst, von denen er die einen als »Geldjuden« und die anderen als »Ghettojuden« verwarf, einige als allzu optimistische Rationalisten und andere als allzu primitive Gläubige, begann Herzl so für die Juden die Elemente einer Politik im neuen Ton zusammenzutragen: eine adelige Haltung, die prophetische Verwerfung des Liberalismus, die dramatische Gebärde und das Festlegen auf den Willen als Mittel der Verwandlung der gesellschaftlichen Wirklichkeit.

Noch hatten Herzls persönliche Phantasien nicht die Gestalt eines zusammenhängenden Programms angenommen. Sein eigener Rückzug von der nichtjüdischen Welt war noch unvollständig. Eine Folge politischer Ereignisse verschiedener Größenordnung schloß 1895 die seelische Umwälzung ab, welche Herzl vom Wiener assimilierten Juden in einen Führer des neuen Auszuges verwandelte. Die Verurteilung von Alfred Dreyfus am 22. Dezember 1894 war deren erstes. Herzls Depeschenberichte über Dreyfus' Prozeßverhandlung und seine Ausstoßung aus der Armee spiegeln den zutiefst gespannten Zustand des Reporters wider. Zu einer Zeit, als Dreyfus' Schuld von nahezu allen anerkannt wurde, bezweifelte Herzl sie trotz des Mangels an Beweisen. Herzl folgerte aus seiner eigenen Seelenverfassung, der Psychologie des assimilierten Juden mit aristokratischen Wertvorstellungen, der in der nichtjüdischen Welt reüssiert hatte. Dem italienischen Militärattaché, Oberst Alessandro Panizzardi, sagte er: »Ein Jude, der als Generalstabsoffizier eine Laufbahn der Ehre vor sich geebnet hat, kann ein solches Verbrechen nicht begehen ... Die Juden haben infolge der langen bürgerlichen Ehrlosigkeit eine oft krankhafte Sucht nach Ehre, und ein jüdischer Offizier ist in dieser Hinsicht ein potenzierter Jude.«[89] Und selbst wenn Dreyfus schuldig wäre, ginge der Schrei des Pöbels, der nach seinem Blut verlangte, weit über die Sache des Verrates hinaus: »A mort! à mort les juifs!« Vier Jahre später gab Herzl zu bedenken, daß dieser Justizirrtum einer republikanischen Rechtsprechung »den Wunsch der ungeheuren Mehrheit in Frankreich« enthalte, »einen Juden, und in diesem einen alle Juden zu verdammen«. Das geschah nicht in Rußland, nicht einmal in Österreich, sondern: »Wo? In Frankreich. Im republikanischen, modernen, zivilisierten Frankreich, hundert Jahre nach der Erklärung der Menschenrechte.« Herzl zog seine Folgerung daraus: »Das Edikt der großen Revolution wird widerrufen.«[90]

Wenn die Dreyfus-Affäre nicht genügt hätte, so besiegelten einige angefüllte Tage im Mai 1895 Herzls Aufgeben jedes assimilationistischen Verhaltens für immer, sei es nun rational oder romantisch. Am 25. und 27. Mai war er Zeuge von parlamentarischen Anfragen in der französischen Kammer, welche die jüdische »Infiltration« nach Frankreich verhindern sollten – ein Äquivalent der von Schönerer propagierten Gesetzgebung zum Ausschluß von Juden in Österreich in den Jahren 1887/1888. Zwei Tage später errang Karl Lueger zum erstenmal die Mehrheit im Wiener Gemeinderat. Obwohl er noch nicht das Bürgermeisteramt erhielt, war es die erste einer Reihe von Wahlen, von denen jede eine größere Stimmenmehrheit für die Christlich-Sozialen erbrachte, die schließlich den Kaiser und sein Kabinett der antisemitischen Flut weichen und 1897 Lueger als Bürgermeister bestätigen ließen. Für Herzl war das letzte Tau gekappt.

V

Nacheinander hatten sich alle Bindungen, die Herzl mit der ›normalen‹ nichtjüdischen Kultur verknüpften, gefährlich abgenützt: Ehe, Freundschaft, die französische Republik der Toleranz, der Traum einer jüdischen Würde durch Assimilation und schließlich der österreichische Liberalismus in seiner Wiener Fassung. Als er die Nachricht von der Wahl in Wien erhalten hatte, ging Herzl zu einer ›Tannhäuser‹-Aufführung. Herzl war kein fanatischer Wagnerianer und nicht einmal über die Wiener Norm hinaus opernbegeistert, aber der ›Tannhäuser‹ elektrisierte ihn diesmal. Erregt kam Herzl nach Hause und machte sich daran, in einem Fieber der Begeisterung wie besessen seinen Traum der jüdischen Auswanderung aus Europa zu skizzieren. Daß es gerade Wagner gewesen ist, der Herzls intellektuelle Energien freisetzte, sich in einen reißenden, schöpferischen Strom zu ergießen: wie ironisch, aber doch wie psychologisch angemessen! Der studentische Kommers zu Wagners Ehren kurz nach dessen Tod hatte 1883 Anlaß zu Herzls erster traumatischer Begegnung mit den Grenzen nichtjüdischer Toleranz gegeben und ihn zur Wahl zwischen der Ehre des Verbindungsbruders und der Ehre des Juden genötigt. Seit damals hatte Herzl ein unjüdisches Leben als gebildeter, aufgeklärter und vornehmer Europäer geführt, der wie so viele sich auf den »Fortschritt der nichtjüdischen Gesellschaft« stützte. Erst jüngst hatte er sich in seiner Phantasie wegen einer Lösung der Judenfrage der alten christlichen Autorität zugewandt. Konnte Tannhäuser Herzl ansprechen? – Tannhäuser, der romantische Pilger, der vergebens die Hilfe des Papstes bei der Not seines christlichen Gewissens gesucht hatte und sich wiederfand im Bekenntnis zur weltlichen Liebe, die er vergebens abzuschütteln getrachtet hatte. Konnte Herzl in Tannhäusers sittlich befreiter Rückkehr zum Venusberg eine Parallele zu seiner eigenen Rückkehr zum Ghetto empfunden haben? Wir können es nicht wissen. In jedem Fall muß Wagner für Herzl wie für so viele seiner Generation der Befreier des Herzens gegen den Kopf, des Volkes gegen die Masse, der Revolte des Jungen und Kraftvollen gegen das Alte und Verknöcherte gewesen sein. In diesem Geiste – aber gewappnet mit den Waffen der modernen Rationalität ebenso wie mit den Intuitionen der Kunst – brach Herzl mit der liberalen Welt und betrieb den Auszug der Juden aus Europa. Die zionistische Bewegung sollte zu einer Art »Gesamtkunstwerk« der neuen Politik werden. Das empfand Herzl, wenn er von seinem Plan sagte: »Mosis Auszug verhält sich dazu, wie ein Fastnachtssingspiel von Hans Sachs zu einer Wagnerschen Oper.«[91]

Herzl weihte sich nun dem Ruhm, für die Juden zu träumen, so wie er früher vom Ruhm für sich selbst geträumt hatte. Bewußt und ausdrücklich erklärte er Traum, Wachtraum, das Unbewußte und die Kunst als die Quellen der Macht, eine widerspenstige gesellschaftliche Wirklichkeit zu bezwingen und zu gestalten. »Traum ist von Tat nicht so verschieden, wie mancher glaubt«, schrieb er. »Alles Tun der Menschen war vorher Traum und wird später zum Traume.«[92] Die Aufgabe der Politik war es, einen Traum in der Form anzubieten, daß er die unterrationalen Quellen des menschlichen Wünschens und Wollens traf. Dafür hatten die Juden Lösungen in der äußeren Welt gesucht, wo keine zu finden waren. Jetzt mußten sie zu einer inneren seelischen Wirklichkeit geführt werden. »Niemand dachte daran, das Gelobte Land dort zu suchen, wo es ist – und doch liegt es so nahe. Da ist es: in uns selbst! ... Das Gelobte Land ist dort, wohin wir es tragen.«[93]

Die bewegende Kraft, einen jüdischen Staat zu schaffen, sagte Herzl, war das Bedürfnis, einen zu haben. Wunsch und Wille allein standen zwischen Traum und Wirklichkeit. Die Juden, die ihn wünschen, werden ihren Staat haben und sie werden ihn bekommen, schrieb er 1895. An den Beginn seiner utopischen Erzählung ›Altneuland‹ (1900) stellte Herzl die Legende: »Wenn Ihr wollt, ist es kein Märchen.« Im Schlußwort warnte er: »Wenn Ihr aber nicht wollt, so ist und bleibt es ein Märchen.«[94]

Herzls entschiedener Subjektivismus trennte ihn deutlich von den vorsichtigen liberalen Realisten, seien sie jüdisch oder nicht, in seiner Umgebung und verband ihn mit seinen Todfeinden. Daß er sich als Ästhet der Macht der Illusion verpflichtete, prägte auch seinen Stil als politischer Führer. Wie

Goethes Prometheus wollte Herzl ein neues Geschlecht von Menschen bilden, der Wirklichkeit zum Trotz und ganz aus seiner Macht als künstlerisch Schaffender. Bei seinem plötzlich hervorbrechenden Bekehrungserlebnis verwarf Herzl den positivistischen Begriff des historischen Fortschritts zugunsten einer rein psychischen Energie als bewegender Kraft der Geschichte. An einer Stelle, die sowohl das Gewicht der gesellschaftlichen Wirklichkeit definiert wie das entsprechende Eigengewicht des politischen Stils, dem die Liberalen machtlos gegenüberstanden, legt Herzl die Dynamik seiner Politik der Einbildungskraft dar: »Große Dinge brauchen kein Fundament. Einen Apfel muß man auf den Tisch legen, damit er nicht falle. Die Erde schwebt in der Luft. So kann ich den Judenstaat vielleicht ohne jeden sicheren Halt gründen und befestigen. Das Geheimnis liegt in der Bewegung. Ich glaube, dahinaus wird auch irgendwo das lenkbare Luftschiff gefunden werden. Die Schwere überwunden durch die Bewegung.«[95] Dementsprechend würde der Zionismus keine Partei sein, sagte Herzl, nicht Teil eines bestimmten Ganzen, sondern eine *Bewegung*: »Der Zionismus ist das jüdische Volk unterwegs.«[96]

Die praktische Folge dieser dynamischen Konzeption der Politik war Herzls Entschluß, sich nicht an den Verstand, sondern an das Herz der Juden zu wenden. Symbole mußten geschaffen werden, um die Energien zu wecken, welche die soziale Schwerkraft brechen würden, die die Juden in Knechtschaft hielt. Dem nüchternen und berechnenden Philanthropen Baron Hirsch hielt Herzl das Vorbild der deutschen Einigung entgegen zum Beweis der Vorherrschaft des Irrationalen in der Politik. »Glauben Sie mir, die Politik eines ganzen Volkes – besonders, wenn es so in aller Welt zerstreut ist – macht man nur mit Imponderabilien, die hoch in der Luft schweben. Wissen Sie, woraus das Deutsche Reich entstanden ist? Aus Träumereien, Liedern, Phantasien und schwarz-rot-goldenen Bändern ... Bismarck hat nur den Baum geschüttelt, den die Phantasten pflanzten.«[97] Selbst das Überleben der Juden war ein Tribut an die Macht der Phantasie, ihre Religion nämlich, eine Phantasie, die sie zweitausend Jahre lang erhalten hatte. Jetzt brauchten sie ein neues, modernes Symbolsystem – einen Staat, eine eigene gesellschaftliche Ordnung und vor allem eine Fahne. »Mit einer Fahne führt man die Menschen wohin man will, selbst ins Gelobte Land.« Eine Fahne »ist sogar das Einzige, wofür sie in Massen zu sterben bereit sind, wenn man sie dazu erzieht«.[98]

Der Wille zu sterben: eine der »Imponderabilien«, die Herzl in seiner dynamischen Politik für wesentlich erachtete. Hier wiederum beschwor er Bismarck als Meister und Vorbild. Denn Bismarck wußte, was mit jenen Regungen zu tun war, die geheimnisvoll und unbestreitbar wie das Leben selbst, dem Traum der Einigung von 1848 antwortend, aus den unergründlichen Tiefen der Volksseele aufsteigen. Herzl unterschied klar zwischen der psychologischen Dynamik der Politik und ihren rationalen Zielen. So tat es in seiner Sicht auch Bismarck. Bismarck hatte eingesehen, daß man das Volk und seine Fürsten nicht zu kleinen Opfern für den Gegenstand all der Lieder und Reden bewegen konnte. Deshalb auferlegte er ihnen das *große* Opfer und zwang sie zu Kriegen. Das »im Frieden verschlafene (deutsche) Volk jauchzte im Kriege der Einigung zu«.[99]

Es war also nicht der Gehalt der Zielvorstellung, sondern die Form des Handelns, die für Herzls Entwurf einer politischen Bewegung entscheidend war. Seine Idee der Nation spiegelte eine ähnliche psychologische Abstraktion wider. Es gab nichts Jüdisches darin. *Jede* Nation, so schloß er, ist gleichermaßen »schön«. Dazu machten sie nicht die unterschiedlichen Fähigkeiten, sondern die psychologischen Kräfte, die *alle* Nationen in ihren Völkern erweckten. Denn jede Nation »ist zusammengesetzt aus allem Besten der Einzelnen, aus Treue, Begeisterung, Opferfroheit und Todesbereitschaft für eine Idee«.[100] Die Nation war nur das Mittel, Gruppenenergie zur Überwindung gesellschaftlicher Trägheit zu organisieren. Die ritterlichen und Opfertugenden, welche der Gedanke der Nation in einer Gesellschaft erweckte, waren die gleichen, die Herzl in seinen früheren Träumen des Ruhms in sich selbst als Individuum für wert gehalten.

Seine Idee der Nation half Herzl, seine langwährende Furcht vor den Massen in Hoffnung zu verwandeln. Bisher, als Liberaler und als Jude, hatte er sie – Anarchisten, Sozialisten, Nationalisten und Antisemiten – als Bedrohung der liberalen Ordnung sich gegenüber gesehen. Damals war es ihm darum gegangen, die nichtjüdischen Massen zum Frieden zu bringen oder abzulenken, jetzt wollte er die jüdischen Massen in Bewegung setzen. Vielleicht weil er die Massen so lange beobachtet hatte, »ohne sie zu begreifen«, wie er sagte, wurde sein selbstbewußtes Gefühl für ihre Behandlung um so schärfer, als er sich den Juden zuwandte. Der schwierige intellektuelle Vertreter einer Elite wurde mit seiner Wendung zur jüdischen Politik eine Art von Volksmann. Doch er bewahrte seine Zurückhaltung und Distanz zur Masse, die er führte. Was Lueger aus Instinkt tat, erreichte Herzl mit Absicht.

Die Massen hatten zwei Funktionen in Herzls anfänglicher Strategie des Zionismus. Einerseits würden sie die Stoßtruppen des Auszugs und die Siedler im Gelobten Land liefern. Andererseits konnten sie als Waffe benutzt werden, um die reichen europäischen Juden zur Unterstützung der zionistischen Lösung zu zwingen. Der Ghettojude als Träger eines neuen Volkes und der Ghettojude als Waffe: von der ersten dieser beiden Mobilmachungen sprach Herzl öffentlich; die zweite, die nicht weniger den neuen Stil der Politik ausmacht, vertraute er seinem Tagebuch an.

In seiner ersten und bedeutendsten politischen Kampfschrift, ›Der Judenstaat‹ (1896), untersuchte Herzl ganz offen die besten Methoden zur Führung der Massen. Er kritisierte die Versuche der philanthropischen jüdischen Kolonisatoren, Pioniere durch den Appell an den Eigennutz und durch finanzielle Reize anzuziehen, um, areligiös, wie er war, zu fordern, daß die Juden dem Vorbild von Mecca und Lourdes folgten. Eine Masse läßt sich am leichtesten führen, wenn man ihrem tiefsten Bedürfnis zu glauben ein Ziel oder einen Mittelpunkt der Sehnsucht setzt. Im Fall der Juden war das Verlangen nach Führung und Geleit der uralte Wunsch nach der »freien Heimat«.[101] Während Herzl an die archaische religiöse Sehnsucht rührte, verließ er sich jedoch als neuzeitlich weltlicher Führer nicht völlig auf sie. Zunächst wollte er nicht einmal die jüdische Heimat in Palästina verorten – obwohl, wie er den Rothschilds sagte, »der Name allein schon ein Programm wäre und weil es die unteren Massen stark anziehen könnte. Aber die meisten Juden sind keine Orientalen mehr, haben sich an ganz andere Himmelsstriche gewöhnt.«[102]

Deshalb ergänzte Herzl die Anspielungen auf antike Hoffnungen in seinem »Gesamtkunstwerk« durch wesentlich moderne Reize. So faßte er den Sieben-Stunden-Arbeitstag ins Auge als wichtigste Anziehungskraft für den modernen europäischen Juden. Zion würde die Sozialistische Internationale um eine Stunde Freizeit überrunden! Selbst die Fahne des Judenstaats sollte den Wert widerspiegeln, den Herzl der Zugkraft der modernen sozialen Gerechtigkeit zuschrieb. Auf einem weißen Feld, das für das neue Leben in Reinheit stand, würden sieben goldene Sterne die sieben goldenen Stunden des Arbeitstages darstellen. Denn unter dem Zeichen der Arbeit ziehen die Juden ins Gelobte Land. Herzl erwähnte weder den Davidstern noch irgendein anderes jüdisches Symbol.[103]*

In seinem Appell an die Massen verband Herzl archaische und in die Zukunft weisende Elemente in der gleichen Weise wie vor ihm Schönerer und Lueger. Alle drei Führer nahmen sich der Sache der sozialen Gerechtigkeit an und machten sie zum Mittelpunkt ihrer Kritik am Scheitern des Liberalismus. Alle drei verbanden dieses moderne Verlangen mit einer archaischen Überlieferung von Gemeinschaftsgefühl: Schönerer mit den germanischen Stämmen, Lueger mit der mittelalterlichen katholischen Ordnung der Gesellschaft und Herzl mit dem Königtum Israel vor der Diaspora. Alle drei vereinigten das ›Vor‹ und das ›Zurück‹, Erinnerung und Hoffnung in ihren Weltanschauungen und überflogen damit die unbefriedigende Gegenwart für eine Gefolgschaft, die zum Opfer des Industriekapitalismus geworden war, bevor sie in ihn eingeliedert wurde: Handwerker und Gemüsehändler, Hökerer und Ghettobewohner.

Obwohl Herzl sich an die Juden der Unterschichten wandte als Hauptquelle sowohl wie als Gegenstand seiner erlösenden Mission, suchte er zunächst Unterstützung bei den Wohlhabenden und Einflußreichen. Für seine eigene Sache unter den Juden zog er die gleiche Folgerung wie für die Sache der Juden unter nichtjüdischen Völkern, nämlich: »Im jetzigen Zustande der Welt geht Macht vor Recht.«[104] Die führenden Philanthropen der

* Die Fahne, welche die zionistische Bewegung sich tatsächlich wählte, trägt zwei blaue Streifen und einen einzigen Davidstern dazwischen – als Improvisation nach dem alten Gebetsmantel, dem Tallith.

Judenheit anzuwerben – Baron Hirsch und die Rothschilds –, schien Herzl der logischerweise erste Schritt zu sein, um 1895–1896 seine Machtfrage zu lösen. Wieder schwebte ihm die Vision des preußischen Erfolges vor Augen. »Ich war bei Hirsch, ich gehe zu Rothschild, wie Moltke von Dänemark zu Preußen.«[105] Er hoffte, Hirsch »und alle großen Juden unter einen Hut zu bringen« und sie in den Verwaltungsrat der Jüdischen Gesellschaft zu setzen, der Institution, die seinen Auszug politisch organisieren sollte. Einerseits glaubte Herzl ehrlich, daß er »den Rothschilds und den großen Juden ihre historische Mission« bringe, andererseits, falls sie die Zusammenarbeit verweigerten, war er entschlossen, sie zu zerschmettern. 1895 und 1896 schwankten Phantasien heftiger Gewaltanwendung in wildem Wechsel mit Hoffnung in seiner fiebernden Seele. Wenn Herzl auch tatsächlich nie auf die Gewalt zurückgriff, welche der neue Ton der Politik enthielt, so enthüllte er doch deutlich seine Versuchung dazu in den Berichten über sein Verhältnis zu den Rothschilds, einer seltsamen Mischung von Schmeichelei und Erpressung. Er wollte dem Familienrat sagen: »J'accueillerai toutes les bonnes volontés – wir müssen einig sein – et écraserai les mauvaises!« (Alle Menschen guten Willens nehme ich auf und die böswilligen vernichte ich!) Sollten sie zu den böswilligen gehören, so drohte Herzl »Stürme der Wut« zu entfesseln und »schwere Unruhen auf den Gassen«. »Ich bringe die Lösung der Judenfrage durch Bergung des Rothschildschen Vermögens – und umgekehrt.«[106] Sollte Hirsch ihn hintergehen durch Veröffentlichung eines seiner vertraulichen Briefe, sagte Herzl, »würde ich ihn dafür zerschmettern, den Fanatismus auf ihn hetzen und ihn in einer Schrift demolieren (das werde ich ihm seinerzeit ankündigen)«.[107] Selbst im ›Judenstaat‹, wo Herzl seine politischen Leidenschaften vorsichtig ausdrückte, warnte er streng jene reichen Juden, die »einen Kampf gegen die jüdische Bewegung versuchen« würden.*

Über die Drohungen hinaus, den Groll der Masse gegen seine möglichen Gegner aus höchsten Kreisen zu entfesseln, teilte Herzl in der Zeit seiner Bekehrung ein weiteres politisches Merkmal mit den antisemitischen Führern: seinen Glauben an das Macht-Potential einer herbeigeführten Krise. 1893 hatte er das rationale »erzieherische« Verfahren der Zeitschrift des Vereins zur Abwehr des Antisemitismus mit dem Argument verworfen, daß eine Zeitschrift nur wirken könne, wenn sie die »Tatdrohung« enthalte.[108] Um 1895 war er überzeugt: »Ein Mann, der ein furchtbares Sprengmittel erfindet, tut mehr für den Frieden als tausend milde Apostel.«[109] Als ein

* In diesem Falle bestand die erbarmungslose Maßnahme darin, wie Herzl spezifizierte, die jüdische Mittelschicht in einer Bank zu organisieren. Die Drohung erinnert an den Aufbau des ›Crédit mobilier‹ durch die Péreires gegen die Rothschilds, obwohl kein Beweis vorliegt, daß Herzl sich dieser Episode bewußt war. Zur Alternative stand das Ingangsetzen einer öffentlichen Unterschriftenaktion von Juden und Antisemiten zur Bekämpfung der jüdischen Finanzherrschaft. Vgl. Theodor Herzl, Der Judenstaat (9. Aufl. Wien 1933), S. 64.

Freund entgegnete, daß der Versuch, die Juden zum Auszug zu organisieren, neue Verfolgungen hervorrufen würde, fühlte Herzl, daß gerade dies sein Sprengmittel wäre: »Nun zeigt mir gerade diese Besorgnis..., wie recht ich auf den wichtigsten Punkten habe. Denn wenn es mir gelingen kann, die Frage akut zu machen, so ist dies das einzige wirksame Machtmittel, und zwar ein fürchterliches, über das ich verfüge.«[110] Indem er die Fesseln löste, die die Juden an Europa banden, schienen gerade die irrationalen Handlungen von Massen, die er jüngst noch von anderen fürchtete, für Herzl nicht allein mögliche, sondern manchmal sogar hoffnungsvolle Mittel für die eigene Sache. Richtig in Begeisterung versetzt, würden die am meisten zurückgebliebenen Juden zum Werkzeug, den Widerstand ihrer »aufgeklärten« Brüder aus den Oberschichten zu brechen, selbst wenn es auf dem Wege über das Erregen von Pogromen ging. Selten hatte Herzl solche Gedanken, aber in der Leidenschaft seines neuen Auftrags, die Juden aus dem zerfallenden liberalen Europa zu retten, erschreckten sie ihn nicht mehr.

Die Führer der assimilierten Judenheit, mit deren Zusammenarbeit Herzls Aufgabe verhältnismäßig leicht gewesen wäre, verübelten ihm die Herausforderung des jüdisch-liberalen Traums und leisteten mehr Widerstand als jeder Nichtjude. Naturgemäß wurden sie zur Zielscheibe seiner kämpferischen Phantasien. Wie alle drei Pioniere des neuen Tons in der Politik gegen die liberale Form rebellierten, die sie geprägt hatte, so hatte auch jeder als besondere Gegner jene Liberalen, die der Sache am nächsten standen, die er vom Kompromiß reinigen wollte. Für Schönerer waren die deutschnationalen Liberalen die schlimmsten Verräter der deutschen Sache und die gefährlichsten Liberalen; für Lueger waren die kleinmütigen, aber bestverschanzten liberalen Katholiken das stärkste Hindernis für eine katholisch-soziale Erneuerung. Das galt auch für Herzl: die »aufgeklärten« liberalen Juden gehörten einerseits seiner eigenen intellektuellen und gesellschaftlichen Klasse an, und andererseits weigerten sie sich blind, ihr eigenes Problem als Juden zu erkennen. Liberalismus: *voilà l'ennemi!* Seine fortdauernde Lebenskraft in der Führungsschicht war das gewichtigste Problem für die neue Politik in jeder der drei Gemeinschaften, deren Massen die neuen Führer organisieren wollten. Wie es Schönerers erste Aufgabe war, die deutschen Liberalen zu zerschlagen, und Luegers, die katholischen Liberalen, so bekämpfte Herzl die jüdischen. Aber in jedem Fall suchten die neuen Radikalen die liberalen Führer zu überflügeln mit einer Autoritätsgestalt, die *kein* Österreicher war, aber in ihren jeweiligen Gemeinschaften Anerkennung genoß. Schönerer strebte nach der Unterstützung Bismarcks. Lueger bat um die Unterstützung des Papstes. Herzl ging zu Hirsch und den Pariser Rothschilds. Allen dreien mißlang es. Alle drei organisierten ihre Gemeinschaften nicht nur trotz der dazugehörigen Liberalen, sondern auch ohne die Hilfe der höchsten äußeren Autoritäten, an die sie sich gewandt hatten.

Was Herzl von seinen Gegnern unterschied, war seine Achtung für und sein Vertrauen auf die höchsten Autoritäten außerhalb seiner eigenen Gemeinschaft. Zum Teil war dieses Vertrauen strategischer Art. Um die Judenfrage zu einer nationalen Angelegenheit zu machen, mußte man sie auf einer internationalen Ebene lösen.[111] Jener Herzl, der einst als Journalist vom Minister Badeni »comme un ambassadeur« behandelt sein wollte, verhielt sich nun tatsächlich wie ein Botschafter. Taktvoll, aber beharrlich nutzte er jede Verbindung, um die europäischen Herrscher nach Möglichkeit durch persönliche Gespräche zu gewinnen. Er machte Vorstöße zum Zaren, zum Papst, zum deutschen Kaiser und zum Sultan – in den beiden letzten Fällen nicht ohne Erfolg.[112]

Seine Beziehungen zu Fürsten, wie bei Lueger die zur österreichischen Aristokratie und dem Vatikan, lieferten Herzl den einen Arm der Zange, mit welcher er seine Gegner in der assimilierten Oberschicht faßte; die Juden des Ghettos und Osteuropas lieferten den anderen. In einer Tagebucheintragung vom 21. April 1896, dem Todestag des Baron Hirsch, den Herzl trotz ihrer Differenzen bewunderte, sprach er einen bezeichnenden Wechsel seiner eigenen Strategie aus: »Kurioser Tag. Hirsch stirbt und ich trete mit Fürsten in Verbindung. Es beginnt ein neues Buch der Judensache.«[113] Am nächsten Tag zeigte Herzl die andere Seite der Medaille, seine höheren Erfolgsaussichten bei den armen Massen. »Hirsch konnte den Armen nicht helfen, weil er reich war.« »Ich fasse dieselbe Sache anders an, und ich glaube, besser, mächtiger, weil ich sie nicht mit Geld, sondern mit der Idee mache.«[114] Philanthropie muß jetzt zur Politik, kleinliche Kolonisierungsbemühungen müssen zu einem unabhängigen Staatswesen für die Juden führen. »Die Juden haben Hirsch verloren«, schrieb Herzl, »aber sie haben mich.«[115] Der König war tot. Es lebe der König.

Wurde Herzl auch kein König, so entwickelte er doch die kühlen aristokratischen Manieren, die ihn schon als Jugendlichen ausgezeichnet hatten, zu königlichem Ausmaß. Sein hochmütiger Sinn für Superiorität in Verbindung mit sorglichster Beachtung aller theatralischen Dimensionen der öffentlichen Wirkung bei einem Führer elektrisierten seine Sympathisanten und empörten seine Gegner. Er, der sich selbst als Bismarck der Juden fühlte, erschien seiner Gefolgschaft als König David. Wie seine moderne Vision eines Nationalstaats einen antiken religiösen Traum erfüllte, so erweckten und bestätigten seine vollendeten westeuropäischen Manieren das Urbild des Königs David oder Moses in der Vorstellung östlicher Ghettojuden.

Beim ersten Zionistenkongreß in Basel im August 1897 erzeugte Herzls eiferndes Achten auf Formen der Oberschichten ein Höchstmaß an Wirkung bei den Unterklassen. Er wechselte in letzter Minute das Lokal für den Kongreß in Basels elegantes Städtisches Kasino, weil die Bierhalle, die man dafür reserviert hatte, keinen genügend eindrucksvollen Rahmen bot. Er bestand darauf, daß alle Abgeordneten zur Eröffnungssitzung im Frack erschienen. »Die Leute«, sagte er Max Nordau, den er sich umzuziehen nötigte, »sollen sich daran gewöhnen, in diesem Kongreß das Höchste und Feierlichste zu sehen.«[116]

Seine sorgfältige Beachtung der modernen Inszenierung erreichte ihren Höhepunkt, als nach einem Aufruf und einer schwärmenden Erinnerung durch den bejahrten patriarchalischen Vorsitzenden des Ghettos von Jassy Herzl sich langsam erhob und zum Podium schritt. Der zionistische Schriftsteller Ben Ami erinnerte sich an die Wirkung seiner wundervollen Erscheinung: »Es ist nicht mehr der elegante Dr. Herzl aus Wien, es ist ein aus dem Grabe erstandener königlicher Nachkomme Davids, der vor uns erscheint, in der Größe und Schönheit, mit der Phantasie und Legende ihn umwoben haben. Die ganze Welt ist ergriffen, als hätte sich ein historisches Wunder vollzogen. Und wahrlich, war es nicht ein Wunder, das hier geschah? Fünfzehn Minuten lang hat alles gebebt vor begeisterten Zurufen stürmischen Jubels, Händeklatschen und Tücherschwenken. Der große zweitausendjährige Traum unseres Volkes schien in Erfüllung zu gehen; es war, als ob der Maschiach ben David vor uns stand, und ein starker Wunsch, ein innerer Zwang ergriff mich, durch dieses stürmische jubelnde Meer laut zu rufen: ›Jeschi Hamelech! Es lebe der König!‹«[117]

War er wirklich »nicht mehr der elegante Dr. Herzl aus Wien«? Im Gegenteil: es war noch der Dandy, den Schnitzler neidisch bewundert hatte, der jetzt als charismatischer Politiker erschien in jener Linie von Alkibiades und Caesar, Disraeli und Lassalle. Und gerade die Mischung von Verachtung und wirklicher Sympathie, die Herzl für den zurückgebliebenen Juden fühlte, trug zu seiner Wirkung bei. Die Masse war seine Geliebte und sein Spiegel. In der Synagoge von Sofia, wo er den Fehler beging, sich mit dem Rücken zum Thoraschrein zu stellen, rief ein Mitglied der Versammlung aus: »Sie können sich auch mit dem Rücken zum Altar stellen, Sie sind heiliger als die Thora.« Am Bahnhof von Sofia wurde er mit Heilrufen als »Führer« und »Herr Israels« begrüßt.[118] Selbst die gebildetsten europäisierten Juden, ob Freund, ob Feind wie Sigmund Freud, Stefan Zweig und Karl Kraus, fühlten den Eindruck seiner vornehmen – fast hieratischen – königlichen Persönlichkeit.[119] »König der Juden«: das Beiwort, das Spötter[120] und begeisterte Anhänger gebrauchten, enthüllt eine grundlegende Wahrheit über Herzls politische Wirkung und das archaisierende Wesen moderner Massenpolitik. Hofmannsthals Formel für die Politik kommt uns wieder in den Sinn: »Politik ist Magie. Welcher die Mächte aufzurufen weiß, dem gehorchen sie.«[121]

Herzls charismatische Macht als neuerstandener König-Messias sollte uns die modernen mittelständischen Elemente nicht vernachlässigen lassen, die seine Ziele und Methoden durchdrangen. Der ›Judenstaat‹, wie er ihn in seiner gleichnamigen Schrift entwarf, enthielt keine Spur jüdischer Eigenart. Es gäbe keine gemeinsame Sprache – gewiß kein Hebräisch. »Wir können doch nicht Hebräisch miteinander reden. Wer von uns weiß genug Hebräisch, um in dieser Sprache ein Bahnbillet zu verlangen? Das gibt es nicht.«[122] Der neue Staat sollte einen »Sprachföderalismus« haben. »Jeder behält seine Sprache, welche die liebe Heimat seiner Gedanken ist«, die Sprache »unserer Vaterländer, aus denen wir verdrängt wurden«. Nur das Jiddisch, »die verkümmerten und verdrückten Jargons«, »diese Ghettosprachen, die verstohlenen Sprachen der Gefangenen« würden aufgegeben werden. Der Stempel der Würdelosigkeit durfte nicht im kultivierten Paradies von Weltbürgern überleben.[123] Auch die Religion würde in ihrem Rahmen gehalten. »Theokratische Velleitäten« des Rabbinats würden nicht entstehen. »Der Glaube hält uns zusammen, die Wissenschaft macht uns frei.« Das Rabbinat würde wohl geehrt, aber »wir werden sie in ihrem Tempel festzuhalten wissen, wie wir unser Berufsheer in den Kasernen festhalten werden«, außer wenn sie einen auf Denkfreiheit verpflichteten Staat beunruhigen: »In den Staat haben sie nicht dreinzureden.«[124]

In all seinen Zügen war Herzls Gelobtes Land in der Tat kein jüdisches Utopia, sondern ein liberales. Die Träume der Assimilation, die in Europa nicht verwirklicht werden konnten, würden in Zion zur Wirklichkeit werden, wo die Juden den Adel und die Ehre haben würden, von der Herzl seit seiner Jugend geträumt hatte. »Daß aus Judenjungen junge Juden werden«: so sprach Herzl bündig das Ziel und die Funktion einer jüdischen nationalen Heimat aus. Die sogenannten jüdischen Eigenschaften würden sich überwinden lassen, wie sie Jahrhunderte der Unterdrückung bei den Juden hervorgerufen hatten. Die neue Gesellschaft wäre in Schichten gegliedert und nicht egalitär. Aber durch Arbeitertruppen für die Jungen, die »fast militärisch« organisiert würden, durch Beförderung, Pensionen und anziehende Lebens- und Arbeitsbedingungen würden die gewöhnlichen Arbeiter durch das Mittel der Disziplin und Gerechtigkeit zur Würde erzogen werden. Es würde dort »freundliche, helle, gesunde Schulen für Kinder« geben, »Handwerker-Fortbildungsschulen«, einen Arbeitsdienst für die Jugend.[125] Gesetz, Arbeit und Erziehung – alle grundlegend für das Gepräge des liberalen Europa – würden, indem sie das sinkende Europa hinter sich ließen, von neuem erscheinen, ohne die Einschränkungen, welche die Juden von ihren Segnungen ausgeschlossen oder ausgestoßen hatten. Herzls Zion war eine Neuverkörperung des modernen liberalen Europa.

Herzls beharrliche Treue zum zeitgenössischen österreichischen Liberalismus spiegelte sich auch in den Elementen von Anglophilie, die sein Programm durchdrangen. Die neuen Juden würden Sportsleute und Gentlemen sein. »Die Jugend (auch die Armen) bekommt englische Spiele: Kricket, Tennis usw.« Zumindest vorübergehend dachte Herzl daran, wie Hofmannsthal und dessen Freunde, den englischen Internaten nachzueifern, »Lyzeum im Gebirge«.[126] Den beiden Institutionen, die den Auszug durchführen und den jüdischen Staat errichten sollten, gab Herzl englische Namen. Die »Society of Jews«, die Körperschaft zur politischen Führung der Juden, würde die Bewegung organisieren, die Juden als eine Art vorläufiger Regierung repräsentieren und schließlich als staatsgründende Autorität wirken. »Die ›Society of Jews‹ ist der neue Moses der Juden.« Sie sollte in England ihren Mittelpunkt haben und aus führenden englischen Juden sich zusammensetzen, ein kollektiver englischer Moses![127] Eine entsprechende Einrichtung im Bereich der Wirtschaft, die »Jewish Company«, sollte den Auswanderern als Handelsagent und Finanzverwalter dienen. Herzl entwarf sie z. T. nach dem Vorbild der großen Überseegesellschaften wie der Ostindischen Gesellschaft mit ihren bedeutenden Privilegien – eine »Jewish Chartered Company«. Ihr Hauptsitz sollte in London sein, »weil die Company im Privatrechtlichen unter dem Schutz einer großen, derzeit nicht antisemitischen Macht stehen muß«.[128] Für die künftige gesellschaftliche Ordnung schwebte ihm immer noch das britische Ideal einer politisch wirkungsvollen und verantwortlichen Aristokratie vor. »Politik muß von oben herab gemacht werden«, blieb sein Grundsatz, aber die Schicht, die sie machte, mußte durchlässig sein und nicht abgeschlossen wie der österreichische Adel. »So muß ein gewaltiger Zug nach oben in unser Volk kommen« in dem neuen Staat. Herzl schrieb: »Bei uns kann jeder große Mensch Aristokrat werden.«[129] Herzl dachte sich also seinen Staat als »eine aristokratische Republik« mit vielen Elementen, die vom gleichen Vorbild abgeleitet wurden, das, Herzl vielleicht unbekannt, die frühen englischen Liberalen, die Whigs, inspiriert hatte: Venedig.[130]

Die Ablehnung durch die meisten führenden Juden in England nicht weniger als in Österreich zwang Herzl, sich an die Massen zu wenden. Als er eines seiner erfolglosen Treffen mit führenden Persönlichkeiten verließ, wandte er sich an einen Freund und sagte: »Organisieren Sie mir das East End« (Londoner Arbeiterviertel).[131] Dort wurde Herzl 1896 begeistert aufgenommen. Obwohl er es vorgezogen hätte, eine »aristokratische Republik« zu bilden, nötigte ihn die unzureichende Unterstützung gerade der englischen führenden Juden auf die Bahn einer »demokratischen Monarchie«. Herzl wußte, daß das Aufgeben der Elite seine eigene Macht verstärkte und seine messianische Rolle vergrößerte. Er sah wohl, daß die Liebe der Ghettojuden sich auf die Unkenntnis seines Wesens gründete, ihn jedoch mit einer Aura, einem für seine Sendung entscheidenden Nimbus versah. In London beobachtete er vom Podium vor Arbeitern:

»Ich sah und hörte zu, wie meine Legende entstand. Das Volk ist sentimental; die Massen sehen nicht klar... Es beginnt ein leichter Dunst um mich herum aufzuwallen, der vielleicht zur Wolke werden wird, in der ich schreite... Es ist vielleicht das Interessanteste, was ich in diesen Büchern verzeichne: wie meine Legende entsteht. [Entsprechend] nahm ich mir innerlich recht fest vor, ihres Vertrauens und ihrer Liebe immer würdiger zu werden.«[132]

Wie zum Beweis seines Wunsches, auch noch den bescheidensten Juden in die Aristokratie aufzunehmen, die er sein ganzes Leben lang erst für seine Person und dann für seine Rasse ersehnt hatte, empfahl er den Juden des East End, ihre zionistische Organisation »The Knights of Palestine« (die

Ritter Palästinas) zu nennen.[133] Die jüdischen Ghettobewohner sollten sich selbst für ihr Paradies nach Wunschvorstellungen des assimilierten Judentums organisieren, indem sie kollektiv die romantisch-feudale Rolle einer laien-christlichen Ritterschaft spielten! Ein lebendigeres Beispiel für das Wirken aristokratischer Phantasie bei der Geburt der nachliberalen Massenpolitik wird sich schwerlich finden lassen.

Wie der Ritter von Rosenau und der schöne Karl führte Herzl seine Gefolgschaft aus einer zusammenbrechenden liberalen Welt, indem er Quellen aus der ehrfurchtgebietenden Vergangenheit schlug, um die Sehnsucht nach einer gemeinschaftlichen Zukunft zu erfüllen. Daß er die Politik im neuen Ton ausübte, um die Juden vor deren Folgen in der nichtjüdischen Welt zu retten, beeinträchtigt nicht Herzls Ähnlichkeit mit seinen Gegnern. Sie alle waren auf ihre Weise rebellische Söhne der österreichischen liberalen Kultur, einer Kultur, die wohl den Verstand zu befriedigen vermochte, aber die Seele eines Volkes verhungern ließ, das immer noch die Erinnerung an eine Gesellschaftsordnung vorrationaler Art bewahrte.

Anmerkungen

1 Robert Musil, Der Mann ohne Eigenschaften, Hamburg 1952 u. ö., S., 13.

2 J.N. Berger, Zur Lösung der österreichischen Verfassungsfrage, Wien 1861, S. 19, zitiert nach Richard Charmatz, Adolf Frischhof, Stuttgart, Berlin 1910, S. 219.

3 William J. McGrath, Dionysian Art and Populist Politics in Austria, New Haven, London 1974, S. 17–39, 208ff.; ders., Student Radicalism in Vienna, in: Journal of Contemporary History, II, Nr. 2 (1967), S. 183–195; Hans Mommsen, Die Sozialdemokratie und die Nationalitätenfrage im Habsburgischen Vielvölkerstaat, Wien 1963, S. 101–127.

4 Neue Freie Presse, 10. März 1897, Morgenblatt, S. 1.

5 Eduard Pichl, Georg Schönerer, Oldenburg, Berlin 1938, Bd. 2, S. 516.

6 Vgl. Oesterreichischer Eisenbahnbeamtenverein, Geschichte der Eisenbahnen der Oesterreichisch-Ungarischen Monarchie, Wien, Teschen, Leipzig 1897–1908, 1. Teil, Bd. 1, S. 167f., 174f.

7 Creditanstalt-Bankverein, Ein Jahrhundert Creditanstalt-Bankverein, Wien 1957, S. 2, 6f. Zur Rivalität der beiden Großbanken, die Kontrolle über die Eisenbahnen – der Regierung sowohl wie jeder anderen – zu erlangen, vgl. Anm. 6. Geschichte der Eisenbahnen, ebd. S. 321–325.

8 Schönerer empfahl Dampf, vgl. ebd. S. 133.

9 Ebd. S. 447–449; Creditanstalt-Bankverein, Ein Jahrhundert... S. 31. Vgl. auch den interessanten Bericht über den Aufbau der neuen Gesellschaft, wie er sich für die Erfahrung des Hamburger Unternehmers Ernst Merck darstellt: Percy Ernst Schramm, Hamburg, Deutschland und die Welt, München 1943, S. 528–537.

10 Constantin von Wurzbach, Oesterreichische Nationalbiographie, Wien 1856–1891, Bd. 31, S. 148f.

11 J.W. Nagl, J. Zeidler und E. Castle, Deutsch-Oesterreichische Literaturgeschichte, Wien 1899–1937, Bd. 3, S. 798–800.

12 Pichl, Schönerer, Bd. 1, S. 21 f. behauptet, daß er wegen eines Zerwürfnisses mit dem dortigen Religionslehrer die Wiedener Oberrealschule verließ, um eine Privatschule in Dresden zu besuchen.

13 Vgl. Die Grafen und Fürsten zu Schwarzenberg, Oesterreichische Revue, Jahrgang 4, Nr. 2 (1866), S. 85–167.

14 Heinrich Benedikt, Die wirtschaftliche Entwicklung in der Franz-Joseph-Zeit, Wiener historische Studien, Bd. 4, Wien, München 1958, S. 38, 42 f.

15 Wenn nicht anders nachgewiesen, stammt alle hier benutzte biographische Information aus der umfassenden, aber kritiklosen Arbeit Pichls, der keine Fragen stellt, die das epische Standbild seines Helden beeinträchtigen könnten. Vgl. Pichl, Schönerer, Bd. 1, S. 21–26. Pichls völliges Schweigen über Matthias Schönerers Interessen, Charakter und Beziehungen zu seinem Sohn Georg legt selbst die Möglichkeit von Spannungen zwischen Vater und Sohn nahe.

16 Ebd., Bd. 1, S. 23, Anm. 2.

17 Vgl. Ernst von Plener, Erinnerungen, Stuttgart, Leipzig 1911–1921, Bd. 3, S. 90 f.

18 Zu den Ursprüngen des Linzer Programms und Schönerers Rolle dabei siehe: Peter G. J. Pulzer, The Rise of Political Anti-Semitism in Germany and Austria, 1867–1938, New York 1964, S. 148–153; McGrath, Dionysian Art (vgl. Anm. 3), S. 165–181.

19 18. Dezember 1878, zitiert nach Pulzer, Anti-Semitisms, S. 151.

20 Ebd. S. 152.

21 Zur österreichischen Studentenbewegung im allgemeinen siehe die nationalistische Darstellung von Paul Molisch, Die deutschen Hochschulen in Oesterreich und die politisch-nationale Entwicklung nach 1848, München 1922.

22 Das vollständige Programm bei Pichl, Schönerer, Bd. 1, S. 84–87.

23 Ebd. Bd. 2, S. 25 f.; vgl. Hans Tietze, Die Juden Wiens, Wien 1933, S. 238 f.

24 Zitiert nach einer Reichstagsrede vom 2. Mai 1884, Pichl, Schönerer, Bd. 1, S. 232. Ferner bes. S. 224–250; Geschichte der Eisenbahnen (Anm. 6), 1. Teil, Bd. 2, S. 360–365.

25 Hannah Arendt, The Origins of Totalitarianism, (2. Aufl.) New York 1958, bes. Kap. 2.

26 Pichl, Schönerer, Bd. 1, S. 300 f.

27 Ebd., S. 316–318.

28 Oscar Karbach, The Founder of Political Anti-Semitism, in: Jewish Social Studies, VII (1945), S. 20–22.

29 Richard Charmatz, Lebensbilder aus der Geschichte Oesterreichs, Wien 1947, S. 78.

30 Hugo von Hofmannsthal, Buch der Freunde, Aufzeichnungen, Frankfurt 1959, S. 60.

31 Franz Stauracz, Dr. Karl Lueger. 10 Jahre Bürgermeister, Wien 1907, S. 3.

32 Heinrich Schnee, Bürgermeister Karl Lueger. Leben und Wirken eines großen Deutschen, Paderborn 1936, S. 12.

33 Vgl. Marianne Beskiba, Aus meinen Erinnerungen an Dr. Karl Lueger, Wien 1910, S. 16.

34 Stauracz, Lueger, S. 4 f.

35 Eugen Guglia, Das Theresianum in Wien. Vergangenheit und Gegenwart, Wien 1912, S. 177.

36 Sein Stil wurde als »musenhaft« charakterisiert, siehe: Friedrich Funder, Vom Gestern ins Heute, (2. Aufl.) Wien 1953, S. 102.

37 Diese Thesen zusammengefaßt in: Kurt Skalnik, Dr. Karl Lueger. Der Mann zwischen den Zeiten, Wien, München 1954, S. 14 f.

38 Paul Molisch, Politische Geschichte der deutschen Hochschulen in Oesterreich von 1848 bis 1918, Wien, Leipzig 1939, S. 78–80; Skalnik, Lueger, S. 146.

39 Zitiert nach Skalnik, Lueger, S. 20.

40 Sigmund Mayer, Die Wiener Juden, Wien, Berlin 1918, S. 379 ff.

41 Rudolf Till, Geschichte der Wiener Stadtverwaltung in den letzten zweihundert Jahren, Wien 1957, S. 77.
42 Skalnik, Lueger, S. 16–28.
43 Till, Stadtverwaltung, S. 69–71 bietet eine ausgezeichnete Skizze des Problems der Ausdehnung des Wahlrechts 1867–1884 und sein Verhältnis zu den Autoritäten über den Stadtvätern (zum Statthalter, Niederösterreichischen Landtag und zum Kaiser).
44 Skalnik, Lueger, S. 31 f.
45 Ebd., S. 43.
46 Pulzer, Anit-Semitism, S. 172.
47 Ebd., S. 167.
48 Friedrich Funder, Aufbruch zur christlichen Sozialreform, Wien, München 1953, S. 41.
49 Heinrich Benedikt (Hg.), Geschichte der Republik Oesterreich, Wien 1954, S. 308.
50 Charles Baudelaire.
51 Plener, Erinnerungen, Bd. 3, S. 257, Bd. 2, S. 301 f.
52 Ernest Jones, The Life and Work of Sigmund Freud, New York 1953–1957, Bd. 1, S. 311.
53 Alex Bein, Theodor Herzl. Biographie, Wien 1934, S. 11–16.
54 Ebd., S. 29.
55 Theodor Herzl, Der Judenstaat, 9. Aufl. Wien 1933, S. 79.
56 Bein gibt ausgezeichnete Zusammenfassungen von Herzls frühen Schriften, die seine geistige und psychische Entwicklung erhellen; siehe: Bein, Herzl, S. 35–71 und passim.
57 Ebd., S. 34.
58 Schnitzler an Herzl, 5. August 1892, Arthur Schnitzler, Briefe 1875–1912, Hg. Therese Nickl und Heinrich Schnitzler, S. Fischer, Frankfurt a. M. 1981, S. 124.
59 Ebd., S. 125, es war im Jahr 1883.
60 Theodor Herzl, Tagebücher, Berlin 1922, Bd. 1, S. 223.
61 Bein, Herzl, S. 241.
62 Ebd., S. 118.
63 Ebd., S. 44–47, 54–56, 66 f.
64 Alex Bein, Herzl's Early Diary, in: Raphael Patai (Hg.) Herzl Year Book, Jahrgang 1 (1958), S. 331.
65 Bein, Herzl, S. 68.
66 Herzl, Tagebücher, Bd. 1, S. 6.
67 Bein, Herzl, S. 117 f.
68 Ebd., S. 121.
69 Ebd., S. 123.
70 Ebd., S. 127.
71 Ebd., S. 128.
72 Herzl, Tagebücher, Bd. 1, S. 6.
73 Bein, Herzl, S. 124 f.
74 Ebd.
75 Aus: Wahlbilder aus Frankreich, Neue Freie Presse, August 1893 (ohne Tagesdatum), nach Bein, Herzl, S. 161.
76 Bein, Herzl, S. 164.
77 Herzl, Judenstaat, S. 14.
78 Zitiert nach Bein, Herzl, S. 154. Beins Bericht über Herzls Reaktion auf den Panamaskandal, der die Grundlage der obigen Untersuchung ist, siehe ebd., S. 151–155.
79 Herzl, Tagebücher, Bd. 1, S. 110.

80 Brief an Baron Leitenberger vom 26. Januar 1893 in: Chaim Bloch, Herzl's First Year of Struggle, in: Patai (Hg.), Herzl Year Book, Jahrgang 3 (1960), S. 79.
81 Bein, Herzl, S. 157–159.
82 Ebd., S. 40; Leon Kellner, Theodor Herzls Lehrjahre, Wien, Berlin 1920, S. 22–24. Herzl verfügte testamentarisch, daß die sterblichen Überreste seiner Schwester exhumiert und mit denen seiner Familie nach Palästina gebracht werden sollten, wenn das jüdische Volk seinen eigenen Sarg dorthin überführen würde. Im Gegensatz dazu wurde seine Frau, mit deutlichem Tadel, in seinem Testament schäbig behandelt. Siehe: The Testaments of Herzl, in: Patai (Hg.), Herzl Year Book, Jahrgang 3, S. 266. Zu den Wechselfällen von Herzls Ehe siehe: Bein, Herzl, S. 113, 121f.
83 Herzls Briefe an Julia waren im Besitz ihrer Tochter Margarethe und sind anscheinend mit ihr von den Nationalsozialisten in Theresienstadt vernichtet worden. Vgl. Alexander Bein, Some Early Herzl Letters, in: Patai (Hg.), Herzl Year Book, Jahrgang 1, S. 310 und Anm., 321–324.
84 Bein, Herzl, S. 112, 138.
85 Herzl, Tagebücher, Bd. 1, S. 4.
86 Brief an Baron Leitenberger vom 26. Januar 1893 (vgl. Anm. 80, ebd., S. 78f.).
87 Bein, Herzl, S. 144f., Anm. zu Kap. 4, S. 709.
88 Herzl, Tagebücher, Bd. 1, S. 8.
89 Bein, Herzl, S. 188f., zitiert nach Herzl, Zionistische Schriften, 2. Aufl. Berlin 1920, S. 257ff.
90 Bein, Herzl, S. 189.
91 Herzl, Tagebücher, Bd. 1, S. 44; vgl. McGrath, Journal of Contemporary History, Jahrgang 2, Nr. 2 (1967), S. 195–201.
92 Aus dem Epilog von Herzls Roman ›Altneuland‹, zitiert nach Bein, Herzl, S. 562.
93 Herzl, Tagebücher, Bd. 1, S. 116.
94 Bein, Herzl, S. 562.
95 Herzl, Tagebücher, Bd. 1, S. 398f.
96 Bein, Herzl, S. 330.
97 Herzl, Tagebücher, Bd. 1, S. 33.
98 Ebd., Bd. 1, S. 32f.; Herzl, Judenstaat, S. 95.
99 Herzl, Tagebücher, Bd. 1, S. 269f.
100 Bein, Herzl, S. 303.
101 Herzl, Judenstaat, S. 75–79.
102 Herzl, Tagebücher, Bd. 1, S. 149.
103 Herzl, Judenstaat, S. 95.
104 Ebd., S. 14.
105 Herzl, Tagebücher, Bd. 1, S. 42.
106 Ebd., S. 43.
107 Ebd., S. 42f.
108 Vgl. Bein, Herzl, S. 150–151.
109 Herzl, Tagebücher, Bd. 1, S. 7.
110 Ebd., Bd. 1, S. 275.
111 Bein, Herzl, S. 294ff.
112 Vgl. Adolf Boehm, Die zionistische Bewegung, Berlin 1920, S. 120–121; Bein, Herzl, Teil 2, passim.
113 Herzl, Tagebücher, Bd. 1, S. 369. Der Fürst war der Großherzog von Baden.
114 Ebd., S. 374.
115 Ebd., S. 373.
116 Bein, Herzl, S. 339.
117 Zitat ebd., S. 341.

118 Ebd., S. 307, 304f.

119 Vgl. Felix Salten, Gestalten und Erscheinungen, Berlin 1913, S. 144f.; Leo Goldhammer, Herzl und Freud, in: Patai (Hg.), Herzl Year Book, Jahrgang 1, S. 195; Max Brod, Streitbares Leben, München 1960, S. 69; Stefan Zweig, Die Welt von Gestern, Erinnerungen eines Europäers, Stockholm 1944, Sonderausgabe S. Fischer Verlag, Frankfurt a. M. 1978, S. 100–107; Karl Kraus, Eine Krone für Zion, Wien 1898. Die Identifikation Herzls mit den Führergestalten der Judenheit wird deutlich in den biblischen Zeichnungen von Ephraim Moses Lilien, in denen sowohl Moses wie David die Gesichtszüge Herzls tragen. Siehe Patai (Hg.), Herzl Year Book, Jahrgang 2 (1959), S. 95–103.

120 Vgl. Boehm, Die zionistische Bewegung, S. 110.

121 Hofmannsthal, Buch der Freunde (vgl. Anm. 30), S. 60.

122 Herzl, Judenstaat, S. 92f.

123 Ebd., S. 93.

124 Ebd., S. 93f.

125 Ebd., S. 43–49.

126 Herzl, Tagebücher, Bd. 1, S. 45. Weitere Bekundungen österreichischer Anglophilie siehe S. 48, 306.

127 Herzl, Judenstaat, S. 82–92; Boehm, Die zionistische Bewegung, S. 105f.

128 Herzl, Judenstaat, S. 56. Wesen und Funktion der ›Jewish Company‹ ausführlich beschrieben ebd., S. 39–66.

129 Herzl, Tagebücher, Bd. 1, S. 242.

130 Herzl, Judenstaat, S. 92.

131 Herzl, Tagebücher, Bd. 1, S. 482–485.

132 Ebd., S. 486.

133 Ebd.

IV
POLITIK UND VATERMORD IN FREUDS ›TRAUMDEUTUNG‹

Der Löser von Rätseln, der den Schlüssel zum menschlichen Dasein im Ödipus-Mythos fand, liebte auch den Witz. Als er mit fünfundvierzig Jahren endlich die außerordentliche Professur erhielt, berichtete der noch unbekannte Dr. Freud das Ereignis einem Freunde in schnoddrigem Journalistenstil. Er beschrieb seine Beförderung als politischen Triumph:

»Die Teilnahme der Bevölkerung ist sehr groß. Es regnet auch jetzt schon Glückwünsche und Blumenspenden, als sei die Rolle der Sexualität plötzlich von Sr. Majestät amtlich anerkannt, die Bedeutung des Traumes vom Ministerrat bestätigt, und die Notwendigkeit einer psychoanalytischen Therapie der Hysterie mit ⅔Mehrheit im Parlament durchgedrungen.«[1]

Ein heiteres Phantasieren, sehr wienerisch: Die Obrigkeit beugt das Knie vor Eros und Traum.

»Wo er einen Spaß macht, liegt ein Problem verborgen.« In der ›Traumdeutung‹, die er zwei Jahre vor seiner scherzhaften Bekanntmachung veröffentlichte, hatte Freud sein erstes Prinzip zum Verständnis des Problems der Träume niedergelegt: »Der Traum ist eine Wunscherfüllung.« Zur Zeit des Briefes 1902 sammelte er Material zum Beweis, daß das gleiche Gesetz für den Witz gelte. »Nun«, fügte er hinzu, »gelegentlich kommt durch den Spaß auch die Lösung des Problems zutage.«[2]

Im Augenblick des Hochgefühls bei seiner Beförderung ruhte Freud nicht einfach zufrieden auf den Lorbeeren des Erreichten aus. Er ließ vielmehr seiner Phantasie die Zügel, um ein größeres Paradies zu beschwören. Spielerisch entwarf er eine geordnete parlamentarische Körperschaft, die sich zur Unterstützung seiner unorthodoxen Wissenschaft des Eros vereinigt hatte. Sein fingiertes Parlament, das eine Zwei-Drittel-Mehrheit zusammenbrachte, um die Notwendigkeit einer Psychotherapie der Hysterie zu verkünden, stellte natürlich die genaue Umkehrung der politischen Wirklichkeit dieser Zeit dar. Der österreichische Reichsrat war 1902 selbst so tief in politische Hysterie verfallen, daß er unfähig war, eine einfache Mehrheit (geschweige denn die von zwei Dritteln) zur Verabschiedung irgendeines Gesetzes zu finden.

Es besteht kein Grund zur Annahme, daß Freud um 1902 durch politische Lähmungserscheinungen an sich besonders tief berührt war. Was an ihm nagte, war etwas zugleich mehr und weniger Spezifisches: sein Verhältnis zum gesamten politischen System, einschließlich seiner akademischen Bestandteile und Folgeerscheinungen. Hier bedeutete sein Witz eine Wunscherfüllung – die Erfüllung des Wunsches, die Obrigkeit auf die Knie zu zwingen. Hier »kommt durch den Spaß die Lösung des Problems zutage«. Im Spiel von Freuds Witz wurden die politischen Mächte weder erschüttert noch aufgelöst, sondern im Gegenteil in wundersamer Harmonie in der gemeinsamen Anerkennung der Gültigkeit seiner Theorien vereint. In der Phantasie beging Freud feierlich einen Sieg über die Politik, jenen menschlichen Bereich, von dem er als junger Mensch das meiste erwartet und als Erwachsener das meiste erlitten hat.

In demselben Brief, in dem der neue Professor übermütig seinen Triumph ausposaunte, ließ er auch Töne von Zweifel und Schuld erklingen. Freud fühlte, daß er die Professur eher hätte erlangen können, wenn er nur seine eigene Sache beschleunigt hätte. »Vier Jahre lang hatte ich auch nicht ein Wort für ihn aufgewendet«, schrieb er seinem Freund Wilhelm Fliess. Erst nach Abschluß der ›Traumdeutung‹ hatte er beschlossen, »die paar Schritte« bei seinen Vorgesetzten zu unternehmen. Das warf ihn jedoch in ein moralisches Dilemma; »so beschloß ich denn, mit der strengen Tugend zu brechen« und Beziehungen zu den Mächtigen zu pflegen. Nachdem er den Weg der Vernunft beschritten hatte, eben diese Vernunft für die akademische Anerkennung sich verwenden zu lassen, die ihm seinem Gefühl nach gebührte, fand Freud seinen Erfolg von Schuld befleckt. Seine Professur schien ihm zweideutig: einerseits war sie ein Sieg seines gesunden Menschenverstandes, andererseits erschien sie ihm als Unterwerfung unter die verhaßte Autorität. »Ich habe gelernt, daß diese alte Welt von der Autorität regiert wird wie die neue vom Dollar. Ich habe meine erste Verbeugung vor der Autorität gemacht.«[3]

Während Freuds spielerische Phantasie seine Beförderung zu einem politischen Sieg erhöhte, erniedrigte sein Gewissen sie zu einem moralischen Vergehen. Hinter diesen gegensätzlichen Reaktionen von Phantasie und Gewissen auf den langerwarteten Augenblick beruflichen Erfolges lag Freuds lebenslanger Kampf mit der österreichischen Wirklichkeit in Gesellschaft und Politik: als Wissenschaftler und als Jude, als Staatsbürger und als Sohn. In der ›Traumdeutung‹ verlieh Freud diesem Kampf nach außen sowohl wie nach innen seinen vollständigsten und persönlichsten Ausdruck –

und überwand ihn gleichzeitig durch eine epochemachende Deutung menschlicher Erfahrung, welche die Politik zu einer beiläufigen Äußerung seelischer Kräfte reduziert. Ich werde versuchen, etwas von dem Material aus dem Buch herauszuheben, womit das antipolitische Element am Ursprung der Psychoanalyse erhellt wird.

I

›Die Traumdeutung‹ nahm im Geist und Herzen ihres Autors einen besonderen Raum ein. Er hielt es sowohl für sein bedeutendstes wissenschaftliches Werk, den Grundstein seiner gesamten Arbeit, wie auch für das Werk, das ihm persönlich Klarheit verschaffte als Quelle seiner Kraft, einem wirren Leben erneut entgegenzutreten. Die Struktur des Werkes selbst spiegelt sein doppeltes Wesen wider. Seine Gestaltung ist an der Oberfläche bestimmt vom Charakter einer wissenschaftlichen Abhandlung, die in jedem Kapitel und Abschnitt systematisch einen Gesichtspunkt des Traums und seiner Deutung erläutert. Diesem wissenschaftlichen Aufbau ordnete Freud den persönlichen Inhalt des Buches ausdrücklich unter, indem er die Träume und Erinnerungen, aus denen es besteht, nur als »Material« bezeichnete, »an dem ich die Regeln der Traumdeutung erläuterte«.[4] Eine nähere Betrachtung enthüllt aber eine zweite, die Tiefenstruktur des Werkes, die, von einem isolierten Traum des Verfassers zum nächsten laufend, einen darunterliegenden Plan seiner Lebensgeschichte enthüllt, der unvollständig, aber eigenständig ist. Man stelle sich den heiligen Augustinus vor, der seine ›Confessiones‹ in den ›Gottesstaat‹ hineinverwebt, oder Rousseau, der dem Ursprung der Ungleichheit‹ seine ›Confessions‹ als unterschwellige Struktur einverleibt: das ist Freuds Verfahren bei der ›Traumdeutung‹. Im sichtbaren Aufbau der wissenschaftlichen Abhandlung führt er seine Leser systematisch von einem Kapitel zum nächsten hinauf in die schwierigeren Bereiche psychologischer Analyse. In der unsichtbaren persönlichen Erzählung lockt er uns hinab, von einem Traum weiter zum nächsten in die unterirdische Abgeschiedenheit seines verborgenen Selbst.

Den Historiker müßte diese zweite Suche, eine Suche nach der verlorenen Zeit, besonders beschäftigen. Folgt man den Träumen einfach in der Reihenfolge ihrer Darbietung, wird man dreierlei Schichten gewahr bei den Grabungsarbeiten dieser Archäologie der Seele: einer beruflichen, einer politischen und einer persönlichen. Diese Schichten entsprechen ungefähr den Phasen von Freuds Leben, das er in umgekehrter Zeitfolge in der ›Traumdeutung‹ darbietet. Die berufliche liegt, grob gesagt, in der Gegenwart, die politische in der Periode von Jugend und Kindheit. Am tiefsten, sowohl in der Zeit wie im seelischen Raum, führt die persönliche Schicht zurück ins frühkindliche Stadium und ins Unbewußte, wo die frühkindliche Erfahrung noch fortwirkt.* Somit bilden Freuds Träume einen Ariadnefaden, dem wir schrittweise abwärts ins Reich der Triebe folgen können.

Die Elemente, die sich in der Anordnung der Träume als drei deutlich voneinander unterschiedene Schichten abheben, waren auch Bestandteile einer bedrohlichen Krise, die Freud in den neunziger Jahren durchmachte. Beruflich hatten die Enttäuschungen, die ihn von Beginn seiner Laufbahn an verfolgten, um 1895 eine Bitterkeit in ihm erzeugt, die an Verzweiflung grenzte. Gegen seinen Wunsch, als Wissenschaftler in der Forschung tätig zu sein, nötigte ihn Geldmangel früh, die Laufbahn als Arzt einzuschlagen. Wohl hatte er mit Leichtigkeit ein Stipendium für Paris im Jahre 1885 erhalten und kurz darauf die Anstellung an einem Universitätskrankenhaus, wo er klinisches Material für Lehre und Forschung haben konnte. Aber das Erste Wiener Kinderkrankeninstitut, an dem er nach 1886 für ein Jahrzehnt beschäftigt war, gab ihm wenig Gelegenheit zur Forschung und noch weniger Ansehen. Die Bemühungen, für das private Institut den Status einer ausbildenden Universitätsklinik zu erlangen, schlugen fehl. Die bitterste Schmach jedoch, die Freud zu erdulden hatte, waren Mißerfolge bei seiner Bemühung um eine Professur. Sein langes Warten – siebzehn Jahre waren es insgesamt, während acht Jahre in der medizinischen Fakultät das Übliche waren – steigerte noch seine geistige Vereinsamung, seine berufliche Enttäuschung und sein gesellschaftliches Unbehagen durch dieses anscheinende akademische Versagen.[5]

Freuds berufliche Enttäuschungen waren auf einem größeren Schauplatz angesiedelt, wo in siedendheißer Atmosphäre die politischen Krisen fast unaufhörlich einander jagten. Während der letzten fünf Jahre des 19. Jahrhunderts schien auf die Rolle des Habsburgerreiches Friedrich Hebbels Ausspruch zuzutreffen: »Dies Österreich ist eine kleine Welt, in der die große ihre Probe hält« – die Probe für Europas gesellschaftliche und politische Auflösung.[6] In der Doppelmonarchie krachte es in allen Fugen innerhalb des Reiches, wie es für Europa zwischen den Staaten galt: horizontal auf der Linie der Nationalitäten und vertikal auf der Linie der sozialen Schichten und ihrer Weltanschauungen. Bis in die neunziger Jahre war der politische Kampf der Kräfte noch der klassische: Liberal gegen Konservativ. Aber jetzt erzeugten die tieferen sozialen Schichten die Gewalt, um die Macht den älteren Führungsschichten streitig zu machen. Aus der Arbeiterklasse entstand der Sozialismus, aus der unteren Mittelschicht und dem Bauerntum erhob sich sowohl ein ansteckender Nationalismus wie die christlich-soziale Bewegung. Der Fall Wiens an Karl Luegers Antisemiten bei den Wahlen

* Die Anordnung der Träume folgt natürlich nicht ihrer wirklichen Chronologie noch der von Freuds Selbstanalyse. Für diese Zeitfolgen leistete die entscheidende Arbeit Didier Anzieu, L'Auto-analyse, Paris 1959. Auch analysiert Freud keinen seiner Träume umfassend in der ›Traumdeutung‹. Eher verwendet er sie als Elemente bei der Rekonstruktion seiner eigenen Erfahrung zu einer sinnvollen Lebensgeschichte, die sowohl sein Leben wie seine neue Wissenschaft rechtfertigt.

1895 war ein betäubender Schlag gegen die Träger der liberalen Kultur, ob jüdisch oder nicht. Die Gewalten von rassischem Vorurteil und Völkerhaß, welche sie durch das Licht der Vernunft und die Herrschaft des Gesetzes glaubten vertrieben zu haben, erstanden von neuem in erschreckender Brutalität, als das ›Jahrhundert des Fortschritts‹ seine letzten Atemzüge tat.*[7]

Sigmund Freud gehörte seiner Herkunft, Überzeugung und »rassischen Zugehörigkeit« nach zu der Gruppe, die von den neuen Gewalten am heftigsten bedroht wurde: dem liberalen Wiener Judentum. Obwohl er kein – oder genauer, nicht mehr ein – politischer Mensch war, beobachtete Freud mit angstvoller Aufmerksamkeit, wie die neue Rechte sowohl in Österreich wie im Ausland zu Macht kam, besonders im Frankreich der Dreyfus-Affaire. Karl Lueger war sein bestgehaßter Gegner, Émile Zola, der Schriftsteller, der für Dreyfus kämpfte, sein politischer Held.[8]

Es bedurfte keiner besonderen politischen Bindung für Freud, um den Peitschenschlag des aufsteigenden Antisemitismus zu spüren; er traf ihn da, wo er schon verwundet war – in seiner Karriere. Akademische Beförderungen von Juden in der medizinischen Fakultät wurden schwieriger in den Krisenjahren nach 1897. Freud berichtete in ironisch verkürztem k.u.k. Kanzleistil die Antwort, die ein jüdischer Kollege, der ebenfalls auf Beförderung wartete, einem hochrangigen Beamten entlockt hatte: »daß allerdings – bei der gegenwärtigen Strömung – Se. Exzellenz vorläufig nicht in der Lage usw., ... konfessionelle Rücksichten zu ignorieren.«[9]

Als Reaktion auf seine beruflichen und politischen Enttäuschungen zog Freud sich in gesellschaftliche und intellektuelle Abgeschiedenheit zurück. Es handelte sich in der Tat um einen sozialen Abstieg von der höheren medizinischen und akademischen Intelligenz, zu der er in den achtziger Jahren Zugang erlangt hatte, zur einfacheren Schicht der gewöhnlichen jüdischen Ärzte und Geschäftsleute, die, wenn sie seine wissenschaftlichen Ziele auch nicht fördern konnten, sie doch auch nicht bedrohten oder ihn entmutigten. 1897 trat Freud der B'nai B'rith bei, einer jüdischen Loge, als bequemer Freistatt, wo er ohne Frage als Mensch anerkannt und ohne Herausforderung als Wissenschaftler geachtet wurde.[10]

Je bedrängter Freuds äußeres Leben wurde, desto mehr beflügelten sich seine Ideen. Er begann die psychischen Erscheinungen von den anatomischen Banden zu lösen, mit welchen die Wissenschaft seiner Zeit sie verflochten hatte. Die spekulative Kühnheit seiner Vorstellungen wie etwa seiner Theorien über die sexuelle Ursache der Neurosen steigerte noch die Entfremdung gerade von den Männern, die seinen beruflichen Aufstieg hätten befördern sollen. Freuds geistige Originalität und berufliche Vereinsamung bestärkten einander.

Der dritte Bereich, in dem sich Freuds Krise in den neunziger Jahren

* Siehe S. 5–7, 112–114, 136–137 und Kapitel III, Passim.

abspielte, war persönlicher Art und bezog sich auf den Tod seines Vaters. Freud bewertete ihn als »das bedeutsamste Ereignis, den einschneidendsten Verlust im Leben eines Mannes«. Ob diese Behauptung von allgemeiner Geltung sein kann, bleibe dahingestellt, aber für Freud galt sie gewiß. Der Tod seines Vaters fiel mit dem Jahre 1896 in eine Zeit, wo er Freuds übrige Schwierigkeiten nur noch verstärken konnte. Seine Träume und deren Analyse machen es offensichtlich, daß seine seelische Krise wegen seines Vaters Tod sich als Krise des beruflichen Versagens und der politischen Schuld entwickelte. Um seines Vaters Geist die Ruhe zu verschaffen, mußte Freud entweder, wie Hamlet, den Primat der Politik bestätigen und das beseitigen, was faul ist im Staate Dänemark (eine staatsbürgerliche Aufgabe), oder die Politik neutralisieren, indem er sie auf psychologische Kategorien zurückführte (eine geistige Aufgabe).

II

Wenden wir uns nun der ›Traumdeutung‹ zu, um zu erkennen, wie Freuds dreifache Krise und sein wissenschaftliches Werk aufeinander bezogen waren. Im Kapitel II, dem ersten inhaltlichen Kapitel des Buches, entwickelte Freud sein grundlegendes analytisches Prinzip, daß der Traum eine Wunscherfüllung ist. Er tat es mit persönlichen Mitteln, indem er eine ausführliche Modellanalyse auf einen einzigen Traum von sich selbst aufbaute, den ›Traum von Irmas Injektion‹. Freud deutete diesen Traum, obwohl er sich seiner zahlreichen Ausdehnungen bewußt war, sehr eng in den Begriffen des ersten Kreises seiner Hölle: beruflicher Enttäuschung und Zweifeln an sich selbst.[11] Das war der Kreis, der am wenigsten Widerstand bei seinen Lesern hervorrief. In Kapitel IV. gelangte Freud dazu, seine erste Formel zu präzisieren und damit neu zu definieren: »Der Traum ist die (verkleidete) Erfüllung eines (verdrängten) Wunsches.« Wiederum wählte er einen eigenen Traum zur Erläuterung, den Onkeltraum, wo der Onkel einen gelben Bart trägt. An seiner unschuldigen und unsinnigen Oberfläche sagte der Traum nichts aus, aber seine Deutung zeigte Freud die unziemlichen moralischen Folgen, die sich daraus ergaben, daß sein beruflicher Ehrgeiz von der Politik durchkreuzt wurde. Sein Traumwunsch richtete sich auf die Macht, welche die Ursache seiner beruflichen Enttäuschung beseitigen könnte. Wie er es beschrieb, enthielt der Traum den politischen Wunsch, sich »an die Stelle des Ministers« zu setzen, wo er seine Konkurrenten ausschalten und sich zum Professor ernennen könnte.[12] Der Traum enthüllt auch den verborgenen Wunsch, entweder kein Jude zu sein oder die Macht zu haben, jüdische Rivalen zu beseitigen. Der politische Ehrgeiz diente hier zum Mittel beruflicher Selbstverwirklichung, oder, analytisch gesehen, in Begriffen von Freuds Ausgrabungen in der Archäologie der Seele, es fand sich ein politischer Wunsch, der als tiefere Wirklichkeit unter dem beruflichen lag.

Um das Prinzip der »Traumentstellung« zu erklären, das seiner Deutung nach den Onkeltraum bestimmte, benutzte Freud dementsprechend politische Analogien. Der Trauminhalt, so gibt er zu bedenken, begegnet derselben Schwierigkeit im »psychischen Binnenleben« des Träumers wie »der politische Schriftsteller, der den Machthabern unangenehme Wahrheiten zu sagen hat«. Ist der Zensor streng und empfindlich, so muß der Schriftsteller »seine anstößige Mitteilung hinter einer harmlos erscheinenden Verkleidung verbergen«. So wie es zwei gesellschaftliche Mächte gibt, Herrscher und Volk, argumentiert Freud, ganz ebenso gebe es »zwei psychische Mächte (Strömungen, Systeme) im Einzelmenschen... von denen die eine den durch den Traum zum Ausdruck gebrachten Wunsch bildet, während die andere eine Zensur an diesem Traumwunsch übt und durch diese Zensur eine Entstellung seiner Äußerung erzwingt.« Das Modell des »Staatslebens« liefert Freud eine Analogie, mit deren Hilfe er uns »eine ganz bestimmte Auffassung vom ›Wesen‹ des Bewußtseins« darstellen kann.[13]

In seiner Auswahl der Analogie ebenso wie in der Deutung des Onkeltraums können wir bemerken, wie stark die politische Wirklichkeit der neunziger Jahre auf dem Umweg über das Warten auf seine Professur in Freuds Seelenleben eingedrungen war. In der Analyse des ›Traumes von Irmas Injektion‹ gab Freud seinen Lesern nur dieses Gefühl persönlicher beruflicher Ohnmacht in die Hand, das leicht aus dem offensichtlichen Inhalt des Traumes zu ersehen ist. Im Onkeltraum stieß er durch die undurchsichtige Oberfläche des offensichtlichen Trauminhalts hindurch und fand die Politik als seinen verborgenen Inhalt. Im ›Vorbericht‹ zum Onkeltraum bemerkte Freud, daß die Erörterung »konfessioneller Rücksichten«, die seiner Ernennung entgegenstanden, zwar »mir nichts Neues brachte, mich aber in meiner Resignation bestärken mußte«.[14] Er sprach nicht aus, was seine Deutung des Onkeltraums uns zeigt: daß im gleichen Maße, in dem er in seinem Wachleben politische Resignation pflegte, der Wunsch, sich vom Antisemitismus zu befreien, sich in seinen Träumen behauptete. Und sogar dort entstellte die Gewalt der »zweiten Macht« – des die soziale Wirklichkeit verkörpernden Zensors – des Träumers Wunsch nach Befreiung vom Schicksal der Juden zur ›Anschwärzung‹, d.h. zur Feindschaft gegen seine jüdischen Freunde und Kollegen.

Im dritten Traum, den er einer ausführlichen Analyse unterzieht, dem ›Traum von der botanischen Monographie‹, tritt Freuds Vater ins Bild auf dem Wege von zwei erinnernden Episoden. Beide zeigen ihn nicht im erfreulichsten Licht. In der einen machte sich der Vater »einmal den Scherz, mir und meiner ältesten Schwester ein Buch mit farbigen Tafeln (Beschreibung einer Reise in Persien) zur Vernichtung zu überlassen. Es war erziehlich kaum zu rechtfertigen.« In der anderen tadelte der Vater seinen Sohn wegen exzessiver Bücherkäufe.[15] Vater Freud betritt so zuerst die Bühne des Traumbuchs in der wenig schmeichelhaften Rolle des Anti-Intellektuellen, der den kleinen Sigmund, den künftigen Wissenschaftler, enttäuscht – so wie es später die politische Welt getan hat.

Mit diesen Funden aus der Kindheit erläutert Freud den nächsten Problemzusammenhang seiner wissenschaftlichen Darstellung, die Bedeutung frühkindlicher Eindrücke für das Traumleben. Im Kapitel V. B unter der Überschrift ›Das Infantile als Traumquelle‹ finden wir – was nicht der Ironie ermangelt – die Hauptmasse wichtigen politischen Materials – Erinnerungen und Träume –, das Freud in der ›Traumdeutung‹ liefert. Auf der Jagd nach der Quelle seines »krankhaften Ehrgeizes«[16] öffnete Freud die Pforten der Erinnerung an Kindheit und frühes Jugendalter. Und sowie er das tat, ergoß sich eine politische Flut.

Kindheitserfahrungen müssen, gleichgültig, welchen allgemeinen Regeln sie unterliegen mögen, in einem spezifischen kulturellen Milieu erlebt werden. Dasjenige Milieu, das Freud in der Eigenanalyse erstellte, war das des gerade siegreich gewordenen Liberalismus im Österreich der sechziger Jahre. Er erinnert sich der Begeisterung seines Vaters für die neuen liberalen Minister von 1867: »wir hatten diesen Herren zur Ehre illuminiert«. Wie seine Erinnerung ihn zurückversetzt »aus der trüben Gegenwart in die hoffnungsfrohe Zeit des Bürgerministeriums«, so fällt Freud auch etwas anderes wieder ein: »jeder fleißige Judenknabe trug also das Ministerportefeuille in seiner Schultasche«. Ein umherziehender Versimprovisator prophezeite »in seiner Inspiration«, daß der junge Sigmund – zur Freude seiner Eltern, wie man annehmen darf – »noch einmal ›Minister‹ werde«.[17] Tatsächlich plante Freud bis ans Ende seiner Gymnasialjahre – bei den Wertvorstellungen seines Vaters zweifellos mit dessen Ermutigung –, Jura zu studieren und damit den Königsweg einer politischen Karriere einzuschlagen. Sein Ehrgeiz wurde noch bestärkt von dem meistverehrten seiner Schulfreunde, Heinrich Braun. Damals ein kämpferischer deutscher Demokrat, sollte Braun später zu einem der prominentesten sozialistischen Intellektuellen Mitteleuropas werden.[18]

In dieser Umgebung eines ausgesprochenen und hoffnungsvollen Liberalismus der Jahrhundertmitte machte Freud sich die politischen Werte zu eigen, denen er zeit seines Lebens treu bleiben sollte: Parteinahme für Napoleon als Eroberer des rückständigen Mitteleuropa; Verachtung für Königsherrschaft und Aristokratie (1873 hatte Freud als älterer Gymnasiast sich – wie einst Beethoven – geweigert, vor dem Kaiser den Hut abzunehmen); eine durch nichts zu beeinträchtigende Bewunderung für England und besonders für den großen Puritaner Oliver Cromwell, nach welchem Freud, der Befreier der Sexualität, seinen zweiten Sohn nannte; und vor allem Feindschaft gegen die Religion, besonders die von Rom.

Nachdem er auf die liberale Begeisterung seiner Kinderzeit gestoßen ist und sich deren glanzvoller politischer Hoffnungen entsonnen hat, konfrontierte Freud den Leser der ›Traumdeutung‹ plötzlich mit etwas, das man nur als seine Rom-Neurose bezeichnen kann.

Wie die meisten gebildeten Österreicher seiner Zeit war Freud durchtränkt von klassischer Bildung. Seit er einmal auf die Ähnlichkeit seiner Arbeit als Tiefenpsychologe mit der Arbeit eines Archäologen verfallen war, erblühte sein gelindes Interesse zu einer glühenden Leidenschaft für die Antike. Gierig verschlang er Jacob Burckhardts gerade veröffentlichte ›Griechische Kulturgeschichte‹ mit ihrem reichen Material zu Mythos und Religion der frühen Zeit. Neidisch las er die Biographie von Heinrich Schliemann, der sich mit der Entdeckung Trojas einen Kindheitstraum erfüllte. Freud legte den Grundstein zu der berühmten Sammlung antiker Kunstgebilde, die bald seine Praxis in der Berggasse schmücken sollte. Und er hegte eine neugewonnene Freundschaft in der beruflichen Elite Wiens – was in jenen Tagen der Abgeschiedenheit besonders selten war – mit dem Archäologieprofessor Emanuel Löwy, der in Rom beschäftigt war. Er pflegt »mich einmal jährlich zu besuchen und bis 3 Uhr morgens wachzuhalten«, schrieb Freud voller Anerkennung an Fliess. »Er erzählt von seinem Rom...«[19]

War es zunächst eine Liebhaberei, die der Entspannung dienen sollte, so fand Freud bald heraus, daß Rom sich für ihn zu einem neurotischen Symptom ausgewachsen hatte. Es ergriff ihn ein unwiderstehliches Verlangen, die Stadt zu besuchen. Als er 1898 mit seiner Arbeit am Traumbuch ins Stocken kam, vermochte er nichts anderes zu tun, als die Topographie Roms zu studieren, »da die Sehnsucht immer quälender wird«.[20]

Zwischen 1895 und 1898 reiste Freud fünfmal nach Italien, ohne je Rom zu erreichen. Irgendeine Hemmung hielt ihn zurück. Gleichzeitig wurde Rom buchstäblich die Stadt seiner Träume. In der ›Traumdeutung‹ berichtet er vier Romträume, die alle in der einen oder anderen Form eine Lösung oder Erfüllung nahelegen, die nie völlig erlangt wird.[21] Selbst der offensichtliche Inhalt dieser Träume spricht Welten. Freud verschmilzt Traumbilder des katholischen Rom mit jüdischen Vorstellungen und Situationen. In einem Traum erscheint Rom als »das Gelobte Land von ferne gesehen«, was bedeutet, daß Freud zu Rom in der gleichen Beziehung steht wie Moses zu Israel. Obwohl Freud es nicht ausspricht, scheint die Vision einen verborgenen Wunsch auszudrücken: eine Sehnsucht nach Assimilation mit der nichtjüdischen Welt, die ihm sein starkes Wachbewußtsein – und sogar sein Traumzensor – verwehren würde. Auch setzt er Rom mit Karlsbad gleich, dem berühmten böhmischen Badeort, einer Stadt des Vergnügens, des Ausruhens und der Kuren, kurz, einem irdischen Platz der Rekreation (Neuschöpfung), der Auferstehung. Freud vergleicht sich selbst in der Deutung dieses Traumes mit einem jener armen ergebenen Charaktere in den jüdischen Anekdoten, die er so liebte. Es geht um die »Konstitution«, »wie ein armer Jude ohne Fahrbillet den Einlaß in den Eilzug nach Karlsbad erschleicht, dann ertappt, bei jeder Revision vom Zuge gewiesen und immer härter behandelt wird, und der dann einem Bekannten, welcher ihn auf einer seiner Leidensstationen antrifft, auf die Frage, wohin er reise, zur Antwort gibt: ›Wenn's meine Konstitution aushält – nach Karlsbad.‹« Damit hat die erhabene Vision von Moses-Freud, der Israel-Rom »von ferne« erblickt, ihre niedere Entsprechung im armen Juden-Christus-Freud, der Karlsbad-Rom über »Leidensstationen« erreicht. Ein dritter Traum bestätigt das christliche Thema, verlegt es aber in das antike, heidnische Rom. Aus dem Coupéfenster eines Eisenbahnwagens sieht Freud »Tiber und Engelsbrücke«, welche zur Engelsburg führt, die zugleich päpstliche Festung und römisches Kaisergrab des Hadrian ist. Zu seinem Schmerz setzt sich der Zug in Bewegung, ehe er die Stadt betreten und das Kastell erreicht hat – einen Bau sowohl des begrabenen Heidentums wie der christlichen Erlösung.

Freud analysiert diese Träume in der ›Traumdeutung‹ nicht vollständig. Während er erkennt, daß der Wunsch, nach Rom zu kommen, »für das Traumleben zum Deckmantel und Symbol für mehrere andere heiß ersehnte Wünsche geworden« ist, enthüllt er davon nur einen. Den Schlüssel dazu findet er in Hannibal: »Es war mir so wenig wie ihm beschieden, Rom zu sehen.«[22] Diese Vorstellung führt Freud zur Entdeckung eines Jugenderlebnisses, in welchem er zum Teil die Quelle seiner Rom-Neurose erkennt. In diesem Erlebnis kommen die politische Verpflichtung und die ödipale Aggression zusammen.

Als Sigmund Freud zehn oder zwölf Jahre alt war (1866–1868), suchte sein Vater ihm zu erläutern, in welchem Ausmaß der Sieg des Liberalismus das Geschick der Juden verbessert habe. Er erzählte seinem Sohn, wie er als junger Mensch auf der Straße von einem antisemitischen Rüpel öffentlich gedemütigt wurde: »Da kommt ein Christ daher, haut mir mit einem Schlag die Mütze in den Kot, und ruft dabei: Jud, herunter vom Trottoir!« Auf seine Frage hin erfährt Freud, daß sein Vater dieser Schmach weder Protest noch Widerstand entgegensetzte. Der kleine Sigmund war gar nicht befriedigt von dem wenig heldenhaften Benehmen seines Vaters. Er stellte dieser Situation eine andere gegenüber, »die meinem Empfinden besser entsprach, die Szene, in welcher Hannibals Vater ... seinen Knaben vor dem Hausaltar schwören läßt, an den Römern Rache zu nehmen«.[23]

»An den Römern Rache zu nehmen«: das war Gelübde und Plan. Und als Plan war es zugleich politisch und familiär. Bei den meisten anderen großen schöpferischen Wienern, die Freuds Zeitgenossen waren, äußerte sich der Generationskonflikt mit den Vätern in der besonderen geschichtlichen Form der Verwerfung des liberalen Glaubensbekenntnisses der Väter. Auf diese Weise wandten sowohl Gustav Mahler wie Hugo von Hofmannsthal sich rückwärts der barocken katholischen Tradition zu. Freud tat das nicht, zumindest nicht bewußt. Er bestimmte seine ödipale Ausgangslage als Wunsch, den Vater durch Verwirklichung des liberalen Glaubens, zu dem jener sich bekannt, bei dessen Verteidigung er aber versagt hatte, zu überwinden. Freud-Hannibal als »semitischer General« würde seinen schwachen Vater an Rom rächen, einem Rom, das die »Organisation der katholischen

Kirche« symbolisierte und die Herrschaft der Habsburger, die sie unterstützten.*[24]

Wir bemerken natürlich zugleich, daß das Rom des Knaben Freud in den sechziger Jahren – abweisend, feindlich, bürokratisch – völlig verschieden ist von dem Rom der Träume und Sehnsüchte des Mannes Freud in den neunziger Jahren. Das erstere ist ein Haßobjekt, ein Feind, den es zu erobern gilt, das zweite ein Wunschobjekt, dem man sich in Liebe nähert. Nichts sagt Freud ausdrücklich über den Unterschied oder die Beziehung zwischen beiden. Aber er liefert den Schlüssel dazu, wenn ihm die Frage eines »unserer klassischen Schriftsteller« (Jean Paul) einfällt: »wer eifriger in seiner Stube auf und ab lief, nachdem er den Plan gefaßt, nach Rom zu gehen, der Konrektor Winckelmann oder der Feldherr Hannibal«. Ohne zu zögern, identifiziert Freud sich selbst mit Hannibal und folgt ihm auf seinem Weg des Scheiterns: »Es war mir so wenig wie ihm beschieden, Rom zu sehen.«[25] Hier verbirgt Freud eine wichtige Wahrheit vor uns, wenn nicht gar vor sich selbst, die sein Problem politischer Schuld als Wissenschaftler und Sohn betrifft. Das Rom seiner reifen Träume und Sehnsüchte ist deutlich ein Liebes-Objekt.[26] Es ist nicht Hannibals Rom, sondern das des Johann Joachim Winckelmann, des bedeutenden Archäologen und Kunsthistorikers des 18. Jahrhunderts. Glühend liebte er Rom als die Mutter der europäischen Bildung. Als Protestant überwand Winckelmann seine Skrupel und ließ sich zum Katholizismus bekehren, um in Rom eine Anstellung als päpstlicher Bibliothekar zu erhalten und dadurch seiner Leidenschaft für die klassische Antike frönen zu können. Um seiner Wissenschaft willen, seines ›Amor intellectualis‹ für Rom, bezwang er sein Gewissen.**

* Daß das Habsburgerreich in weiterem Sinne in Freuds kindliche Feindschaft gegen das Christentum einbezogen war, deutet seine Identifikation Hannibals mit Napoleon an – beide zogen über die Alpen – und seine Heldenverehrung für Napoleons Marschall Masséna. Der kleine Sigmund Freud erfuhr davon aus Louis Adolphe Thiers ›Konsulat und Kaiserreich‹, einem »der ersten Bücher, das dem lesefähigen Kind in die Hände fiel«. Masséna, den Freud irrtümlich für einen Juden hielt und der auf den Tag hundert Jahre vor Freud geboren wurde, war sein »erklärter Liebling«, ehe er auf Hannibal stieß. Masséna bekämpfte nicht nur die katholischen Streitkräfte in Italien, sondern eroberte auch Wien und richtete sein Hauptquartier in der Leopoldstadt ein (dem späteren Judenviertel, in welchem Freud aufwuchs).

** »Es ist die Liebe zur Wissenschaft und diese allein, die mich bewegen kann, die mir vorgeschlagenen Möglichkeiten anzuhören«, schrieb Winckelmann, zitiert bei Carl Justi, Winckelmann und seine Zeitgenossen (5. Aufl., Köln 1956, Bd. 1, S. 371). Die erste Auflage von Justis klassischer Biographie erschien während Freuds Gymnasialjahren. Die zweite wurde 1898 veröffentlicht, als Freuds archäologisches Interesse einen Höhepunkt erreichte und er die Arbeit an der ›Traumdeutung‹ wieder aufnahm einschließlich der an den Romträumen. Justis Biographie enthüllt bemerkenswerte Ähnlichkeiten zwischen Winckelmanns und Freuds Leben und geistiger Haltung: Armut, ein geschärfter Sinn für seine geringe gesellschaftliche Stellung, das Versagen beim Finden eines passenden geistigen Berufs oder der entsprechenden Anerkennung seiner Arbeit, eine Reihe inniger

Winckelmann oder Hannibal? Wissenschaftler oder Politiker? Freud hatte schon einmal vor dieser Wahl gestanden, als er 1873 seine Studienpläne in der Oberschule änderte. Süchtig geworden von Goethes liebestrunkener Beschreibung der mütterlichen Natur, hatte der junge Freud sich entschlossen, Naturwissenschaften zu studieren statt Jura und folgte damit den Spuren Winckelmanns, des Wissenschaftlers – eines »sanften« Wissenschaftlers, wie Freud es werden sollte. Damit hatte er Hannibals politische Sendung aufgegeben.

Die neunziger Jahre riefen diese Gedanken hervor, Jahre, von denen Freud sagte: »Die Bedeutung, welche die antisemitische Bewegung seither für unser Gemütsleben gewonnen hat, verhalf dann den Gedanken und Empfindungen jener früheren Zeit zur Fixierung.«[27] Die Geister Hannibals und seines Vaters erhoben sich, um von neuem nach »Rache an den Römern« zu rufen. Sie versperrten Freud den Weg nach Winckelmanns Rom – dem Rom der Freude, Mütterlichkeit, Assimilation und Wunscherfüllung. Die Wissenschaft mußte die Politik besiegen, um den Geist des Vaters zur Ruhe zu betten.

III

Diese Ziele erreichte Freud mit Hilfe eines Traumes, nach seiner eigenen Bezeichnung »ein revolutionärer Traum«. Die Beschreibung und Analyse dieses Traumes bildet das Hauptstück in Freuds Beweis des Prinzips, daß ein Wunsch aus der ersten Kindheit als letzter Grund die Traumdeutungen bestimmt.[28]

Im August 1898 träumte Freud den ›revolutionären Traum‹ – in einer Zeit, als die Atmosphäre geladen war mit Politik. Nach einem Winter voller Gewalttaten zwischen Tschechen und Deutschen, vor allem an den Universitäten, war das dornenvolle Problem des Sprachenstreits immer noch ungelöst. Das Parlament blieb gelähmt, denn die deutschen Parteien weigerten sich solange, ihre obstruierenden Taktiken aufzugeben, bis die Regierung

Freundschaften mit homoerotischen Obertönen, Haß auf politische Tyrannei, Feindschaft gegen die kirchliche Obrigkeit und eine schöpferische Krise im Alter von vierzig Jahren, die in ein Erstlingswerk ganz neuer und revolutionärer Art mündete. Die meisten dieser Züge erscheinen deutlich in Goethes eindringlichem Essay von 1805, Winckelmann, in: Goethes Werke, hg. von Eduard von der Hellen, Stuttgart 1922, Bd. 15, S. 65–93. Herder würdigt Winckelmann in einem etwas romantischeren Aufsatz, Denkmal Johann Winckelmann, in: Herders Sämtliche Werke, hg. von Bernhard Suphan, Berlin 1892, Bd. 8, S. 437–483, als einen heiteren und stoischen Helden der Wissenschaft in einem Zeitalter des Vorurteils und der Verständnislosigkeit der Herrschenden. Freud mag sich selbst in dieser Auffassung deutlicher noch erkannt haben als in der Goethes. Obwohl Freud eine bewunderungswürdige Kenntnis der klassischen deutschen Autoren hatte, war es mir unmöglich, herauszufinden, ob er eine dieser beiden Schriften wirklich gelesen hat; aber die Tatsache, daß der Kontrast von Hannibal und Winckelmann in seiner eigenen Analyse eine Schlüsselrolle spielt, läßt auf die Vertrautheit mit Winckelmanns Charakter und Absichten schließen.

ihre die Tschechen begünstigende Sprachreform rückgängig machen würde. Im Juni hatte es heftige antisemitische Ausschreitungen in Galizien gegeben. Zu diesen Schwierigkeiten trat die lästige und unaufschiebbare Aufgabe, das sogenannte Degeniat, das Abkommen zur Regelung der Finanz- und Wirtschaftsbeziehungen zwischen der österreichischen und der ungarischen Hälfte der Doppelmonarchie von 1867 zu erneuern.

Franz Graf Thun, österreichischer Ministerpräsident seit dem 7. März 1898, widmete den größten Teil des Sommers den Verhandlungen über ein vorläufiges Abkommen zwischen dem österreichischen und dem ungarischen Kabinett – Verhandlungen, welche mit der Aussicht auf Widerstand sowohl von den deutschen wie von den ungarischen Nationalisten in ihren jeweiligen Parlamenten zu rechnen hatten. Thun selbst war Aristokrat durch und durch, Großgrundbesitzer und Führer der Fraktion des böhmischen Hochadels, kurz, ein feudal-konservativer bürokratischer Politiker der alten Schule.* Obwohl er eine Einigung mit den Deutschen anstrebte, war Graf Thun durch ihre Aggressivität zu strengen Maßnahmen gegen sie genötigt und wurde damit rasch zu ihrem bestgehaßten Gegner.[29] Diese Gestalt wurde Freuds wichtigster Gegenspieler im ›revolutionären Traum‹.

Die Ironie der Geschichte wollte es, daß 1898, im Jahr politischer Lähmung und des Chaos, auch das Fünfzig-Jahres-Jubiläum der Thronbesteigung des Kaisers Franz Joseph gefeiert wurde. Da der Kaiser ja mit der Revolution von 1848 an die Regierung gelangt war, kam diese Erhebung der Öffentlichkeit in die Erinnerung und auch Freud zu Bewußtsein.[30]

Am Tage seines ›revolutionären Traumes‹ trat Freud seine Ferienreise nach Aussee an.[31] Als er auf dem Wiener Westbahnhof auf seinen Zug wartete, sah er den Grafen Thun auf dem Bahnsteig stehen. Der Graf war, wie Freud zu Recht annimmt, auf dem Weg nach Ischl zur Sommerresidenz des Kaisers, wo das vorläufige österreichisch-ungarische Wirtschaftsabkommen – die sogenannten Ischler Beschlüsse – ausgearbeitet wurde. In seinem Auftreten war Graf Thun wie in seiner Politik ein Feudalherr vom Scheitel bis zur Sohle. »Hochgewachsen, schlank, mit erlesenem Geschmack gekleidet, glich er mehr einem Engländer als einem Böhmen«, erinnert sich einer seiner Untergebenen. »Sein Monokel verließ nie das Auge.«[32] Jetzt, als er durch die Perronsperre trat, bewies der Graf sein aristokratisches Auftreten. Obwohl er kein Billett hatte, winkte er den Türhüter, der ihn nicht kannte und ihm das Billett abnehmen wollte, mit einer kurzen Handbewegung ohne Erklärung von sich und stieg in ein Coupé erster Klasse. Freuds ganzes Ressentiment gegen den Adel erhob sich bei dem herrischen Betragen des Ministers. Er ertappte sich dabei, etwas zu singen, was er als die umstürzlerische Arie aus Mozarts ›Figaros Hochzeit‹ erkannte:

* Der 1847 geborene Franz Thun war der Neffe des Grafen Leo Thun (1811 geboren), des Unterrichtsministers, der die S. 37 und 268 erwähnten Schul- und Universitätsreformen einführte.

Will der Herr Graf ein Tänzlein wagen,
Soll er's nur sagen,
Ich spiel' ihm eins auf.

Freuds Traum auf der Zugfahrt war geprägt von diesem zufälligen Zusammentreffen und den Gefühlen, die es hervorrief. Er schob Freuds augenblickliche politische Empfindungen mit seinen früheren politischen Erfahrungen und Situationen und Bildern aus der Geschichte zusammen. In der ersten Traumszene sah Freud sich bei einer Studentenversammlung, wo ein Graf (Thun oder sein konservativer Vorgänger Graf Taaffe) die deutschnationale Gesinnung herabsetzt. Aufgefordert, etwas über die Deutschen zu sagen, erklärt er mit höhnischer Gebärde für ihre Lieblingsblume den Huflattich, den Freud in Wortassoziation auf die »Produktion gasförmiger Exkretionen, Flatus genannt«, bezieht, kurz, der Redner hielt die militante Bewegung der deutschen Studenten für üblen Wind. Freud reagierte zu seiner eigenen Überraschung heftig auf die verächtlichen Bemerkungen des Ministers: »Ich fahre auf.« In der Deutung der Szene identifiziert er sich selbst mit Adolf Fischhof, dem Medizinstudenten und Studentenführer, der die Revolution von 1848 an die Universität zu bringen und ihr einen breiteren politischen Schauplatz zu verschaffen half.* Freud entdeckte einen weiteren jüdischen Arzt und Politiker im Traum: seinen früheren Kommilitonen Viktor Adler. Zur Zeit des Traumes, 1898, war Adler Führer der österreichischen Sozialdemokratie. Bei der Deutung des revolutionären Traumes erinnert Freud sich, mit Adler, gegen den er heftige Gefühle von Neid und Rivalität verspürte, im Leseverein der deutschen Studenten Wiens, dem sie beide in den siebziger Jahren angehörten, zusammengestoßen zu sein.[33] Fischhof und Adler hatten bewiesen, daß man sowohl ein jüdischer Arzt als auch ein politischer Führer sein konnte – eine Möglichkeit, die Freud bei der Erklärung seiner Berufswahl ausschloß.**[34] Selbst als Freud seinen lange unterdrückten politischen Wunsch im Traum erfüllte und bei der Deutung die Gestalten ausgrub, die die Möglichkeit seines Jugendtraumes von einer politischen Rolle bewiesen, enthielt er sich, sowohl für seinen Leser wie aller Wahrscheinlichkeit nach auch für sich selbst, die Stücke zusammenzusetzen.

In der Folge des Traumes flieht Freud plötzlich nach seinem zornigen Auffahren gegen den Minister den politischen Schauplatz. Er bahnt sich »den Weg durch eine Reihe von schön eingerichteten Zimmern« der Univer-

* Wie Freud war Fischhof ein unbemittelter Jude aus Mähren. Er wurde Arzt, weil vor 1848 Juden keine andere akademische Laufbahn offenstand. Als die Revolution ausbrach, hatte Fischhof eine ärztliche Stellung, die Freud später innehatte, die des Sekundararztes an der Inneren Abteilung des Allgemeinen Krankenhauses in Wien. Siehe Richard Charmatz, Adolf Fischhof, Stuttgart 1910, S. 14, 17–31.

** »Dem Mediziner ist ja die Ministerlaufbahn überhaupt verschlossen«, erläutert Freud seine Entscheidung von 1873, das Jurastudium nicht zu beginnen.

sität. Nachdem es ihm gelungen ist, auf die Straße zu gehen, versucht er, »aus der Stadt wegzukommen« an einen Ort, wo ›der Hof‹ nicht sein wird. Die Schlußszene ist wieder am Bahnhof, wo in seinem Wachleben alles begonnen hatte. Dort fand Freud sich »zu zweit mit einem älteren Herren«, der sich blind stellte. In diesem Herrn erkannte Freud bei der Analyse seinen sterbenden Vater. Freud hält »ihm ein männliches Uringlas vor«: »Wenn der Kondukteur uns so sieht, muß er uns als unauffällig entkommen lassen.« Damit endet der Traum.

Mit dieser Szene hatte der Traum seine Schuldigkeit getan, um politische Antriebe und politische Schuld aufzulösen. Vor dem Traum war Freud dem mächtigen Grafen Thun auf dem Bahnsteig als vorrevolutionärer Figaro entgegengetreten mit dem umstürzlerischen Wunsch: »Ich spiel' ihm eins auf.« Seine gegenwärtige Lage politischer Ohnmacht und Ressentiments beherrschte diese Wachphantasie. Im Traum aber hatte er durch die Herausforderung an den Grafen die Verpflichtung seiner Jugend zu antiautoritärem politischen Handeln eingelöst, welche ja auch die unbeglichene Schuld gegenüber seinem Vater war.

Der moderne Leser ist leicht in Gefahr, die dreiste Kühnheit zu vergessen, den wahren Mut, die Freuds Darbietung des ›revolutionären Traums‹ und des Vorspiels im Wachzustand für seine Zeitgenossen enthält. Graf Thun war noch Regierungschef, als Freud die letzten Seiten seines Manuskripts in den ersten Septembertagen 1899 in die Druckerei schickte. Freud betritt im ›revolutionären Traum‹, seinem letzten explosiven Willkommens- und Abschiedsgruß an die Politik, den Kampfplatz als liberal-wissenschaftlicher David gegen einen wirklichkeitserfüllten politischen Goliath, den amtierenden Ministerpräsidenten. Er stellte seine politischen und gesellschaftlichen Empfindungen in unverhüllten Worten dar. Aber sowohl auf dem Bahnsteig wie im Traum erinnert das Treffen zwischen dem kleinen jüdischen Arzt und dem hageren Aristokraten an einen Zweikampf des Don Quijote, der zugleich heldenhaft und lächerlich ist. Bei seiner Deutung fand Freud darin weniger Zivilcourage als einen absurden, »in meinem wachen Leben längst unterdrückten Größenwahn«.[35] Das seltsame Zusammentreffen, Freud gegen Thun, hatte es an die Oberfläche gebracht.

Weder der Traum selbst noch Freuds Deutung bekannten oder verwarfen schließlich eine bestimmte politische Stellungnahme, nicht einmal die des Grafen Thun. Freud bezog seine eigene weltanschauliche Überzeugung mit ein, wenn er sich im Traum sowohl aristokratische Herrschaft (Thun, Taaffe) wie die Herrschaft des Sozialismus (Adler, der ältere und kühnere Bruder) verwerfen sah. Das »politische« Problem wurde in der Schlußszene auf dem Bahnsteig aufgelöst, wo der Traum den sterbenden Vater an die Stelle des lebenden Grafen setzte. Hier fand die Flucht vor der Politik durch die Universität hindurch zum wissenschaftlichen ärztlichen Dienst ihre Rechtfertigung. Freud war trotz allem ein »Minister« geworden, wie es ihm im Prater prophezeit wurde – Minister nicht im politischen Sinne, sondern im ärztlichen, in der Hilfeleistung für seinen sterbenden Vater. Nicht Hannibal, der General, sondern Winckelmann, der Gelehrte.

Wie deutete Freud seinen ›revolutionären Traum‹? Überraschenderweise übersah er die Flucht aus der Politik, die im manifesten Inhalt des Traumverlaufes so auffällig ist. Statt dessen mündete seine Analyse ganz in der Schlußszene auf dem Bahnsteig, wo seiner Meinung nach der ganze ›revolutionäre Traum‹ seine grundlegende Bedeutung erhielt. Freud ruft sich zwei Episoden seiner frühen Kindheit in Erinnerung, in denen sein Vater ihn wegen Urinierens ausschalt. In einer davon fand er schließlich die persönliche infantile Quelle seines krankhaften Ehrgeizes, ehe dieser in seiner Kindheit in den politischen Bereich und in seiner späteren Jugend in die Welt des Berufs verlegt wurde. In dieser Episode setzte der kleine Sigmund sich »abends vor dem Schlafengehen über das Gebot der Diskretion hinweg, Bedürfnisse nicht im Schlafzimmer der Eltern in deren Anwesenheit zu verrichten«. Der empfindliche »Vater ließ in seiner Strafrede darüber die Bemerkung fallen«, die wie eine Verwünschung klang: »Aus dem Buben wird nichts werden.« In der Schlußszene des ›revolutionären Traums‹ kehrte der erwachsene Dr. Freud diese Situation um. Statt daß der starke Vater den schwachen Sohn für sein Urinieren tadelt, half der starke Sohn dem schwachen Vater dabei. »Als wollte ich sagen«, erläuterte Freud, »siehst Du, ich bin doch etwas geworden.« Eine Rache intellektueller Art wird hier nicht an Rom und auch nicht am Grafen Thun genommen, sondern am Vater. Wie der Vater auf dem Bahnsteig den Ministerpräsidenten ersetzt, so ersetzt der Vatermord die Politik.

Ist das nicht des Guten etwas zu viel: Rache zu nehmen an der Politik selber? Freud legt das ausdrücklich nahe in einer Anmerkung, wo er seinen Sieg über den Vater in Beziehung setzt zu seinem Sieg über die Politik:

Wie überhaupt der ganze rebellische, majestätsbeleidigende und die hohe Obrigkeit verhöhnende Inhalt des Traums auf Auflehnung gegen den Vater zurückgeht. Der Fürst heißt Landesvater, und der Vater ist die älteste, erste, für das Kind einzige Autorität, aus deren Machtvollkommenheit im Laufe der menschlichen Kulturgeschichte die anderen sozialen Obrigkeiten hervorgegangen sind.[36]

In dieser Stelle nimmt Freud seine reife politische Theorie vorweg, deren wichtigster Grundsatz darin besteht, daß alle Politik auf den ursprünglichen Konflikt zwischen Vater und Sohn reduzierbar ist.[37] Wunderbarerweise enthielt der ›revolutionäre Traum‹ diese Schlußfolgerung schon in seinem Ablauf: vom politischen Zusammenstoß über die Flucht in die akademische Welt bis zur Überwindung des Vaters, der den Grafen Thun ersetzt hat. Der Vatermord ersetzt den Königsmord; die Psychoanalyse überwindet die Geschichte. Die Politik wird durch eine antipolitische Psychologie neutralisiert.

»Wissen macht frei« hieß das große Schlagwort des österreichischen Liberalismus. Freud hatte seine Schuld dem Vater gegenüber nicht als revolutionärer Arzt wie Adolf Fischhof 1848 oder Viktor Adler 1898 beglichen. Statt dessen wollte Freud sie einlösen als wissenschaftlicher Befreier. Er erfüllte Hannibals Schwur durch seine antipolitische Entdeckung: den Vorrang der frühkindlichen Erfahrung als Determinante menschlichen Verhaltens. Mit dieser Entdeckung eröffnete sich ihm ein neuer Weg nach Rom.

IV

Ehe Freud nach Rom ziehen durfte, hatte er zwei weitere Aufgaben zu erfüllen, die ihm der Sieg über die Politik und den Vater im ›revolutionären Traum‹ noch übriggelassen hatte. Er mußte seines Vaters Geist in ein angemessenes Walhalla senden und die eigene persönliche Erfahrung zu einer wissenschaftlichen Entdeckung verallgemeinern. Die erste dieser Aufgaben löste er mit einem Traum, in welchem sein Vater die Magyaren politisch einigt, die andere mit einem Mythos von Theben.

Der Traum von der Einigung Ungarns muß kurze Zeit nach dem Oktober 1898 geträumt worden sein, als Graf Thun noch mit dem Problem rang, die beiden Hälften des Reiches, Österreich und Ungarn, zusammenzuhalten. Nachdem beide Regierungen sich auf die Ischler Beschlüsse, die Frucht von Graf Thuns Bemühungen, geeinigt hatten, rebellierten die ungarischen Nationalisten. Sie trieben in ihrem Parlament die gleiche Obstruktionspolitik, die die deutschen im Reichsrat ihnen vorgemacht hatten, und brachten im Februar die Regierung zu Fall, die das Abkommen ratifiziert hatte.[38] In dieser Lage erteilte Freud im Traum seinem Vater die bedeutende Rolle des Friedensstifters. Freud schildert seinen Traum folgendermaßen:

Der Vater hatte nach seinem Tode eine politische Rolle bei den Magyaren gespielt, sie politisch geeinigt, wozu ich ein kleines unbedeutendes Bild sehe: eine Menschenmenge wie im Reichstag; eine Person, die auf einem oder auf zwei Stühlen steht, andere um ihn herum. Ich erinnere mich daran, daß er auf dem Totenbette Garibaldi so ähnlich gesehen hat, und freue mich, daß diese Verheißung doch wahr geworden ist.[39]

Wahrhaftig eine erfüllte Verheißung! Freuds Vater vereinigte in seiner Person die beiden traditionell Verbündeten der deutsch-österreichischen Liberalen gegen die Habsburger: italienische und ungarische Nationalisten. Als Garibaldi war Vater Freud ein neuzeitlicher Hannibal, ein volkstümlicher politischer und militärischer Held, der ebenso daran scheiterte, Rom (1867 vom Papst) zu erobern. Als ungarischer Führer nahm Jakob Freud seinerseits die Stellung des Ministers ein und löste das Problem Ungarns, das den Grafen Thun bald zu Fall bringen sollte.

Als Parteiführer und mit der Versöhnung der unversöhnlichen Magyaren machte Vater Freud sein Versagen in Sigmunds Jugend gut. Freud fand in dem Traum zusammen mit »allerlei unehrerbietigen Gedanken« über körperliche Erscheinungen des Sterbens den Wunsch, daß der Vater »nach seinem Tode groß und rein vor seinen Kindern dastehe«. Freud erwähnt mit keinem Wort die Tatsache, daß die väterliche Verklärung eine politische sein könnte. Aber der Trauminhalt spricht deutlich genug: ein erfolgreicher Vater Garibaldi-Freud in Ungarn macht die politischen Absichten seines Sohnes überflüssig und löst die Schuld von 1868 ein.

Die zweite Aufgabe Freuds, um sich den Weg nach Rom zu öffnen, war beruflicher Art: theoretische Folgerungen aus der Erfahrung des Vatermordtriebes zu ziehen, den er im ›revolutionären Traum‹ aufgedeckt hatte. Das tat er durch die Identifikation eines mythischen Urbildes, des Ödipus-Mythos, um seiner Entdeckung Form zu verleihen, »daß sich Todeswunsch gegen die Eltern aus der frühesten Kindheit herleiten wird«.[40] Er wendete den Ödipus-Mythos in der Weise an, daß er die in ihm enthaltenen *sexuellen* Wünsche zu Tage förderte. Dadurch trieb er die gesamte Traumdeutung einen Schritt weiter hinab von der individuellen frühkindlichen Erfahrung, auf die er sie bezogen hatte, um seine politischen Zusammenstöße zu enthüllen, bis zur Kindheit des Menschengeschlechts. Die mythische Schicht ist die tiefste in der Traumdeutung: die individuelle Erfahrung des Unbewußten ist eingebettet in die allgemeine urbildliche Erfahrung des frühen Menschen. Hier verbindet sich die individuelle Geschichte mit dem ungeschichtlichen Kollektiv.

Wir können hier nicht auf die Bedeutung des Ödipus-Mythos für Freuds Denken oder für die Struktur der ›Traumdeutung‹ eingehen. Wir wollen nur eine Besonderheit andeuten in Freuds Behandlung des Ödipus, die sich auf das Problem des Neutralisierens der Politik bezieht. Freud beachtet überhaupt nicht die Tatsache, daß Ödipus König war. Wie für Nietzsche und andere moderne Philosophen, so war auch für Freud Ödipus ein moralisches und intellektuelles Problem: seinem Schicksal zu entrinnen und Selbsterkenntnis zu erlangen. Für die Griechen war es anders. Sophokles' Tragödie ›König Ödipus‹ ist undenkbar, wenn nicht als res publica, eine Sache, die zur öffentlichen Verhandlung steht, wobei der königliche Held von einer politischen Verpflichtung bewegt ist: Theben von der Pest zu befreien. Obwohl Ödipus' Schuld individuell ist, sind die Suche nach ihrer Entdekkung und seine Selbstbestrafung öffentliche Angelegenheit, und die Wiederherstellung der öffentlichen Ordnung erfordert sie. Freuds Ödipus ist kein König, sondern ein Denker auf der Suche nach seiner Identität und ihrer Bedeutung. Wenn er Politik auflöst in Begriffe der Individualpsychologie, so stellt er die Ordnung beim einzelnen, aber nicht die öffentliche Ordnung wieder her. Dr. Freud ließ Theben weiterhin unter der Pest der Politik schmachten, während er seines toten Vaters Geist im Traum von der Einigung Ungarns zum König erhob.

Blieb also nichts von Hannibal-Freud, nichts von Figaro-Freud, nichts von dem Freud, der im ›revolutionären Traum‹ den Grafen herausforderte? Das lateinische Motto auf der Rückseite des Titels der ›Traumdeutung‹ weist auf eine Antwort: »Flectere si nequeo superos, Acheronta movebo« (kann ich die oberen Götter nicht beugen, so werde ich die Unterwelt in Bewegung setzen, in R. A. Schröders Versübertragung: »Weigern's die droben, so werd ich des Abgrunds Kräfte bewegen«). Diese Worte werden in Virgils ›Aeneis‹ von Juno gesprochen, der Göttin, die die Semitin Dido gegen Aeneas, den Gründer Roms, verteidigt. Da es ihr nicht gelungen war, Jupiter zu überreden, daß Aeneas Dido heiraten dürfe (die oberen Götter zu beugen), ruft Juno eine Furie der Hölle, Allekto, welche die siedenden Leidenschaften des Geschlechts und der Kriegslust im Lager der Verbündeten des Aeneas entfesselt. Virgil schildert den Anblick Allektos furchterregend – ein gorgonenhaftes phallisches Weib, »so wandelt und wirrt sie die Mienen, / Wechselt die Schreckensgestalt, so strotzt von Nattern der Scheitel«, ein doppelgeschlechtliches Ungeheuer.[41] Freud führt Junos Worte noch einmal in seinem Buche an, bei einer wichtigen Stelle, wo er die umfassende Bedeutung seiner Traumforschung hervorheben möchte. Er wiederholt dafür das Zitat und fährt fort: »Die Traumdeutung aber ist die Via regia zur Kenntnis des Unbewußten im Seelenleben.« Und er erläutert die Rolle des Zitats mit dem Ergebnis seiner Forschung, daß das im Wachleben am Ausdruck gehinderte »seelisch Unterdrückte« Mittel und Wege findet, »sich dem Bewußtsein aufzudrängen«.[42]

Freud war nicht der erste, der Junos Drohung, die Hölle aufzuscheuchen, als Motto vor ein Werk umstürzlerischer Absicht setzte. Wiederum führt uns die Spur zurück zur Politik, diesmal zu dem Sozialdemokraten Ferdinand Lassalle.[43] Eine von Lassalles glänzendsten politischen Kampfschriften, ›Der italienische Krieg und die Aufgabe Preußens‹ (1859), trug ebenfalls die Worte »Flectere si nequeo superos, Acheronta movebo« auf seiner Titelseite. Am 17. Juli 1899 schrieb Freud an Fliess, er habe diesen Vers als Motto für die ›Traumdeutung‹ gewählt; im selben Brief, aber ohne Beziehung darauf, erwähnt er, daß er »den Lassalle« als Reiselektüre mit in die Sommerferien nehme.[44] Bei seiner Vertrautheit mit der ›Aeneis‹ brauchte Freud keinen Lassalle, um die Zeile zu entdecken, die sein Titelblatt schmückt.[45] Aber starke Entsprechungen zwischen Lassalles Kampfschrift und Freuds Besetzung von seinen frühen politischen Vorlieben und den gegenwärtigen politischen Befürchtungen in den neunziger Jahren machen es sehr wahrscheinlich, daß Freud es gelesen hat. ›Der italienische Krieg und die Aufgabe Preußens‹ enthielt viele Themen und Haltungen, die wir in der ›Traumdeutung‹ gefunden haben: den Haß auf das katholische Rom und die Habsburger als Bollwerke der Reaktion; die Verbindung von Garibaldi und den Ungarn als deren liberale Gegenspieler; und, wie es Freud im Traum bei seinem Zusammenstoß mit Graf Thun erging, das Vertreten deutsch-nationaler Gesinnung gegenüber dem aristokratischen Österreicher.[46] In ihrer geistigen Kriegführung lag eine weitere Verwandtschaft. Auch Lassalle operierte mit unterdrückten Mächten, in seinem Falle der revolutionären Gewalt des Volkes. Darum auch wählte er das Motto aus Virgil für seine Kampfschrift. Wie Juno es tat, versucht Lassalle die »höheren Mächte«, in diesem Falle Preußens, zu überreden, das deutsche Volk im Bündnis mit den Italienern in einen Krieg der nationalen Einigung gegen den Habsburgerstaat zu führen. Aber hinter seiner Überredung lag eine Drohung: Sollte Preußen zur Tat nicht fähig sein, so würden seine Verantwortlichen zu ihrem Leidwesen erfahren, »in welchen Schichten der Meinung sich (tatsächlich) die Macht findet«. Lassalle bedrohte »die oben« mit der latent vorhandenen Gewalt einer nationalen Revolution durch das Aufrühren eines politischen Acheron.[47] Es war Freud ein leichtes, Lassalles Motto sich zu eigen zu machen, indem er die angedeutete Umwälzung durch das Fortwirken des Unterdrückten aus dem Bereich der Politik in den des Seelenlebens übertrug.

Freuds Trauminhalte bestätigen oft Beziehungen, die andere Beweismittel nur vermuten lassen. In einem Traum, in dessen Deutung der Name Lassalle auftrat[48], feierte Freud nicht ausdrücklich, aber der Sache nach den Vorrang der Psychoanalyse über die Politik, der auch in seiner Verwendung von Lassalles Motto liegt. Zusammen mit einem anderen deutschjüdischen politischen Führer, Eduard Lasker, steht Lassalle als Symbolfigur für die schicksalhafte Gewalt des Eros, die Gefahr, »am Weibe zugrunde zu gehen«. Bezeichnenderweise übergeht Freud in seiner Deutung des Traumes die Tatsache, daß die realen Träger der Traumbotschaft beide Politiker waren. Er schreibt ihnen nur das Merkmal »Begabung« zu. Beide waren »am Weibe zugrunde« gegangen und gestatteten ihm somit, »die beiden Arten dieser Beeinflussung zum Unheil darzustellen«, in Laskers Fall die organische (Tabes-Paralyse), in Lassalles eine im weiteren Sinne neurotische, »funktionelle Schädigung durch das Weib, eigentlich durch das Sexualleben«. Freud fand in dem Traum eine mahnende Bestätigung seiner eigenen Befürchtungen, als ein Mann »von Begabung« am Weibe zugrunde zu gehen. Im Traum überwindet Freud auch die Gewalt seiner eigenen sexuellen Versuchung durch sein klinisches Verständnis von Neurosen, während die beiden jüdischen Politiker zugrunde gingen. Die Sexualität ist gewaltiger als Politik, scheint uns der Traum sagen zu wollen, aber die Wissenschaft vermag sie zu bändigen.*

Freuds Acheron verdrängter Triebregungen bedeutete gewiß für die Mächtigen ebenso wie Lassalles Acheron des aufbegehrenden Volkes umstürzlerische Drohungen. Auf den abschließenden Seiten der ›Traumdeutung‹ bemüht Freud sich, die Befürchtungen zu beschwichtigen, die seine Entdeckungen erwecken könnten. Wiederum wählte er römisches Bildungsgut als Beispiel:

* Der Traum heißt »Autodidasker« nach der Wortzusammensetzung, die ihren manifesten Inhalt bildet.

Ich meine nur, jedenfalls hatte der römische Kaiser unrecht, welcher einen Untertanen hinrichten ließ, weil dieser geträumt hatte, daß er den Imperator ermordet... Und selbst wenn ein Traum, der anders lautete, diese majestätsverbrecherische Bedeutung hätte, wäre es noch am Platze, des Wortes von Plato zu gedenken, daß der Tugendhafte sich begnügt, von dem zu träumen, was der Böse im Leben tut. Ich meine also, am besten gibt man die Träume frei.[49]

Freud hatte sich das Recht verdient, diese Zeilen mit ihrer beruhigenden Botschaft für »die oben« zu schreiben, die Junos Drohung erschrecken könnte. Hatte er doch seine eigene politische Vergangenheit durch die Analyse von Träumen ans Licht gehoben und sie dadurch überwunden, daß er seine politischen Verpflichtungen und Triebfedern mit seinem Vater identifizierte und sie als Eigenschaften von seines Vaters Geist wegerklärte.

Und damit war der Bann von Hannibals Schwur gebrochen. Nach dem Vollbringen seiner theoretischen Arbeit und seiner Selbstanalyse in der ›Traumdeutung‹ betrat Freud wirklich 1901 die Ewige Stadt fast fünf Jahre nach dem Tode seines Vaters und nicht, um »an den Römern Rache zu nehmen«, sondern als Bildungspilger und Archäologe der Seele auf Winckelmanns Spuren. Er schrieb: »Es war auch für mich überwältigend und die Erfüllung eines, wie Du weißt, lange gehegten Wunsches. Wie solche Erfüllungen sind, etwas verkümmert.« Freud beschreibt seine unterschiedliche Reaktion auf drei Roms: das dritte, moderne, war »hoffnungsvoll und sympathisch«, das zweite, katholische Rom mit seiner »Lüge von der Erlösung« irritierte ihn und machte ihn »unfähig, mein Leid und alles andere, von dem ich weiß, in Gedanken los zu werden«. Nur das antike Rom erfüllte ihn mit tiefer Begeisterung. »Das Stückchen Minervatempel neben dem Nervaforum hätte ich in seiner Erniedrigung und Verstümmelung anbeten können.«[50]

Wurde Freud sich der Bedeutung seines unmittelbaren Dranges gewahr, Minerva in ihren Ruinen anzubeten? Wie Junos höllische Furie Allekto, die Freud auf seinem Titelblatt beschworen hatte, war auch Minerva eine doppelgeschlechtliche Göttin. Doch während Junos phallisches Weib Gewalt und Schrecken gegen die Gründer der Stadt entfesselte, war die jungfräuliche Göttin Beschützerin der bürgerlichen Ordnung und gebrauchte Speer, schlangenzüngelnden Ägis und Gorgonenschild, um die Feinde der Polis zurückzuschlagen. Nicht lange, nachdem Freud ihren Tempel in Rom besucht hatte, wurde 1902 das langerwartete Minerva-Standbild vor dem Parlamentsgebäude in Wien errichtet als Symbol für den Glauben des Liberalismus an ein vernunftgelenktes Gemeinwesen. Minervas Weisheit war von besonderer Art und vermochte mit Jupiter zu versöhnen, mit dem Gefüge der Notwendigkeit und der Wirklichkeit der Macht.

In dem Brief, mit welchem dieses Kapitel begann, hatte Freud seine Ernennung zum Professor ironisch verzerrt in der Karikatur eines politischen Sieges gefeiert. Wir können jetzt seinen Humor als von etwas bittererer Art verstehen, als seine Oberfläche vermuten ließ. Die Ernennung war ein persönlicher und beruflicher Sieg, aber mit hohen moralischen Kosten. Denn gegen sein Gewissen hatte Freud seine Zuflucht zu dem genommen, was in Österreich als »Protektion« bekannt war – die Hilfe gesellschaftlich einflußreicher Persönlichkeiten, um eine individuelle Beförderung zu sichern.*

»[Die Ernennung war] mein Verdienst nämlich. Als ich von Rom zurückkam, war die Lust am Leben und Wirken etwas gesteigert, die am Martyrium verringert bei mir. [...] So beschloß ich denn, mit der strengen Tugend zu brechen und zweckmäßige Schritte zu tun, wie andere Menschenkinder auch. Von etwas muß man sein Heil erwarten können, und ich wählte den Titel zum Heiland.«[51]

Die glanzvolle, einsame und schmerzhafte Entdeckung der Psychoanalyse, die es Freud ermöglichte, seine Romneurose zu überwinden, vor Minervas verstümmeltem Tempel zu knien und den regulären akademischen Status zu gewinnen, war ein antipolitischer Sieg ersten Ranges. Dadurch, daß er seine eigene politische Vergangenheit und Gegenwart zu einer Nebenerscheinung des Urkonflikts zwischen Vater und Sohn reduzierte, schenkte er seinen liberalen Zeitgenossen eine ahistorische Theorie von Mensch und Gesellschaft, die eine aus den Fugen und aus der Kontrolle geratene politische Welt leichter zu ertragen erlaubte.

* Dazu, wie diese Bemühung Freuds Schicksal mit dem der Politik der modernen österreichischen Kunst verknüpfte, siehe S. 230–231.

Anmerkungen

1 Freud an Wilhelm Fliess, 11. März 1902, in: Sigmund Freud, Aus den Anfängen der Psychoanalyse, Briefe an Wilhelm Fliess, Entwürfe und Notizen 1887–1902, hg. von Marie Bonaparte, Anna Freud, Ernst Kris, Brief Nr. 152, S. 296.

2 Die Bemerkung zu Beginn des Absatzes machte Goethe über Lichtenberg, Freuds bevorzugten Satiriker. Freud zitierte sie zustimmend in den Vorlesungen zur Einführung in die Psychoanalyse (1916–1917), in: Gesammelte Werke, Bd. 11, S. 32; auch in: Zur Psychopathologie des Alltagslebens, Bd. 4, S. 243. Zu dieser Frage vgl. Der Witz und seine Beziehung zum Unbewußten, Ges. Werke, Bd. 5, passim.

3 Freud, Aus den Anfängen, S. 369.

4 Freud, Die Traumdeutung, S. X (Vorwort zur 2. Aufl.).

5 Sowohl die Fakten wie die Deutung von Freuds langsamer medizinischer und akademischer Laufbahn wurden Gegenstand einer lebhaften Kontroverse. Der umfassendste

und oft fruchtbar dokumentierte Versuch, die österreichischen akademischen und ministeriellen Autoritäten gegen den Vorwurf der Feindseligkeit, Ungerechtigkeit oder des Vorurteils gegen Freud zu verteidigen, ist der von Joseph und René Gicklhorn, Sigmund Freuds akademische Laufbahn, Wien 1960. Kurt R. Eissler stellt die Balance wieder zugunsten von Freud her mit weiteren wesentlichen Forschungsergebnissen in seiner Gegenschrift, Sigmund Freud und die Wiener Universität, Bern 1966. Über die Länge von Freuds Anwartschaft auf eine Professur siehe besonders letztere Arbeit, S. 24f., 181–183.

6 Friedrich Hebbel, vgl. Einleitung, Anm. 3.

7 Zur Desintegration der Nationalitäten gibt Robert A. Kann, The Multinational Empire, New York 1950, den solidesten allgemeinen Überblick. Berthold Sutter untersucht eingehend die Nationalitätenkrise der späten neunziger Jahre, in: Die Badenischen Sprachverordnungen von 1897, Graz, Köln 1965. Zum Aufstieg der neuen Rechten von ihrem antisemitischen Aspekt aus Peter G. J. Pulzer, The Rise of Anti-Semitism in Germany and Austria, New York 1964.

8 Freud an Fliess, 23.9.1895, 8.11.1895 und 9.2.1898 in: Aus den Anfängen, Briefe 28, 35, 83; Ernest Jones, The Life and Work of Sigmund Freud, New York 1953–1957, Bd. 1, S. 392f.

9 Freud, Die Traumdeutung, S. 142.

10 Freud, Ansprache an die Mitglieder des Vereins B'nai B'rith (1926), Ges. Werke, Bd. 17, S. 51. Das Datum von Freuds Eintritt in B'nai B'rith ist nach Freuds Annahme und der Behauptung der Herausgeber 1895. Dennis Klein von der Universität Rochester hat jedoch aufgrund der Vereinsbücher 1897 festgestellt. Die Sozialgeschichte von Freuds Freundschaften und Mitgliedschaften muß noch im Detail untersucht werden.

11 Erik Erikson hat Freuds Analyse dieses Traumaspekts erweitert und vertieft durch den Begriff der schöpferischen Krise im mittleren Lebensabschnitt, in: The Dream Specimen of Psychoanalysis, Journal of the American Psychoanalytical Association, Jg. 2, 1954, S. 5–56. Die umfassendste und strukturierteste Analyse gibt Didier Anzieu, L'Auto-analyse de Freud et la découverte de la psychanalyse, Paris 1959, S. 24–45. Für eine breite, aber weniger strenge Behandlung und weitere Bibliographie zu diesem Traum und weiteren Träumen vgl. Alexander Grinsteins nützliche Arbeit, On Sigmund Freud's Dreams, Detroit 1968, S. 21–46 und passim.

12 Freud, Die Traumdeutung, S. 142–148, 197–199.

13 Ebd., S. 147–149.

14 Ebd., S. 142.

15 Ebd., S. 175–180, bes. S. 178. Freud deutet nicht die beiden Episoden, obwohl seine Sprache deutlich seinen Unwillen über das Verhalten seines Vaters verrät.

16 Ebd., S. 198.

17 Ebd., S. 199.

18 Freud an Julie Braun-Vogelstein, 30. Oktober 1927, in: Sigmund Freud, Briefe 1873–1939, Frankfurt 1960, S. 374; ferner Julie Braun-Vogelstein, Heinrich Braun, Stuttgart 1967, S. 20–24.

19 Freud an Fliess, 30.1.1899, 6.2.1899, 28.3.1899, 5.11.1897 in: Aus den Anfängen, Briefe Nr. 103, 104, 107 und 74. Suzanne Bernfeld hat mit feinem Gespür für kulturelle Faktoren die Funktion der Archäologie sowohl in Freuds wissenschaftlichem Denken und psychoanalytisch bei seinem persönlichen Versuch, Schuldgefühle wegen Todeswünschen zu überwinden, untersucht. Siehe ihre Arbeit: Freud and Archeology, American Imago, Jg. 8, 1951, S. 107–128.

20 Freud an Fliess, 3.12.1897, 23.10.1899, in: Aus den Anfängen, Briefe Nr. 77 und 99; der letztere, in welchem er berichtet, daß »die Sehnsucht immer quälender« werde, datiert vom Todestage seines Vaters.

21 Freud, Die Traumdeutung, S. 199–204. Ein späterer Rom-Traum, in welchem die Stadt Schauplatz der Trauer ist, wurde hier nicht einbezogen. Die Beziehung dieses Traums zu Freuds ambivalenter Haltung zum Judentum wurde aufschlußreich erwiesen von Peter Loewenberg, in: A Hidden Zionist Theme in Freuds ›My Son, the Myops...‹, Dream, Journal of the History of Ideas, Jg. 31, 1970, 129–132.
22 Freud, Die Traumdeutung, S. 202.
23 Ebd., S. 203.
24 Ebd., S. 203f.
25 Ebd., S. 202.
26 Dieses Rom verband Freud (jedoch nicht in der ›Traumdeutung‹) mit seiner ödipalen Bindung an sein böhmisches katholisches Kindermädchen, durch das er den Katholizismus kennengelernt hatte und das ihm im Gegensatz zu der Entmutigung durch den jüdischen Vater »eine hohe Meinung von meinen eigenen Fähigkeiten beigebracht hat«. Vgl. Freud an Fliess, 3.–4. 10. 1897, 15. 10. 1897 in: Aus den Anfängen, Briefe Nr. 70, 71. Freud folgend neigt die psychoanalytische Literatur dazu, seine ursprüngliche Identifikation der Rom-Sehnsucht mit dem Kindermädchen als Mutterersatz und ödipales Liebesobjekt zu übernehmen. Damit werden die katholischen und böhmischen Attribute Roms in Freuds Traumbildern zu Symbolen dieser ursprünglichen Bindung, und die Hemmung, nach Rom zu reisen, läßt sich als Ausdruck des Inzesttabus deuten. Siehe z. B. Grinstein, Freud's Dreams, S. 75f., 90f.; Jones, Life, Bd. 1, S. 5f.; Bernfeld, Freud and Archeology, American Imago, Jg. 8, S. 114–120, und Kenneth A. Grigg, All Roads lead to Rome: The Role of the Nursemaid in Freud's Dreams, in: Journal of the American Psychoanalytic Association, Jg. 21, 1973, S. 108–126. Ich betone hier die geschichtliche Bedeutung der jüdisch-katholischen Spannung im manifesten Trauminhalt und versuche damit, Freuds politisch-kultureller Erfahrung ihre dynamisch-systembildende Kraft bei der Entwicklung seines psychoanalytischen Gedankengebäudes zurückzuerstatten, womit er in der Tat die schmerzvolle Erfahrung der allgemeinen Geschichte aufzulösen versuchte, indem er sie in die individuelle Geschichte übersetzte.
27 Freud, Die Traumdeutung, S. 202.
28 Ebd., S. 214–222, 430–436. Meine Deutung des ›revolutionären Traums‹ ist keineswegs vollständig. Für andere Aspekte siehe: Grinstein, Freud's Dreams, S. 92–160, und William J. McGrath, Freud as Hannibal: The Politics of the Brother Band, in: Central European History, Jg. 7, 1974, S. 47–57.
29 Richard Charmatz, Österreichs innere Geschichte von 1848 bis 1907, 2. Aufl. Leipzig 1912, Bd. 2, S. 128–132.
30 Freud, Die Traumdeutung, S. 216.
31 McGrath hat den 11. August 1898 als Datum ermittelt. Vgl. Anm. 28, Freud as Hannibal, S. 47, Anm. 29.
32 Rudolf Sieghart, Die letzten Jahrzehnte einer Großmacht, Berlin 1932, S. 35.
33 Martin Grotjahn, A Letter by Sigmund Freud with Recollection of His Adolescence, in: Journal of the American Psychoanalytic Association, Jg. 4, 1956, S. 649–652.
34 Freud, Die Traumdeutung, S. 199.
35 Ebd., S. 220.
36 Ebd., S. 222, Anm. 2.
37 Diese Theorie hat Freud in ›Totem und Tabu‹ entwickelt (1913), Ges. Werke, Bd. 9.
38 Ervin Pamlenyi (Hg.), Die Geschichte Ungarns, Budapest 1971, S. 450–454. Die Ischler Beschlüsse erhielten am 30. August 1898 die Zustimmung. Die ungarische Opposition löste im Oktober des Jahres die Obstruktionskrise aus, die den Hintergrund von Freuds Traum darstellt. Grinstein, Freud's Dreams, S. 376, nimmt einen späteren Zeitpunkt an, als die Krise meiner Ansicht nach erfordert.

39 Freud, Die Traumdeutung, S. 430.
40 Ebd., S. 261.
41 Virgil, Aeneis, Buch VII, Zeilen 286–571, besonders 312, 323–329, 445–455.
42 Freud, Die Traumdeutung, S. 613.
43 Diese Entdeckung stammt von Ernst Simon, Sigmund Freud der Jude, Leo-Baeck-Institut, Jahrbuch II, 1957, S. 301.
44 Freud an Fliess, 17. Juli 1899, in: Aus den Anfängen, Brief Nr. 111. Freud erwähnt keinen bestimmten Buchtitel im Brief – nur »den Lasalle« (sic!). Lassalles einzelne Schriften waren zu dieser Zeit nicht leicht greifbar, aber verschiedene Sammelausgaben, die auch den ›Italienischen Krieg...‹ enthielten, kamen in den neunziger Jahren heraus. Eine davon, Erich Blum, Ferdinand Lassalles politische Reden und Schriften, erschien 1899 in Leipzig, als Freud gerade das Manuskript der ›Traumdeutung‹ für den Druck überarbeitete.
45 Er zitierte die Worte zum erstenmal in einem Brief an Fliess am 4. Dezember 1896; Aus den Anfängen, Brief Nr. 51.
46 Ferdinand Lassalle, Gesammelte Reden und Schriften, hg. von Eduard Bernstein, Berlin 1919, Bd. 1, besonders S. 16–17.
47 Ebd., Bd. 1, S. 112. Die offene Diskussion seiner politischen Strategie in einem Brief an Karl Marx, undatiert, vom Mai 1859, siehe in: Franz Mehring (Hg.), Aus dem literarischen Nachlaß von Karl Marx, Friedrich Engels und Ferdinand Lassalle, Stuttgart 1902, Bd. 4, S. 150.
48 Freud, Die Traumdeutung, S. 304–308.
49 Ebd., S. 625.
50 Freud an Fliess am 19. September 1901, in: Aus den Anfängen, Brief Nr. 146.
51 Freud an Fliess am 11. März 1902, in: Aus den Anfängen, Brief Nr. 152.

V
GUSTAV KLIMT: DIE MALEREI UND DIE KRISE DES LIBERALEN ICH

In den Jahren von 1895 bis 1900, als Sigmund Freud in gesellschaftlicher Abgeschiedenheit und beruflicher Enttäuschung an seiner epochemachenden ›Traumdeutung‹ arbeitete, war Gustav Klimt mit einer gar nicht unähnlichen Unternehmung auf Entdeckungsfahrt im Gebiet der Kunst. Während Freud in seinen entscheidenden Jahren in der Verborgenheit und fast allein arbeitete, stand Klimt an der Spitze einer Gruppe gleichgesinnter künstlerischer Ketzer, die rasch bedeutende gesellschaftliche und finanzielle Unterstützung erhielten. Doch trotz aller Unterschiede in Ruhm und Glück hatten Freud und Klimt vieles gemein. Beide zwangen ihre persönliche Krise des mittleren Lebensalters in den Dienst einer grundlegenden Neuorientierung ihres beruflichen Lebenswerkes. Beide verwarfen entschieden den physikalischen Realismus, in welchem sie erzogen wurden. Beide lösten ihr Arbeitsfeld – der eine die Psychologie, der andere die Kunst – aus seiner biologisch-anatomischen Begrenzung. Auf der Suche nach einem Weg hinaus aus den Trümmern einer substantialistischen Konzeption der Wirklichkeit tauchten beide in das Selbst und brachen auf zu einer »voyage intérieur«, einer Reise nach innen. Als sie der Öffentlichkeit die Ergebnisse ihrer Erkundungen der Welt des Triebes zeigten, stießen sie in unterschiedlichem Grade auf Widerstand aus zwei Lagern: zum einen der liberalen und rationalistischen akademischen Orthodoxie und zum anderen der Antisemiten. Angesichts dieser Feindschaft zogen Freud und Klimt sich vom öffentlichen Schauplatz zurück in den Schutz einer kleinen, aber treuen Gefolgschaft, um das neueroberte Terrain zu sichern.

Was mich dazu bewegt, das von Klimt aufgeworfene Problem zu verfolgen, sind nicht einfach diese Ähnlichkeiten in Leben und Absichten des Künstlers mit denen von Freud. Eher ist es die Tatsache, daß Klimt ein so helles Licht wirft auf die gesellschaftliche und kulturelle Situation, in der

33 Burgtheater: Großes Treppenhaus mit Deckengemälde von Klimt und Matsch, 1886–188

auch die Psychoanalyse entstand. Auch er sah sich einer Periode geschichtlichen Übergangs gegenüber, die gebieterisch danach verlangte, die Elemente des Selbst neu durchzumischen. Wie andere geistig Tätige seiner Generation und Klasse durchlitt Klimt eine Kulturkrise, die gekennzeichnet war von einer doppeldeutigen Verbindung einer kollektiven ödipalen Revolte und einer narzißtischen Suche nach einem neuen Selbst. Die Sezessionsbewegung in der modernen Kunst, deren anerkannter Führer Klimt war – sie entsprach in Österreich dem französischen ›art nouveau‹ –, manifestierte die verworrene Suche nach einer neuen Lebensorientierung in visueller Gestalt.

I

Gustav Klimt erlangte seinen ersten Ruhm im Dienst der bürgerlichen Kultur der Ringstraße. Seine soziale Herkunft reichte jedoch tiefer als die gebildete liberale Mittelschicht, mit der er bald identifiziert wurde. Sein Vater, ein Kupferstecher, erzog Gustav und seine beiden Brüder so, daß sie ihm als Kunsthandwerker folgen sollten. Wie Camillo Sitte begann Klimt seine Erziehung traditionell mit einer Lehrzeit zu Hause, begann dann aber einen moderneren Kurs formaler Ausbildung seines Talents. Mit vierzehn Jahren kam er in die Kunstgewerbeschule, die erst neuerdings (1868) im historistischen Geist der jetzt herrschenden Klasse begründet worden war als ausbildende Abteilung des Museums für Kunst und Gewerbe. Dort erhielt der junge Klimt sowohl die technische Virtuosität wie die umfassende

34 Shakespeares Theater, Deckengemälde im großen Treppenhaus des Burgtheaters, 1886–1888

Bildung in der Geschichte der Kunst und Gestaltung, die ein eklektisches Zeitalter verlangte.

Klimt verließ die Schule als Dekorationsmaler gerade zu der Zeit, als das große Ringstraßenprogramm monumentaler Bauten in seine Schlußphase eintrat. Er erhielt die Gelegenheit, sein vielseitiges Talent bei Historienbildern für zwei der letzten großen Bauten, das Burgtheater und das Kunsthistorische Museum, anzuwenden. Das große Treppenhaus im Burgtheater malten Klimt, sein Bruder und sein Mitarbeiter Franz Matsch (Abb. 33) mit einer Reihe von Deckengemälden zum Schauspiel vom Dionysosfest bis in die moderne Zeit aus. Die Fresken zeigen, wie eng die liberalen Väter die theatralische und die historische Betrachtungsweise miteinander verbanden. Jedes Wandbild verherrlichte die Einheit von Theater und Gesellschaft, während die Serie im Ganzen zeigte, wie die Theater der Vergangenheit im Triumph des reichen Eklektizismus unter die Herrschaft der Wiener Kultur geführt wurden. So stellt ein Bild des Shakespeare-Theaters (Abb. 34) nicht nur die Schauspieler auf der Bühne dar, sondern auch das Publikum des Zeitalters, welches das Schauspiel als Spiegel nahm. Klimt bezeugte in diesem Gemälde sein eigenes Gefühl der Identifikation mit der Kultur, der er als Maler diente. Er stellte sich selbst in der Gesellschaft seines Mitarbeiters und seines Bruders als Teil des elisabethanischen Publikums dar. (In der Abb. 34 steht Klimt vor der Säule rechts, mit der großen Halskrause.) Während die Maler einer früheren Zeit sich selbst als Zeugen in den christlichen religiösen Szenen präsentierten, historisiert Klimt sich als Teilhabenden an der Wiener Religion des Theaters.

Er malte auch andere Freunde der Bühne – zum eigenen Gewinn. Der Stadtrat beauftragte 1887 Klimt und Matsch, das alte Haus des Burgtheaters zu malen, bevor es dem neuen Gebäude weichen mußte (Abb. 35). Nicht nur die Bühne, sondern auch ihre Gönner wurden auf der Leinwand verewigt. Klimt malte den Zuschauerraum von der Bühne aus und fügte in das gewaltige Gruppenbild der Wiener Elite mehr als hundert individuelle Porträts ein mit Gestalten wie Katharina Schratt, die Maitresse des Kaisers (selbst eine Burgtheaterschauspielerin), den hervorragenden Chirurgen Theodor Billroth und den künftigen Bürgermeister Karl Lueger.* Das Gemälde trug Klimt den begehrten Kaiser-Preis im Jahre 1890 ein, der ihn mit einem Schlag berühmt machte.[1]

1891 folgte ein zweiter bedeutender Auftrag für die Ringstraße. Im neuen Kunsthistorischen Museum schmückte Klimt das Treppenhaus mit einer Reihe weiblicher Figuren, von denen jede ein Zeitalter der Kunst darstellte. Abbildung 36 zeigt Athene, die zur Repräsentantin griechischer Kultur erwählt war. Sie ist sanft realistisch dreidimensional gebildet. Mit der

* Klimts Mitarbeiter berichtete, daß die für das Bild ausgewählten Persönlichkeiten nach besonderen Sitzungen im Atelier verlangten; es bedeutete viel für den gesellschaftlichen Rang, als Gönner des Burgtheaters verewigt zu werden.

geflügelten Nike auf der einen Hand und ihrem Speer in der anderen posiert sie wie eine junge Dame Wiens, die ein Ballkostüm anprobiert. Der Hintergrund der Athene und der anderen Gestalten ist in der architektonischen oder ornamentalen Sprache der jeweils dargestellten Epoche ausgeführt. Hier feiert der positivistisch-historische Geist des Museums einen nahezu photographischen Triumph. Noch keine dreißig Jahre alt, stand Klimt im Begriff, einer von Wiens führenden Künstlern und Dekorationsmalern zu werden.

Gerade in den Jahren, als die Gemälde in der Ringstraße Klimt berühmt zu machen begannen, wurde die gesellschaftliche Schicht, deren Werte er ausdrückte, unterhöhlt. Wir haben gesehen, wie von dem wirtschaftlichen Krach 1873 an die Herausforderungen an die liberale Vorherrschaft immer mächtiger wurden. Zur gleichen Zeit mischten sich innerhalb der liberalen Gesellschaft selbst die Rufe nach Reform mit den Seufzern der Verzweiflung oder der Verachtung ob der Ohnmacht des liberalen Österreich. Weithin in der österreichischen Mittelschicht begann eine kollektive ödipale Revolte um

35 Der Saal des alten Burgtheaters, Gemälde von Klimt und Matsch, 1888

36 Gustav Klimt: Athene.
Kunsthistorisches Museum,
Bogenfüllung im Treppenhaus

sich zu greifen. »Die Jungen« wurde der gemeinsame Name, den die Rebellen nacheinander in den verschiedenen Bereichen sich wählten. Zuerst erschienen »die Jungen« in der Politik, als junge Linke in der Verfassungspartei in den späten siebziger Jahren. »Jung-Wien« war die literarische Bewegung, die um 1890 die moralistische Einstellung der Literatur des 19. Jahrhunderts in die Schranken forderte, um für gesellschaftliche Wahrheit und seelische – besonders sexuelle – Offenheit zu kämpfen. Schnitzlers verspielte junge Männer und Hofmannsthals Ästheten sind gleicherweise Erzeugnisse der Auflösung des Glaubens der Söhne an die Aussichten und Werte ihrer Väter.

In der Mitte der neunziger Jahre griff die Erhebung gegen die Tradition endlich über auf Kunst und Architektur. Innerhalb der ›Künstlergenossenschaft‹, der wichtigsten Organisation, sammelten sich »die Jungen« – wiederum wurde dieser Name verwendet –, um die herrschenden akademischen Zwänge zu brechen zugunsten einer offenen, experimentierenden Haltung zur Malerei. Man braucht kaum zu erwähnen, daß die jungen Wiener zu ihrer Inspiration auf die künstlerisch fortgeschritteneren Länder blickten: zu den französischen Impressionisten und den belgischen Naturalisten, den englischen Präraffaeliten und dem deutschen Jugendstil. Das einzig Gemeinsame war die Verwerfung der klassischen realistischen Tradition ihrer Väter bei der Suche nach dem wahren Antlitz des modernen Menschen.

Obwohl er selbst ein junger Meister der alten Schule war, erlangte Gustav Klimt bald die Führung bei dem Aufstand »der Jungen« in den bildenden Künsten. 1897 führte er sie aus der etablierten Künstlergenossenschaft und gründete mit ihnen die ›Secession‹. Es ist bezeichnend für Wiens kulturelle

Situation, daß die Weltanschauung dieser Künstlergruppe ebensosehr von Literaten und Männern, die aus der links-liberalen Politik stammten, entwikkelt wurde, wie von Künstlern. Doch trug diese Weltanschauung dazu bei, die Art der Künstler, ihre Welt zu sehen und ihre Weise, sie zu gestalten, wesentlich zu verwandeln.

Der erste entscheidende Zug im Glaubensbekenntnis der Secession lag darin, den Bruch mit den Vätern zu verfechten. Marx bemerkte einmal, daß Leute, die dabei sind, eine Revolution zu machen, sich dadurch bestärken, indem sie so tun, als erneuerten sie eine entschwundene Vergangenheit. Die Secession verstand sich nicht als bloßen ›Salon des refusés‹, als Ausstellung der offiziell nicht Zugelassenen, sondern als neue römische ›secessio plebis‹, bei welcher das Volk die Mißherrschaft der Patrizier ablehnt und sich aus dem Staatswesen zurückzieht.* Gleichzeitig verkündete die Secession ihre Aufgabe schöpferischer Erneuerung, indem sie ihre Zeitschrift ›Ver Sacrum‹ nannte (Frühlingsopfer). Der Titel beruht auf einem römischen Ritual der Weihung der Jünglinge in Zeiten nationaler Gefahr. Während aber in Rom die Älteren ihre Kinder einer göttlichen Sendung weihten zur Rettung der Gesellschaft, weihten in Wien die Jungen sich selber, um die Kultur vor ihrer Vätergeneration zu retten.[2]

Für die erste Kunstausstellung der Secession lieferte Klimt ein Plakat, das die Erhebung der jüngeren Generation darstellte. Er wählte dazu den Mythos von Theseus, der den grausamen Minotaurus erschlug, um die Jugend Athens zu befreien (Abb. 37).** Wir sollten beachten, daß Klimt das Thema nicht unmittelbar darstellt, sondern als dramatische Szene auf der Bühne – als handelte es sich um den ersten Akt im Schauspiel der Secession. Athene, die jungfräuliche Beschützerin der Polis, die das österreichische Parlament sich zum Symbol erkoren hatte, wurde von Klimt benutzt, um bei der Befreiung der Künste Pate zu stehen. Von der Politik zur Kultur als Schauplatz des Handelns verläuft die Bewegung der Zeit. Klimts Athene in der Bogenfüllung im Kunsthistorischen Museum (Abb. 36) hat Körper und Materialität. Jetzt ist sie flächenhaft – Klimts neugefundene Weise, eine Abstraktion darzulegen. Sie steht Pate bei einer dramatischen Idee. Und da

* Die Formulierung der römischen Ideologie der Secession hatte Max Burckhard (1854–1912) vorbereitet, ein Nietzscheaner, politisch progressiv und hochrangiger Reformer des Verwaltungsrechts, der 1890 seine politische Karriere aufgegeben hatte, um Direktor des Burgtheaters zu werden, eine Stelle, die er gerade verloren hatte, als er Mitherausgeber der Zeitschrift der Secession, des ›Ver Sacrum‹, wurde. Er verbündete sich in jeder Hinsicht mit »den Jungen«: in Politik, Literatur und bildender Kunst. Über »die Jungen« allgemein siehe Carl E. Schorske, Generational Tension and Cultural Change: Reflections on the Case of Vienna, in: Daedalus (Herbst 1978), S. 111–122.

** Freud vermutet, daß der Stier die Bedeutung eines Urbilds des Vaters hat. »Es scheint, daß Zeus ursprünglich ein Stier war. Auch unser alter Gott soll zuerst, vor der durch die Perser angeregten Sublimierung, als Stier verehrt worden sein.« Freud an Wilhelm Fliess am 4. Juli 1901, in: Sigmund Freud, Aus den Anfängen der Psychoanalyse (vgl. Kap. IV, Anm. 1), S. 286.

37 Theseus, Plakat der Ersten Ausstellung der Secession, 1897

38 Nuda Veritas, 1898

die Idee noch nicht verwirklicht ist, ist sie als körperlos, allegorisch und auf einer Bühne dargestellt.

Ein zweites wichtiges Ziel der Weltanschauung der Secession war es, die Wahrheit über den modernen Menschen zu sagen oder, wie der Architekt Otto Wagner es ausdrückte, »dem modernen Menschen sein wahres Gesicht zu zeigen«.* Einerseits bedeutete das einen kritischen Angriff auf die Schutzwand des Historizismus und der ererbten Kultur, hinter welcher der Bürger seine moderne, praktisch-technische Identität verbarg. Das Wien der Ringstraße, für welches Klimt selber gearbeitet hatte, wurde dementsprechend als »Potemkinsches Dorf« auf den Seiten des ›Ver Sacrum‹ gebrandmarkt. Aber stieße man durch die Maske der Geschichtlichkeit, die den modernen Menschen verbirgt, was fände man? Diese Frage stellt Klimt in einer allegorischen Zeichnung für die erste Ausgabe des ›Ver Sacrum‹ (Abb. 38). Ein mannbares junges Weib, ›Nuda veritas‹, flächenhaft wie die zweite Athene – eine Vorstellung, keine konkrete Verwirklichung. Mit Frühlingssymbolen zu ihren Füßen, um die Hoffnung auf Regeneration auszudrücken, hält sie dem modernen Menschen einen leeren Spiegel entgegen. Was wird der Künstler darin sehen? Ist er ein ›speculum mundi‹, ein Spiegel der Welt? Wirft er das brennende Licht der Wahrheit zurück? Oder ist es vielleicht ein Spiegel des Narziß? Das ist hier die Frage, die wir nun an Klimt verfolgen wollen.

Um die ursprüngliche Vielfalt von Zielen zu vervollständigen, müssen wir der Ödipusrevolte und der Identitätssuche noch ein weiteres hinzufügen: nämlich, daß die Kunst dem modernen Menschen einen Zufluchtsort vor dem Druck des modernen Lebens bieten soll. Das Haus der Secession war dementsprechend entworfen.[3] Die grundlegende Vorstellung seines Architekten Josef Olbrich war es, einen Tempel der Kunst zu errichten, der dem Kunstfreund einen ruhigen, eleganten Platz der Zuflucht böte. Während die Museen des 19. Jahrhunderts gewöhnlich nach Palästen gestaltet waren, in bürgerlicher Nachahmung der Renaissance und aristokratischer Mäzene, inspirierte sich der Architekt der Secession an einem heidnischen Tempel: »Mauern sollten es werden, weiß und glühend, heilig und keusch. Ernste Würde sollte alles umweben. Reine Würde, wie sie mich beschlich und erschauerte, als ich einsam in Segesta vor dem unvollendeten Heiligthume stand.«[4] Die Feierlichkeit eines Grabmals nahezu zeichnet die Treppe und das Portal des Secessionsbaues aus (Abb. 39). Der Eingang zieht den Jünger nach innen zum Schrein der Kunst. Der innere Raum jedoch war vom Künstler völlig offen gelassen – wie der leere Spiegel von Klimts ›Nuda veritas‹. Wer konnte im vorhinein wissen, welche Raumeinteilung das Ausstellen moderner Kunst und Gestaltung erfordern würde? Der Raum des Secessionsmuseums war bahnbrechend für die Benutzung beweglicher Unterteilungen. Wie ein Kritiker bemerkte, sollte der Ausstellungsraum verän-

* Siehe oben S. 69–70, 78–81.

derbar bleiben, denn das war die Art modernen Lebens, »des eilenden, rauschenden, flimmernden Lebens, dessen mannigfaltiges Spiegelbild wir in der Kunst suchen, um einen Augenblick Einkehr zu halten und Zwiesprache mit unserer eigenen Seele«.[5]

Über dem Portal ihres Gebäudes verkündete die Secession ihre Ziele:*

DER ZEIT IHRE KUNST
DER KUNST IHRE FREIHEIT.

Aber es wußte keiner, welche konkrete Bedeutung sie haben würden. Kulturelle Erneuerung und individuelle Introspektion, moderne Identität und Zuflucht vor der Moderne, Wahrheit und Freude – die einzelnen Elemente in den Manifesten der Secession deuteten viele gegensätzliche Möglichkeiten an, die nur in einem Sinne miteinander vereinbar waren: in ihrer gemeinsamen Verwerfung der Gewißheiten des 19. Jahrhunderts.

II

Sowie die Secession als solide gesellschaftliche Basis seiner Arbeit 1897 gesichert war, entfaltete Klimt eine wahrhaft überschäumende schöpferische Tätigkeit. Was unser ästhetisches Empfinden nur als ein Umwälzen ikonographischer und stilistischer Verworrenheit wahrzunehmen vermag, ist in der Tat ein lebhaftes experimentelles Suchen sowohl nach einer neuen Botschaft wie einer neuen Sprache gewesen, und das zur gleichen Zeit. Doch trotz aller Sprachverwirrung wurde es bald deutlich, daß Klimt bei seiner Suche nach dem modernen Antlitz im Spiegel der ›Nuda veritas‹ in jene Richtung führte, wo das Triebleben zu erkunden ist.

»Sur des pensers nouveaux faisons des vers antiques« (laßt uns uralte Verse auf neue Gedanken reimen), sagte ein Freund Hofmannsthals über das Streben seiner Generation.** Und wahrhaftig erwiesen sich Mythen und Symbole aus dem archaischen Griechenland als machtvolle Mittel, das Triebleben freizulegen, das in der antiken und klassizistischen Tradition sublimiert oder verdrängt worden war. Wir haben gesehen, wie Hofmannsthal den antiken Zugang zur dionysischen Lebenskraft in seiner Umkehrung von Keats' ›Ode on a Grecian Urn‹ nutzte. Hatte Keats das sinnliche Leben zum Ruhen gebracht und in Schönheit erstarren lassen, ließ Hofmannsthal in seiner ›Idylle; nach einem antiken Vasenbild‹ seine Heldin reifen für ein

* Das Motto wurde von den Künstlern selbst ausgewählt aus einer Liste, die auf ihren Wunsch ein freundlicher Kunstkritiker, Ludwig Hevesi, zusammengestellt hatte. Siehe Ludwig Hevesi, Acht Jahre Secession, Wien 1906, S. 70, Anm.

** Helmut A. Fiechtner, Hugo von Hofmannsthal, Die Gestalt des Dichters im Spiegel der Freunde, Wien 1949, S. 52.

39 Haus der Secession (Architekt Josef Olbrich), 1898

Sich-Ergeben an die Sinnlichkeit durch Bilder, welche sie auf alten bemalten Gefäßen gesehen hatte. Hofmannsthal gelangte von der Wahrheit der Schönheit zur Wiedererweckung des sinnlichen Lebens, das in der Kunst erstarrt war. Daß die Schlangenhäupter dreier Furien den Eingang zum Haus der Secession schmücken sollten, bezeugte dieselbe Tendenz.

Klimt begann sein Verfahren, die Kunst wieder triebhafter werden zu lassen, auch damit, daß er vorklassische griechische Symbole benutzte. Für den Musik-Salon von Nikolaus Dumba, einem Mäzen der Ringstraße, schuf er zwei Gemälde, welche die Wirkung der Musik in ganz entgegengesetzter Weise darstellten. Das eine war historischer und gesellschaftlicher Art, das andere mythisch und psychologisch. Das erste Bild zeigt Schubert am Klavier, das zweite eine griechische Priesterin mit der Kithara (Abb. 40 und 41). Auf diesen Gemälden standen biedermeierliche Heiterkeit und dionysische Unruhe einander in einem Raum gegenüber. Das ›Schubert‹-Bild stellt Hausmusik dar, Musik als künstlerische Bekrönung einer geordneten und sicheren gesellschaftlichen Lebensart. Die Szene ist in ein warmes Kerzenlicht getaucht, das die Umrisse der Gestalten weicher macht, um sie in eine gesellige Harmonie zu verschmelzen. Nach Zeit und formaler Komposition ist es ein historisches Genrebild ganz in der Linie von Klimts Deckengemäl-

40 Schubert am Klavier, 1899

den für das Burgtheater. Nun aber wurde die klare Körperlichkeit jener früheren Werke mit ihrer positivistischen Verpflichtung, realistisch wiederzugeben, »wie es eigentlich gewesen« ist, sorgfältig getilgt. Klimt nimmt jetzt impressionistische Techniken in Dienst und ersetzt damit die historische Rekonstruktion durch sehnsüchtige Beschwörung. Er malt uns einen lieblichen Traum, glühend, aber körperlos – den Traum einer unschuldigen, erfreuenden Kunst, die einer behaglichen Gesellschaft diente. Man fühlt sich an Schuberts eigenes Lied ›An die Musik‹ erinnert, worin der Dichter der holden Kunst dankt: »... hast mich in eine bessre Welt entrückt«. Das einst verhaßte Zeitalter Metternichs wird nun für Klimt und seine bürgerlichen Zeitgenossen als anmutig-naives Zeitalter Schuberts beschworen – ein verlorenes Paradies des Biedermeier.

Wie anders in Konzeption und Ausführung ist das zweite Bild der ›Musik‹ (Abb. 41). Im Gegensatz zu dem aufgelösten Raum des Impressionismus im ›Schubert‹-Bild füllt Klimt das Gemälde mit Symbolen, realistisch dargestellt, wie sie bei archäologischen Überresten gefunden werden könnten. Seine Auffassung der Kunst und der Symbole, die sie vermitteln, verraten Klimts Schuld gegenüber zwei Gestalten, die eine bedeutende Rolle in der Krisis des Rationalismus im Fin de siècle spielen: Schopenhauer und Nietz-

41 Musik, 1898

sche.[6] Musik erscheint hier als tragische Muse mit der Macht, verborgene Triebe und geheimnisvolle kosmische Gewalten in Harmonie zu verwandeln. Die Symbole sind jene, die Nietzsche in der ›Geburt der Tragödie aus dem Geiste der Musik‹ verwendet hatte. Das Instrument der Sängerin ist dasjenige Apolls – eine Kithara; aber der Stoff, aus dem ihr Lied gemacht ist, ist dionysischer Art. Auf dem Grabmal hinter ihr sind zwei Figuren: die eine ist Silen, Gefährte des Dionysos, den Nietzsche ein »Sinnbild der geschlechtlichen Allgewalt der Natur« nennt, und den »mitleidenden Genossen, in dem sich das Leiden des Gottes wiederholt«.[7] Die andere ist die Sphinx, eine Mutter, die ihre Kinder verschlingt, die Verkörperung des stufenlosen Gestaltwandels zwischen Mensch und Tier, Schrecken und weiblicher Schönheit. Silen und Sphinx scheinen die vergrabenen Triebkräfte darzustellen, welche die apollonische Totenbeschwörerin im Liede aus dem Grab der Zeit rufen will. So stehen dem sanft glühenden, verlorenen geschichtlichen Paradies des Schubert-Bildes die urbildlichen Symbole triebhafter Kräfte gegenüber, zu welchen die Kunst durch die schweren steinernen Platten des Grabmals der Zivilisation hindurch geheimnisvollen Zugang erhält.

Im selben Jahr 1898 schuf Klimt ein weiteres Gemälde, aus dem hervorgeht, daß seine Suche nach dem modernen Menschen ihn dazu führte, das Grabmal der Triebe aufzubrechen. Es war wiederum eine Athene, Klimts dritte und ausgearbeitetste Fassung der jungfräulichen Göttin. Zuerst hatte er sie im Kunsthistorischen Museum als plastisch dargestellte Schützerin der Kunst in ihrer Geschichte gemalt (Abb. 36). Dann wurde sie abstrahiert (und damit flächenhaft) als symbolische Schutzherrin des Helden der Secession, Theseus, bei seiner kulturschaffenden ödipalen Revolte (Abb. 37). In der neuen Fassung leuchtet sie vor uns, unbestimmt in den Konturen, gefühllos, aber von rätselhafter Gewalt. Aber es wurde mehr verwandelt als nur der Charakter Athenes. In der linken unteren Ecke des Bildes hat Athene nicht mehr Nike, den geflügelten Sieg, in der Hand. An ihrer Stelle steht nun ›Nuda veritas‹, die dem modernen Menschen ihren Spiegel entgegenhält. Aber auch ›Nuda veritas‹ hat sich verwandelt. Erst ein flächenhaftes junges Weib, ist sie jetzt wohlgebildet und sinnlich verlockend und ihr Haar, selbst das Schamhaar, flammend rot.[8] Nicht Nuda veritas, sondern Vera nuditas! Hier sind wir an einem entscheidenden Wendepunkt im Erstehen einer neuen Kultur aus einer alten. Klimt verkehrt die alte Bildbedeutung auf wirklich subversive Art: die jungfräuliche Göttin Athene ist nicht mehr Symbol eines Staatswesens und der ordnenden Weisheit, so wie sie jetzt auf ihrer Kugel die sinnliche Trägerin des Spiegels für den modernen Menschen hält. Es sind wirklich »les pensers nouveaux«, die sich wie Schmetterlinge aus der Chrysalide ihrer »vers antiques« entpuppen!

Ebenso wie es Freud mit seiner Leidenschaft für archaische Kultur und archäologische Ausgrabung tat, benutzt Klimt antike Symbole als metaphorische Brücke zur Ausgrabung des Trieblebens und besonders des erotischen. Der frühere Gesellschaftsmaler des Theaters wurde zum psychologischen Maler der Frau. Nach 1898 verschwand der engelhafte, süße weibliche Typus des Schubert-Bildes für nahezu ein Jahrzehnt. Klimt wandte sich dem Weib als sinnlichem Geschöpf zu und holte alles an Lust und Schmerz, Leben und Tod aus ihr heraus. In einem endlosen Strom von Zeichnungen versuchte Klimt ein Empfinden von Weiblichkeit zu erfassen. Die Abbildung 42 zeigt nur einen der vielen Versuche, das Linienspiel der Ekstase einzufangen und wiederzugeben. In der Zeichnung ›Fischblut‹, für die erste

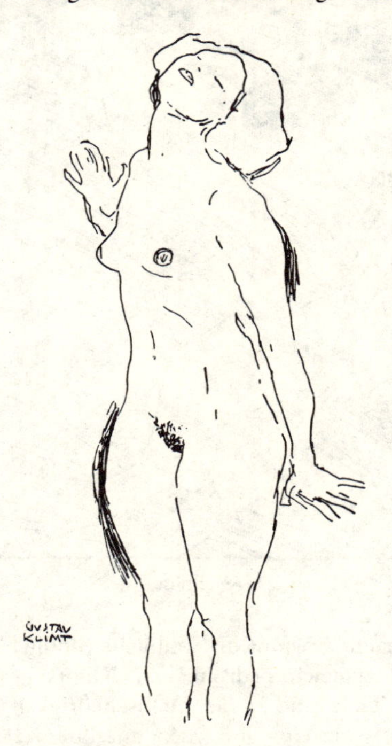

42 Ohne Titel (»Sinnliches Mädchen«), undatiert

Ausgabe des ›Ver Sacrum‹, feiert Klimt weibliche Sinnlichkeit einer beweglicheren, aktiveren Art (Abb. 43). Seine lustvollen Geschöpfe geben sich frei dem flüssigen Element hin, wie es sie eilig hinunterträgt in seinen ungebahnten Lauf. Hier schon erscheint, was bald zu einer Hauptbeschäftigung werden sollte – einer, die er mit anderen Künstlern des ›art nouveau‹ teilt: Frauenhaar. Die fließenden Locken vermitteln in diesem Fall zwischen den sich schlängelnden Leibern und dem mächtigen linearen Sturz der Fluten. Klimts Frauen sind in einer flüssigen Welt zu Hause, in welcher der Mann schnell versänke wie die von Seejungfrauen verführten Schifferknaben.

43 Fischblut, 1898

In ›Wasserschlangen‹ gewinnt die weibliche Sinnlichkeit eine neue Wirklichkeit und wird zugleich bedrohlicher. Klimts geschmeidig verspielte Weibchen aus der Tiefe sind in der Halbschläfrigkeit erfüllter geschlechtlicher Befriedigung ganz eins geworden mit ihrem zähflüssigen Element. Es sind wahrhaftig Wasserschlangen, deren Haar in starken Schnüren einen bedrohlichen Gegensatz bildet zur Weichheit ihres Fleisches und zum Empfindungsvermögen ihrer Hände. Klimts Schlangenweiber überwältigen den Mann weniger durch die Versuchung des Gartens Eden als durch das Gefühl seiner Unzulänglichkeit angesichts ihres allem Anschein nach unerschöpflichen Vermögens fleischlicher Wonnen. Bei seinem Erkunden des Erotischen bannte Klimt die moralischen Vorstellungen von Sünde, welche die rechtschaffene Vätergeneration gepeinigt hatten. Aber an deren Stelle trat eine Angst vor dem Geschlechtlichen, die viele der zarten Söhne heimsuchte. Wie die Sphinx bedroht das Weib den Mann. Einige der schönsten Gemälde Klimts behandeln das Thema der Kastration in ihrer überlieferten Verkleidung, die sie umkehrt zur Enthauptung. Seine ›Judith‹

kommt gerade vom Lustmorden des Holofernes und glüht in nahezu mütterlicher Wollust. In seiner Gestaltung Salomes als des vom Fin de siècle bevorzugten phallischen Weibes setzt Klimt die Krallenhände und das knochige Gesicht den warmen Linien ihres Leibes furchterregend gegenüber (Abb. 44).

»Der Zeit ihre Kunst, der Kunst ihre Freiheit« hatte das Leitwort der Secession stolz verkündet. Bei der Suche nach dem Bilde des lustschenkenden Eros, der dem modernen Menschen den Spiegel entgegenhält, enthüllte Klimt statt dessen die seelischen Probleme, welche der Versuch, die Geschlechtlichkeit zu befreien von den Zwängen einer moralistischen Kultur, zutage fördert. Der freudige Entdecker des Eros erkannte, wie er selbst in die Fänge der ›femme tentaculaire‹ (des Polypen-Weibes) geraten war. Die neue Freiheit verkehrt sich in einen Albtraum der Angst.

III

»Gustav Klimt«, schrieb der Dichter Peter Altenberg, »als erschauender Maler bist Du zugleich ein moderner Philosoph, ein ganz moderner Dichter! Indem Du malst, verwandelst Du Dich urplötzlich, ja fast märchenhaft, in den ›modernen Menschen‹, der Du vielleicht im realen Dasein des Tages und der Stunde gar nicht bist!«[9] Klimt wird erfreut gewesen sein über Altenbergs Ritterschlag. Sein ausgreifendes Experimentieren als Maler war mit einer größeren Mission verknüpft. Klimt war ein Suchender und ein Prüfender dessen, was in der individuellen Erfahrung und in einer Kultur fraglich und problematisch ist. Wie Freud suchte er die Antwort auf seine Rätsel, indem er seine eigenen Abgründe erkundete, und oft gab er anderen offenherzig die Antwort, indem er sich selbst entblößte. Was er auf fröhlicher Suche nach sinnlicher Befreiung begann, endete bald schon in einem beruflichen – auch vielleicht sogar individuell psychischen – Desaster. Auf diesem Wege jedoch wurde Klimt eine Art Meta-Psychologe in der Welt des Gesichtes.

In den neunziger Jahren wurde Klimt die Wirklichkeit an und für sich zum Problem. Er wußte nicht mehr, sollte er sie im Physischen oder im Metaphysischen, im Fleisch oder im Geiste suchen. Diese überlieferten Einteilungsbegriffe verloren ihre Klarheit und Selbständigkeit. Die Krise des liberalen Ich wurde in der Unbestimmtheit der Grenzen zwischen diesen Bereichen spürbar. In Klimts beständig wechselnden Darstellungsweisen von Raum und Körperlichkeit – vom naturalistisch Bestimmten über das impressionistisch Verflüssigte bis zur Statik der geometrischen Abstraktion – können wir sein Tasten nach einer Orientierung in einer Welt ohne Koordination verfolgen.

Dem schien es angemessen, daß die Universität Wien Klimt die Gelegenheit bot, seine Sicht der ›condition humaine‹ im weitesten Sinne auf Gemälden darzustellen. Das Ministerium für Kultus und Unterricht lud 1894 nach

45 Philosophie, Deckengemälde in der Universität, 1900

44 Salome (Judith II), 1909

Konsultation eines Fakultätsausschusses Klimt dazu ein, drei Deckengemälde für die Aula der neuen Universität zu entwerfen. Zu dieser Zeit hatte Klimt gerade als junger Meister in der Ausmalung von Ringstraßengebäuden Berühmtheit erlangt, wozu auch die neue Universität als einer der letzten Großbauten gehörte. In der Zeit jedoch, als er den Auftrag ausführte (1898–1904), war Klimt völlig mit der Secession beschäftigt und mit seiner eigenen Suche nach neuer Wahrheit. Durch das Gestalten seiner neuen Vision für den Universitätsentwurf zog er die Wut sowohl der alten Rationalisten wie der neuen Antisemiten auf sich.[10] In der Folge des Kampfes, der sich daraus ergab, wurde die Aufgabe der modernen Kunst in Wien heftig von Malern und gleicherweise von der Öffentlichkeit und den Politikern diskutiert. Bei diesem Kampf wurden die Grenzen der radikalen Haltung der Secessionskünstler mit unverkennbarer Deutlichkeit gezogen. Klimts persönliche Niederlage in der Schlacht setzte seiner eigenen Rolle als Umstürzler der Tradition ein Ende. Sie führte ihn sowohl zu einer engeren Definition seiner Aufgabe als Künstler der Moderne wie schließlich zu einer neuen, abstrakten Phase in seiner Malerei.

Das Thema der Gemälde für die Universitätsaula war von Klimts akademischen Auftraggebern in der schönen Tradition der Aufklärung gestellt worden: »Der Sieg des Lichtes über die Finsternis«. Um ein Bild zu diesem Gegenstand in der Mitte, das Klimts Mitarbeiter Franz Matsch aufgetragen war, sollten vier Bilder die vier Fakultäten darstellen. Klimt sollte drei davon ausführen – ›Philosophie‹, ›Medizin‹ und ›Jurisprudenz‹. Nach einigen anfänglichen Meinungsverschiedenheiten im Jahre 1898 über seine ersten Entwürfe gab ihm der Fakultätsausschuß und das Kultusministerium freie Hand. 1900 stellte er als erstes Bild die ›Philosophie‹ vor und im Jahre darauf die ›Medizin‹.

Keines der Bilder zeigte einen leichten Sieg des Lichtes über die Finsternis. In der ›Philosophie‹ (Abb. 45) erwies Klimt sich noch als Kind einer Theaterkultur. Die Welt stellt er uns dar, als würden wir sie vom Parterre her sehen, als ›theatrum mundi‹ in der barocken Tradition. Wo aber das barocke ›theatrum mundi‹ klar in Zonen von Himmel, Erde und Hölle eingeteilt war, schien die Erde selbst sich aufgelöst und mit den beiden anderen Sphären verschmolzen zu haben. Die ineinander verknoteten Leiber der leidenden Menschheit treiben langsam vorbei, ziellos schwebend in einer zähflüssigen Leere. Aus der kosmischen Trübe – die Sterne sind weit hinten – taucht eine schwere, schlafende Sphinx empor, völlig blind, die nichts als die Verdichtung des atomisierten Raumes ist. Einzig das Antlitz auf dem unteren Rand des Bildes läßt in seinem Leuchten das Vorhandensein einer bewußten Intelligenz vermuten. ›Das Wissen‹, wie der Katalog die Gestalt nennt,[11] ist in die Strahlen der Rampenlichter gestellt wie ein Souffleur, der sich umdreht, als wolle er uns, das Publikum, in das kosmische Schauspiel einbeziehen.

Klimts Weltvision ist die Schopenhauers – die Welt als Wille, als blinde Kraft in einem endlosen Kreisen von Gebären, Liebe und Tod. Peter Vergo hat darauf hingewiesen, daß Klimt sein Verständnis Schopenhauers von Richard Wagner bezog, besonders aus dessen gedrängter Zusammenfassung der Gedanken des Philosophen in seinem vielgelesenen Essay ›Beethoven‹, und daß die Bildlichkeit wie die Bedeutung des ›Philosophie‹-Bildes durch ›Das Rheingold‹ beeinflußt wurde.[12] Da Klimt sich in gesellschaftlichen und intellektuellen Kreisen bewegte, in denen die miteinander verschränkten Gestalten Wagner, Schopenhauer und Nietzsche allesamt bewundert wurden, kann er die Inspiration für seine kosmische Vision von jeder von ihnen bezogen haben. Vergo hat die mögliche Herleitung der mittleren Figur der ›Philosophie‹ von Wagners Erda aufgezeigt; sowohl ihre Plazierung wie ihre seherische Haltung sprechen für diese Deutung.* Wagners Erda ist jedoch eine warme, grambeladene Erdmutter; Klimts ›Wissen‹ dagegen ist kühl und hart. Auch kümmert sie sich nicht mehr als Klimt und seine wohlhabenden Auftraggeber um den Fluch des Goldes, der für den politisch aufgeladenen Wagner und seine kosmischen Helden ganz entscheidend war. Klimts philosophische Priesterin verrät in ihren seltsam leuchtenden Augen eine andere Haltung: eine zugleich wilde und eisige Weisheit, welche die Welt des Willens bejaht. Diese Darstellung deutet meiner Ansicht nach eher auf Nietzsches als auf Wagners Lektüre von Schopenhauers existentialer Metaphysik. Wir haben gesehen, wie Klimt sich auf Nietzsches ›Geburt der Tragödie‹ bezog bei seiner ›Musik‹ vom Jahre 1898. Jetzt erinnert seine Gestalt der Philosophie an die dunkel rhapsodische Sprache von Zarathustras trunkenem Lied der Mitternacht:

> O Mensch! Gib acht!
> Was spricht die tiefe Mitternacht?
> »Ich schlief, ich schlief –,
> »Aus tiefem Traum bin ich erwacht: –
> »Die Welt ist tief,
> »Und tiefer als der Tag gedacht.
> »Tief ist ihr Weh –,
> »Lust – tiefer noch als Herzeleid:
> »Weh spricht: Vergeh!
> »Doch alle Lust will Ewigkeit –,
> »– will tiefe, tiefe Ewigkeit!«

Es ist dasselbe Lied, das Klimts späterer Abgott Gustav Mahler im Zentrum seiner 1896 vollendeten philosophischen Dritten Symphonie vertonen sollte (4. Satz). Mahlers wundervolle Komposition vermag zweifellos dem Betrachter von Klimts ›Philosophie‹ einen anderen Zugang zur schmerzvoll psycho-

* Vergo weist darauf hin, daß die Szenenanweisungen für Erdas ersten Auftritt im ›Rheingold‹ und der Inhalt ihrer Rede Klimts Farbe und Komposition ähnlich sind. Vgl. Anm. 12.

logisierten Weltsicht jener intellektuellen Generation zu eröffnen – einer Sicht der Welt, die zugleich Lust bejaht und unter der tödlichen Auflösung der Schranken des Ich und der Welt leidet, welche die Lust so will.*[13]

Selbst Nietzsches Paraphrase des ›Trunkenen Lieds‹ der Mitternacht im glühenden Finale von ›Also sprach Zarathustra‹ liest sich, als sei es zur Erläuterung von Klimts Gemälde geschrieben.[14] Und umgekehrt könnte Klimts Priesterin, die vor Entzücken außer sich ist, mit ihren Weinblättern im Haar Nietzsches mitternächtliche Sängerin illustrieren – diese trunkene Dichterin, die, wie ihre leuchtend erhobenen Augen beweisen, »überwach« ist.**

Wie Nietzsches Dichterin führt Klimts ›Wissen‹ das Weh und, »tiefer noch«, die Lust selbst in den Traum ein, um das Leben in seiner geheimnisvollen Ganzheit zu bejahen: »Sagtet ihr jemals Ja zu einer Lust? Oh, meine Freunde, so sagtet ihr Ja auch zu allem Wehe.« Wie in Klimts treibender Kette des Seins sind alle Dinge »verkettet, verfädelt, verliebt (...) o so liebtet ihr die Welt«.***

So sahen und liebten die Professoren der Universität die Welt nicht. Sie hatten eine abweichende Auffassung vom Sieg des Lichts über die Finsternis und davon, wie er in ihren heiligen Hallen dargestellt werden sollte. Klimts Gemälde traf einen Nerv im akademischen Körper. Seine metaphysische ›Nuda veritas‹ hatte ihn mit wenigen anderen geistig Tätigen seiner Generation in einen Bereich jenseits der etablierten Grenzen von Vernunft und Recht geführt. Siebenundachtzig Mitglieder der Fakultät unterzeichneten eine Petition, die gegen das Gemälde protestierte und das Kultusministerium bat, es abzulehnen. Das Öl war ins Feuer gegossen. Klimts Kunst war ein weltanschaulicher Streitfall geworden und sollte bald zu einem politischen werden.

* Ein unmittelbarer philosophischer Einfluß Mahlers auf Klimt ist unwahrscheinlich. Klimt war mit Mahler wohl kaum vor 1902 näher bekannt, als Mahler Alma Schindler heiratete, die Klimt seit ihrer Kindheit kannte. Aber von der Zeit von Mahlers Amtsantritt als Operndirektor im Jahre 1897 an verkehrten sie in gesellschaftlichen und intellektuellen Zirkeln, die sich überschnitten und die von Gedanken Wagners und Nietzsches durchdrungen waren. Beide verkehrten im Hause von Professor Zuckerkandl, und beide waren mit dessen Freund, dem Anwalt und Nietzscheaner Max Burckhard, vertraut, der Direktor des Burgtheaters und Redakteur des ›Ver Sacrum‹ war. Als Mahler nach seinem erzwungenen Rücktritt von der Hofoper Wien verließ und nach Amerika ging, war Klimt mit anderen Mahler-Enthusiasten am Bahnhof, um dem Dirigenten Lebewohl zu sagen. Vgl. z. B. Alma Mahler-Werfel, Mein Leben, Frankfurt 1965, S. 18, 22–26; Berta Szeps-Zuckerkandl, Ich erlebte fünfzig Jahre Weltgeschichte; Kurt Blaukopf, Gustav Mahler, Wien 1969, S. 259.

** Klimt hatte ursprünglich die allegorische Gestalt des Wissens auf traditionelle Art als sitzende Frau im Profil konzipiert, die wie Rodins ›Denker‹ in Gedanken versunken ist. Erst 1899 ersetzte er sie durch Nietzsches mitternächtliche Sängerin, die in herausfordernder Frontalhaltung emporsteigt. Vgl. Christian M. Nebehay, Klimt, Dokumentation, Wien 1968, S. 214–216, Abb. 311–315.

*** Friedrich Nietzsche, Also sprach Zarathustra, IV, Das trunkne Lied, Abschnitt 10.

IV

Die Krise wegen der Deckengemälde für die Universität hat ihre kunsthistorische Bedeutung in ihrem Einfluß auf die Entwicklung von Klimts Werk. Für den Historiker, der sich mit allgemeiner Geschichte befaßt, eröffnet jedoch der künstlerische Sensationsprozeß den Blick für ein weiteres Problem, die innige Verflochtenheit von Geist und Macht, Kultur und Politik im Morgengrauen des neuen Jahrhunderts. Die heftige Reaktion gegen die ›Philosophie‹ und die Positionen, die Klimts Gegner und Verteidiger bezogen, enthüllen, wie tief die Krise des Rationalismus in der österreichischen Elite gedrungen war. Die Verfechter der beiden Bestandteile der österreichischen liberalen Kultur, die ich im ersten Kapitel dieses Buches als sich einander ergänzende Teile bestimmt habe – die Kultur des Gesetzes und die Kultur der Anmut –, standen sich in feindlichen Schlachtreihen gegenüber. Die kaiserliche Regierung, welche aus Gründen, die noch zu untersuchen sind, die neue Kunstrichtung der Secession unterstützt hatte, sah sich bald selbst im Kreuzfeuer zwischen den kämpfenden Gewalten einer alten moralischen und einer neuen ästhetischen Kultur. Wenn politische Fragen zu kulturellen werden, so werden auch kulturelle Fragen zu politischen. Um die Bedeutung von Klimts Kunst und der Wendung, die sie genommen hat, zu verstehen, werde ich erst die Konvergenz des Kulturellen und Politischen in der Bilderkrise der Universität untersuchen und dazu die Positionen dreier führender Akteure eingehend betrachten, die alle beachtliche Gelehrte und frühere Kollegen an der Wiener Universität waren: Friedrich Jodl, ein orthodoxer liberaler Philosoph, der in der Fakultät die Opposition gegen Klimt führte; Franz Wickhoff, ein Vorkämpfer einer neuen kunstgeschichtlichen Methode, deren kultureller Relativismus ihn zum geeigneten Verbündeten für Klimt und die moderne Kunst machte; und Wilhelm von Hartel, ein früherer Altphilologe, der Unterrichtsminister geworden war. Hartel war Mitglied im Kabinett Ernst von Koerbers, dem ersten Ministerrat, der angesichts des paralysierten Parlaments versuchte, eine aufgeklärte Politik auf dem Verordnungswege durchzusetzen. Ebenso wie Klimt für Hartel politische Bedeutung erlangte, so gewann die Politik für Klimt existentielle und schließlich ästhetische Bedeutung.

In ihrer ersten Petition bewiesen die protestierenden Professoren, daß sie den Sinn von Klimts Darstellung der Philosophie verstanden, obwohl sie deren Schopenhauersche Weltsicht nicht ausdrücklich zu identifizieren vermochten. Sie beschuldigten Klimt, »verschwommene Gedanken durch verschwommene Formen« wiedergegeben zu haben. Das treffende Epitheton ›verschwommen‹ deutet sehr wohl die Verflüssigung der Konturen an, die wir bei dem Gemälde bemerkt haben. Während sie die Virtuosität anerkannten, mit der Klimt die Farbe verwendet, um eine Atmosphäre zu schaffen, die seiner »trüben Phantastik« entspricht, könne diese Fähigkeit nicht das

Chaos der Symbole und die Verworrenheit der Form entschuldigen, welche ihrer Ansicht nach die unzusammenhängenden Vorstellungen enthüllten, die hinter dem Bild standen. Da Klimt das geistige Erfassen mißglückt sei, habe er, so behaupteten sie, einen künstlerischen Fehlschlag produziert.[15]

Der Rektor, ein Theologe namens Wilhelm von Neumann, unterstützte die professoralen Widerständler und traf ins Herz der Kontroverse. In einem Zeitalter, in welchem die Philosophie die Wahrheit in den exakten Wissenschaften suche, so sagte er, verdiene sie es nicht, »als nebelhaftes, phantastisches Gebilde, als rätselhafte Sphinx dargestellt zu werden«.[16] Es war ganz schlicht das Ideal der Beherrschung der Natur durch wissenschaftliche Arbeit verletzt von Klimts Bild eines problematischen, rätselhaften Kampfes in der Natur. Die Traditionalisten wünschten sich offensichtlich etwas, das Raffaels ›Schule von Athen‹ ähnlich war, wo die Gelehrten der Antike – Platon, Aristoteles, Euklid und andere – in ruhigem Gespräch über die Natur der Dinge dargestellt werden. Ein Professor empfahl eine Szene, in welcher Philosophen verschiedener Zeitalter »in einem Hain versammelt stehen, auf und ab gehend, lässig hingelagert, Schülern dozierend« gezeigt würden.[17] Es ist zu beachten, daß diese Empfehlungen auf eine gesellschaftliche Symbolik zielen: Gelehrte in Gesellschaft wirkend, verbreiten die Beherrschung der Natur und des menschlichen Lebens. Klimts ›Philosophie‹ hatte zweifellos das gesellschaftliche Element umgangen. In seiner Welt war die gesellschaftlich gestützte geistige Herrschaftsstruktur verschwunden angesichts einer rätselhaften allgewaltigen Natur und der inneren Empfindungen des ohnmächtigen Menschen, der in ihr eingefangen war.

Obwohl der Rektor von Klimts Verteidigern beschuldigt wurde, selbst den professoralen Protest organisiert zu haben, war der Philosoph Friedrich Jodl (1849–1914) dessen wichtigster Sprecher.[18] Sowohl der Mann wie seine Argumentation beleuchten die Bedeutung Klimts für die klassische liberale Kultur im Wandel. Als Philosophieprofessor verfocht Jodl den angelsächsischen Empirismus und Utilitarismus, der so rasch vom österreichischen Liberalismus assimiliert wurde, und wandte ihn auf das Gebiet der Ethik an.[19] Seine bekannte ›Geschichte der Ethik‹ feierte das Aufkommen einer humanistischen Ethik, die sich aus religiöser Illusion entfaltet hatte. Öffentliche Berühmtheit gewann er aber eher, wie John Dewey in Amerika, als Philosoph, der sich zu einer Vielzahl fortschrittlicher sozialer und politischer Gegenstände äußerte. Er war der Mitbegründer der Wiener ›Gesellschaft für Ethik‹ (1894), die an der amerikanischen ›Ethical Culture‹-Bewegung orientiert war und für eine wissenschaftliche, vom religiösen Dogma befreite Sittlichkeit eintrat. Er kämpfte für die Emanzipation der Frau und für Bürgerrechte und war Vorsitzender im Volksbildungsverein, um damit beizutragen, die bedauerliche kulturelle Kluft zwischen Ober- und Unterschichten zu überbrücken.[20] Kurz gesagt, repräsentierte Jodl die fortschrittliche Phase des rationalen Liberalismus an der Jahrhundertwende in allen ihren Dimensionen. Die Art dieses Rationalismus hinderte ihn jedoch daran, zu gestatten, daß »die dunkle unklare Symbolik des Bildes, die nur von wenigen erfaßt und verstanden werden dürfte«, den Bereich der Universität schmücke. Philosophie, welche das Gemälde darzustellen ja behauptete, war immerhin eine Sache der Vernunft. In ausdrücklicher Unterstützung Jodls nahm Karl Kraus eine ähnliche Haltung ein: »Ein unphilosophischer Künstler mag wohl die Philosophie malen; allegorisieren muß er sie so, wie sie sich in den philosophischen Köpfen seiner Zeit malt.«[21]

Es war für einen Vorkämpfer der Freiheit wie Jodl nicht einfach, sich in der Affaire Klimt mit traditionelleren, religiös gesinnten Gegnern der Nacktheit und mit den Feinden künstlerischer Freiheit identifiziert zu sehen. Doch Klimts erotisierte organische Darstellung der Wirklichkeit stieß Jodl und andere wackere Verteidiger der rationalistischen Überzeugung ganz einfach ins Feld ihrer früheren Gegner, der tadelsüchtigen Klerikalen. Um das verwirrende Bündnis zu vermeiden, versuchte Jodl deshalb, die Sache vom philosophischen Gehalt zur ästhetischen Qualität zu wenden. Der Kampf gehe nicht gegen nackte Kunst noch gegen freie Kunst, sagte er in der ›Neuen Freien Presse‹, sondern gegen häßliche Kunst.[22]

Gerade dieses vermeintlich rein ästhetische Urteil lieferte Klimts Verteidigern im akademischen Establishment ihr Stichwort zum Gegenangriff. Eine von dem Kunsthistoriker Franz Wickhoff geführte Gruppe von zehn Professoren unterbreitete dem Kultusministerium eine Gegenpetition, »da sie die Universitäts-Professoren als solche nicht für competent erachten, die Entscheidung in einer rein künstlerischen Frage zu beeinflussen«.[23] »Was ist häßlich?« Mit dieser Fragestellung beschloß Wickhoff den Handschuh aufzuheben, den Jodl hingeworfen hatte.

Franz Wickhoff (1853–1909) brachte in Klimts Angelegenheit mehr ein als seine berufliche Autorität, so gewichtig diese auch war. Zusammen mit Alois Riegl (1858–1905) entwickelte Wickhoff eine neue Ansicht der Kunstgeschichte, die besonders geeignet war, Verständnis für Neuerungen in der Kunst zu schaffen. Das Motto, das die Secession 1898 an ihr Haus geschrieben hatte – »Der Zeit ihre Kunst, der Kunst ihre Freiheit« – könnte gleicherweise Wickhoffs im Entstehen begriffener Wiener Schule der Kunstgeschichte als Leitsatz gedient haben. Wie Klimt und die Secession die ›Beaux Arts‹-Tradition und den klassizistischen Realismus der Ringstraßenkultur verwarfen, so griffen Wickhoff und Riegl in den neunziger Jahren die Vorherrschaft der klassischen Ästhetik an. Während ihre Vorgänger in der Jahrhundertmitte die spätrömische und frühchristliche Kunst im Vergleich mit dem griechischen Vorbild als Verfall abtaten, erblickte die jüngere Generation der Gelehrten eine eigenständige Kunst, welche durch die kulturellen Werte, die sie entstehen ließen, gerechtfertigt war. »Verfall« lag für sie nicht im Gegenstand, sondern in der Betrachtung des Urteilenden. Riegl rehabilitierte das Barock im Vergleich zur früheren Vorliebe für die Renaissance und das Biedermeier im Vergleich mit dem Neoklassizismus des Empire. Die alten Maßstäbe formaler Vollendung wurden hinweggefegt und mit ihnen die damit verbundenen Vorstellungen von künstlerischem Fortschritt und Verfall. In der Kunstgeschichte wie in der allgemeinen Geschichte zählte für die neue Wiener Schule, daß, wie Ranke es formuliert hatte, »alle Zeitalter unmittelbar zu Gott« seien. Um die einzigartigen Formen zu würdigen, die jede Epoche geschaffen hat, mußte man das erfassen, was Riegl das »Kunstwollen« einer Gesellschaft nannte: die jeweilige Absicht und Zielsetzung einer Kultur. Das ergab weder Fortschritt noch Rückschritt, sondern ewige Wandlung – und so wurde die Pluralität der Kunst jenseits jedes einzelnen ästhetischen Maßstabs a priori anerkannt.

Wickhoff und Riegl brachten damit den spätliberalen, nicht teleologischen Sinn für das Fließende in die Kunstgeschichte, der überall in der Kultur des Fin de siècle und so deutlich in Klimts ›Philosophie‹ selber auftritt. Wie einer ihrer hervorragendsten Schüler es ausdrückte, bedeutete ihr Werk den »Sieg der psychologisch-historischen Auffassung der Geschichte der Kunst über die absolute Ästhetik«.[24] Er legte in den Kunstformen der Vergangenheit und Gegenwart eine Fülle neuer Empfindungen frei und eröffnete mehrfache Weisen des Sehens, was die Ästhetik der Aufklärung blockiert hatte. Wie viele wußten es, als Wickhoff zur Verteidigung Klimts auftrat, daß er jetzt zur Unterstützung des modernen Künstlers eine analytische Methode anwandte, die er früher genau an dem Werk Raffaels erprobt hatte, das Klimts Gegner ihm entgegenhielten: der ›Schule von Athen‹?[25]

»Was ist häßlich?« In einer unter diesem Titel in der Philosophischen Gesellschaft gehaltenen Vorlesung gab Wickhoff zu verstehen, daß die Vorstellung des Häßlichen tiefe biologisch-soziale Ursprünge hat, welche in Klimts Gegnern noch am Werke seien.[26] Der Mensch der Urzeit sah jene Formen als häßlich an, die »für die Erhaltung der Art« schädlich seien. Der Mensch in geschichtlichen Zeiten hat diese Verbindung natürlich beibehalten. Solange die herrschenden Klassen und das Volk die gleichen ethischen und religiösen Ideale geteilt hatten, hatten sich Künstler und Auftraggeber zusammen in eine Richtung bewegt und gemeinsam neue Konzeptionen des Natürlichen und neue Maßstäbe des Schönen entwickelt. In neueren Zeiten haben jedoch die humanistischen und antiquarischen Studien die Öffentlichkeit mit einem Gefühl für den Vorrang, wenn nicht gar die Überlegenheit antiker Kunst erfüllt. Damit entstand ein Gegensatz zwischen dem vergangenheitsorientierten Publikum und »dem Empfinden der immer vorwärtstreibenden Künstler«. In der Neuzeit hatten die gebildeten Klassen Schönheit mit der Kunst der Vergangenheit identifiziert, und doch, sagte Wickhoff, waren die »antiquierenden Nachempfinder« ... »immer nur Geister zweiter Ordnung«. Sie kamen dahin, die neuen und unmittelbaren Ansichten der Natur, welche die Künstler schufen, als häßlich zu betrachten. Diese übertriebene Geschichtsgläubigkeit, meinte Wickhoff, nähere sich nun ihrem Ende. »Das Empfindungsleben der Zeit, durch geniale Naturen in körperliche Formen verdichtet, wirkt trotzdem mit elementarer Gewalt.« Wickhoff beendete seinen Vortrag mit einer beeindruckenden Interpretation von Klimts

›Philosophie‹. Er hob das erleuchtete Haupt des Wissens besonders hervor, das ein Licht ausstrahle, »glänzend und trostreich, wie ein Stern am abendlichen Himmel« von Klimts überwältigender, außerräumlicher Welt.

Das Streitgespräch zwischen den beiden Bildungswelten, die Jodl und Wickhoff repräsentierten – die alte Ethik und die neue Ästhetik –, wütete zwar auf Vortragspodien und in der Presse im Frühjahr und im Sommer 1900, entschieden wurde es aber schließlich im politischen Bereich. Ihre volle Bedeutung erhielt Klimts Malerei erst in ihrem größeren politischen Zusammenhang. Die Kunst war immer schon ein bedeutender Bestandteil im öffentlichen Leben Österreichs, im Jahr 1900 gelang es ihr aber, eine entscheidende Stellung in der Politik einzunehmen. Die Ironie der Geschichte wollte es, daß die moderne Kunst das amtliche Wohlwollen gerade dann erlangte, als die moderne parlamentarische Regierung am Auseinanderbrechen war. Warum wohl?

Das Nationalitätenproblem mit dem Sprachenstreit in Verwaltung und Schulwesen hatte von 1897 bis 1900 die Regierung nahezu gelähmt. Die abwechselnd von den Tschechen und von den Deutschen geübte Obstruktionspolitik hatte die Regierungsbildung aus den Parteien unmöglich gemacht. Die Monarchie, welche ihre konstitutionelle Phase 1867 mit einem Bürgerministerium begonnen hatte, brach sie 1900 mit einem Beamtenministerium ab. Damit kehrte der österreichische Liberalismus zu seiner Tradition des aufgeklärten Absolutismus und der bürokratischen Herrschaft zurück. Die Bildung des Beamtenministeriums 1900 wurde Dr. Ernst von Koerber (1850–1919), einem fähigen und ideenreichen Beamten, anvertraut, der entschlossen war, über die hoffnungslos zerstrittene Volksvertretung hinweg so lange wie nötig das Land auf dem Verordnungswege zu regieren. Das Fernziel von Koerbers Strategie bestand darin, politische Spannungen zu umgehen durch eine Modernisierungskampagne in zwei Richtungen, einmal in der Wirtschaft und zum anderen in der Kultur. Auf diesen Gebieten, so glaubte er, könnten alle Nationalitäten ein gemeinsames, alle Trennung überwindendes Interesse finden. »Materielle und kulturelle Aufgaben fordern Einlaß an den Toren des Reiches«, sagte Koerber dem Reichsrat in seiner Regierungserklärung. »Die Verwaltung kann sie nicht ignorieren, nur weil das politische und das Nationalitätenproblem noch nicht gelöst sind.« Indem er die ganze Kraft des Staates in den Dienst der Kultur und der Wirtschaft stellte, wollte Koerber die Bürokratie verjüngen und ihr einen neuen Geist sozialer Dienstleistung einhauchen, um sie zu »einem modernen Instrument zu verwandeln«.[27] Um die beiden Flügel seiner Offensive zu befehligen, wählte Koerber zwei bedeutende ehemalige Professoren der Wiener Universität. Der große Wirtschaftswissenschaftler Eugen Böhm-Bawerk wurde Finanzminister und mit der Entwicklung einer progressiven Besteuerung und Reformen der Wirtschaftspolitik betraut. Wilhelm Ritter von Hartel, der geachtet war sowohl als führender Altphilologe wie als besonnener Verwaltungsfachmann in dem nationalistisch belasteten Bereich der Bildung, übernahm das Unterrichtsministerium. Vier Jahre lang, von 1900 bis 1904, beharrte Koerbers Kabinett in seinen Anstrengungen, Österreich durch Reformen wirtschaftlicher und kultureller Art zu retten.[28]

Im Rahmen einer über den Nationalitäten stehenden Politik war es völlig sinnvoll, die Bewegung der Secession zu ermutigen. Ihre Künstler waren ihrem Geiste nach so kosmopolitisch wie die Verwaltung und die Wiener höhere Mittelschicht. Zu einer Zeit, als die Nationalitäten unterschiedliche völkische Stile in der Kunst entwickelten, hatte die Secession den umgekehrten Weg eingeschlagen. Da sie Österreich entschlossen den europäischen Strömungen öffnete, hatte sie in modernem Geist den traditionellen Universalismus des Habsburgerreiches bekräftigt. Ein Sprecher der Secession hatte ihre Verpflichtung der Bewegung gegenüber als eine Frage der Verteidigung einer rein österreichischen Kultur erläutert, einer Form der Kunst, die alle Kennzeichen der Menge von Völkern, aus denen sie besteht, zu einer neuen stolzen Einheit verschmilzt, was sie an anderer Stelle ein »Kunstvolk« nannte.[29] Der Unterrichtsminister offenbarte in überraschend ähnlichen Begriffen die Auffassung des Staates selbst schon vor Koerbers Kabinettsbildung, als 1899 ein Kunstrat als Körperschaft zur Förderung der Kunst im Interesse des Staates geschaffen wurde. Er hob besonders die Fähigkeit der Künste hervor, den Nationalitätenkonflikt zu überwinden: »Wenn auch jede Kunstentwicklung in nationalem Boden wurzelt, so sprechen doch die Gebilde der Kunst eine gemeinsame Sprache und führen, in einen edlen Wettstreit tretend, zu gegenseitigem Verständnis mit wechselseitiger Wertschätzung.«[30] Der Unterrichtsminister verkündete, daß der Staat keine besondere Tendenz begünstigen werde und die Kunst frei von Reglementierung sich nach ihren eigenen Gesetzen entwickeln müsse, und zeigte sich besonders um die moderne Kunst besorgt. Er forderte den Kunstrat auf, den »frischen, kräftigen Zug« zu fördern, der »in unsere Kunstkreise gekommen ist« und einen »neuen und mächtigen Aufschwung gebracht« habe. So war es geschehen, daß die alte Habsburger Monarchie aktiv die moderne Kunst unterstützte, während andere europäische Regierungen noch davor zurückschreckten.

Wilhelm von Hartel (1839–1907) war durch seine wissenschaftliche Überzeugung, seine persönlichen Beziehungen und sein Temperament bestens dazu geeignet, die neue Kunstpolitik zu entwickeln.* Als unbemittelter

* Hartels Laufbahn ist beispielhaft für das gebildete liberale Beamtentum. Als Sohn eines Leinewebers machte er durch eine Mischung von eigener akademischer Leistung, Taktgefühl und aristokratischer Patronage seinen Aufstieg in die höhere Unterrichtsverwaltung und den Dienstadel. Von 1896 bis 1899 war er Ministerialrat für Universitäten und das höhere Schulwesen. Er spielte bei der Öffnung des Universitätsstudiums für Frauen eine Schlüsselrolle und ebenso im geduldigen Umgang mit den Unruhen nationalistischer Studenten. Hartel war wie viele andere fortschrittliche Liberale ein begeisterter Wagnerianer, der aber keine Sympathie für Antisemitismus aufbrachte. Im Parlament verteidigte er die Zuerkennung eines Literaturpreises an Arthur Schnitzler angesichts antisemitischer

Student war er Hauslehrer von Karl Lanckoronski, Sproß einer mächtigen polnischen Adelsfamilie. Lanckoronski wurde später ein bedeutender Kunstsammler, und er benützte seinen Einfluß, um die berufliche und administrative Laufbahn seines früheren Lehrers zu fördern. Als Altphilologe wirkte Hartel gemeinsam mit Wickhoff im Kampf für ein neues Geschichtsbild, jenseits der Ideen von Fortschritt und Niedergang. 1895 hatten Hartel und Wickhoff gemeinsam an einem Werk gearbeitet, das immer noch als Pionierleistung interdisziplinärer Forschung gilt: der Edition eines frühchristlichen illuminierten Codex, der ›Wiener Genesis‹. Während Hartel den griechischen Bibeltext kritisch herausgab, lieferte Wickhoff eine Analyse seiner römischen Illustrationen, worin er bewies, daß das, was man für ein schwaches Echo des Verfalls griechischer Malerei gehalten hatte, in der Tat die glanzvolle Verwandlung und Übernahme antiker Stile und Darstellungsweisen für das heraufkommende römisch-christliche Wertesystem gewesen ist.[31]

Wie Hartel in seiner Wissenschaft sich dafür eingesetzt hatte: »Gelingt es nicht, die sakrosankten Kunstideale und Stilbegriffe zu beseitigen, bleibt alles nur eine Spielerei«,[32] so verlieh er als Kulturpolitiker der modernen Bewegung freudig das Gewicht des staatlichen Einflusses. Durch den beratenden Kunstrat konnte er für die Formulierung der öffentlichen Politik auf führende Secessionisten zurückgreifen. Otto Wagner, der Klimt als den größten Künstler, der je auf Erden wandelte, vergöttlicht hat[33], und Karl Moll, ein Maler mit ausgeprägtem Geschäftssinn, spielten eine wichtige Rolle bei den Entscheidungen des Rates.[34] Moderne Künstler erhielten Mal- und Bauaufträge und Stellen als Dozenten. Nicht nur einige von Österreichs größeren öffentlichen Gebäuden, sondern sogar seine Briefmarken und Münzen wurden von Secessionisten entworfen.*[35] Hartels liebster Plan jedoch und der, worauf die Secessionisten von Beginn an entschieden drängten, war die Schaffung einer Modernen Galerie. Sie wurde vom Kaiser im Juni 1902 genehmigt und öffnete ihre Pforten im April 1903. Inzwischen

Angriffe. Trotz seines bebrillten akademischen Äußeren war er in den Salons der »zweiten Gesellschaft«, wo Intellektuelle und Männer aus Politik und Wirtschaft sich noch trafen und freien Umgang miteinander pflogen, für seinen Esprit bekannt. Siehe A. Engelbrecht, Wilhelm Ritter von Hartel, in: Biographisches Jahrbuch für die Altertumswissenschaft, Jg. 1908, S. 75–107.

* Otto Wagners Postsparkassenamt und seine Kirche am Steinhof waren vielleicht die am radikalsten modernen Monumentalbauten, die ein europäischer Staat seit dem Eiffelturm 1889 gebaut hatte. Koloman Moser entwarf die Briefmarken der Serien 1908–1913. Alfred Roller war der Bühnenbildner der Hofoper unter Gustav Mahler. Die Secessionisten – vor allem der heftige Otto Wagner – beklagten häufig ihren Mißerfolg bei Wettbewerben oder Ausschreibungen staatlicher Ämter, aber sie schnitten erstaunlich gut ab, wenn man die Feindseligkeit gegenüber ihrer Kunst bei einem weiten Teil der Öffentlichkeit bedenkt. Die Ausbildungsstätte, die seit 1899 die Hochburg der Secessionisten war, war die Kunstgewerbeschule. Der Architekt Josef Hoffmann, die Maler Koloman Moser, Alfred Roller und als Direktor Felician von Myrbach sowie der Bildhauer Arthur Strasser gehörten der Fakultät an.

sammelte Hartel durch Erwerbung und Geschenke tätig die Werke für eine staatliche Sammlung moderner Kunst. Das war der politische Zusammenhang, in welchem Klimts Bilder für die Universität aufgenommen wurden.

Zum Schaden für Klimt und die Absichten der Regierung blieb die offizielle Förderung der Secessionisten nicht unwidersprochen. Weit davon entfernt, die Kämpfer auf beiden Seiten einer gespaltenen Nation zu besänftigen, war die Sprache der neuen Kunst vielmehr Öl, ins Feuer gegossen. Aus der Universitätsaula griff es auf die Presse und bald auf die politische Arena über. Die Professoren schachmatt zu setzen, die in Klimts erstem Deckengemälde eine subversive Gegenkultur rochen, war der Regierung ein leichtes – Minister von Hartel und sein Kunstrat ignorierten einfach deren Petition.[36] Etwas ganz anderes war es, mit den oppositionellen katholischen Konservativen und der neuen Rechten fertig zu werden. Den schrillsten Ton im Lärm der Philisterpresse gegen die ›Philosophie‹ stimmte das ›Deutsche Volksblatt‹ an, die Zeitung von Bürgermeister Luegers Christlich-Sozialen, und das war der Schrei des Antisemitismus. Das ›Volksblatt‹ fand einen Weg, Klimt und Wickhoff mit den Juden gleichzusetzen, obwohl beide nicht jüdisch waren – vermittels der Philosophischen Gesellschaft. Die Gesellschaft hatte nicht nur Wickhoff eingeladen, zugunsten Klimts zu sprechen, sondern sie begrüßte seine Verteidigung auch noch mit »einem lange andauernden und geradezu frenetischen Applaus«. Solche Lobhudelei unmoralischer Kunst erstaune gar nicht, meinte der Reporter des ›Volksblatts‹, denn in diesem »Hort aller liberalen Bestrebungen« waren die »Mitgliederkarten aus gelbem Karton« ... »wobei sie aber leider nicht die dreieckige Form der Flecke beibehielt, durch welche man in früheren besseren Zeiten die Juden von den Christen unterschied«.[37]

Unbewegt von den Angriffen auf sein Werk und gestützt von Ritter von Hartels ruhigem, aber entschiedenem Abweisen des professoralen Protests, ging Klimt daran, das Gegenstück zur ›Philosophie‹ zu vollenden. An den Iden des März 1901 wurde die ›Medizin‹ zum erstenmal im Haus der Secession gezeigt (Abb. 46). Wiederum stellte Klimt der Kultur des wissenschaftlichen Fortschritts eine befremdliche und schockierende Vision gegenüber. Den Handlungsbereich der Medizin stellte er dar als eine Phantasmagorie einer halb in Traum verfallenen Menschheit, welche passiv im Strom des Schicksals sich ihren Trieben ergibt. Der Tod haust mitten in diesem Strom des Lebens, und sein schwarzer Schleier wirbelt zwischen den ineinanderverschlungenen Körpern der Lebenden. Wie in der ›Philosophie‹ steht auch hier die Gestalt einer Priesterin an der Rampe, um zwischen den Zuschauern und Klimts existentiellem ›Theatrum mundi‹ zu vermitteln: Hygieia. Dieses stolze, große und machtvolle Weib ist die letzte vom Typus der androgynen Schutzgöttinnen, die Klimts mittlere Schaffensperiode kennzeichnen (1897–1901). Wie die meisten ihrer Vorgängerinnen – zwei der drei Athenen, die ›Nuda veritas‹ und das ›Wissen‹ – steht Hygieia dem

46 Medizin, Deckengemälde in der Universität, 1901

Betrachter frontal und gebieterisch gegenüber, als zwänge sie ihn, die existentielle Vision anzuerkennen, die hinter ihr steht. Das Schauspiel vom Leben, über das noch nicht entschieden ist, welches Hygieia beherrscht, bietet einen Kontrast zwischen der deutlich abgehobenen plastischen Körperlichkeit der einzelnen Gestalten und der Formlosigkeit ihrer Beziehungen im Raum. Die Gestalten treiben aufs Geratewohl, bald fest aneinandergeschlossen, bald schwebend für sich, aber immer einander unzugänglich. Obwohl die Leiber sich manchmal vereinigen, besteht keine Gemeinschaft zwischen ihnen. Damit ist die psycho-physische Erfahrung des einzelnen von Sinnlichkeit und Leiden abstrahiert von jedem gemeinsamen metaphysischen oder gesellschaftlichen Boden. Die Menschheit ist im Raum verloren.[38]

Klimt machte nicht den geringsten Versuch, die medizinische Wissenschaft so darzustellen, wie die Ärzte es sich dachten. Der Kritiker der ›Medizinischen Wochenschrift‹ hatte allen Grund, sich zu beklagen, daß der Maler die beiden wichtigsten Aufgaben der ärztlichen Kunst irgnoriert hatte: »erstens das Heilen, zweitens die Prophylaxe«.[39] Klimts Hygieia verkündet lediglich in ihrer hieratischen Haltung und mittels der Symbole, die ihr die antike griechische Tradition verlieh, die Doppeldeutigkeit unseres biologischen Lebens. In der griechischen Sage ist Hygieia die Doppeldeutigkeit par excellence; demgemäß tritt sie mit der Schlange auf, dem zweideutigsten Geschöpf. Zugleich mit ihrem Bruder Asklepios wurde Hygieia als Schlange aus einem irdischen Sumpfe, dem Land des Todes, geboren. Die Schlange als amphibisches Geschöpf und phallisches Symbol mit doppelgeschlechtlicher Bedeutung ist der große Auflöser von Grenzen: zwischen Land und Meer, Mann und Weib, Leben und Tod. Diese Eigenschaft paßt gut zur androgynen Beziehung und dem homosexuellen Wiedererwachen des Fin de siècle: Ausdrucksformen erotischer Befreiung auf der einen und männliche Impotenzangst auf der anderen Seite. Wo immer es um die Auflösung des Ich ging, ob bei der geschlechtlichen Vereinigung oder bei Schuld und Tod, erhob die Schlange ihr Haupt. Klimt hat ihren Sybolismus abwehrend bei der Athene, im Angriff mit der ›Nuda veritas‹ und verführerisch mit den ›Wasserschlangen‹ ausgenutzt. Jetzt verwendet er ihn philosophisch mit der Hygieia, Göttin der Mehrdeutigkeit. Hygieia, selbst eine Verwandlung der Schlange in Menschengestalt, bietet der Schlange die Schale mit Lethes Flut, um von ihrem uranfänglichen Naß zu trinken.[40] Damit verkündet Klimt die Einheit von Leben und Tod, die Durchdringung von triebhafter Lebenskraft und individueller Auflösung.

Diese symbolische Aussage läßt sich einsehen, ohne eines rationalen Verstehens zu bedürfen, wie Klimts Zeitgenossen beweisen. Während Hygieia aggressive Reaktionen auslöste, hatten Klimts feindlichste Kritiker kein Verständnis für die Bedeutung der Schlangen und Hygieias düsteres Spiel mit ihnen. Ihre Mißbilligung richtete sich und sprach sich aus eher gegen das »Unschickliche« der Gestalten im Hintergrund. Nacktheit ließ sich in der großen künstlerischen Tradition rechtfertigen durch das Idealisieren der Darstellung. Was bei Klimt Anstoß erregte, war die naturalistische Konkretheit seiner Leiber und ihrer Haltungen und Stellungen. Zwei Gestalten verletzten besonders gröblich die überkommene Empfindlichkeit: der weibliche Akt am linken Bildrand, der mit dem Becken nach vorn schwebt, und die schwangere Frau oben rechts.[41]

Mit der ›Medizin‹ brach der Donner, der bei der ›Philosophie‹ gegrollt hatte, in ein heftiges Unwetter aus und zeitigte nachhaltige Formen für Klimts Selbstbewußtsein als Mensch sowohl wie als Künstler.[42] Jetzt waren es nicht lediglich Professoren, die sein Werk angriffen, sondern ebenso auch mächtige Politiker. Der Staatsanwalt verfügte die Beschlagnahme der Nummer des ›Ver Sacrum‹, die Skizzen zur ›Medizin‹ enthielt, wegen Beleidigung der öffentlichen Moral. Eine gerichtliche Beschwerde wurde erfolgreich vom Vorsitzenden der Secession eingelegt, um den Bann des Zensors zu lösen, aber die Atmosphäre blieb erfüllt von Verdruß.[43]

Zur gleichen Zeit übte eine Gruppe von Delegierten der alten und neuen Rechten einschließlich des Bürgermeisters Lueger Druck auf Minister von Hartel aus und zog ihn vor dem Reichsrat zur Rechenschaft. In einer parlamentarischen Anfrage erbat sie Auskunft vom Minister, ob er durch den Ankauf der ›Medizin‹ beabsichtige, eine Kunstrichtung offiziell anzuerkennen, welche das ästhetische Gefühl einer Mehrheit des Volkes verletzt habe. Damit begann die Politik der Regierung Koerber, die zur Überwindung politischer Abgründe die moderne Kunst nutzen wollte, diese Abgründe vielmehr zu vertiefen. Hartel entwarf zunächst eine trotzige Antwort an seine Kritiker aus seiner Entscheidung für die moderne Kunst heraus, worin er die Secession für die Belebung der österreichischen Kunst pries und dafür, daß sie ihr wieder ihr internationales Ansehen verschafft habe. »Einer solchen Bewegung entgegenzutreten, würde von einem völligen Verkennen der einer modernen Kunstpflege zukommenden Verpflichtungen Zeugnis geben, sie zu fördern halte ich für eine ihrer schönsten Aufgaben.«[44]

Als er den Sitzungssaal des Hauses betrat, ließ jedoch politische Klugheit seine offene Redeweise mildern. Er wechselte mit seiner Position auf neutraleren Boden, daß es nämlich jenseits der Macht des Unterrichtsministeriums liege, irgendeiner künstlerischen Strömung das offizielle Zeichen der Billigung zu verleihen. Kunstrichtungen, erklärte der Minister dem Reichsrat, »stellen sich als Ergebnisse einer stetigen Fortentwicklung dar, welche durch tiefer liegende Wandlungen des gesamten materiellen und geistigen Lebens bedingt werden«. Sie können von Regierungen weder gemacht noch unterbrochen werden. Gedeihen können sie aber nur in Freiheit und weiterleben allein mit der Unterstützung der künstlerisch aufnahmefähigen Öffentlichkeit.[45] Hartel bestritt damit, daß die Secession einen besonderen Platz in der staatlichen Förderung einnehme.

Der Minister gab zwar nicht dem Druck nach, Klimts ›Medizin‹ zurückzuweisen, aber seine Beantwortung der parlamentarischen Anfrage bezeichnete eine Wende in der Haltung, welche die Regierung Klimt gegenüber einnahm. Durch die Deckengemälde für die Universitätsaula war das erhoffte politische Aktivum der modernen Kunst zu einer politischen Verbindlichkeit geworden, und das machte Hartels vorsichtig veränderte Erklärung deutlich.

Andere Zeichen einer politischen Abkühlung traten danach in rascher Folge auf. Als Klimt zu einer Professur an der Kunstakademie gewählt wurde, verweigerte das Ministerium gegen alle Erwartung seine Ernennung.[46] Zur gleichen Zeit wurde Klimts wichtigster Gegner an der Universität, Friedrich Jodl, auf einen neuen Ästhetik-Lehrstuhl an Wiens Technischer Hochschule berufen. Jodls Antrittsvorlesung liest sich wie das Triumphgeschrei über Klimt und die Secession. Er griff moderne künstlerische Richtungen wegen ihres Subjektivismus und ihres Gebrauchs mykenischer und anderer primitiver Kunstformen an. Er verkündete die Notwendigkeit einer wissenschaftlichen Kritik, um der Kunst den Geist der Objektivität wieder zu verleihen. Und schließlich behauptete Jodl, daß die Vergangenheit die einzig angemessene Schule für den Kritiker wie für den Künstler sei.[47]

Eine akademische Laufbahn in einem ganz anderen Bereich wurde von der Secessionspolitik gefördert: die Laufbahn Sigmund Freuds. Obwohl Freud, soweit uns bekannt, von Klimt und seinen Kämpfen ebenso unberührt blieb wie von der übrigen modernen Malerei, verdankte er doch die schließliche Bestätigung seiner Professur der Befassung des Ministers von Hartel mit der neuen Kunst. Die Geschichte von Freuds sehr verspäteter Ernennung ist zu umfangreich, um sie hier eingehend darzustellen.*[48] Es würde uns zu weit von Klimt entfernen und in das dichte Netz persönlicher Beziehungen in der intellektuellen und Verwaltungselite verstricken, welche für seinen Aufstieg zu benützen Freud sich im Herbst 1901 widerstrebend entschloß. Ein rascher Seitenblick in das Dickicht läßt sich jedoch verantworten, um zu zeigen, wie Leben und Karrieren in Wiens »zweiter Gesellschaft«, wo Geist und Macht zusammentrafen, miteinander verflochten waren.

Vier Jahre lang nach dem ersten Vorschlag der medizinischen Fakultät der Universität Wien 1897, Freud zum Professor zu ernennen, ruhte die Beförderung im Unterrichtsministerium. Keine Gründe wurden damals für die Verzögerung genannt, noch wurden sie seither mit Gewißheit ermittelt. Im Herbst 1901 bewegte Freud seine Gönner in der Fakultät dazu, den Fall von neuem vorzulegen. Freud machte sich auch selbst ins Unterrichtsministerium auf. Dort fragte er einen früheren Lehrer um Rat, Sigmund Exner, der als Ministerialbeamter unter Hartel arbeitete. (Noch als Professor hatte Exner Jodls Petition der Fakultät gegen Klimts ›Philosophie‹ unterstützt.) Exner gab Freud zu verstehen, daß eine persönliche Vermittlung notwendig sei, um seine Ernennung in Gang zu bringen. Freud wandte sich zunächst an

* Zu ihrem Stellenwert in Freuds geistiger Entwicklung siehe Kap. IV.

Elise Gomperz, die seit fünfzehn Jahren seine Patientin war. Sie war die Gattin des berühmten liberalen Altphilologen Theodor Gomperz, der Hartels Kollege an der Universität gewesen war.[49] Freud hatte 1879 noch als Student für Gomperz gearbeitet und John Stuart Mills ›The Subjection of Women‹ (›Über Frauenemancipation‹) und andere Essays für Gomperz' Ausgabe von Mills ›Vermischten Schriften‹ übersetzt.[50] Gomperz selbst war nicht in die Vermittlung zugunsten von Freuds Ernennung eingeschaltet. Seine Gattin sprach selbst beim Minister vor, hatte aber keinen Erfolg.[51]

Da suchte und fand Freud eine andere »Protectrix«, wie er seine Athenen der guten Beziehungen nannte. Er war die Baronin Marie Ferstel, Gattin eines Diplomaten und Schwiegertochter von Heinrich Ferstel, dem Erbauer der neuen Universität. Durch einen gemeinsamen Freund näherte sich die Baronin dem Minister in der Sache ihres Analytikers und versüßte ihre Bitte mit dem Versprechen, Gemälde für eines von Hartels Lieblingsobjekten aufzutreiben, für die Moderne Galerie, die bald eröffnet werden sollte. Offensichtlich dachte sie an ein Gemälde von Arnold Böcklin. Dieser Baseler Künstler der Jahrhundertmitte wurde sowohl von den Traditionalisten als ein klassischer Realist anerkannt wie auch von den Secessionisten als Pionier der Moderne verehrt wegen seiner Bilder zu Themen des triebhaften Lebens und des Todes. Da sein Werk die so tief wegen Klimts Universitätsbildern zerstrittenen Parteien verband, kam Böcklin Hartels Bedürfnissen der Jahre 1901–1902 sehr entgegen. Leider gelang es der Baronin nicht, sich des Böcklin bei seiner Eigentümerin, einer reichen Tante, zu bemächtigen. Hartel hatte aber Freuds Ernennung schon in Gang gesetzt. Die Baronin ihrerseits sandte Hartel statt des Böcklin ein Gemälde von Emil Orlik, einem der konservativeren Künstler der Secession.[52] Der Minister hielt sein der Baronin gegebenes Versprechen, daß sie es als erste erfahren würde, wenn der Kaiser Freuds Ernennung unterzeichnet habe. An einem Märztag 1902, erzählt Freud, kam Baronin Ferstel in sein Sprechzimmer, »strahlend und einen pneumatischen Brief des Ministers schwingend«, der die gute Nachricht enthielt.

So schloß sich der Kreislauf der Hochschulpolitik in Wien. Hartel war durch die politischen Folgen der Bilder für die Universität zu sehr eingeschüchtert, um Klimts Anstellung an der Kunstakademie zu gestatten. Aber seine Förderung moderner Kunst war noch stark genug, um ihn durch das Versprechen einer Schenkung für seine Moderne Galerie dazu zu bewegen, Freud auf den begehrten Lehrstuhl zu setzen. Vielleicht verstand Freud, trotz seines offensichtlichen Desinteresses an moderner Malerei und ihren politischen Folgen, Hartels neue Behutsamkeit, als er seinem besten Freund schrieb: »Ich glaube, wenn ein gewisser Böcklin sich in ihrem Besitz befände anstatt in dem ihrer Tante..., wäre ich drei Monate früher ernannt worden.«[53] Die Welt der Elite Wiens war klein; die Launen und Schwächen eines Ministers sprachen sich schnell herum. Derselbe Windstoß im politischen Kräftespiel, der Klimt zurückschlug, kam Freud zur Hilfe.

V

Öffentliche Schmähung und berufliche Zurückweisung zu erfahren, traf Klimt mit betäubender Gewalt. Wie tief seine Reaktion ging, ist nicht aus literarischen Quellen zu ersehen – Klimt ließ sich zu so gut wie gar keiner Äußerung dazu bewegen –, sondern aus seinem Werk. Nach 1901 dokumentiert seine Malerei zwei völlig entgegengesetzte emotionale Reaktionen, die beide für ein verwundetes, geschwächtes Ich symptomatisch sind: Zorn und Zurückgezogenheit. Für jede dieser Reaktionen entwickelte Klimt während vier Jahren des Schwankens zwischen Kämpfen und Fliehen eine eigene optische Sprache. Wir wissen von seinem persönlichen Leben zu wenig, um mit klarer biographischer Evidenz seine psychologische Entwicklung nachzeichnen zu können. Daß er in den Vierzigern war, als die Krise ernste Formen annahm, mag seinem öffentlichen Mißgeschick noch private Elemente hinzugefügt haben. Wir können nur das sagen, was seine Bilder andeuten: daß seine Persönlichkeit völlig durchgemischt und neugestaltet wurde. Denn er schuf eine Kunst des Zorns und allegorisierter Aggression, die seinen früheren organischen Stil ablöste. Diese wich ihrerseits einer Kunst der Zurückgezogenheit und utopischer Abstraktion. Das äußere Ereignis, das seinen Bruch mit den öffentlichen Autoritäten besiegelte, war das Gesuch um den Rückkauf seiner umstrittenen Bilder für die Universität vom Ministerium 1905.[54] Sein Gegenangriff gegen seine Kritiker aber begann schon 1901 zu Beginn der Krise wegen der ›Medizin‹. Im dritten und letzten seiner Deckengemälde für die Universitätsaula, der ›Jurisprudenz‹, verlieh Klimt seinem Zorn den heftigsten Ausdruck.

Während der Kontroverse um die beiden ersten Gemälde war die ›Jurisprudenz‹ nicht über die vorläufige Form einer 1898 vorgelegten Ölskizze hinausgediehen. Als Klimt 1901 an die Ausführung ging, war er bereit, dem Werk seinen ganzen Unwillen und das Gefühl erlittenen Unrechts einzuflößen. Das Sujet – das Recht selbst, als zutiefst verehrtes Element der liberalen Kultur Österreichs – bot sich seiner Absicht einer subversiven Aussage geradezu an. Man fühlt sich erinnert an den vergleichbar antipolitischen Geist, den Freud seinen Enthüllungen der Welt des Triebs in der ›Traumdeutung‹ einhauchte. Klimt hätte sehr wohl den bedrohlichen Mythos aus der ›Aeneis‹ verwenden können, den Freud auf das Titelblatt seines Traumbuches zwei Jahre zuvor gesetzt hatte: ›Flectere si nequeo superos, Acheronta movebo‹, (»Weigern's die droben, so werd ich des Abgrunds Kräfte bewegen«). Wie Freud es unter ähnlichen Bedingungen in den späten neunziger Jahren getan hatte, zwang Klimt sein eigenes Erlebnis der Enttäuschung durch die gesellschaftlichen Autoritäten – der Professoren, der Politiker und der Verwaltungsbeamten – in den Dienst einer sozio-psychologischen Einsicht durch die individuelle Offenbarung seiner selbst.

Als Klimt sich mit der ›Jurisprudenz‹ 1901 an die Arbeit machte[55], hatte er einen Kompositionsentwurf vor sich, den er im Mai 1898 der Kunstkommission unterbreitet hatte (Abb. 47). Diese Skizze unterschied sich sowohl dem Geiste wie dem Stil nach von den entsprechenden Arbeiten der ›Philosophie‹ und der ›Medizin‹. Die Priesterin in der ›Philosophie‹ und Hygieia in der ›Medizin‹ waren geheimnisvolle Sehergestalten in feierlichen statischen Posen, während die Gestalt der Gerechtigkeit zunächst aktiv und lebendig konzipiert war, ihr Schwert schwingend, als lasse sie es durch die Luft sausen, um die Bedrohung eines düsteren Polypen des Übels und Verbrechens unter ihr abzuwehren. Klimt idealisiert ausgesprochen die Gerechtigkeit in dieser Fassung, indem er sie mit den strahlenden kraftvollen Pinselstrichen einer Frau in Weiß in Whistlers Stil ausführte. Auch die räumliche Umgebung unterscheidet sich von der bei der ›Philosophie‹ und der ›Medizin‹; statt der schweren, zähflüssigen Atmosphäre der letzteren hat die ›Jurisprudenz‹ eine leuchtende und luftige. Klimt sah also ursprünglich die Gerechtigkeit frei von der Doppeldeutigkeit der Philosophie und Medizin. Um sie davon abzuheben, benutzte er den gleichen Kontrast in Stil und Technik wie in den beiden Gemälden für das Musikzimmer von Nikolas Dumba, ›Musik‹ und ›Schubert‹ (siehe oben, S. 208 f.). Während er eine seelische und metaphysische Realität durch eine körperhafte naturalistische Technik ausdrückte, verwendete er auflösende impressionistische Malweisen, um ein Ideal darzustellen. Wir dürfen daraus schließen, daß Klimt 1898 die Rechtswissenschaft dem gleichen Idealreich zuordnete wie Schuberts ›Hausmusik‹ – was für den noch loyalen Sohn einer Kultur des Rechts eine angemessene Entscheidung ist.

Als er 1901 die Arbeit an der ›Jurisprudenz‹ wieder aufnahm, nach der Kontroverse um die Bilder für die Universität, änderte Klimt seinen Entwurf völlig. Die neue Fassung (Abb. 48) muß man in Beziehung zur früheren Skizze zur ›Jurisprudenz‹ sehen und ebenso in Beziehung zur ›Philosophie‹ und zur ›Medizin‹, um zu würdigen, wie drastisch dieser Wechsel der Ansicht war. Der Schauplatz wurde vom winddurchwehten Himmel der ersten Fassung verlagert in eine luftlose Hölle. Die Hauptfigur ist nicht mehr eine erhabene Gerechtigkeit, sondern eher ein hilfloses Opfer der Rechtspraxis. Beim Ausarbeiten des neuen Bildes verwirklichte Klimt drei Anregungen, welche die Mitglieder des Gemäldeausschusses zur Verbesserung der Fassung von 1898 vorgeschlagen hatten. Er tat es aber so ironisch, daß bei seiner Darstellung des Rechts jede Änderung das Element des Entsetzens steigerte. Die Kommissionsmitglieder hatten 1.) »Eine deutliche Charakterisierung der Hauptfigur«, 2.) »eine größere Ruhe in ihrer Stellung« und 3.) »eine entsprechende Verbesserung der in den untern Partien des Bildes bemerkbaren Leere« gefordert. In Erfüllung der ersten Forderung ersetzte der Mann in den Fängen des Rechts in nur allzu konkretem Realismus den reinen transparenten Impressionismus, in welchem die Gerechtigkeit der ersten Fassung gemalt war. Klimt ersetzte den frischen und bewegten Himmel der ersten Fassung durch die starre und klamme »Ruhe« eines

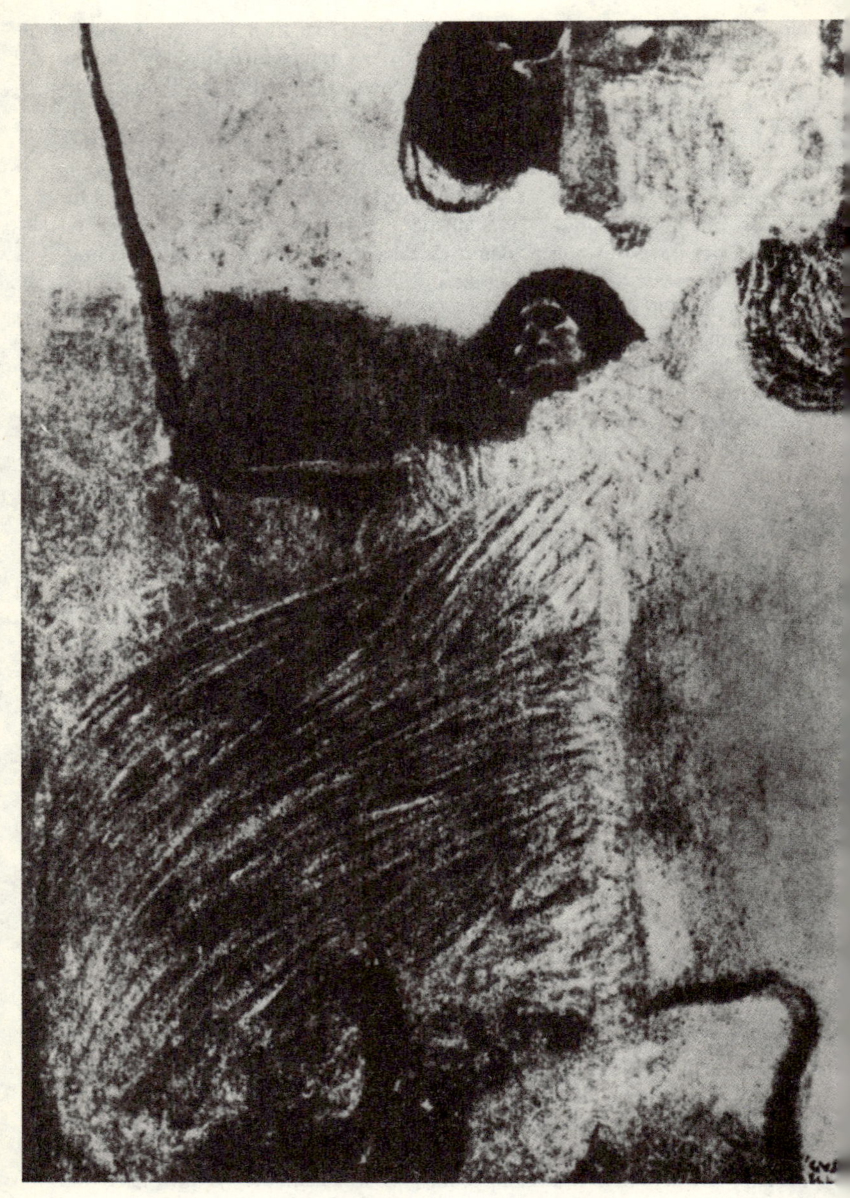

47 Jurisprudenz, Kompositionsstudie für das Deckengemälde in der Universität, 1897–1898

48 Jurisprudenz (endgültige Fassung), Deckengemälde in der Universität, 1903–1907

Vollzugsraumes der Gesellschaft. Und die »bemerkbare Leere« schließlich wurde ausgefüllt durch das entsetzenerregende Schauspiel des Rechts als erbarmungsloses Strafen, das seine Opfer zerstört. Damit berücksichtigte der Maler alle drei Forderungen seiner Auftraggeber in streng wörtlichem Sinne, während er ihre Wertvorstellungen aggressiver als je zuvor verhöhnte.

Im Verhältnis zu den beiden schon fertiggestellten Bildern hat Klimt in der ›Jurisprudenz‹ auch manche Verbindungen abgebrochen. Er verwandelte den Raum, kehrte den Aufbau um und radikalisierte den Bildgehalt. Der fingierte Raum der ›Philosophie‹ und der ›Medizin‹ war noch wie eine Proszeniumsbühne in drei vertikalen Ebenen hintereinander konzipiert. Die Perspektive des Betrachters ging von der Seite der Zuschauer bei den Rampenlichtern aus. Die allegorischen Gestalten, Wissen und Hygieia, standen in einer zweiten Ebene an der Rampe unten und vermittelten zwischen den Zuschauern und dem kosmischen Schauspiel. Das Schauspiel selbst nahm die dritte, hinterste räumliche Ebene ein und beherrschte das Ganze. In der ›Jurisprudenz‹ ist der gesamte Raum in eine einzige zurückweichende Perspektive gerafft, aber auch geteilt, seitlich in eine obere und eine untere Welt. War der Fluchtpunkt in der ersten Fassung zum Himmel gerichtet, so ging er jetzt ins Höllisch-Unterirdische oder in die Abgründe der See. In der oberen Welt, fern von uns, stehen die allegorischen Gestalten von Wahrheit, Gerechtigkeit und Gesetz. Ikonographisch sind sie Entsprechungen und Schwestern von Hygieia und der Priesterin der Philosophie. Aber anders als diese spielen sie keine Mittlerrolle, um uns den Geheimnissen ihrer Sphäre näherzubringen. Im Gegenteil ziehen sie sich auf ihren hohen Schwebebalken zurück und überlassen uns dem Bereich des Schrekkens, damit wir das namenlose Geschick des Opfers teilen. Damit wird nur das, was das Recht zu sein beansprucht, in der geordneten oberen Hälfte des Bildes ausgedrückt. Das ist die offizielle Welt der Gesellschaft: eine unnatürliche Umgebung gemauerter Säulen und mosaikartig rechtwinklig verzierter Wände. Dort befinden sich auch die Richter mit ausgetrockneten kleinen Gesichtern als Köpfe ohne Leiber. Auch die drei allegorischen Gestalten sind gefühllos, schön, aber blutleer in ihren geometrisch stilisierten Gewändern.

Die Wirklichkeit des Rechts liegt jedoch nicht in diesem höheren Bereich stilisierter Regelmäßigkeit und statischen Dekors, sondern in dem vakuumartigen Raum darunter, wo das Recht vollzogen wird. Kein Verbrechen wird hier dargestellt, nur die Strafe.* Und die Strafe hat Geschlecht und psycho-

* Karl Kraus bemerkt in einer seiner zahlreichen feindlich gesonnenen Kritiken Klimts bitter, »der Künstler, der zweimal schon des Gedankens Blässe mit den leuchtendsten Farben übertüncht hat, wollte die ›Jurisprudenz‹ malen und hat das Strafrecht symbolisiert.«

Damit erfaßte Kraus wohl die Wahrheit von Klimts Gemälde, verfehlte aber völlig seine kritische Intention. Siehe: Die Fackel, Nr. 147, 21. November 1903, S. 10.

logischen Charakter gewonnen als erotischer Nachtmahr in einer feuchtkalten Hölle. Die anspielungsreiche Bildsprache verbindet antike und moderne Bildelemente und Vorstellungen. »The loins are the place of the last judgment«, sagt Blake (»Die Lenden sind der Ort des Jüngsten Gerichts«). Kastrationsangst beherrscht Klimts Handlung im Brennpunkt: das männliche Opfer – passiv, niedergedrückt, impotent – ist in einer lebendigen Schlinge gefangen, einem Polypen, der ihn wie ein weiblicher Schoß umgibt. Die Furien, die die Hinrichtung überwachen, sind *femmes fatales* des Fin de siècle und griechische Mänaden in einem. Ihre gewellten Umrißlinien und verführerischen Mähnen sind wahrscheinlich inspiriert von den weiblichen Gestalten des holländischen Malers des ›Art nouveau‹, Jan Toorop.[56] Klimt hat ihnen jedoch den grausamen gorgonenartigen Ausdruck antiker Mänaden verliehen. Nicht die idealisierten Gestalten oben, sondern diese schlangenhaften Furien sind die wirklichen Vollzugsbeamten des Rechts. Und ganz um sie herum in der hohlen Leere der Hölle verstricken und verwickeln dichte Haarstrudel sie in eine grauenvolle sexuelle Wahnvorstellung.

Klimts zweigeteilte Welt des Rechts mit ihren drei Grazien der Gerechtigkeit oben und ihren drei Furien des Triebes unten erinnert an die machtvolle Lösung von Aischylos' ›Orestie‹, wo Athene Zeus' Herrschaft des vernünftigen Gesetzes und väterlicher Gewalt über das mutterrechtliche Gesetz der Blutrache begründet. Wenn Athene ihren Gerichtshof für die Gesellschaft erbaut, den Areopag, dann überzeugt sie die Erinnyen, dessen Schutzherrinnen zu werden, und bändigt deren Macht, indem sie sie in ihren eigenen Tempel einbezieht. Vernunft und Kultur feiern damit ihren Triumph über Trieb und Barbarei.[57] Klimt kehrt diesen antiken Symbolismus um, gibt den Furien ihre ursprüngliche Gewalt zurück und zeigt, daß das Gesetz Gewalttat und Grausamkeit nicht überwunden hat, sondern nur verdeckt und legitimiert. Aus den tiefinnersten Gewölben der Erde, in welche, nach Aischylos, Athene die »Töchter der Nacht« gebannt hatte, ruft Klimt in seinem Zorn und seiner Angst sie wieder hervor. Nach seiner Bestätigung, daß die Mächte des Triebes stärker sind als die Politik, hätte Klimt nicht mehr den Tempel der Minerva »in seiner Erniedrigung und Verstümmelung anbeten können«, wie Freud es tat (siehe S. 189f.). Athene, die Klimt so oft dargestellt hat in vielen Rollen, ist für ihn von dem ihr einzig zugehörigen Schauplatz des Rechts einfach abwesend. Die Wiederkehr des Verdrängten wird durch das Verschwinden der Göttin bezeichnet. Damit hat Klimt im abschließenden Gemälde seiner Reihe, die den Sieg des Lichts über die Finsternis verherrlichen sollte, ganz unzweideutig den Vorrang der Finsternis verkündet, »des Abgrunds Kräfte« bewegt: er grub die Macht des Triebes wieder aus und stellte sie im Symbol der Furien dar – jene Macht, die unter der politischen Welt von Recht und Ordnung lag. Bei Aischylos hatte Athene die Gerechtigkeit zur Herrscherin über den Trieb eingesetzt; Klimt hat ihr Werk zurückgenommen.

Obwohl Klimts ›Jurisprudenz‹ das Schaustück eines bewußten Angriffs war, trug es doch auch das Merkmal einer Stimme, die aus dem Herzen kam. Das Verfahren der Anklage selbst, mit dem Gewicht auf dem einzelnen Leidenden, bedeutete einen Wechsel vom öffentlichen Ethos zum privaten Pathos. Kein Nietzschescher Amor fati ist bei Klimts alterndem Opfer des Rechts zu bemerken – nur Zeichen der Schwäche, Zeichen von Leid. Als einziges der für die Universitätsaula konzipierten Gemälde hat die ›Jurisprudenz‹ eine männliche Hauptfigur. Aber sie unterscheidet sich völlig von der früheren allegorischen männlichen Gestalt, die Klimt gezeichnet hat, dem Theseus des ersten Ausstellungsplakats der Secession als symbolischem Helden der ödipalen Revolte der Künstler (Abb. 37). Dort stößt der kraftvolle Jüngling sein Schwert in den Minotaurus der Tradition. Jetzt erleidet das alternde Opfer eine Bestrafung, die typisch für das Ödipusverbrechen ist: Kastration, Verdammung zur Impotenz. Man darf vermuten, daß Klimt hier nicht nur Schmerz und Wut ausdrückt, sondern ein weiteres Gefühl, das typisch ist für ein geschwächtes Ich: Schuld. Bestand Klimts Angriff gegen die Väter, wie seine akademischen und politischen Gegner es sahen, nicht in sexueller Freizügigkeit? Zur Rebellion für die Befreiung des Eros passen genau die Phantasien sexueller Bestrafung in Klimts Furien.* Damit legt die Bildsprache nahe, daß Klimt unter dem Schlag der Kritik selbst während seines Gegenangriffs die Verwerfung seiner künstlerischen Sendung, als Befreier des Trieblebens von der Gesetzeskultur zu wirken, teilweise als persönliche Schuld verinnerlichte. Und noch seine Herausforderung war gefärbt vom Geist der Impotenz.

Andere Gemälde der Jahre 1901 bis 1903 drückten die trotzige Laune aus, welche schon die ›Jurisprudenz‹ beherrscht hatte. Aus der ›Medizin‹ erhob Klimt jene beiden Gestalten zu Gegenständen eigener Darstellungen, die am heftigsten die Anschauungen der Moralisten verletzt hatten. Mit dem entschiedenen Willen, Mißfallen zu erregen, entwickelte er ihre freizügige Sinnlichkeit sogar noch weiter. Eine zeigte unter dem Namen ›Goldfisch‹ (Abb. 49) einen weiblichen Akt, die prachtvolle Rückansicht schamlos dem Betrachter weisend. Klimt wollte sie ›Für meine Kritiker‹ nennen, bis Freunde ihm das ausredeten.[58] Das andere Bild, ›Hoffnung‹, zeigte in einer weiter ausgeführten Form die Schwangere, welche das Publikum bei der ›Medizin‹ so erregt hatte. Klimt stellte sie dar mit einem Höchstmaß an Einfühlungsvermögen in die doppeldeutigen Gefühle einer Frau in den schweren letzten Wochen vor der Entbindung. Beide Gemälde vermehrten die Spannungen zwischen dem Maler und dem Unterrichtsministerium. Baron von Hartel überzeugte 1903 den unwilligen Klimt, die ›Hoffnung‹ nicht auszustellen, um nicht die Annahme seiner Gemälde für die Universitätsaula aufs Spiel zu setzen.[59] Das Ministerium versuchte auch zu ver-

* In der griechischen Mythologie sind die Furien (Erinnyen) durch ihre Entstehung schon mit sexueller Gewalt verbunden. Sie entsprangen dem vergossenen Samen ihres kastrierten Vaters, des Titanen Uranos.

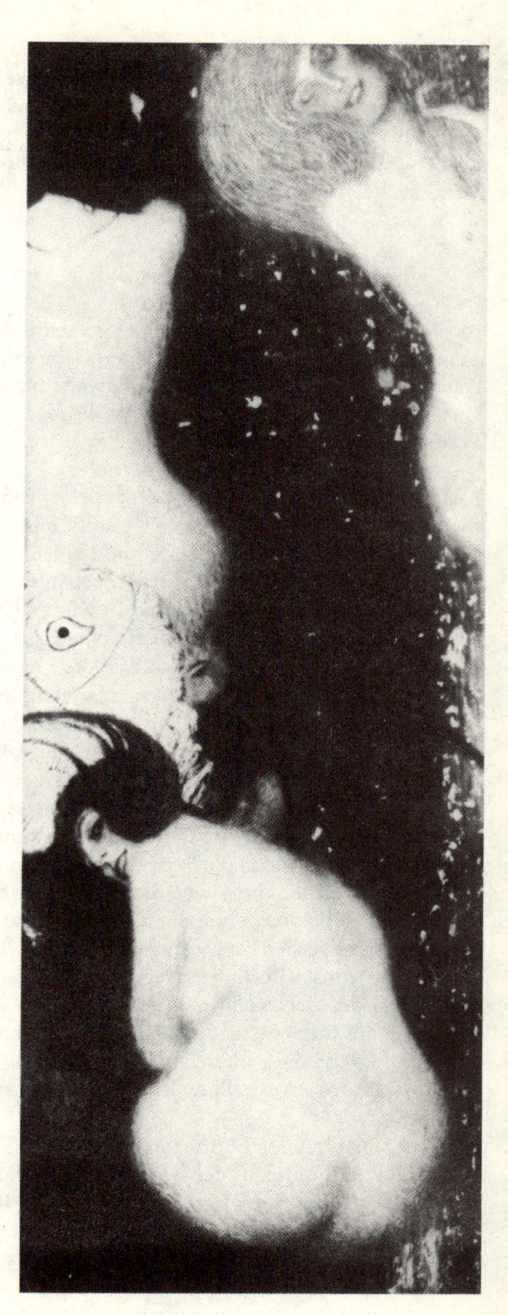

49 Goldfisch, 1901–1902

hindern, daß ›Goldfisch‹ in einer Ausstellung österreichischer Kunst in Deutschland gezeigt würde.[60] Dann verweigerte es die Zustimmung dafür, daß die ›Jurisprudenz‹ auf der Ausstellung in St. Louis 1904 die österreichische Kunst als Hauptwerk vertrete.[61] Der Abstand zwischen dem selbstbewußten Auftreten des Künstlers und seiner Freunde und der ängstlichen Vorsicht der Bürokraten wuchs.

VI

1902 begann Klimt, während er noch an seiner herausfordernden ›Jurisprudenz‹ arbeitete, sich mit einem weiteren Entwurf zu einem großformatigen Wandbild zu beschäftigen, das gleicherweise für seine künstlerische Entwicklung von Bedeutung ist. Als riesiger Fries sollte es Beethoven und seine Vertonung von Schillers Lied ›An die Freude‹ feiern. War die ›Jurisprudenz‹ Klimts kühnster Ausdruck narzißtischen Zorns gewesen, so sollte der Beethoven-Fries sein Gegenteil werden: eine Kundgabe narzißtischer Regression und utopischer Seligkeit. Der Kampf fand hier sein Gegenstück in der Flucht. Wo die Politik Niederlage und Leiden gebracht hatte, bot die Kunst ein Entweichen und Trost. Stilistisch wie in der Konzeption bezeichnet der Beethoven-Fries einen Wendepunkt in Klimts Kunst.

Den Anlaß zu diesem Werk gab die Wiener Ausstellung des hochgefeierten zeitgenössischen Beethoven-Standbilds des Leipziger Künstlers Max Klinger (Abb. 50). Die Künstler der Secession beschlossen, ihr ganzes Haus in einen Tempel zu verwandeln, der Klingers Standbild geweiht würde. Gewiß war das der Höhepunkt einer der schon früher beobachteten Tendenzen der Secession: die Kunst zu einem Religionsersatz zu machen, der Zuflucht vor dem modernen Leben gewährte. Alle bedeutenderen Künstler der Secession steuerten zur Beethoven-Ausstellung ihre Zeit und Mühe bei, um Klinger so zu verherrlichen, wie dieser Beethoven erhoben hatte zu einem Prometheus der Kunst, welcher die Geier des Lebens in Bann hält. Wenn es je ein Beispiel von kollektivem Narzißmus gegeben hat, so war es dieses: Künstler (der Secession) verherrlichten einen Künstler (Klinger), der wiederum einen Heros der Kunst (Beethoven) verherrlicht. Der Katalog der Ausstellung sprach von der Sehnsucht der Secession nach einer großen Aufgabe, und daraus sei die Idee entstanden, das zu unternehmen, was das Zeitalter vom Künstler fordere, die wirkungsvolle Entwicklung des Innenraums. In der Tat ist die Beethoven-Ausstellung ein ›Gesamtkunstwerk‹ ästhetisierter Innerlichkeit.

Der Architekt Josef Hoffmann benutzte den Vorteil des verwandlungsfähigen Raumes im Haus der Secession und schuf ihn um zu einem pseudoprimitiven grobstrukturierten Heiligtum. Sein Inneres war tatsächlich Pionierarbeit, die den neuen Brutalismus ankündigte (Abb. 51). Durch feierliche Flure, welche hie und da mit Keramiktafeln und neoprimitiver Skulptur verziert waren, gelangte der Jünger zu einer Vorhalle, von welcher aus er das Allerheiligste erblickte, wo Beethoven thronte. Durch jedes erdenkliche Mittel der Andacht vorbereitet, komme man in einer Art Hypnose an, schrieb die ›Neue Freie Presse‹. Zur Eröffnung der Ausstellung vermehrte Gustav Mahler noch den Glanz durch die Teil-Aufführung von Beethovens Neunter in einer eigens arrangierten kleineren Besetzung.[62]

Klimt steuerte ein Wandbild bei, eine Allegorie in drei Teilen, um die Macht der Kunst über alles Widrige darzustellen. Obwohl das Thema dem von Klingers ›Beethoven‹ nahesteht, entzieht Klimt ihm alles Prometheische. Das erste Bild ›Sehnsucht nach dem Glück‹ zeigt die Schwachen, die den gewappneten Starken anflehen (Abb. 52). Die Gestalt des Starken ist jedoch

50 Max Klinger: Beethoven: In der Secessions-Ausstellung, 1902

51 Josef Hoffmann: Innenraum der Secession für die Beethoven-Ausstellu

ıit dem Fries von Klimt, 1902

52 Beethoven-Fries, Bild I: Sehnsucht nach dem Glück, 1902

53 Beethoven-Fries, Bild II: Die feindlichen Kräfte, 1902

nicht mehr der kämpferische Theseus, der auf Klimts Plakat zur ersten Ausstellung der Secession den Minotaurus erschlug. Der Ritter tritt hervor aus einem Turm in Gestalt eines weiblichen Schoßes, von zwei weiblichen Geistern ermutigt, um die Krone des Sieges zu erringen. ›Die feindlichen Kräfte‹ des zweiten Bildes (Abb. 53) sind allesamt weiblich, mit Ausnahme vielleicht des affenartigen geflügelten Unwesens in der Mitte. Sie stehen zwischen den Leidenden und dem Glück. Es gibt kein heroisches Gefecht, keine Entsprechung zu Beethovens stolzer türkischer Schlachtenmusik in der Neunten. Wie der Katalog eigens hervorhebt, überfliegen die Sehnsüchte und Wünsche der Menschheit die feindlichen Kräfte. Diese psychische Haltung ist geradezu klassischer Ausdruck einer Ich-Schwäche, die in der Phantasie einen Ersatz für die mangelnde Beherrschung der Wirklichkeit findet: der Wunsch ist alles, und die Auseinandersetzung wird vermieden. Die Wünsche kann man waagerecht über die Gestalt der Musik fliehen sehen (Abb. 54) – es sind traumhafte Gestalten in langen Gewändern, sublimierte Schwestern von Klimts sinnlichen Wasserschlangen.

Das letzte und interessanteste Gemälde stellt die Erfüllung dar (Abb. 55). Es wird beschrieben: »Die Sehnsucht nach dem Glück finde ihre Stillung in der Poesie«. Hier, sagt der Katalog, führe die Kunst uns in das Reich der Ideale, wo allein wir reine Freude, reines Glück und reine Liebe zu finden vermögen. Klimt entwarf dieses letzte Bild, um ein Wort aus Schillers Lied ›An die Freude‹ zur Anschauung zu bringen: »Diesen Kuß der ganzen Welt«. Schiller und Beethoven meinten diesen Kuß politisch, als Kuß der Brüderlichkeit des Menschen – »Seid umschlungen, Millionen« war Schillers universelle Aufforderung. Beethoven läßt diese Zeile nur durch männliche Stimmen singen, Andante maestoso, mit aller Kraft und Würde brüderlicher Inbrunst. Für Klimt ist es kein heldenhaftes, sondern ein rein erotisches Gefühl. Merkwürdiger noch, Kuß und Umarmung finden in einem Mutterleibe statt. Der hohe Flug, der so typisch für narzißtische Omnipotenzphantasien ist, endet in erotischer Erfüllung in einem Mutterleib. Und selbst in jenem Himmel noch umschlingen Frauenhaare die Knöchel des Liebhabers auf die gefährliche Weise, die wir bei Klimt schon so gut kennengelernt haben. Auch in Arkadien noch bedeutet das Geschlecht Verstrickung.

Um die volle Bedeutung von Klimts Krise im Jahre 1901 und die damit vollzogene Trennung der Politik von der Kunst zu beurteilen, müssen wir die Opferungsszene in der ›Jurisprudenz‹ und die Erfüllung im Beethoven-Fries zusammen betrachten. Sie sind als paarweise Gegensätze aufeinander bezogen, wobei jede in einem Stil ausgeführt ist, der ihrer Idee entspricht. Das zentrale Symbol ist in beiden Allegorien der Mutterleib und die Beziehung des Mannes zu ihm. Der Polyp des Gesetzes in Form eines Mutterschoßes mit seinen bedrohlichen Fangarmen steht im Gegensatz zur Laube der Poesie in Mutterleibsgestalt mit seinen zarten Ranken auf dem dritten der Beethoven-Bilder. Die Saugnäpfe des ersteren werden Blüten im zweiten. In beiden Fällen sind die Hauptfiguren männlich. Auf dem ersten das Opfer der Justiz

54 Beethoven-Fries, Detail von Bild III: Musik, 1902

– ein alter Mann, von einer fleischlichen Falle gefaßt; auf dem zweiten Bild der Sieger der Kunst – ein junger Mann in der Erregung der Liebe, mit seiner Gefährtin vereint in einer Säulenform, die unzweideutig wie ein aufgerichtetes männliches Glied gestaltet ist innerhalb des gebärmutterartigen Wonneraumes der Kunst. Beide in diesen Darstellungen verwendeten Stile erreichen ein neues Niveau des Gegensatzes bei einer schon früher beobachteten Unterscheidung einer flächig-linearen Behandlung noch nicht verwirklichter Vorstellungen und eines räumlich-plastischen Naturalismus zur Gestaltung der Wirklichkeit. Die Kontrollorgane des männlichen Schicksales in der Politik, die Furien, sind organisch dargestellt, als körperliche leibhaftige Höllenkatzen. Sie sind wirklich. Die himmlischen Chorsängerinnen dagegen, die Schillers »Diesen Kuß der ganzen Welt« singen, sind die abstrahierteste flächige Gestaltengruppe, die Klimt je gemalt hat. Das wellenhafte Erzittern ihrer blütengeschmückten Gewänder ist ein Echo von Klimts sinnlicheren Darstellungen weiblicher Verzückung; ihre stilisierte Flächigkeit aber deutet Körperlosigkeit an, wie bei einem byzantinischen Engelschor.[63] Der Gegensatz dehnt sich aus zur räumlichen Stellung: die Furien sind regellos und dynamisch im Raum verteilt, während die Engel der Kunst statisch in Reihen geordnet sind, wobei noch ihr Erbeben gemessene, lineare Rhythmen hervorruft. Auf jeder Ebene inszenieren die beiden Werke das negative Verhältnis zwischen Wirklichkeit und Ideal, zwischen dem Reich von Gesetz und Gewalt und dem Reich der Kunst und Anmut. Daß die Doppeldeutigkeit des Geschlechtlichen, als Strafe und als Erfüllung, dabei die symbolische Verknüpfung beider Sphären bewirkte, entsprach nur dem triebhaften Gehalt von Klimts Streben nach Befreiung und seinem Geschick in der Öffentlichkeit.

Stellt die ›Jurisprudenz‹ den Höhepunkt von Klimts kritischer Herausforderung der Kultur des Gesetzes auf der Suche nach der Wahrheit der Moderne dar, so bekundet sein Beethoven-Fries am vollständigsten das Ideal der Kunst als Zuflucht vor dem modernen Leben. Im ›Beethoven‹ löst sich die Utopie des Träumenden völlig ab von der geschichtlichen Wirklichkeit dieses Lebens und setzt sich selbst im Mutterleib gefangen in einer Erfüllung durch Regression. Die orphische Umkehrung der Prometheischen Überlieferung ist vollständig. Das Grabmal, das Klimt in seiner ›Musik‹ geöffnet hatte im Namen der Wahrheit, hat noch einmal sein Recht gefordert, diesmal im Namen der Schönheit.

VII

Nach der Krise wegen der Universitätsgemälde verzichtete Klimt fast völlig auf die Darstellung philosophischer und allegorischer Themen. Seinem Rückzug in den Tempel der Kunst bei der Beethoven-Ausstellung entsprach auch eine Art gesellschaftlicher Rückzug auf eine kleine Schar Erwählter. In den vorhergegangenen Phasen – als er die Wertvorstellungen des Historismus der Ringstraße darstellte und ebenso als er der Secession philosophischer Sucher nach Modernität war – ist Klimt ein öffentlicher Künstler gewesen. Er verkündete seine Wahrheiten dem, was er, zumindest der Möglichkeit nach, für die ganze Gesellschaft hielt. Er hatte sich Aufträge öffentlicher Autoritäten gewünscht und sie erhalten, um Botschaften für alle zu formulieren. Jetzt zog er sich in den privaten Bereich zurück, um Maler und Dekorationskünstler für Wiens feine Gesellschaft zu werden. Die größten Leistungen von Klimts letzten fünfzehn Schaffensjahren liegen vielleicht in seinen Frauenbildnissen, meist von Mitgliedern wohlhabender jüdischer Familien. Heitere Landschaften, insbesondere gepflegte Gärten finden ebenfalls in seiner späten Malerei ihre Darstellung. Die organische Dynamik seines Stiles in der Periode des ›Art nouveau‹ verschwand zugunsten einer statisch kristallinen Ornamentik. In seiner Haltung wie in seinem Stil ersetzte ein Transzendieren das Engagement.

Klimts Entwicklung nach 1902 – die gesellschaftliche, individuelle und künstlerische – trug alle Merkmale, die Yeats in seinem Gedicht ›Sailing to Byzantium‹ gestaltet hat. Wie Yeats die irische Politik hinter sich ließ, so zog sich Klimt zurück von allen Versuchen, mit Hartel und der Regierung zusammenzuarbeiten. »Ich will loskommen«, rief Klimt, als er in einem seiner seltenen Interviews seine Entscheidung erläuterte, im April 1905 die Gemälde für die Universität zurückzuziehen.* Daß dabei in Klimts neuer Entwicklung ein Gefühl des Alterns mitspielte, läßt das Ausmaß vermuten, in welchem er – mit wenigen Ausnahmen** – bei großen Werken seine Erkundungsfahrten ins Geschlechtliche aufgab zugunsten indirekter symbolischer Aussage. Wie Yeats Irland hinter sich ließ (»no country for old men«, »kein Land für alte Männer«), wo alle »von sinnlicher Musik gefangen sind« und »Denkmäler eines nie alternden Geistes verachten«, so zog sich auch Klimt zurück, um die zeitliche Lebendigkeit zu überschreiten im »Kunstgebild der Ewigkeit«. Klimt hörte gewiß nicht auf, sich mit Themen der Erotik zu beschäftigen. Aber wie Yeats es getan hat, so wendete er sich auch nach Byzanz, um neue Formen zu finden, den Druck des Eros zu verringern, in Schmerz und Lust, und um die Triebe, zu deren Befreiung er einst so kühn gefochten hatte, erstarren zu lassen. Von der Natur zur stilisierten Kultur, von der direkten Darbietung leib-seelischer Erfahrung zur formalen Symbolisierung: das war sein Weg.[64]

Klimt reiste 1903, obwohl er gewöhnlich das Reisen nicht liebte, zweimal nach Ravenna, wo er die Mosaiken von San Vitale besichtigte.[65] In den

* Berta Szeps-Zuckerkandl entlockte Klimt in dem Interview das ganze Gefühl der Bedrückung, das er unter den vielfachen Zeichen der Mißbilligung und Verlegenheit beim Unterrichtsministerium empfand. Seine Klage gipfelte in der Absicht, sich zu befreien: »Genug Zensur. Ich greife zur Selbsthilfe. Ich will loskommen.« Strobl, Albertina-Studien, Bd. 2, 161–163.

** Vor allem ›Danae‹ (1907) und ›Salome‹ (1909). Siehe unten, S. 259.

55 Beethoven-Fries, Detail von Bild III: »Die Sehnsuc

ach dem Glück finde ihre Stillung in der Poesie«, 1902

letzten Jahren hatten die fähigsten seiner Kollegen von der Secession, diejenigen, welche sich mit Inneneinrichtung und Kunsthandwerk beschäftigten, von 1899 an mit Mosaiken und mit Blattgold experimentiert. Josef Hoffmann hatte mit seiner Architektur und seinem Design die Führung dabei übernommen, die krummlinigen Ornamente des ›Art nouveau‹ mit seinen organischen Linien und Formen zu ersetzen durch geradlinige geometrische Formen, die bald zum Kennzeichen von Wiener Architektur und Kunsthandwerk wurden. In den Wiener Werkstätten – dem höchst erfolgreichen kunsthandwerklichen Betrieb der Secession – bahnten die besten Künstler nach 1903 den Weg für den ›Art deco‹ mit seinen metallischen und kristallinen Formen.[66]

Klimt wurde 1904 in diese kunsthandwerkliche Strömung hineingezogen, als er mit Hoffmann und anderen Künstlern der Wiener Werkstätten zusammen eine Luxusvilla in Brüssel, das Haus Stoclet, gestaltete.[67] Auf seinem Fries für das Speisezimmer vollendete Klimt den Bruch mit der Raumillusion seiner früheren Wandbilder, den er im Beethoven-Fries begonnen hatte. Jetzt behandelte er die Wand wirklich als Wand und arbeitete ihre Flächigkeit heraus durch reiches zweidimensionales Ornament. Im Fries für das Stoclet-Haus entwarf er einen gewaltigen Lebensbaum auf byzantinische Art, während er die stilisierten Gewänder byzantinischer religiöser Gestalten übernahm, um seine erotischen Gestalten zu bekleiden.[68] Der Stoclet-Fries wurde Klimts unterkühlte, sublimierte Fassung der erotischen Utopie in seinem dritten Beethovenbild, in schicklicher Verhüllung, um den Wohlhabenden als Zierde zu dienen.

Obwohl Klimt seine sogenannte goldene Periode innerhalb einer umfassenderen Bewegung auf die Geometrie und den ›Art deco‹ hin bei den Secessionisten der angewandten Kunst begann, so knüpfte er doch auch wieder an seine eigene Vergangenheit an, als er sich goldenen und metallischen Farben und Formen zuwandte. Sowohl sein (inzwischen verstorbener) Vater wie sein Bruder waren Goldgraveure. Daß er das gerade in der Zeit seiner Wirren tat, ist typisch für die Krise des männlichen Ich im mittleren Lebensalter.[69] Seine persönliche Geschichte verlieh dem künstlerischen Einfluß von Klimts Secessionskollegen ihr Gewicht, als sie ihn zu der Abstrahierung und dem Formalismus drängte, die einem Bedürfnis entgegenkamen, da ein neuer Weg der Beziehung auf seine gesellschaftliche Wirklichkeit am dringendsten gesucht wurde.

Der Maler, der seine Suche nach der Moderne, wie Freud und Nietzsche die ihre, gegen die klassische bürgerliche Konvention dadurch betrieb, daß er die verborgenen Triebmächte des archaischen Griechenland – Dionysos, Hygieia, die Furien – hervorgerufen hatte, wandte sich jetzt dem anderen Ende griechischer Geschichte und Kultur zu, Byzanz. Dort fand er die Formen einer Bildsprache, mit denen man Pandoras Büchse wieder schließen konnte. Mit der steifen und unlebendigen Ordnung von Byzanz ließen sich die Triebe und die Drohung gesellschaftlicher Veränderung in Bann halten.

Wiederum können Worte von Yeats Klimts künstlerische Richtung ausdrücken:

> Once out of nature I shall never take
> My bodily form from any natural thing,
> But such a form as Grecian goldsmith make
> Of hammered gold and gold enamelling
> To keep a drowsy Emperor awake;
> Or set upon a golden bough to sing
> To lords and ladies of Byzantium
> Of what is past, or passing, or to come.

(Einmal aus der Natur heraus, werd nimmer ich die körperliche Form nach der Natur mir nehmen, sondern so gestalten, wie griechische Toreuten tun, in getriebenem Gold und emailliert, um ihren Kaiser vor dem Schlaf zu retten; oder den goldenen Zweig zum Sprechen bringen vor Herrn und Damen von Byzanz, von dem, was war, was vorgeht oder einmal sein wird.)

Nach 1903 stellte Klimt fünf Jahre lang nicht mehr in Wien aus. Sein Arbeitseifer aber ließ nicht nach, und 1908 zeigte er der Öffentlichkeit die Erzeugnisse seiner neugefestigten Vision. Er zeigte seine neuen Arbeiten in der Kunstschau 1908, einer Sammelausstellung der Leistungen von Klimt und seinen Kollegen sowohl in der Kunst wie in der Formgebung für ein Leben in Schönheit. Zehn Jahre früher hatte Hermann Bahr in der ersten Nummer des ›Ver Sacrum‹ den Krieg der Secession »dem thatenlosen Schlendrian, dem starren Byzantinismus« erklärt.[70] Die ›Kunstschau 1908‹ bewies, wie weit die Schöpfer der bildnerischen Kultur der Elite ihre Absichten, Ziele und ihren Stil von der Bewegung weg zur abstrakten, statischen Ordnung hin entwickelt hatten.

Auch der Pavillon, den Josef Hoffmann für die Kunstschau entworfen hatte, spiegelte den Wandel in der Art und Funktion der Kunst, den zehn Jahre politischer Erosion und wirtschaftlichen Wachstums bewirkt hatten (Abb. 56). Statt der feierlichen, ungeschichtlich kubischen Radikalität des Kunsttempels der Secession war der Kunstschau-Pavillon als anmutiges Lustschloß aus der Zeit Maria Theresias konzipiert. Die gesamte Ausstellung – in Keramik, Gartenarchitektur, Buchkunst, Kostüm und Möbeln – trug den Stempel eines Neo-Klassizismus, der, wie entblößt und zeitgenössisch er in der Behandlung auch sein mochte, eine Rückkehr von den organischen Naturformen des ›Art nouveau‹ zu einem statischen Rationalismus und der Tradition bezeichnete. Obwohl die Aufschrift auf dem Kunstschau-Pavillon ein Echo des Rufs der Secession von 1898 war, »Der Zeit ihre Kunst«, benutzte der Katalog als Motto für die Abteilung Malerei einen ganz anderen Gedanken von Oscar Wilde: »Die Kunst spricht nie etwas anderes aus als sich selbst.«[71] Nicht das Antlitz des modernen Menschen, sondern das der Kunst selbst. Was mochte das sein?

Zur Eröffnung der Ausstellung bestimmte Klimt in einer seiner seltenen Ansprachen selbst die Grenzen der ästhetischen Eigenkultur, die jetzt seine Welt bedeutete. Was die Kunstschau erstrebte, sagte er, war eine »Künstlerschaft«, die »ideale Gemeinschaft der Schaffenden und Genießenden«. Klimt beklagte schmerzlich, daß »das öffentliche Leben sich vorwiegend mit wirtschaftlichen und politischen Angelegenheiten befaßt«. So vermochten die Künstler das Volk nicht zu erreichen auf dem wünschenswerten Weg der »Lösung großer öffentlicher Kunstaufgaben«, sondern hatten sich zu bescheiden mit dem Mittel der Ausstellung, dem Weg, »der einzig uns übrig

56 Josef Hoffmann: Kunstschau-Pavillon, 1908

bleibt«.[72] Wiederum spürt man den Gegensatz zur Secession, die aufgebrochen war, um Österreich zu erneuern, indem sie ein ganzes ›Kunstvolk‹ schaffen wollte. Der gesellschaftliche Kreis, der tatsächlich nie groß gewesen war, verengte sich im Geiste der Gruppe um Klimt auf den Künstler und Gestalter und seine Kunden: ihre Welt wurde eine ästhetisch geschulte Elite.

Ein Kritiker nannte die Kunstschau »ein Festkleid um Klimt«.[73] Denn die Künstler feierten ihren Führer hier beinahe in der Weise, wie die Beethoven-Ausstellung es mit Klinger getan hatte. Fast in der Mitte seines Baues schuf Hoffmann einen eleganten Raum wie eine edle, mit Atlas ausgeschlagene Juwelenkassette, um die große Retrospektive auf Klimts Schaffen im vorausgegangenen halben Jahrzehnt aufzunehmen. Diese Galerie macht es uns möglich, seine Kunst in der raschen Entwicklung nach seiner Krise in Stichproben durchzugehen.

Es paßte genau zu seiner Rückkehr zur Gesellschaft als Maler der Elite, daß Klimt sich dem Porträtieren widmete. Sein Gegenstand dabei waren, das sei bemerkt, immer Frauen. (Selbst in seiner anonymen Figurenmalerei vor 1903 sind, wenn überhaupt Männer vorkommen, ihre Gesichter fast immer abgekehrt.) In einer Serie von drei zwischen 1904 und 1908 gemalten Porträts dehnt Klimt die Vorherrschaft der Umgebung über die Gestalt des Sujets zunehmend aus. Die Umgebung selbst jedoch – stets ein imaginärer Innenraum – wurde der Natur immer mehr entfremdet und abstrahiert, wobei die zeichnerischen Elemente und Muster bald rein ornamental, bald symbolisch suggestiv wirkten. Im Bildnis der Margaret Stonborough-Wittgenstein, der Tochter eines wohlhabenden Gönners der Secession und Schwester der Philosophen Ludwig Wittgenstein, verraten Gesicht und Hände der Dargestellten eine vollkommene Gelassenheit und ein Ideal der Verfeinerung, aber wenig Charakter. In Übereinstimmung mit einer älteren Tradition der Bildnismalerei ist der Leib der Dargestellten völlig im Gewand verloren; das Kleid selbst ist noch in der traumhaft impressionistischen Weise gemalt, die wir in der Hausmusik mit Schubert von 1898 beobachten konnten. Der Hintergrund jedoch ist auf völlig neuartige Weise behandelt als ein hermetischer, stilisierter Raum, ein schöner, aber unwirklicher Rahmen für das Leben der Dargestellten. Die Gestalt selbst ist plastisch und körperlich und scheint doch gefangen in den Kunstgebilden zweidimensionaler Ornamentik. Die formale Gestaltung der Wände verleiht dem Wohnraum eine Autonomie, die kraftvoller ist als die Persönlichkeit seiner Bewohnerin.

Im Bildnis Fritza Riedler hat die Stilisierung der Umgebung ihre Gewalt weiter über das menschliche Sujet ausgedehnt. Eine radikale Geometrisierung, von welcher jede literarische Bedeutung verbannt ist, verkündet Festigkeit und Dauer, aber von seltsam einkapselnder Art. Das mosaikartige Fenster hinter Fritza Riedler bricht die Außenwelt der Natur zu einem ornamentalen Gebilde, das wie eine Kopfbedeckung das Gesicht der Dargestellten umrahmt.* Sie ist in ihr ideales schwebendes Schloß gebannt, mit einer stilisierten, aber doch lösgelösten Anspielung auf aristokratische Vergangenheit.

Klimts gesellschaftsferne Bildniskunst erreicht ihre höchste Dichte im Bild der Adele Bloch-Bauer. Sie wird nicht nur als völlig von der Natur abgeschnitten, sondern als in der steifen byzantinischen Pracht ihrer Umgebung gefangen gezeigt. Das Haus umkleidet die Dame, während sie das Haus schmückt. Gewand und Wohnung sind zu einem einzigen ornamentalen Kontinuum verschmolzen, und beide verflächigen ihren Körper. Nur das sinnliche Gesicht und die blaugeäderten Hände der Dargestellten verraten ihre gespannt empfindliche Seele, die in das Goldgewand gehüllt ist. Der hieratisch-metallische Charakter der Komposition und die Einzelheiten kaleidoskopischer Symbole – Kreise, Spiralen, Quadrate und Dreiecke – lassen an die drei Priesterinnen der ›Jurisprudenz‹ denken. Hatte Klimt 1901 ihre Maske von Schönheit aus der Unterweltsperspektive triebhafter Wahrheit durchstoßen, so anerkennt er hier jedoch die der Natur entfremdete Oberfläche kultivierter Schönheit als gerechtfertigt. Damit endete Klimts radikale kulturelle Sendung, sowie sein narzißtischer Zorn nachließ. Der Gestalter psychischer Enttäuschung und metaphysischen Elends wurde zum Maler des schönen Lebens einer Oberschicht, die in einem Haus von geometrischer Schönheit vom gemeinen Geschick entfernt und abgesondert ist.

Klimts Bildnisse stellen die gesellschaftliche Entsprechung zur ästhetisch-erotischen Utopie des Beethoven-Frieses dar. Denn was ist der noble Sybaritenstil anderes als eine gesellschaftlich konventionalisierte künstlerische Behauptung erfüllter Wünsche? Doch es wäre ein Irrtum, Klimts Rückzug vor dem Sozialen und sein Sich-Entziehen vor dem Psychologischen mit einem künstlerischen Niedergang gleichzusetzen. Ganz im Gegenteil ersann sein neugeordnetes Selbst neue Kunstformen, um sich gegen den Schmerz des Lebens zu wappnen. Die beiden Haupteigenschaften in Klimts neuer Malerei, die immer deutlicher in den Bildnissen, die wir betrachtet haben, hervortreten, sind Abstraktion und Symbolismus. Die Abstraktion befreite die Gefühle aus der konkreten äußeren Wirklichkeit zu einem selbstgestalteten Reich der Form, einer im suchenden Vorgriff geschaffenen idealen Umgebung.[74] Innerhalb dieser größeren strengen tektonischen Formen haben die kleinen leuchtenden Partikel sowohl symbolische wie ornamentale Funktion. Klimt konnte auf diese Weise im Bildnis Adele Bloch-Bauer abstrakt durch diese Partikel widersprüchliche seelische Zustände andeuten, ohne unmittelbar nach seinem früheren Brauch darzustellen, wie diese Zustände empfunden werden. Die Spannung zwischen dynamisch gerollten Spiralen und statisch-eckigen Mosaikstücken, zwischen suggestiven Augen-

* Die Ähnlichkeit der Wirkung dieser Kopfbedeckung mit der von Velázquez' Bildnis der Königin Mariana von Österreich (1646) wurde festgestellt von Alessandra Comini, Gustav Klimt, New York, 1975, S. 15.

formen, schamlippenartig geteilten Ellipsen und neutralisierenden Dreiecken – all diese formalisierten individuellen Elemente erzeugen in ihrer Nebeneinanderstellung den Eindruck einer zurückgehaltenen explosiven Kraft, die in ihrem abstrakten Rahmen erstarrt ist. Wie in der byzantinischen Kunst ist die organische Kraft neutralisiert durch die Verbindung kristalliner Bruchstücke mit der zweidimensionalen Symmetrie des Ganzen.

Wenn Klimt in seiner späteren Periode, wie er es gelegentlich tat, der allegorischen oder Figurenmalerei sich zuwandte, so dämpfte und schönte er die kämpferischen Elemente seiner Themen. Oder, um seine Leistung positiver zu beschreiben, er neutralisierte deren Potential an Angst durch ästhetische Distanzierung. Die gleiche Bahn vom ornamentierten Naturalismus zu ästhetischer Transzendierung, die er in den drei Bildnissen durchschritt (Wittgenstein, Riedler und Bloch-Bauer), findet sich wieder in den drei Ideenbildern: ›Danae‹, ›Der Kuß‹ und ›Tod und Leben‹. Da jedes von ihnen in Bezug zu Themen steht, die Klimt zuvor eindringlich erkundet hat, können sie uns beim Bestimmen der gewandelten Beziehung zwischen Stil und existentieller Haltung in seinem späten Werk helfen.

Beim ›Danae‹-Bild beschwor Klimt noch einmal die Götter Griechenlands, um die Lage des modernen Menschen auszudrücken. Diese späteste von Klimts griechischen Frauengestalten hat nichts mit ihren Vorgängerinnen gemein – mit Athene, Nike, Hygicia oder den Furien, sämtlich androgynen phallischen Weibern. Klimt scheint seine Furcht vor dem Weib überwunden zu haben. Selten sind die Züge erfüllter Sehnsucht glühender dargestellt worden als bei seiner Danae, deren Fleisch von Zeus' goldenem Liebesstrom mit einem honigfarbenen Ton überflutet wird. Klimt hat seinen Frieden gefunden – das Weib bedroht nicht mehr durch Unersättlichkeit, sondern windet sich wonnevoll im Empfangen. Wiederum setzt Klimt zwei Ausdrucksmittel gegeneinander. Während naturalistische Technik verwendet wird, um Danaes hingebende Leidenschaft darzustellen, beherrscht symbolische Gestaltung das Tun. Zu dem goldenen Regen des Mythos fügt Klimt chromosomenartige biologische Formen und schließlich ein Symbol hinzu, das ganz ihm zu eigen ist: das vertikale Rechteck als männliches Prinzip, unnachgiebig eckig und schwarz wie der Tod. Es ist ein kraftvoll dissonantes Element in der Harmonie von Liebe und Reichtum in der Vereinigung.

›Der Kuß‹ führte Klimts goldenen Stil zu seinem Höhepunkt. Dieses in der Kunstschau und seither beliebteste Gemälde Klimts steigert die Intensität der sinnlichen Wirkung durch Ausweiten des symbolischen Feldes auf Kosten des realistischen. Auf dem ›Erfüllungs‹-Bild des Beethoven-Frieses (Abb. 55) und mehr noch bei der ›Danae‹ vermittelten plastische nackte Leiber den erotischen Effekt; beim ›Kuß‹ ist das Fleisch zwar verhüllt, die sinnliche Wirkung jedoch verstärkt durch die gestische liebkosende Linie. Im Gewand wie bei dem Blumengrund, auf dem die Liebenden knien, dienen die ornamentalen Elemente auch als Symbole. Die Gewänder des Mannes und der Frau sind in den Mustern ihrer Ornamente nach dem Geschlecht unterschieden. Das einzelne Rechteck, das bei der ›Danae‹ das Phallussymbol des Zeus ist, vervielfältigt sich beim ›Kuß‹ auf dem Mantel des Mannes, während eiförmige und Blumensymbole das Gewand der Frau beleben. Das sind keine überlieferten Symbole, sondern Erfindungen, die aus dem Reservoir von Klimts Unbewußtem stammen. Die beiden begrenzten Felder geschlechtlicher Symbole werden von einem zitternden Goldgewand, das ihr gemeinsamer Grund ist, zu einer Einheit der Gegensätze verbunden. Klimt hat mit dem ›Kuß‹ im Übergang von einer Kunst der Bewegung und literarischen Anspielung zu einer der statischen Abstraktion die indirekte Aussage der symbolischen Collage verwendet, um noch einmal ein starkes, wenn auch nun harmonisches erotisches Empfinden abzubilden.

Im ›Tod und Leben‹ allerdings ringt Klimt wiederum mit jener Art philosophischer Thematik, die ihn seit der ›Nuda veritas‹, die dem modernen Menschen den Spiegel entgegenhält, immer beschäftigt hat.[75] In Aufbau und Thema ähnelt ›Tod und Leben‹ der ›Medizin‹ mit einer auf der rechten Seite gruppierten Menschenmasse gegenüber einer beherrschenden einzelnen Gestalt auf der linken Seite (vgl. Abb. 46). Bei der ›Medizin‹ ist die schlafwandlerisch treibende schwangere Frau auf der Linken. Die Menschheit in ihrem gewundenen, verwickelten Strom hat den Tod in ihrer Mitte, der Verderben um sich verbreitet. Auf dem Gemälde für die Kunstschau ist der Tod von der Masse abgesondert. Er blickt hinüber zu einer wonnevoll zärtlichen Menschheit. Sie ist jetzt statisch, auf einen farbenfrohen Blumenteppich gebettet. Liebe ist in der Menschheit, der Tod außerhalb ihrer als fremde Gewalt. Die leuchtenden Farben von Klimts gemaltem Mosaik lösen die Spannung des Bildaufbaus in einen gefälligen Kontrast auf. Hatte er in den Bildern für die Universität eine geheimnisvolle atmosphärische Tiefe geschaffen, so bietet er hier lediglich ornamentale Flächenhaftigkeit, die selbst das utopische Behagen anzeigt, zu dem ihn die »Anpassung« an die Realität geführt hat. Schrecken weicht der Sittsamkeit, existentielle Wahrheit einer optimistischen Schönheit.

Klimt war 1908 beim Rückzug vom Trauma seines Zusammenstoßes mit der Gesellschaft als Umstürzler im Psychologischen und Metaphysischen auch zu der malerisch-dekorierenden Funktion zurückgekehrt, mit der er seine Laufbahn in der Ringstraße begonnen hatte. Der Bruch aber, den er mit der Geschichte als Sinngebung und mit dem Realismus der Körperwelt als der eigentlichen Darstellungsart vollzogen hatte, blieb dauerhaft für ihn wie für die Klasse, deren Erwartungen an die Geschichte und Natur sie betrogen hatten. Unwiderruflich war er vom Bereich der Geschichte, der Zeit und des Kampfes in den ästhetischer Abstraktion und gesellschaftlicher Resignation hinübergegangen. Bei seiner Reise nach innen von der Gründung der Secession an hatte Klimt, in der Bildsprache oft von griechischen Mythen geführt, neue Welten der psychologischen Erfahrung eröffnet. Es blieb den jüngeren Geistern der expressionistischen Bewegung überlassen, Klimts Entdeckungen, die er bei seinem ästhetischen Rückzug in die gebrechliche Obhut von Wiens feiner Gesellschaft aufgegeben hatte, zu neuen Tiefen vorzutreiben.

Anmerkungen

1 Christian M. Nebehay, Gustav Klimt, Dokumentation, Wien 1969, S. 84, 88, 97f. (Künftig zitiert als: Nebehay, Klimt).

2 Ver Sacrum, Jg. 1, Nr. 1, Januar 1898, S. 1–3.

3 Die beste Analyse des Hauses der Secession und ihres Architekten gibt Robert Judson Clark, Olbrich and Vienna, in: Kunst in Hessen und am Mittelrhein, Jg. 7, 1967, S. 27–51.

4 J. M. Olbrich, Das Haus der Sezession, Der Architekt, Jg. 5, Januar 1899, S. 5.

5 Wilhelm Schölermann, Neue Wiener Architektur, in: Deutsche Kunst und Dekoration, Jg. 3, 1898–1899, S. 205–210.

6 Zur weiten Verbreitung Nietzsches bei der Wiener Avantgarde-Intelligenz siehe: William J. McGrath, Dionysian Art and Populist Politics in Austria, New Haven 1974, passim.

7 Friedrich Nietzsche, Die Geburt der Tragödie aus dem Geiste der Musik. Abschnitt 8.

8 Die neue Fassung wurde als Gemälde gleichen Formats für Hermann Bahrs Arbeitszimmer 1899 ausgeführt. Siehe: Nebehay, Klimt, S. 198f.

9 Fritz Novotny und Johannes Dobai, Gustav Klimt, Salzburg 1967, S. 70.

10 Die ausführlichste Darstellung der Kontroverse bietet Alice Strobl, Zu den Fakultätsbildern von Gustav Klimt, in: Albertina-Studien, Jg. 2, 1964, S. 138–169. Hermann Bahr, Gegen Klimt, Wien 1903, liefert eine wertvolle Quellensammlung.

11 Nebehay, Klimt, S. 208.

12 Peter Vergo, Gustav Klimts ›Philosophie‹ und das Programm der Universitätsgemälde, in: Mitteilungen der Österreichischen Galerie, Jg. 22/23, 1978–1979, S. 94–97.

13 Mahler nannte seine Dritte Symphonie nach Nietzsches Werk ursprünglich ›Die fröhliche Wissenschaft‹. Eine vorzügliche Werkanalyse und die Rolle Mahlers als »übermusikalischer Kosmologe« im Zusammenhang des österreichischen Nietzsche-Kults bei McGrath, Dionysian Art, S. 120–162. Siehe auch Henry-Louis de La Grange, Mahler, New York 1973, Bd. 1, S. 806f.

14 Friedrich Nietzsche, Also sprach Zarathustra, Teil IV, Das trunkne Lied, bes. die Abschnitte 8 und 10, das Lied der Mitternacht wird Abschnitt 12 wiederholt.

15 Die Petition ist teilweise abgedruckt in Strobl, Albertina-Studien, Bd. 2, S. 152–154.

16 Ebd., S. 153.

17 Emil Pirchan, Gustav Klimt, Wien 1956, S. 23.

18 Neue Freie Presse, 30. März 1900; 28. März 1900, in: Bahr, Gegen Klimt, S. 27, 22f.

19 Otto Neurath, Le Développement du Cercle de Vienne, Paris 1935, S. 40.

20 Albert Fuchs, Geistige Strömungen in Österreich, 1867–1918, Wien 1949, S. 147–155.

21 Die Fackel, Nr. 36, März 1900, S. 16–19.

22 »Wir kämpfen nicht gegen die nackte und nicht gegen die freie Kunst, sondern gegen die häßliche Kunst.« Das Interview und ein weiteres mit Franz Exner bei Bahr, Gegen Klimt, S. 22f. Franz Exner, Physiker, und sein bedeutenderer Bruder, der Physiologe Sigmund Exner, Söhne eines berühmten österreichischen Schulreformers von 1848, waren Gegner Klimts, vermutlich aus liberal-rationalistischer Überzeugung.

23 Bahr, Gegen Klimt, S. 27f.
24 Max Dvorak, Gesammelte Aufsätze zur Kunstgeschichte, München 1929, S. 291. Dvoraks Nachrufe auf Riegl (S. 277–298) und Wickhoff (S. 299–312) würdigen deren Bedeutung vorzüglich.
25 Franz Wickhoff, Die Bibliothek Julius II., in: Jahrbuch der preußischen Kunstsammlungen, Bd. 14, 1893, S. 49–64.
26 ›Was ist häßlich?‹ Der Vortrag ist nicht in Wickhoffs gesammelten Aufsätzen erschienen. Mein Referat stützt sich auf den ausführlichen Bericht des Fremdenblatts vom 15. Mai 1900, bei Bahr, Gegen Klimt, S. 31–34 nachgedruckt.
27 Richard Charmatz, Österreichs innere Geschichte von 1848 bis 1907, 2. Aufl. Leipzig 1911–1912, Bd. 2, S. 153, 195.
28 Eine allgemeine Übersicht zu Koerbers Amtsführung siehe: ebd., Bd. 2, S. 139–159. Den politischen Hintergrund und den konstitutionellen Charakter des Kabinetts behandelt ausführlich Alfred Ableitinger, Ernest von Koerber und das Verfassungsproblem im Jahre 1900, Wien 1973. Aufschlußreich für die Ursprünge und wirtschaftlichen Gesichtspunkte sind die Memoiren von Rudolf Sieghart, Die letzten Jahrzehnte einer Großmacht, Berlin 1932, S. 34–51, 56–60. Alexander Gerschenkron, An Economic Spurt That Failed, Princeton 1977, sieht das vielversprechende wirtschaftspolitische Programm sabotiert von Boehm-Bawerk, verkennt dabei die kulturelle Seite.
29 Berta Szeps-Zuckerkandl, Ich erlebte fünfzig Jahre Weltgeschichte, S. 176f.; dies., Wiener Geschmacklosigkeiten, in: Ver Sacrum, Jg. 1, Nr. 2, Februar 1898, S. 4–6.
30 Allgemeines Verwaltungsarchiv, Protokoll des Kunstrates vom 16. Februar 1899.
31 Jahrbuch der kunsthistorischen Sammlungen des Allerhöchsten Kaiserhauses, Beilage zum 15. und 16. Bd., 1895.
32 Wickhoff in einem (nicht identifizierten) Brief an Riegl, zitiert bei Dvorak, Ges. Aufsätze, S. 309.
33 Hans Ostwald, Otto Wagner. Ein Beitrag zum Verständnis seines künstlerischen Schaffens, Diss. ETH Zürich, Baden (Schweiz) 1948, S. 24.
34 Siehe z. B. Allgemeines Verwaltungsarchiv, Protokoll des Kunstrates 1899, S. 4; ebd., 1900, S. 9f.
35 Die Protokolle des Kunstrates enthalten schlagende Beispiele für die Tatkraft und Aufrichtigkeit, mit welcher Wagner, Moll und Roller sich für die Interessen der modernen Künstler einsetzten. Vgl. z. B. Allgemeines Verwaltungsarchiv, Protokoll des Kunstrates vom 16. Februar 1899 und vom 12. Mai 1900, das Memorandum von Alfred Roller für den Unterrichtsminister von Hartel vom Oktober 1901 zum Aufbau der Modernen Galerie und ihrer Sammlung. Zum Druck, den wegen modernen Künstlern die Secession im Kunstrat öffentlich ausübte, siehe: Ver Sacrum, Jg. 3, 1900, S. 178. Einer der geringeren Chargen des Ministeriums gibt in seinen Memoiren eine etwas neiderfüllte Ansicht von Kungelei und Beuteteilung im Rat; er bestätigt aber weitgehend den Erfolg der Bewegung der modernen Kunst als Pressure Group im Verwaltungsapparat. Vgl. Max von Millenkovich-Morold, Vom Abend zum Morgen, Leipzig 1940, S. 203–205. Zu Bestallungen von Künstlern mit Akademieprofessuren siehe Peter Vergo, Art in Vienna, 1898–1918, New York 1975, S. 129f.
36 Strobl, Albertina-Studien Bd. 2, S. 153.
37 Zitiert bei Bahr, Gegen Klimt, S. 35. Zur Stellung des Deutschen Volksblatts zwischen deutschnationalem und christlich-sozialem Antisemitismus siehe: William A. Jenks, Vienna and the Young Hitler, New York 1960, S. 126ff.
38 Eine schöne Interpretation der ›Medizin‹: Franz Ottmann, Klimts ›Medizin‹, in: Die Bildenden Künste, Jg. 2, 1919, S. 267–272.
39 Zitiert bei Bahr, Gegen Klimt, S. 59.
40 Siehe J. J. Bachofen, Versuch über die Gräbersymbolik der Alten, Gesammelte Werke,

Basel 1943 ff., Bd. 4, 166–168. Ich bin nicht sicher, ob Klimt seine sorgfältige Ikonographie der Hygieia und der Schlange nach Bachofen entwickelt hat.

41 Bahr, Gegen Klimt, S. 41–59.

42 Eine Probe der Pressekritik ebd., S. 41–59.

43 Ebd., S. 47–49.

44 Zitiert bei Strobl, Albertina-Studien, Bd. 2, S. 168, Anm. 87. Von Hartel beruft sich stolz darauf, daß Klimt bei der Pariser Weltausstellung 1900 eine Goldmedaille gewonnen hat.

45 Ebd., S. 154.

46 Kunstchronik Bd. 13, 1901–1902, S. 191 f. notierte, daß man die Ernennung erwarte, die aber nie erfolgte. Siehe auch: Novotny und Dobai, Gustav Klimt, S. 386.

47 Friedrich Jodl, Über Bedeutung und Aufgabe der Ästhetik in der Gegenwart, in: Literaturblatt der Neuen Freien Presse, 20. April 1902, S. 36–40.

48 Die ausführlichste Behandlung der Schlußphase der Ernennung, der ich hier im wesentlichen folge, gibt Kurt R. Eissler, Ein zusätzliches Dokument zur Geschichte von Freuds Professur, in: Jahrbuch der Psychoanalyse, Jg. 7, 1974, S. 101–113.

49 Theodor Gomperz, Ein Gelehrtenleben im Bürgertum der Franz-Josefs-Zeit, hg. von Heinrich Gomperz und Robert A. Kann, Österr. Akad. d. Wiss., Phil.-hist. Klasse, Sitzungsberichte, Bd. 295, 1974, S. 15, 70–72.

50 Ernest Jones, The Life and Work of Sigmund Freud, New York 1953, Bd. 1, S. 55 f.

51 Briefe Freuds an Elise Gomperz vom 25. November und 8. Dezember 1901, an Wilhelm Fliess vom 11. März 1902, in: Eissler, Jahrbuch 1974, S. 104. Freud wußte möglicherweise nicht, daß Theodor Gomperz' Beziehungen zu Hartel durch frühe akademische Rivalität etwas getrübt waren und daß Gomperz, so sehr er Freuds Übersetzerarbeit geschätzt haben mag, dessen therapeutische Methoden bei der Behandlung seiner Frau mit Mißtrauen ansah. Zu ersterem siehe: Gomperz, Gelehrtenleben, S. 70 f., 309 f. und den etwas kühlen Nachruf auf Hartel, den Gomperz für die ›Neue Freie Presse‹ schrieb, 16. Januar 1907, zitiert in: Gomperz, Gelehrtenleben, S. 412 f.; zu Gomperz wachsendem Zweifel an Freuds Hypnose- und Gesprächstherapie in den Jahren 1893 und 1894, ebd., S. 170, 234–237, 251. Diese Zweifel teilte Frau Gomperz nicht, die sich für Freud einsetzte, aber durch ihren Gatten den Minister nicht in Bewegung zu setzen vermochte.

52 Ich folge hier der zwingenden Begründung Eisslers, Jahrbuch 1974, Bd. 7, S. 106 bis 108.

53 Brief an Fliess vom 11. März 1902, Briefe.

54 Siehe Strobl, Albertina-Studien, Bd. 2, S. 161–163; Nebehay, Klimt, S. 321–326.

55 Das Datum ermittelt Dobai aufgrund von Stilmerkmalen, Novotny und Dobai, Klimt, S. 330.

56 Zu Toorop bei der Ausstellung der Secession 1900 siehe: Heves, Acht Jahre, S. 241, zur ›Rechtswissenschaft‹ insgesamt S. 444–448; zu Toorop und Klimt S. 449 f. Vgl. den Artikel über Toorop in: The Studio, Bd. 1, 1893, S. 247 mit Abbildungen von Toorops ›Die drei Bräute‹.

57 Siehe die erhellende Einleitung zu Aeschylus, The Oresteia, (ins Englische) übers. und eingeleitet von Robert Fagles, New York 1975, passim, bes. S. 3–13, 60–85.

58 Die Gestalt der ›Medizin‹, auf der ›Goldfisch‹ beruht, wurde in dem Abb. 46 reproduzierten Endstadium übermalt. Siehe: Novotny und Dobai, Klimt, Tafel 124, S. 325; Nebehay, Klimt, S. 260.

59 Hevesi, Acht Jahre, S. 446.

60 Novotny und Dobai, Klimt, S. 325.

61 Nebehay, Klimt, S. 346.

62 Kurt Blaukopf, Gustav Mahler, Wien 1969, S. 194 f.

63 Gewöhnlich nimmt man einen Einfluß Hodlers für den Entwurf des Chors an. Siehe: Vergo, Art in Vienna, S. 74 f.; Nebehay, Klimt, S. 334 und Abb. 406, 408.

64 Ich danke Ann Douglas für den Hinweis auf die Parallele zu Yeats und ihren Ausdruck in ›Sailing to Byzantium‹; siehe die Interpretation von Richard Ellman, Yeats, The Man and the Masks, New York 1948, Kap. 16.

65 Nebehay, Klimt, S. 495.

66 Rupert Feuchtmüller und Wilhelm Mrazek, Kunst in Österreich, 1860–1918, Wien 1964, S. 109–122; Österreichisches Museum für Angewandte Kunst, Die Wiener Werkstätte (Katalog), Wien 1967, S. 11–16.

67 Das Haus Stoclet ist eines der wenigen wienerischen Gebäude dieser Epoche, die umfassend analysiert wurden. Siehe: Eduard I. Sekler, The Stoclet House by Josef Hoffmann, in: Essays in the History of Architecture Presented to Rudolf Wittkower, London 1967, S. 228–244.

68 Die mykenische Inspiration der Spiralen und des Goldes im Stoclet-Fries betonte Jaroslav Leshko, Klimt, Kokoschka und die mykenischen Funde, in: Mitteilungen der österreichischen Galerie, Bd. 12, 1969, S. 21–23, aber er anerkennt das Übergewicht des Beispiels Ravenna.

69 Ich verdanke diese Beobachtung Dr. Charles Kligerman bei einem Klimt-Gespräch im ›Kohut Symposium on History and Psychoanalysis‹, Chicago, 2. Juni 1973.

70 Ver Sacrum, Jg. 1, Nr. 1, Januar 1898, S. 5.

71 Katalog der Kunstschau 1908, Wien 1908, S. 23.

72 Ebd., S. 4, 3.

73 Josef-August Lux, in: Deutsche Kunst und Dekoration, Bd. 23, 1908–1909, S. 44. »Eine Verherrlichung Klimts, die mir gerecht zu sein scheint. Klimt ist der künstlerische Höhepunkt.«

74 Zur Diskussion einer ähnlichen Entwicklung in der symbolistischen Malerei siehe: Robert Goldwater, Symbolic Form: Symbolic Content, in: Problems of the 19th and 20th Centuries. Studies in Western Art. Acts of the International Congress of the History of Art, IV, 1963, S. 111–121.

75 Der Zeitpunkt des Entwurfs ist nicht bekannt. Dobais Katalog bestimmt ihn »vor 1911, überarbeitet 1915«. Siehe: Novotny und Dobai, Klimt, S. 357 f. In anderen philosophischen Bildern seiner letzten zehn Jahre wie ›Mädchen‹ 1913, ›Die Braut‹ 1917–1918, ›Der Säugling‹ 1917–1918, ›Adam und Eva‹ 1917–1918 unterdrückt Klimt ähnlich die unerfreulichen Seiten des Lebens. Sein letzter Stil, den heiter ornamentale Farbe und handfeste Blumen-, Pflanzen- und menschliche Formen kennzeichnen, liegt außerhalb unserer Betrachtung.

VI
DIE VERWANDLUNG DES GARTENS

»Es ist hart, sich mit einer herrschenden Gesellschaft herumzuschlagen, aber härter, eine nicht vorhandene postulieren zu müssen.«[1] Diese Worte Hugo von Hofmannsthals führen ins 20. Jahrhundert, in welchem der europäische Geist die Fähigkeit verlor, zufriedenstellende Utopien zu entwerfen. Früher, im Kielwasser der Französischen Revolution, hätten die meisten Schriftsteller Hofmannsthals Urteil umgekehrt. Sie fanden es härter, sich mit einer herrschenden Gesellschaft herumzuschlagen, als die Umrisse einer idealen Gesellschaft zu skizzieren.

Solange der Künstler sich seiner Wertvorstellungen bewußt war und sicher sein konnte, daß sie die Zustimmung und Unterstützung seiner Gesellschaft fanden, wenn auch ohne durchdringende Macht in ihr, konnte die gesellschaftliche Wirklichkeit als Amboß dienen, auf dem er seine poetischen Kunstgebilde erschuf. Als die geschichtlichen Erwartungen jedoch von den Ereignissen enttäuscht oder die Wertvorstellungen der Künstler, der gesellschaftlichen Unterstützung beraubt, abstrakt wurden, gewann Hofmannsthals Schwierigkeit, eine nicht vorhandene Gesellschaft zu postulieren, den Vorrang über die vertrauteren Schwierigkeiten, mit der herrschenden Gesellschaft kämpfen zu müssen. Die Rolle des Künstlers neu zu bestimmen, war unausweichlich geworden: er hatte nicht lediglich das Verhältnis von traditionell anerkannten Werten zur gesellschaftlichen Wirklichkeit auszusprechen, sondern der Wahrheit für die Menschheit Ausdruck zu geben, die an der Gesellschaft als solcher verzweifelte. Die einzelnen Schritte beim Hervortreten dieser Aufgabe der Literatur im Verhältnis zur Gesellschaft sind das Thema dieses Essays, und das Beobachtungsfeld ist die Kultur des liberalen Österreich.

Wo immer die Künstler in Europa sich der schweren Aufgabe widmeten, gegen eine herrschende Gesellschaft anzukämpfen, wie es im 19. Jahrhundert häufig geschah, entstand ein sozialer Realismus als vorwiegende literarische Stilrichtung. Ein verläßlich klares Bild von der Natur und der Bewegung der Gesellschaft war die notwendige Bedingung, um mit ihr im Streben nach Glück und Menschenwürde kämpfen zu können. Je nach der kritischen Position des Verfassers konnte sein Held in einen tödlichen Kampf mit seiner Gesellschaft verstrickt werden wie Stendhals Julien Sorel, oder von ihr geformt und eingeschränkt werden wie Émile Zolas Nana; in jedem Fall bedeutete der soziale Realismus eine Integration von Charakter und Umwelt. Die Besorgnis über die Lage des Menschen beleuchtete den Zustand der Gesellschaft, die genaue Zeichnung des sozialen Milieus erklärte den jeweiligen Zustand des Menschseins. Die Durchdringung von Charakter und Schauplatz, von individueller und historischer Umgebung ist, wie Erich Auerbach es so anschaulich bewiesen hat, das Kennzeichen des Realismus.[2] Je eingehender und weiterreichend der Schriftsteller die gesellschaftliche Struktur herausarbeitet, desto angemessener ist die Bezeichnung ›sozialer Realismus‹. Im 19. Jahrhundert nähert diese Tendenz im Roman sich schließlich bei Zola der rein soziologischen Untersuchung.

Im Vergleich zu anderen Ländern von bedeutender literarischer Produktivität blieb Österreich im 19. Jahrhundert als einziges fast unberührt von der Bewegung des sozialen Realismus. Die meisten Schriftsteller, die man dieser Richtung zuordnen könnte, blieben so gut wie völlig unbekannt außerhalb Österreichs. Dabei hat sowohl die fortdauernde Macht der barocken Tradition der Phantasie wie das Scheitern der österreichischen Mittelschicht, sich in Unabhängigkeit zum Adel zu entwickeln, die Entfaltung eines sozialen Realismus geschwächt. Die österreichische Literatur fand jedoch andere Mittel, die Schwierigkeit, kulturelle Werte auf eine im Übergang begriffene Gesellschaftsordnung zu beziehen, wiederzugeben. Das Bild des Gartens war solch ein Mittel. Seit uralter Zeit war der Garten ein Spiegel des Paradieses, an welchem der Mensch seinen zeitlichen Zustand maß. Da es an entscheidenden Punkten in der Entwicklung der österreichischen Literatur auftritt, hilft es uns, die gleichzeitigen Etappen im Verhältnis von Kultur und Sozialstruktur, von Utopie und Wirklichkeit zu kennzeichnen. Innerhalb seiner engen Grenzen vermag der Garten die wechselnde Ansicht von Österreichs gebildeter Mittelschicht bei der sich nähernden Auflösung des alten Reiches einzufangen und widerzuspiegeln.

I

Adalbert Stifter veröffentlichte im Jahre 1857 seine ›Erzählung‹ ›Der Nachsommer‹, die im allgemeinen als das Meisterwerk des österreichischen Realismus gilt, konzipiert als Antwort auf die gesellschaftlichen und politischen Probleme seiner Zeit. Diese Probleme werden jedoch nie offen in diesem Buch genannt, und die geschichtliche Bewegung der Gesellschaft wird nicht geschildert außer in leichten Anspielungen und auf die entfernteste Weise. Stifter liefert keine Symptombeschreibung der Übel, an denen die Gesellschaft leidet. Er schreitet unmittelbar zur Heilung. Die Heilung besteht in *Bildung*, dem Ausbilden des Charakters in einem ganzheitlichen Sinne. ›Der Nachsommer‹ ist ein utopischer Bildungsroman, erbaut aus realistischen Elementen.

Stifter, der 1805 geboren wurde, erwarb seine Wertbegriffe und Ansichten in den ruhigen Jahren vor dem Sturm von 1848. Die Revolution wurde für ihn, einen vergleichsweise unpolitischen Liberalen des Biedermeier, einen »Mann des Maßes und der Freiheit«[3], zu einer entscheidenden Erfahrung, einer Krise des Vertrauens in die Natur des Menschen. Stifter hat wie so viele seiner Zeitgenossen die Revolution zuerst begrüßt, ehe er beim Zusammenbruch der Ordnung erschauernd zurückschrak. Da er die Politik für einen Bereich der Sittlichkeit hielt, verstand er die Zerstörung der Ordnung nicht als Ergebnis geschichtlicher oder gesellschaftlicher »Kräfte«, sondern als Folge entfesselter menschlicher Leidenschaften. Nach der klassischen Art der Kantianer hielt Stifter die Ordnung, die Beherrschung der Leidenschaften beim einzelnen Menschen wie im Staate für unerläßlich und für eine Bedingung von Freiheit. »Darum verlangt gerade die echte Freiheit die meiste Selbstbeherrschung, die Bändigung seiner Begierden. (...) Die vorzüglichsten und einzigen Feinde der Freiheit sind daher alle diejenigen Menschen, welche mit heftigen Begierden und Neigungen behaftet sind, die sie immer, auf jedem Wege, der ihnen einfällt, befriedigen möchten.«[4] Stifters politische Analysen sind ihrer Form und ihrem Inhalt nach von Moralpredigten nicht zu unterscheiden. In der gleichen Weise, in der er romantische Dichter mißachtete, weil sie heftige Gemütsbewegungen im Menschen entfesselten, fürchtete er politische Radikale:

»Mißtraut euren Drängern, die euch mit unermeßlicher Freiheit und mit ewigen goldenen Gütern zu überhäufen versprechen, sie sind meistens durch die Gewalt ihrer Affecte herabgekommene Menschen, die nun wieder von ihren Affecten getrieben werden, sich großen Spielraum und große Befriedigung zu erwerben, um, wenn sie ihn haben, wieder herab zu kommen und alle Die mitzureißen, die ihnen vertrauten.«[5]

Chaos in der Politik war die Folge individueller Leidenschaft. Ihr Heilmittel muß deshalb persönliche Selbstdisziplin sein. Nur sittliche Menschen vermögen freie Einrichtungen aufrechtzuerhalten, behauptete Stifter. Da die Menschen die sittliche Reife nicht erlangt hatten, die sie der Freiheit fähig machen konnte, zerstörte die Revolution gerade die Freiheit, die sie zu verwirklichen strebte. Stifter übersetzte die Lektion, die ihm die Erfahrung der Revolution erteilt hatte, in die traditionelle Sprache des deutschen Humanismus, die Sprache Schillers und Wilhelm von Humboldts. Zwar:

»Das Ideal der Freiheit ist auf lange Zeit vernichtet« durch die Revolution, aber Stifter verzweifelte nicht: »Wer sittlich frei ist, kann es staatlich sein, ja ist es immer; den andern können alle Mächte der Erde nicht dazu machen. Es gibt nur eine Macht, die es kann: Bildung.«[6]

Bildung war kein leeres Wort für Stifter. Er widmete sich als Bürger wie als Künstler nach 1848 der Aufgabe, sie unter seinen Mitmenschen zu verbreiten, um sie geistig und sittlich auf die Freiheit vorzubereiten. Vor der Revolution war Stifter als Hauslehrer wohlhabender Familien (einschließlich der Metternichs) tätig gewesen, danach wandte er sich der öffentlichen Erziehung zu. Tätig nahm er Anteil an der großen Reform des Schulwesens unter Graf Leo Thun*, 1848 und 1849 durch Beiträge zur öffentlichen Diskussion und zur politischen Planung, danach als Schulrat. Seine Auffassung von der Schulbildung war wohl liberal, trug aber auch das Gepräge der Benediktinertradition, in welcher er selbst erzogen worden war: Stifter rang um eine Einheit von Verstand und Herz, von Wissen und Tun, von Vernunft und Anmut. Sein altmodischer, politisch konservativer Humanismus führte paradoxerweise in seiner Theorie der Erziehung zu demokratischen Konsequenzen. Die wichtigste pädagogische Aufgabe des Staates – und in der Tat seine bedeutendste Aufgabe überhaupt – lag für ihn in der Erziehung der Massen. Stifter nahm die wachsende Neigung der modernen Gesellschaft, welche die Intellektuellen selbst förderten, die Menschen in »Wissende« und »Nichtwissende« einzuteilen, wahr und verurteilte sie. Erziehung sollte die Menschheit zusammenschweißen und nicht trennen. Gerade Stifters Angst vor den Massen führte ihn zu der demokratischen Schlußfolgerung, daß die Volksschule eine höhere unmittelbare Bedeutung hat als das Gymnasium wie auch die Universität. Durch die Volksschulbildung konnte und sollte das Volk sittlich ebenso wie geistig gebildet werden. Das persönlich erfüllte Leben und das gesellschaftlich nützliche Leben wuchsen auf einem Halm. »Was uns durch das ganze deutsche Land noth thut, ist Karakter, ich glaube, daß felsenfeste Ehrenhaftigkeit... und felsenfeste Gründlichkeit jetzt mehr und nachhaltiger wirken würden, als Gelehrsamkeit und Kenntnisse«,[7] schrieb er einem Freunde im Juni 1848. Bildung muß demnach nicht lediglich die Fähigkeiten des Verstandes fördern, sondern eine umfassende Entwicklung des Charakters.

Die Tugend des Lernens war damit gewiß nicht so wichtig wie das Erlernen der Tugend. Bildung, ein Begriff, der zunehmend jene erworbene hohe Kultur bezeichnete, die dem, der sie besitzt, einen gesellschaftlichen Rang, ja Anmut und Liebenswürdigkeit verleiht, bedeutete noch für Stifter eine reichere Zusammensetzung von Eigenschaften, aus denen eine ganze und ausgeformte Persönlichkeit besteht.

Um seine Vorstellung von Bildung zu veranschaulichen und zu verbreiten, die sich aus benediktinischer Weltfrömmigkeit, deutschem Humanismus und

* Zu Graf Thun und seiner Rolle bei der Universitätsplanung siehe oben, S. 36–38.

Konventionen des Biedermeier zusammensetzte, schenkte Stifter der Welt seinen Roman ›Der Nachsommer‹. Hatte sich die Übernahme eines Amtes im Schulwesen aus seiner politischen Anschauung ergeben, so bedeutete sein Wirken als Künstler eine Ausdehnung seiner erzieherischen Absichten. Stifter ließ keinen Zweifel an dem didaktischen Ziel des ›Nachsommers‹: »Ich habe wahrscheinlich das Werk der Schlechtigkeit willen gemacht, die im Allgemeinen mit einigen Ausnahmen in den Staatsverhältnissen der Welt, in dem sittlichen Leben derselben und in der Dichtkunst herrscht. Ich habe eine große einfache sittliche Kraft der elenden Verkommenheit gegenüber stellen wollen.«[8]

In seiner negativen Absicht – die »elende Verkommenheit« seiner Zeit zu bekämpfen – war Stifter einig mit seinem großen französischen Zeitgenossen Gustave Flaubert. Dieser veröffentlichte seinen bitteren Bildungsroman, ›L'éducation sentimentale‹ (1869) nur zwölf Jahre nach dem ›Nachsommer‹. Dem modernen Leser scheint jedoch ein Jahrhundert historischer Analyse der Gesellschaft zwischen diesen beiden Werken zu liegen. Das strategische Ziel Flauberts in seinem Feldzug gegen die gesellschaftliche Wirklichkeit besteht nicht lediglich darin, die chaotische unbeständige Bewegung der Gesellschaft aufzuzeigen, sondern auch zu erweisen, daß sie jeden idealistischen Widerstand wie ein chemisches Ätzmittel auflöst. Die »Erziehung« des Frédéric Moreau ist eine Erziehung der Entzauberung: die Arbeit des Verstandes zerstört den Besitz des Herzens, und die Erfahrung erweist die Nichtigkeit aller Ideale. Flauberts »Realismus« klagt die Gesellschaft dadurch an, daß er sie unmittelbar darstellt und seine eigenen normativen Werte vor dem Leser verbirgt. Stifters Strategie verfährt umgekehrt: er klagt das Chaos der zeitgenössischen Wirklichkeit dadurch an, daß er es nicht zur Kenntnis nimmt. Aus erkennbarem wirklichem gesellschaftlichem Material errichtet er eine wohlgeordnete Umgebung, in welcher eine immanente Idealität dem Helden langsam deutlich gemacht wird. Durch ein sorgfältiges und großzügiges Ausbilden seines Wesens, von Geist und Herz, wächst Stifters Held in ein Leben der Erfüllung. In Stifters fingierter Gesellschaft ebenso wie in seinem »gebildeten Menschen« vereinen sich Intelligenz und Gefühl, Wahrheit und Güte und schließen einander nicht aus wie in Flauberts Gesellschaft.

Der realistische Roman hat sein Zentrum in der wechselseitigen Bestimmung und Ergänzung von Charakter und Umwelt. Der Beginn von Flauberts ›L'éducation sentimentale‹ skizziert diese Integration für das unglückliche Kind der Illusion, Frédéric Moreau. Ein Seine-Dampfschiff läßt fahrbereit seinem Schlot dicke Rauchwolken sich entwälzen, die Passagiere eilen an Bord und behindern sich gegenseitig »in überstürzter Hast. Fässer, Taue, Reisekörbe sperrten den Durchgang. Die Schiffsmannschaft gab niemandem Auskunft.« Als das Dampfschiff ablegt, reißt auch die chaotische, rastlose, kommerzielle Gesellschaft, die es darstellt, Moreau mit sich fort. Nachdem die Taue gelöst sind, wird er sich an eine Welt illusorischer Liebe, scheinbarer Kunst und korrupter Politik hängen, die ihn hinunterziehen wird. Auf dem lärmenden, zischenden Dampfschiff steht er diesen Seiten der Welt zum ersten Mal gegenüber, und zwar angemessenerweise in Bewegung, im Übergang. Auf den wenigen lebhaften ersten Seiten zeigt Flaubert den bildsamen Romantiker Frédéric Moreau schon erfaßt und geformt von den kraftvollen und glatten Fangarmen der modernen französischen Umwelt.[9]

Um seiner Zeit eine »große einfache sittliche Kraft« entgegenzustellen, bezog Stifter den Helden und seine Umwelt nicht weniger aufeinander als Flaubert. Im ersten Kapitel des ›Nachsommers‹ schildert der Held, Heinrich Drendorf – er ist der in der Ichform Erzählende, sein Name wird nur selten genannt –, sein positives Reagieren auf seine frühe Erziehung, aber Stifter gestattet schon dem Titel, ›Der Haushalt‹, den Vorrang der Umwelt widerzuspiegeln. Wie beim Beginn von Flauberts Roman dient die Beschreibung der ökonomischen Umwelt als Schlüssel für die sozialen und geistigen Bedingungen, die den Helden bilden werden. Das lärmige, dampfzischende Flußschiff Flauberts als Symbol der rastlosen, spekulierenden, kapitalistischen Gesellschaft hat eine gegensätzliche Entsprechung in Stifters Roman: den geordneten Haushalt des Vaters Drendorf. In diesem Hauswesen sind die kommerzielle Unternehmung alten Stils und ein biederes Familienleben glücklich vereint unter der besonnenen Gerechtigkeit des Vaters und Meisters. Die Atmosphäre ist das genaue Gegenteil von der auf Flauberts Schiff: Gediegenheit, Beständigkeit, Heiterkeit und Ordnung. Das soziale und physische Milieu dient Stifters Held als Vorhalle zu einem geordneten Leben und seinem Leser als eine Art verwirklichter ›praeparatio evangelii‹.

Heinrich Drendorf beginnt seine Erzählung mit dem lapidaren Satz: »Mein Vater war ein Kaufmann«. Wohnung und Geschäftsräume waren unter einem Dach. Die Angestellten aßen am Tisch des Meisters als Mitglieder einer erweiterten Familie. Das Ethos der Vaterschaft leitete das Verhalten des älteren Drendorf als Unternehmer. Das Gegenstück ist gleicherweise wahr: Drendorfs frühkapitalistische Ethik bestimmte seine Ausübung der väterlichen Gewalt. Er verwaltete seine Familie und seinen Haushalt, man könnte sagen, wie ein Geschäft zu der Zeit, als Ehrlichkeit, Sparsamkeit, Einfachheit und strenge persönliche Verantwortlichkeit die grundlegenden wirtschaftlichen Tugenden waren. Jeder einzelne hatte die ihm zugewiesenen Pflichten im Haushalt. Zeit und Raum waren genau unterteilt und geordnet in der Weise, daß jeder Teil eine besondere Aufgabe erfüllte. Heinrichs Mutter, eine warmherzige und gutartige Frau, die ihren Kindern ein mehr dem natürlichen Antrieb folgendes Leben gestattet hätte, erzwang »aus Furcht vor dem Vater« die vom Herrn des Haushaltes zugewiesenen Aufgaben. Die wohlgeordnete Umwelt war der Schlüssel zu einer wohlgeordneten Seele, und beide zusammen bildeten eine wohlgeordnete Welt.

Heinrichs Vater faßte seine Lebensanschauung in dem Grundsatz zusammen: »Jedes Ding und jeder Mensch könne nur eines sein, dieses aber muß er ganz sein«. Auf der Basis dieses Grundsatzes der Spezialisierung wurde den

Kindern der Geist »strenger Genauigkeit« eingeprägt, der seinerseits die Basis einer zu einem Leben persönlicher Erfüllung führenden Charakterbildung wurde. Größe lag für diese Anschauung nicht im Außergewöhnlichen oder Hervorragenden, sondern im Regelmäßigen und Vollkommenen.

Selbstdisziplin und Selbstvertrauen waren die Haupttugenden, welche der Vater seinem Sohn einschärfte. Klassische Tugenden des Bürgertums, die in eine Welt des Biedermeier übertragen wurden, bildeten für Stifter das charakterliche Wesen der Bildung. Es waren genau die Tugenden, die Robinson Crusoe, nachdem er den vernünftigen Rat seines Vaters in den Wind geschlagen hatte, in einem, wie er sagte, »Leben voll Elend« zu erwerben hatte.[10]

Aus kindlicher Hingabe und Willigkeit, die Werte seines Vaters sich zu eigen zu machen, nahm Heinrich Drendorf nicht lediglich seines Vaters Stellung ein, sondern bereitete sich auf eine umfassendere Selbsterfüllung und eine weitere Bildung vor. Stifter wollte in der Tat zeigen, daß es ein edleres Leben gab als das des aufrechten Bürgers alter Schule: ein Leben der Wissenschaft, der Kunst und der höheren Bildung. Heinrich wurde erzogen und ermutigt, über seinen Vater hinauszuwachsen, es aber dadurch zu tun, daß er auf seinem väterlichen Erbe aufbaute, statt es zu verwerfen.

›Der Nachsommer‹ steht am Kreuzweg der Generationsbeziehungen in der österreichischen Bourgeoisie um die Mitte des 19. Jahrhunderts. Sollen die Söhne das Erbe der Väter antreten oder aus sich heraus eine neue Welt schaffen? Das bloße Vorhandensein einer solchen Frage bedeutet, daß die Gesellschaft sich in einer Krise befindet. Vor den achtziger Jahren des 19. Jahrhunderts war es nicht zu einer brennenden Streitfrage geworden, und wenn es das tat, wurde auch das Wesen und die Aufgabe der höheren Bildung in Frage gestellt. Stifter war der erste, der das Problem, wenn auch sanft, überhaupt erörterte. Er vermochte eine überzeugende Lösung zu skizzieren in einer Perspektive, in welcher utopische und realistische Elemente noch hinlänglich vereinigt werden konnten.

Im Leben der Drendorfs wurde soziale Mobilität noch mit geistigem Wachstum gleichgesetzt, und Bildung erschien als Ausweitung bürgerlicher Tugend. Der ältere Drendorf, der offensichtlich keine förmliche höhere Bildung genossen hatte, zeigte doch starkes geistiges Interesse. Er pflegte Bildung im gleichen Geiste und auf die gleiche Weise zu erwerben, mit welcher er Besitz erwarb, und der Autor achtet ihn um dessentwillen. So hielt Drendorf seine Bücher in Schränken verschlossen, deren Glastüren mit grünen Seidenvorhängen bespannt waren, damit das Zeigen der goldenen Rückentitel nicht als eitle Schaustellung erscheine. Als seine Einkünfte es ihm erlauben, ein heitereres Haus in der Vorstadt zu erwerben, war Heinrichs Vater weniger scheu im Dokumentieren seiner höheren Bildung. Er richtete nicht nur eine geräumige Bibliothek ein (deren grüne Seidenvorhänge anscheinend vergessen wurden, als die Familie das »alte finstere Stadthaus« verließ), sondern widmete auch den Bildern einen eigenen Raum. Da er seinem für das 19. Jahrhundert typischen Geschmack für das private Museum frönte, stellte er im besten Licht eine Staffelei auf, um darauf jedes Gemälde sich zum Betrachten und Studieren vornehmen zu können. Man fühlt sich an den Grundsatz des heiligen Augustinus erinnert, »nutzen, nicht genießen«: Heinrichs Vater schätzte die Kunst nicht als Quelle des Vergnügens, sondern als Mittel der Unterrichtung, die der Wissenschaft nahe steht und einen über Licht und Schatten, Ruhe und Bewegung belehrt. Gleichzeitig hielt er seine Gemälde für eine vernünftige Investition. »Er sagte, daß er nur alte habe, die einen gewissen Wert besitzen, den man immer haben könne, wenn man einmal genötigt sein sollte, die Bilder zu verkaufen.«[11]

Heinrichs Vater mit seiner selbstbewußten Verbindung sittlicher, kultureller und wirtschaftlicher Wertvorstellungen hätte seinem Schöpfer sehr wohl als das Muster eines Bildungsphilisters dienen können. Stifter sah ihn nicht so. Anders als seine unmittelbaren Nachfolger bewahrte Stifter sich einen ungebrochenen Glauben an die vorindustriellen Wertvorstellungen des Bürgers, und er wünschte darzulegen, wie bescheiden die sozialen Grundlagen eines guten Lebens seien. Dort, wo die Intellektuellen der folgenden Generation puritanische Repression witterten, sah Stifter »Sittlichkeit und Ernst« wie ein Moralist aus dem 18. Jahrhundert. Was seine Nachfolger als kleinbürgerliche Enge sahen, war für ihn bürgerliche Aufrichtigkeit; was für sie Selbstzufriedenheit, war für ihn Beständigkeit; was für sie Blässe und Schwäche, war für ihn Helligkeit und Reinheit.

Einmal nur duldete Stifter einen Riß zwischen der Häuslichkeit der Drendorfs und der bürgerlichen Gesellschaft, in der sie verankert war. Die Frage betraf bezeichnenderweise die Beziehung von Kultur und Gesellschaft, von Bildung und Besitz. Heinrich, der sich unter den vorzüglichen Hauslehrern, die sein Vater angestellt hatte, entfaltete, bat seinen Vater um die Erlaubnis, Wissenschaftler zu werden. Die Zustimmung des Vaters wurde diesem »von vielen Leuten sehr übel genommen«. Sie meinten nämlich, er hätte seinem Sohn einen Stand befehlen sollen, »der der bürgerlichen Gesellschaft nützlich ist«, damit Heinrich »einmal mit dem Bewußtsein scheiden könne, seine Schuldigkeit getan zu haben«. Heinrichs Vater widerstand diesem Druck nicht dadurch, daß er den Nutzen der Wissenschaft rechtfertigte, sondern indem er den Grundsatz aufstellte, »der Mensch sei nicht zuerst der menschlichen Gesellschaft wegen da, sondern seiner selbst willen«. Er stützte diesen radikalen Individualismus auf sein Vertrauen: »wenn Jeder seiner selbst willen auf die beste Art da sei, so sei er es auch für die menschliche Gesellschaft«, ihr diene er, wenn er dem inneren Drang folge, den Gott in ihn als Führer zu seiner wahren Berufung gelegt habe. Dieses Ereignis machte es deutlich, daß Heinrich in seinem Streben nach reiner Wissenschaft die Gesellschaft, der er entstammte, verlassen und die Bildung seines Vaters überschreiten mußte. In der Unterstützung dieses Wunsches bewies der ältere Drendorf väterliche Großzügigkeit bis zu dem

Punkt, wo seine bürgerliche Unabhängigkeit umschlug in Unabhängigkeit von den herrschenden bürgerlichen Wertvorstellungen.[12]

Stifter verleiht dieser Episode wenig Spannung beim Erzählen (seine durchsichtig klare Prosa fließt immer so sanft wie das Leben seiner Helden), ihre Bedeutung ist jedoch trotzdem groß. Die Reife sollte für Heinrich nicht den notwendigen Bruch mit seinem Vater bringen, sein Erwachsenwerden würde aber auch nicht voraussetzen, daß er den Beruf seines Vaters ergreifen müsse. Der Vater erzog Heinrich zu finanzieller Unabhängigkeit, und ein zufälliges Erbe sicherte das wirtschaftliche Fundament seiner beruflichen Unabhängigkeit. Die Pietät des Sohnes allein band ihn dauerhaft an den Vater. Als »Rentier« und Wissenschaftler war Heinrich bereit, aus der älteren Umwelt der Kaufmannschaft hinüber in die Utopie der österreichischen Mittelschicht der Jahrhundertmitte zu schreiten.

»Ich war schon als Knabe«, erzählt Heinrich uns, »ein großer Freund der Wirklichkeit der Dinge gewesen.« Seine Entwicklung als Wissenschaftler begann bei der genauen Beobachtung der Einzelheiten der »Dinge« und führte zur umfassenden Naturbeschreibung. Wissenschaftliche Forschung, wie Stifter sie schildert, war im wesentlichen klassifizierend. Der Geist ermüdender Ordentlichkeit, der die Häuslichkeit der Drendorfs beherrscht hatte, kehrt, ohne daß der Autor es ausdrücklich bemerken würde, in Heinrichs Weise, an die Natur heranzugehen, wieder. Er sammelte botanische und mineralogische Exemplare, beschrieb jedes mit strenger Genauigkeit, entsprechend seiner Art, und »schritt zu immer zusammengesetzteren und geordneteren Schilderungen«.[13] Der kleinbürgerliche Eifer nach Erwerb und genauem Ordnen wurde somit in den intellektuellen Bereich erhoben und auf das Verstehen der Natur angewandt. »Durch Sammlung vieler kleiner Tatsachen an den verschiedensten Stellen« vermochte Heinrich, »sich in das große und erhabene Ganze auszubreiten«.[14]* Gottes Haushalt der Natur erscheint fast als die ideale Vergrößerung der bescheidenen, wohlgeordneten Häuslichkeit der Drendorfs.

Die Wissenschaft führt Heinrich aus seiner begrenzten städtischen Umwelt in einen weiteren Bereich. Die zweite Etappe seines »Bildungsweges«, den er als wandernder Weltbeschreiber begonnen hatte, brachte ihn aufs Land, wo er zuerst die Herrlichkeiten von Gottes weiter Schöpfung wahrnahm. Während er die innere Struktur der Natur als Wissenschaftler studierte, erwachte er durch das Beobachten der äußeren Form der Natur zur Kunst.

* Den besonderen philosophischen Charakter der traditionellen österreichischen Weltauffassung mit ihrer Betonung der Immanenz des Geistes in irdischer Wirklichkeit und seinem Widerstand gegen den Dualismus des deutschen Idealismus in der Philosophie hat Roger Bauer glänzend dargestellt in: La réalité, royaume de Dieu, études sur l'originalité du théâtre viennois dans la première moitié du XIXe siècle, München 1965. Stifter hatte diese Weltsicht von ihren wichtigsten Vertretern, den Benediktinern, die seine Lehrer waren, angenommen.

Seine unabhängige Existenz als Naturforscher bereitete Heinrich auf die dritte und wichtigste Etappe seiner Bildung vor: die Vereinigung von »Natur« und »Kultur« im vollkommenen Leben eines Landedelmannes. Der größte Teil des ›Nachsommers‹ ist der Beschreibung dieses Lebens und seiner Situierung auf einem vorbildlichen Landgut gewidmet. In der Tat ist das Landgut, das ›Rosenhaus‹, das zentrale Symbol von Stifters gesellschaftlichem Ideal als ein wiedergewonnenes Paradies.

Heinrich entdeckt das Rosenhaus, als er vor einem drohenden Gewitter Zuflucht sucht. (Übereinstimmend mit Stifters Methode, das Chaotische vom Leben fernzuhalten, bricht das Gewitter nicht aus.) Er sieht das Haus leuchten hoch auf einem Hügel unter den schwarzen Wolken und schlägt den Weg dahin ein wie ein romantischer Wanderer, der sich einem verzauberten Schlosse nähert. Das Haus ist von Rosen bedeckt. »Die Rosen schienen sich das Wort gegeben zu haben, alle zur selben Zeit aufzubrechen, um das Haus in einen Überwurf der reizendsten Farbe und in eine Wolke der süßesten Gerüche zu hüllen.«[15] Weder Stifter noch sein pedantisch intellektueller Held erlauben uns, lange im Zauber dieser Schönheit zu verweilen. Die romantische Täuschung wird nicht aufgehoben, sondern erklärt. Rasch und kühl durchdringt Heinrich die magische Wirkung, die sich ihm als ein Triumph menschlichen Fleißes, kunstvollen Gartenbaus enthüllt. Das Blütengewebe war sorgfältig aus Rosenstöcken geflochten, die zu unterschiedlicher Höhe gezüchtet und so zugerichtet waren, daß keine Lücke in der festen Blütenwand erscheinen konnte. Durch wissenschaftliche Landwirtschaft wurden die unschuldigen Kräfte der Natur so gebildet, daß sie einen Raum der Schönheit zum Erblühen des menschlichen Geistes schufen.

Das Rosenhaus und sein ideales Leben offenbaren viel von den soziologischen Eigenschaften und dem intellektuellen Gehalt, den ›Bildung‹ im Österreich der Jahrhundertmitte besaß. Soziologisch stellte das Rosenhaus das Leben einer höheren gesellschaftlichen Schicht dar als der, welcher Heinrich entstammte. Ihr Eigentümer, der Freiherr von Risach – der Heinrichs Mentor und Ersatzvater wird –, war ein gebildeter Edelmann, jedoch nicht aus dem Blutadel. Als Sohn einer armen Bauernfamilie war Risach auf dem gewöhnlichsten Wege aufgestiegen, auf welchem in Österreich ein einfacher Mann sich auszeichnen konnte und der bis zum Ende der Monarchie hohen gesellschaftlichen Rang verleihen konnte: dem des Staatsdienstes.* Obwohl Risach eine Laufbahn begonnen hatte, die ihm nicht nur das Adelspatent, sondern auch die Freundschaft seines Kaisers eintrug, wandte er der Politik und der Macht den Rücken zu. Er erwarb ein Landgut und zog sich zur Kontemplation und zu tätigem Handeln in seinem eigenen

* Hugo von Hofmannsthal verwies auf Josef Sonnenfels unter Maria Theresia und den Baron Kübeck unter Franz I. als aufgeklärte Staatsmänner und Verwaltungsbeamte von dem Typus, der Stifter vorgeschwebt haben mag – Männer, denen jeder zugestand, daß sie große Höhen erreicht hatten, aber nicht als Karrieristen. Vgl. Stifters ›Nachsommer‹ in: Hugo von Hofmannsthal, Gesammelte Werke, Prosa IV, S. 207–217.

umgrenzten Bereich zurück, um sein Verstehen zu bereichern und denen, die zu lernen bereit waren, seine Formel für eine vollkommene und harmonische Existenz mitzuteilen. Das Ideal von Risach und seinem Rosenhaus war das eines Geistesadligen, eines Herren jenseits aller ›libido dominandi‹, aller Herrschbegier, welches das überlieferte Leben des Landadels erhöhte und um die wissenschaftliche, sittliche und künstlerische Kultur des Bürgertums erweiterte.

Risach leitete sein utopisches Landgut nach Grundsätzen, welche die praktische Klugheit Daniel Defoes verbanden mit der antiken Erhabenheit Winckelmanns. Er vereinigte Natur und Kultur zu einem einzigen Kontinuum. Der Garten des Rosenhauses als zentrales Symbol dieser Vereinigung war nicht um einer ästhetischen Wirkung willen gestaltet. Ganz anders als die Gärten der Landhäuser von Stadtmenschen, wo man »unfruchtbare oder höchstens Zierfrüchte tragende Gebüsche und Bäume« pflegte, mischte Risachs Garten Blumen mit Gemüsen, um »Gefühle der Häuslichkeit und Nützlichkeit« zu erzeugen.[16] Natur war durch Wissenschaft zur Kunst vervollkommnet: von Unkraut und Ungeziefer frei, blühte der Garten des Rosenhauses »rein und klar«. Risachs Landgut war mithin kein fruchtbringendes Paradies für einen vergnügungssüchtigen homo ludens. Natura naturans, die gebärende und erzeugende Natur, war gebändigt und vervollkommnet gemäß Gottes Absicht, daß Adam im Garten Eden eine Aufgabe zu erfüllen habe, »daß er ihn baute und bewahrte«. Nutzen und Schönheit sind ein Ergebnis des Selbstbewußtseins des Menschen und seiner planvollen Anstrengung, die Freigebigkeit der Natur in Gang zu setzen.

Wie der Herr des Rosenhauses seinen Garten pflegte, um die Schönheiten der Natur hervorzulocken, so gestaltete er sein Haus als einen Raum, um den menschlichen Geist zum Blühen zu bringen. Das Rosenhaus ermöglichte ein geordnetes, gereinigtes Leben und eine harmonische Gemütsstimmung. Brachte sein Garten eine durch Kultur verklärte Natur zur Anschauung, so offenbarte sein Inneres eine durch Natur belebte Kultur. Im Entwurf und Zierat des Hauses war die erhaltende Gegenwart der Natur leibhaftig verkörpert. Tatsächlich erzielte Risach eine nahezu japanische Durchdringung des Hausinneren und Äußeren. Große Schiebefenster brachten heiteren Vogelgesang und Anblick von Blumen herein. »Ein zarter Flor von weißgrauer Seide« ließ reine Luft durch den Ruheraum strömen »wie in einem stillen Walde«. Oberlichter in der Decke über dem Treppenhaus ließen die Vielfalt natürlichen Lichtes ein, um eine griechische Statue zu verherrlichen. Risach verwandte heimische Hölzer und Marmore (natürlich nur die kostbarsten), um eine Atmosphäre zu erzielen, der Winckelmann »edle Einfalt und stille Größe« zugeschrieben hätte.

Eine zweite bemerkenswerte Eigenschaft der Kultur des Rosenhauses war die Verpflichtung seines Herrn gegenüber der Vergangenheit. Um das Rosenhaus zu möblieren, unterhielt Risach eine Werkstatt zur Rettung alter Möbel und Kunstgegenstände vor der Zerstörung durch die Zeit. Risachs

Hingabe an das Restaurieren und Wiederentdecken überwog bei weitem seine Schaffenslust oder Entdeckerfreude. Das ideale Leben durfte keine Spontaneität riskieren; es hatte die Empfindung mit den Werken der Toten zu nähren. Die Zeit war für Risach eher ein Feind, der einen hinwegfegen könnte, als eine Kraft, die einen vorwärts bringt, wie die Anhänger des Fortschritts es glaubten. Daher widmete Risach sich der Aufgabe, die Vergangenheit in praktischer wie in ideeller Hinsicht lebendig zu erhalten. Für ihn gab es kaum eine Trennung zwischen Kunst und Handwerk, künstlerischer Vollendung und handwerklicher Tüchtigkeit. In alten Gebrauchsgegenständen spürte Risach einen »Reiz des Vergangenen und Abgeblühten«. Er wollte ihn wiedergewinnen: so hatte er »eine Anstalt für Geräte des Altertums gegründet, die wir dem Untergange entreißen, zusammenstellen, reinigen, glätten und wieder in die Wohnlichkeit einzuführen suchen«.[17] Risach widmete Werken der bildenden Kunst die gleiche Behandlung (wie Stifter selbst es getan hatte), und restaurierte griechische Plastiken oder gotische religiöse Bildwerke und entfernte den Überzug späterer Zeiten – besonders der oberflächlichen »Zopfzeit« des 18. Jahrhunderts –, um jene Werke zu reinigen, die den Geist zu erheben vermögen. In seinem Garten entfernte Risach kranke Pflanzen, um für die gesunden Platz zu schaffen. Im Haus wie bei der Kultur zeigte er die gleiche Leidenschaft fürs Erhalten, aber bezeichnenderweise keine für neues Wachstum.

Das Rosenhaus trug dank seines Herrn Hingabe an die sittlich-künstlerischen Leistungen einer verblichenen Vergangenheit den Charakter eines Museums. In diesem Charakter offenbarten sich Wesen und Aufgabe der Bildung für das gebildete Bürgertum in der Jahrhundertmitte. Teils bewußt, teils absichtslos enthüllte Stifter hier den gesellschaftlichen Inhalt und das Problematische seines utopischen Ideals. Das Rosenhaus zeigt drei Eigenschaften als Privatmuseum: die Übertragung kleinbürgerlicher Sparsamkeit ins ästhetisch Wählerische; das Ersetzen der Religion durch Kunst als Quelle der höchsten Sinngebung im Leben; und die Tendenz der sozialen Mobilität und des kulturellen Erwerbens, das demokratische Ideal einer einzigen allgemeinen sittlichen Kultur zu zerstören.

Die erste dieser Eigenschaften offenbart sich in Risachs Leidenschaft für die Erhaltung des Rosenhauses und seiner Schätze. Obwohl er ein reicher Rentier war, war sein kustodenhafter Eifer von der gleichen Art wie die beharrliche Ordentlichkeit des älteren Drendorf. Risach überwachte persönlich das Restaurieren der Möbel in der Werkstatt. Um seine eingelegten Parkettböden nicht zu beschädigen, mußte man Filzschuhe überziehen. Nie durfte ein Buch außerhalb des Bücherschranks liegenbleiben. Die klassische Reinheit des Rosenhauses erwies sich somit als eine höhere Form kleinbürgerlicher Reinlichkeit. Läßt man die Unterschiede der Bildung beiseite, so verrät die »Reinheit« des Ästheten ihre Herkunft von der zwanghaften »Reinlichkeit« der Hausfrau. Was dem Kaufmann Drendorf Verschwendung und Funktionslosigkeit waren, das waren für den neugeadelten Risach der

Mißbrauch schöner Dinge und der Verlust von Schätzen der Vergangenheit. Besitz und Kunstgebilde, die beide mühevoll gesammelt waren, mußten vor den Übergriffen menschlicher Sorglosigkeit und den Zerstörungen der Zeit bewahrt werden. Der Mann des Besitzes, der ästhetische Kultur erwarb, wurde nicht zum Schöpfer, sondern zum Pfleger.

Das Rosenhaus war selbst ein Kunstwerk, ein idealer Schauplatz, um die Kunst des Lebens zu inszenieren. Heinrich vermochte es zu schätzen, weil seine Bildungsreise ihm das sittliche Fundament und die geistig-wissenschaftliche Aufmerksamkeit erbracht hatte, die ihn reif machte zum Eintritt in das vollständige Leben des Geistes, das seinen letzten Ausdruck in der Kunst fand. Schrittweise nur kam er zu der Einsicht, daß im Rosenhaus jedes Element, mochte es auch abgesondert und in sich selbst begründet sein, zu einem einzigen harmonischen Ganzen beitrug. Heinrich gelangte ans Ende seiner Lehrzeit erst, als er schließlich den Einfluß von Risachs kostbarstem Besitz fühlte und zu verstehen vermochte: den der lebensgroßen griechischen Statue. Das Standbild symbolisiert die vereinigende, sublimierende und disziplinierende Rolle der Kunst, welche das Rosenhaus darstellt. Selbst sein beunruhigender Gegenstand, die nackte weibliche Gestalt, drückt Ruhe aus: »jene allseitige Übereinstimmung aller Teile zu einem Ganzen, erzeugt durch jene Besonnenheit, [...] das ordnende Überschauen desselben, wie stark auch Empfindungen oder Taten in demselben stürmen mögen«.[18] Die ästhetische Macht des Menschen vereinigt ihn mit der Schöpferkraft Gottes; sie läßt ihn selbst in der Bewegung und Leidenschaft noch jenes Maß und jene Ordnung wahrnehmen, die uns so bezaubern. Kunst drückt die höchste Stufe der Bildung aus, da sie die Welt nicht nur dem Geist darstellt, sondern auch der Seele, wie die Religion es getan hatte. Der Mann der Wissenschaft vermag wohl die rationale Struktur der Welt der Dinge zu verstehen, aber der Künstler allein vermag sie als gestaltete Empfindung wahrzunehmen. Als Heinrich schließlich das Stadium erreichte, worin er Gottes Welt ästhetisch zu würdigen vermochte, war er reif, in die Welt erwachsener Liebe einzutreten. Sein Vater hatte sein Gefühl durch korrekte sittliche Verhaltensnormen diszipliniert, Risach hatte es in der Kunst gepflegt und sublimiert. Auch hier übernahm die Kunst eine Last, die einst von der Religion getragen wurde: Kanalisierung der Leidenschaften und Verfeinerung des Empfindungsvermögens. Da Heinrich auf dem Wege der Kunst zur Liebe – und zur Ehe – gelangte, hatte er nie die Qualen und Wirren der Leidenschaft zu erdulden.

Risach hatte sich den gärtnerischen und künstlerischen Zielen des Rosenhauses zugewandt, um ein Leben der Ordnung aufzubauen. Am Ende der ›Erzählung‹ erst erfahren wir, daß hinter Risachs idealem Leben im Rosenhaus ein früheres voller Unordnung und Leid gelegen hatte. Stürme der Liebesleidenschaft hatten ihn dem Scheitern nahegebracht, und sein Bemühen, die politische Welt im Staatsdienst zu gestalten, hatte ihm nur Enttäuschung eingetragen. Die geordnete Idealität von Risachs Rosenhaus war ein bewußtes Werk der Kunst, deren ideale Kultur ein Wort von Charles

Baudelaire, Stifters dialektischerem Zeitgenossen, in die Erinnerung ruft, daß »Kunst am allerbesten geeignet ist, um die Schrecken des Abgrunds zu verschleiern«.[19]

Den Gehalt von Risachs Kultur ebenso wie die Beziehung von deren Zielsetzung zu seiner früheren unmittelbaren Lebenserfahrung konnte man wahrhaftig ›Nachsommer‹ nennen. Denn er bestand aus Elementen der Vergangenheit, die alle gerade ihre Lebenskraft verloren, als Stifter aus ihnen seine utopische Kultur errichtete: die schlichte bürgerliche Ethik des Biedermeier, die selbstgenügsame ländlich-adelige Wirtschaftsform, die gereinigten griechischen und mittelalterlichen Kunstideale und die Auffassung der Familie als primärer sozialer Einheit. Stifter stellte Risachs Nachsommer so dar, als sei er Drendorfs Frühling. Die Geschichte honorierte diesen Anspruch nicht. Stifters auf gesellschaftliche Zurückgezogenheit und kulturelle Vergangenheitsorientierung gegründetes Bildungsideal sollte rasch seine Unfähigkeit erweisen, auch nur als utopische Vision der Gesellschaft des späten 19. Jahrhunderts zu dienen.

Ob Stifters utopisches Ideal letztlich lebensfähig war, ist indessen kein fairer Maßstab zur Beurteilung seines Gelingens. Eher sollten wir fragen, ob Stifter sein eigenes Ziel erreicht hat: »eine große einfache sittliche Kraft der elenden Verkommenheit (der Zeit) gegenüber stellen« zu wollen. Beschränken wir uns auf den Fortschritt des Helden in der ›Bildung‹ – nacheinander in Sittlichkeit, Wissenschaft und Kunst –, dann schuf Stifter gewiß ein Vorbild für die persönliche Erfüllung in einem kultivierten und verfeinerten Leben in sittlicher Vollkommenheit. Wenden wir uns aber dem Verhältnis seines ›Bildungsweges‹ zur Struktur der Gesellschaft zu, dann wird die »einfache sittliche Kraft« merklich schwächer, wenn nicht gar zutiefst problematisch. Heinrichs Weg zur Idealität setzte einerseits soziale Mobilität voraus und andererseits den Rückzug von der Gesellschaft. Heinrich wird weniger ein Vorbild für die moderne städtische Gesellschaft als für das Heraufsteigen aus ihr, gesellschaftlich wie kulturell. Er steigt, wenn auch unschuldig, von seiner bürgerlichen Wiener Herkunft auf zu einer aristokratischen Lebensweise. Wenn es ihm gelang, die Bindung an seinen Vater aufrechtzuerhalten, so deshalb, weil er seine bürgerliche Sittlichkeit mit auf die höhere gesellschaftliche Ebene brachte, die er betrat. Sein Ersatzvater Risach verkörperte den Grundsatz des sozialen Rückzugs, der trotz seiner eigenen Absicht eine wahrhaft reine höhere Kultur für Stifter zu bedeuten schien. Denn Risach ließ ja eine Gesellschaft zurück, in der Politik und Leidenschaft herrschten. Wenn ihm im geordneten Bereich seines idealen Landsitzes die Vereinigung von Sittlichkeit, Wissenschaft und Kunst gelungen war, so widmete er doch alle drei der Pflege seines eigenen Gartens. Darüber hinaus schränkten die sozialen Voraussetzungen, die der Realist Stifter als notwendig für seine Utopie zeigte, ihre Vorbildlichkeit drastisch ein. Das Arkadien des Rosenhauses war, wie Stifter es an zahllosen Stellen deutlich machte, zugänglich nur für den Mann von unabhängigem Wohlstand. Bildung gründet sich mithin auf Besitz. Dank glücklichen Erbschaften und klugem Verhalten konnte Heinrich die soziale Leiter von der Werktagswelt seines Vaters aufsteigen bis in Risachs pseudo-aristokratischen Himmel, wo die Muße notwendige Voraussetzung des schönen Lebens war und Tätigkeit nur ein Mittel der Vervollkommnung seiner selbst. Das aus gebildeter Kultur bestehende schöne Leben selbst war nur für eine Elite möglich, die Elite der »Wissenden«, deren Absonderung von den »Nichtwissenden« Stifter so gefürchtet und beklagt hatte.

Stifter postulierte nicht lediglich eine Utopie, die ungewollt die Kluft zwischen Gebildeten und Ungebildeten vertiefte. Sein sozialer Realismus brach durch seine utopische Absicht durch, um den Riß in seiner goldenen Schale zu offenbaren. Nach seiner eigenen Darstellung bestand der Preis des Fortschritts an höherer Kultur in der tieferen Spaltung des gesellschaftlichen Gefüges. Sowie wir von der einfachen und biederen Häuslichkeit Drendorfs in die verfeinerte Atmosphäre des Rosenhauses schreiten, verschlechtert sich das Verhältnis zwischen dem Herrn und den Dienstleuten. In der altbürgerlichen Häuslichkeit des älteren Drendorf bestimmt die Ethik von Arbeit und Pflicht sowohl den Unternehmer wie den Arbeiter, beide dienen einander in einer integrierten familiären und wirtschaftlichen Einheit. Im gehobeneren Milieu des Rosenhauses lernte der Herr ohne einen Fehler seinerseits den meisten seiner Dienstleute zu mißtrauen, hielt sie geistig in Verachtung und betrachtete jede Bemühung um soziale Integration als nahezu hoffnungslos. Bei den Drendorfs hatten die Handlungsdiener ihr Essen mit der Familie eingenommen; im Rosenhaus speiste der Herr allein oder mit Gleichrangigen. Einst hatte Risach seine Leute bei Tisch, denn er glaubte, es sei sittlich von Nutzen für sie und würde sie ihre Arbeit mehr lieben lassen. Aber er hatte die Sitte aufgegeben, da »die Kluft zwischen den sogenannten Gebildeten und Ungebildeten... immer größer« wurde. Da die »natürliche« Beziehung zwischen Herrn und Dienstleuten einmal verloren war, folgerte Risach, daß der Versuch, sie wiederherzustellen, den Arbeitern ihre Freiheit nehme.[20] Wie sehr Risach es auch bedauern mochte, so hatte er doch nur geringe Achtung für die meisten Leute, die bei ihm arbeiteten. Er hielt seine Gärtner für unfähig zu lernen, wie sie die Pflanzen im Verhältnis zum Wetter gießen sollten, und kontrollierte ihre Arbeit durch direkte Befehle und durch die Drohung, des »Dienstes [zu] entlassen«, wer »wiederholt den Anweisungen nicht nachkömmt«. Seine strenge patriarchalische Herrschaft über seine Möbelrestauratoren und seine hohen handwerklichen Anforderungen führten zu vielen Entlassungen bei Risachs Mannschaft.[21] Die handwerklichen Verfahren der Vergangenheit erschienen den jetzigen Handwerkern als ungemäß, und Stifter stellt die Arbeiter dar als im allgemeinen unzugänglich für die sittliche und technische Kultur, die Risach für sein Restaurationswerk verlangte. Stifter zeigte damit, daß die Sozialstruktur sich radikaler schichtete und weniger vereinigte, sowie die »Wissenden« bei der Verwirklichung ihres kulturellen Ideals Fortschritte machten.

Der Bildungsweg Heinrichs stattete ihn mit dem Charakter, dem Erbe und der Kultur aus, die ein fruchtbares persönliches Leben ermöglichten. Es lieferte jedoch das gerade nicht, was Stifter seiner Gesellschaft bieten wollte: ein brauchbares utopisches Modell, das man der Zeit entgegensetzen könnte. ›Der Nachsommer‹ beschwor die Einheit von Kunst, Wissenschaft und Sittlichkeit, wandte aber alle drei nach innen zur Kultivierung des eigenen Ich. Er gab den Schauplatz zeitgenössischen gesellschaftlichen Handelns auf um einer idealisierten ländlich-aristokratischen Vergangenheit willen. Stifter entwarf ein Lebensideal, das den Rückzug von der Gesellschaft und die Ausbildung einer kulturellen Elite bedeutete, was letztlich unverträglich war mit seiner Erlösungsabsicht. In dem Maße, als sein höchst kultiviertes, komponiertes und sublimiertes Persönlichkeitsideal in der nächsten Generation in einem wirklichen gesellschaftlichen Typus verkörpert wurde, erwiesen sich dessen Anhänger als unfähig, sich auf gesellschaftliches Handeln einzulassen. Die Menschen von hoher Kultur verloren die psychische Festigkeit, das sittliche Verantwortungsbewußtsein und das Gefühl für die wechselseitige Abhängigkeit aller Dinge, das Stifter aus einer verschwindenden Vergangenheit zu retten versuchte, um einer unwilligen Gegenwart wieder Ordnung zu verleihen. Die mächtige herrschende Gesellschaft, mit welcher sich herumzuschlagen Stifter es so hart gefunden hatte, sollte eines Tages die Sicherheit des Rosenhauses bedrohen und das kulturelle Ideal untergraben, das er mit bewundernswert sicherer Linienführung gezeichnet hatte.

II

Das historische Geschick der großbürgerlichen Schichten Österreichs in der Mitte des Jahrhunderts setzte sich auf seltsame Weise zusammen aus unverdienten Erfolgen und ebenso unverdienten Fehlschlägen. Nach der Niederlage von 1848 mehrten die deutsch-österreichischen Bürger langsam ihre Stärke im Bereich der Wirtschaft und des Geisteslebens, aber sie schuldeten ihren Aufstieg zur politischen Macht 1860 und 1867 weniger ihrer eigenen Stärke als der Niederlage, welche die Italiener und die Preußen dem absolutistischen Regime zufügten. Die höhere Mittelschicht, welche die Aristokratie als herrschende Klasse weder vollständig ersetzte noch sich erfolgreich mit ihr vermischte, fand doch Wege, sich mit ihr abzufinden, vor allem auf dem Gebiet der Kultur. Wir haben (im zweiten Essay dieses Buches) gesehen, wie die Liberalen beim Bau der Ringstraße nach 1860 die Wertvorstellungen ihrer weltlichen Gegenkultur in architektonische Monumente projizierten, um mit den Kirchen und Palästen einer religiösen und aristokratischen Welt zu wetteifern, wenn nicht gar sie zu ersetzen. Verkündeten das Parlamentsgebäude und das Rathaus den Sieg des Rechts über die Herrschaft der Willkür, so drückte eine Reihe von Gebäuden das Bildungsideal des liberalen Österreich aus: die Universität, die Museen, das Burgtheater und am großartigsten die Hofoper. Auf eine Weise, der Stifter von Herzen zugestimmt hätte, drang die einst auf die Hofburg beschränkte Kultur auf den jedermann zugänglichen Marktplatz. Die Kunst hörte auf, lediglich als Ausdruck aristokratischer Prachtentfaltung und kirchlichen Prunkes zu dienen, sie wurde Schmuck und gemeinschaftliches Eigentum einer aufgeklärten Bürgerschaft. Die Ringstraße legte somit ein gewichtiges Zeugnis dafür ab, daß Österreich den Despotismus und die Devotion durch verfassungsgemäße Politik und weltliche Kultur ersetzt hatte.

Der hohe Wert, den man der Bildung im öffentlichen Bewußtsein des liberalen Österreich zuschrieb, drang ebenso tief in den privaten Bereich ein. Wissenschaftliche und historische Bildung wurde ihres sozialen Nutzens wegen als Schlüssel zum Fortschritt geschätzt. Die Kunst aber nahm eine Stellung ein, die fast gleichbedeutend war mit der des rationalen Wissens. Der Grund für den hohen Rang der Kunst auf der Skala bürgerlicher Werte blieb selbst ihren Anhängern dunkel. Die Kunst war, und das in Österreich ganz besonders, eng mit gesellschaftlichem Status verbunden, wo die darstellenden Künste – Musik, Theater und Architektur – in der Tradition einer katholischen Aristokratie eine zentrale Bedeutung innehatten. War der Zugang zum Adel der Stammbäume den meisten verschlossen, so stand doch der Geistesadel dem Eifrigen, dem Fähigen und dem Willigen offen. Museen und Theater konnten allen die Kultur bringen, welche die Neureichen und Aufsteiger von der Schmach ihrer niedrigen Herkunft befreite. Erworbene Bildung und Kultur vermochte, wie sie es bei Stifters Heinrich Drendorf getan hatte, nicht nur als Weg der persönlichen Entwicklung zu dienen, sondern auch als Brücke von einem niederen Lebensstil zu einem großen stilvollen Leben. Soziologisch gesehen bedeutete die Demokratisierung der Kultur die Aristokratisierung der Mittelschichten. Daß die Kunst eine derart zentrale gesellschaftliche Funktion ausüben sollte, hatte für ihre eigene Entwicklung die weitestreichenden Konsequenzen.

Das ökonomische Wachstum Österreichs schuf die Grundlage dafür, daß eine steigende Zahl von Familien einen aristokratischen Lebensstil annehmen konnte. Wohlhabende Bürger oder erfolgreiche Staatsdiener, von denen viele wie Stifters Freiherr von Risach das Adelspatent erhielten, errichteten städtische oder Vorstadtvarianten des Rosenhauses, museumsartige Villen, die zu Zentren eines lebendigen gesellschaftlichen Lebens wurden. In den Salons und bei den Soiréen der neuen Elite wurden nicht nur anmutige Sitten kultiviert, sondern auch intellektuelle Substanz. In einem von Grillparzers Zeitalter zu dem von Hofmannsthal zunehmenden Ausmaß waren Dichter, Professoren und Künstler geschätzte Gäste, kostbare Beute der Gastgeber und Gastgeberinnen. Die Kluft zwischen den Wertvorstellungen des Bürgers und des Künstlers, die im Reich Napoleons III. so ausgeprägt war, deutete sich in dem von Franz Joseph nur mehr flüchtig an. Männer der Politik und der Wirtschaft mischten sich nicht nur frei und von selbst mit

Intellektuellen und Künstlern, sondern einzelne Familien brachten beide Typen hervor. So waren die Exners bald Verwaltungsbeamte, bald Gelehrte, die Todescos und Gomperz waren Bankiers, Künstler und Gelehrte. Heiraten zwischen beiden Bereichen lieferten dem neuen Reichtum einen hohen kulturellen Status und der Intelligenz ein solides wirtschaftliches Fundament. (Als der Philosoph Franz Brentano, ein bärtiger Mann von beeindruckender Gestalt, der reichen Jüdin Ida Lieben den Hof machte, bemerkten einige gebildete Spaßvögel, daß »ein byzantinischer Christ seinen Goldgrund suchte«.[22]) Die Vereinigung von Bildung und Besitz wurde somit in der kurzen Zeit liberaler Herrschaft zu einer überraschend konkreten gesellschaftlichen Wirklichkeit. Aktion und Kontemplation, Politik und Wirtschaft, Wissenschaft und Kunst – sie alle wurden in dem Wertesystem einer gesellschaftlichen Schicht vereinigt, die ihrer eigenen Gegenwart sicher war und auf die Zukunft der Menschheit vertraute, für die sie kämpfte. Im neuen Plan der Hauptstadt, im Salonleben und im Ethos der Familie – überall fand der hoffnungsvolle verbindende Glaube eines rationalistischen Liberalismus seinen konkreten Ausdruck.

Für unseren Gedankengang ist es von größter Wichtigkeit, daß die Kunst innerhalb dieser Kultur einen Platz von wachsender Bedeutung einnahm. Auf die Doppeldeutigkeit ihrer Rolle im Ethos der Mittelschicht haben wir schon angespielt. Bei Stifter hatte die Kunst als Vermittler metaphysischer Wahrheit und zur Abklärung persönlicher Leidenschaft gedient. Bei den gewöhnlicheren Spielarten der liberalen Kultur galt die Kunst als Ausdruck von Idealen für die Gesellschaft und als etwas, das dem einzelnen Anmut verleiht. Bald sollten diese beiden Aufgaben der Kunst – die gesellschaftliche und die individuelle – sich angesichts des grundlegenden politischen und gesellschaftlichen Wandels trennen, aber nicht bevor ein tiefes Gefühl für den Wert der Kunst sich in einer ganzen Generation der Kinder des höheren Bürgertums eingeprägt hatte.

Die Väter, welche die schöne neue Welt nüchterner Redlichkeit und wirtschaftlichen Erfolgs in der Mitte des Jahrhunderts errichtet hatten, sehnten sich nach der Grazie, die ihr Leben verschönern konnte.

> Als Adam grub und Eva spann,
> Wo war denn da der Edelmann?

Die Frage hatte ironische Bedeutung für den Arrivierten ganz allgemein, aber besonders für das Bürgertum in Wien, einer Hauptstadt, wo die sichtbare Anmut, ein persönlicher Stil sinnlichen Charmes und eine Kultur des Theaters und der Musik in fester Tradition die Kennzeichen des gesellschaftlichen Ranges waren. Wo die Aufführungen des Burgtheaters oder der Hofoper die Themen der gebildeten Unterhaltung lieferten – Gesprächsthemen von einer Wichtigkeit, wie sie in England die politischen Zeitungen lieferten –, könnten wir uns kaum wundern, daß die Väter ihre Kinder schon früh in die ästhetische Kultur einführten. Seit etwa den sechziger Jahren wurden zwei Generationen von Kindern wohlhabender Leute in den Museen, Theatern und Konzertsälen der neuen Ringstraße erzogen. Sie erwarben ästhetische Kultur nicht, wie ihre Väter es noch taten, als eine Zierde des Lebens oder als Statussymbol, sondern als die Luft, die sie atmeten.

Waren die Väter noch wie Stifters Heinrich Drendorf für einen Beruf erzogen worden, so wuchsen die Söhne auf, um höhere Kultur um ihrer selbst willen einzusaugen. Die beiden Kinder der Wertheimsteins, einer der reichsten intellektuellen Familien der Wiener Gesellschaft, wurden durch Privatlehrer zu Künstlern gebildet, und die »künstlerischen Naturen« dieser melancholischen Neurotiker waren der Gegenstand allgemeiner Schätzung.[23] Der bedeutende Psychiater Theodor Meynert ermutigte seinen Sohn, Maler zu werden, als ob, wie seine Tochter erzählt, all jene Fähigkeiten und Neigungen, die durch Generationen hin überkommen waren, sich im Vater entwickelten und jetzt im Sohn energisch durchbrachen.[24] Der Pathologe Carl von Rokitansky sah seine väterlichen Ruhmesträume erfüllt, als er sich seiner vier Söhne rühmen konnte, die ihre Berufe zwischen Gesang und Medizin aufgeteilt hatten: »Zwei heulen und zwei heilen.«[25]

Die dem jungen Österreicher zu Hause eingeflößte Hingabe an die Künste wurde bestärkt in seiner standesgenössischen Altersgruppe am Gymnasium und an der Universität. In den Schuljahren begründete literarische Zirkel und ästhetische Freundschaften bestimmten häufig das Leben ihrer Mitglieder.[26] Solche Einflüsse trugen zur Entwicklung eines Großbürgertums um 1890 bei, das in Europa einzig dastand mit seiner ästhetischen Bildung, seiner individuellen Verfeinerung und seinem psychologischen Feingefühl. Was zu Stifters Zeit als »erlernte« Bildung erworben wurde, war bald für die nächste Generation lebendiges geistiges Wesen geworden. Der Ästhetizismus, der anderswo in Europa die Form des Protestes gegen die bürgerliche Zivilisation annahm, wurde in Österreich deren Ausdruck und bejahte eine Haltung zum Leben, worin weder sittliche noch gesellschaftliche Ideale eine vorherrschende Rolle spielten.

Ferdinand von Saar (1833–1906), der von den Österreichern vielleicht dem in England, Frankreich oder Rußland bekannten Typus des sozialen Realisten am nächsten kommt, bezeugt über ein halbes Jahrhundert hin als Kritiker und Dichter das sich wandelnde Verhältnis der Kunst zur Gesellschaft. Als Sohn einer Beamtenfamilie geboren, gehörte er früh zum Zirkel der Wertheimsteins und war einer der geschätztesten Hofpoeten in ihrem Salon. Saar teilte die Ansichten der liberalen Elite der sechziger Jahre und benutzte die Kunst als Mittel, die Gesellschaft zu vervollkommnen und Menschenwürde zu verwirklichen:

> »Ja! breite, Kunst, die mächt'gen Rosenschwingen
> Hellrauschend über diese Erde aus! –
> Und hilf Gemeinheit – Roheit zu bezwingen! –

Die Freiheit und den Menschenwert erringen,
Der jetzt noch schmachtet tief in Nacht und Graus!
Daß *alle* Stimmen dir – *ein* Loblied singen!«[27]

Saar verfaßte zur Unterstützung des Kampfes der Liberalen gegen das österreichische Konkordat eine Dramentrilogie, die Heinrichs IV. historischen Kampf gegen das Papsttum verherrlichte. Er würdigte in Versen Anton von Schmerlings Kreuzzug für eine konstitutionelle Regierung und sang das Lob manch eines liberalen Führers im politischen und geistigen Leben.[28]

Die vorweggenommene Verwandlung einer Welt, in welcher auch die Kunst ihre Rolle spielen würde, ließ sich nicht verwirklichen. Saar bezeugte statt dessen in erschütterter Betroffenheit die Ausbreitung unbarmherzigen sozialen Ehrgeizes auf der einen und sozialen Elends auf der anderen Seite. Saar wurde niemals Sozialist, aber er hatte teil an dem sich entwickelnden Bewußtsein einer notwendigen Sozialreform, das den österreichischen Schauplatz der achtziger Jahre bestimmte. In Gedichten und Erzählungen berichtete Saar vom Elend der Arbeiter, zunächst mit der moralischen Lektion, daß die Großzügigkeit des einzelnen dieses Elend lindern könne (›Die Steinbrecher‹, eine kurze Erzählung aus dem Jahre 1873), später mit dem pessimistischen Gefühl, daß das Problem zu groß war, um es lösen zu können. In einem Gedicht mit dem Titel ›Der neue Vorort‹ beschrieb er, wie die von Bauspekulanten errichteten Arbeiterviertel aus der Erde schossen samt den rachitischen Kindern. Der Anblick verwandelte Saars wachsenden sozialen Pessimismus in völlige Resignation:

Wohl bekomm' es! Ich indessen
Tröste mich, daß ich schon alt bin,
Und mit schauderndem Behagen
Denk' ich: nun, nach mir die Sintflut![29]

Die Ausbreitung künstlerischer Erziehung schien Saar wenig Erfolg zu bringen, da die Kunst ihre idealen Aufgaben verlor. Während die Welt in seiner Jugend aus Philistern bestanden habe, bestehe sie heute nur noch aus Ästheten. In dem Gedicht ›Enkelkinder‹ von 1886 spottet Saar über die Weise, wie man aus allen Kindern Künstler machen wolle:

Und entdecken mit forschender Liebe
Eltern am Kinde nur irgend ein kleines,
Noch so unscheinbares Talentchen,
Wird es mit Stolz auch gehegt und gepflegt.
Hohe Schulen und Akademien
Fassen kaum noch die Zahl der Jünger;
Ehrenpreise und Reisestipendien

> Führen nach allen Stätten der Kunst,
> Wo die werdenden Raffaele,
> Buonarottis und Winckelmanns,
> Männlich und weiblich in Scharen wandeln,
> Malend, knetend und Bücher schreibend.[30]

Wohin soll diese Kunsterziehung führen? Nur zum sozialen Aufstieg, antwortet Saar: zu »Ehr und Gewinn«.[31]

In drei kurzen unter dem Titel ›Schicksale‹ vereinigten realistischen Novellen zeigte Saar, daß dieser soziale Aufstieg dem Emporkömmlinge oder seinen Opfern Ruin bringen könne. Er arbeitete besonders sorgfältig die psychologischen Probleme der wechselnden Beziehungen zwischen den Klassen heraus. ›Leutnant Burda‹ handelt von einem Offizier bürgerlicher Herkunft, der sich in ein adeliges Fräulein verliebt und die lähmende Illusion hegt, sein Antrag könne Erfolg haben. ›Seligmann Hirsch‹ schildert einen reichen, aber ungebildeten Juden, der von seinem kultivierten Sohn, der nur von Renten lebt, zurückgewiesen wird. ›Die Troglodytin‹ zeigt die aus gesellschaftlichen Gründen verschmähte ehrliche Liebe eines armen Mädchens vom Lande, wodurch sie in den moralischen Sumpf ihrer »lumpenproletarischen« Herkunft zurückgeworfen wird. Freimütig beschreibt Saar alle sozialen Schichten mit dem Ziel, die moralischen und psychologischen Folgen sozialer Mobilität darzustellen.[32] Sein Liberalismus stellt einen Grundsatz des liberalen Glaubens in Frage, den der inneren Beziehung zwischen der Ausbildung des einzelnen und dem gesellschaftlichen Fortschritt, einer Beziehung, die für Stifter grundlegend ist.

Unter den veränderten sozialen Bedingungen der achtziger Jahre, als die Kunst zu einem Mittel des gesellschaftlichen Aufstiegs kompromittiert war und der wachsende Wohlstand nur die Kluft zwischen den Klassen und den Massen vertieft hatte, verlor Saar seine Hoffnung aus der Mitte des Jahrhunderts, daß »die mächt'gen Rosenschwingen« der Kunst der Menschheit helfen könnten, »Gemeinheit... zu bezwingen« und »die Freiheit und den Menschenwert [zu] erringen«. Die Gesellschaft war nicht länger ein Schauplatz sittlichen Triumphes, wobei der Kunst eine bedeutende Rolle zufiel, sondern sie wurde statt dessen ein Feld seelischer Enttäuschung und sittlicher Verzweiflung. Die Kunst vermochte entweder finstere Wahrheiten darzustellen oder einen Schönheitstempel als Refugium vor der Wirklichkeit zu errichten. Saar stand vor dieser Alternative, nahm beides wahr und war weder vom einen noch vom anderen überzeugt. Sein Herz blieb in der Welt Stifters, wo die Kunst sich mit Wissenschaft und Sittlichkeit vereinigen konnte in fortschreitender und erlösender Funktion. Sein Verstand brachte ihn aber dazu, das Trauma der modernen Gesellschaft darzustellen.

1891 sprach Saar sein Dilemma und das der niedergehenden liberal-idealistischen Tradition in seinem Gedicht ›Kontraste‹ aus.[33] Der Schauplatz ist entscheidend für die Aussage: eine elegante Straße in der Stadt im

Hochsommer, »alle Häuser verödet, verlassen / wo im Winter der Reichtum thront«. Unter der glühenden Mittagshitze ist ein Trupp von Straßenbauarbeitern am Werk, das Pflaster zu erneuern, während die glücklichen Bewohner sich auf dem Lande erholen. Nur wer von der Not getrieben ist, arbeitet an so einem Tag. Wie Gustave Courbets Steinklopfer sind die Arbeiter gesichtslos, schwer und roh. Schweißtriefend, »mit dumpfem Sinn« setzen sie sich schließlich, um ihren schmalen Bissen Mittagsbrot zu verzehren. Als die Müden auf den harten Steinen eingeschlummert sind, bricht plötzlich ein Frauenchor in herrlichen Gesang aus. Hoch über der Straße ist eine Opernschule bei der Probe von Beethovens Vertonung von Schillers ›Lied an die Freude‹. »Seid umschlungen, Millionen«: die hoffnungsvollen revolutionären Verse ertönen »in feurigem Einklang«, aber »nimmer berührt es der Schläfer Ohr«. ›Alle Menschen werden Brüder‹, »schmelzend erklingt es jetzt leis. Heute ist die Probe und morgen wieder, bis der Applaus uns belohnt und der Preis!« Ihre erlösende Botschaft gilt nicht den Männern auf der Straße, für die sie geschrieben wurde, sondern dem Konzertpublikum.*

Saar zog schonungslos daraus die Lehre: die Welt der Kunst sang zwar immer noch von der Brüderlichkeit der Menschen, hatte jedoch den Kontakt zur gesellschaftlichen Wirklichkeit verloren. Die Massen waren zu sehr gedrückt, um auf die Kunst achten zu können, während die oberen Schichten die Kunst auf ihr eigenes Vergnügen beschränkten. Alle Verbindung zwischen den Klassen war zerbrochen. Bedrückt von dem wachsenden Verlust an Bedeutung, den die Literatur den Problemen des sozialen Lebens gegenüber durchmachte, beklagte Saar den Tod eines ästhetischen Ideals in einer Elegie an Stifter: »in Ehrfurcht gedenkend des Dichters, / Der mir ein Eden erschloß, das ich, ach leider verlor«.[34] Wie Stifter vor ihm, setzte Saar seinem Leben selbst ein Ende.

III

In den neunziger Jahren wurden Saars überbildete ›Enkelkinder‹ mündig und nahmen wieder den Garten als zentrales Symbol des schönen Lebens. Ihr Garten war eine letzte Variante des Rosenhauses: noch einmal diente die Kunst als Krone einer vollendeten Menschlichkeit, und noch einmal diente die aristokratische Überlieferung dem Bürgertum als Inspiration für eine gehobene Lebensweise. Für die neue Generation hatte jedoch Stifters Vereinigung von Kunst und Wissenschaft, Kultur und Natur als Teilen eines geordneten Kosmos alle Lebenskraft verloren. Hatte Stifter seine Utopie

* Noch haben wir nicht das Stadium erreicht, wo das Lied ›An die Freude‹ als ästhetisch-erotische Utopie gedeutet wurde, wie in Klimts Beethoven-Fries von 1902. Saar zeigt aber schon, in welche Richtung die Entwicklung geht. Siehe Kapitel V, S. 240–250.

entworfen als Modell für eine Gesellschaft, die sich vervollkommnen sollte, so schufen die neuen Künstler einen Garten, wohin der Erwählte sich zurückziehen konnte in die Abgeschiedenheit von einer ungemäßen Wirklichkeit. Für Stifter war die Kunst eine Krone, zu erlangen durch sittliche Reinheit und bürgerliche Redlichkeit als Belohnung für ein Streben. Für seine geistigen Enkelkinder war die Kunst ein Erbe zu ihrem Genusse: edle Einfalt wich der Eleganz und ›Vornehmheit‹. Die Sittlichkeit verlor ihren Vorrang an die Ästhetik, das Recht an die Grazie, die Weltkenntnis an das Bewußtsein der eigenen Empfindungen. Eine hedonistische Selbstvollendung wurde zum Ziel allen Strebens, und Stifters ›Garten der Tugend‹ wurde verwandelt in einen ›Garten des Narziß‹.

Ihrer Herkunft nach oder etwas seltener durch Adoption gehörten die Künstler, welche diesen neuen Garten errichteten, zum wohlhabenden höheren Bürgertum oder zum niederen Adel, in den so viele begabte Bürger aufgestiegen waren. Seit den sechziger Jahren hatte sich die Lage dieser Klasse bedeutend verwandelt. In den neunziger Jahren war die wirtschaftliche Stellung dieser Schicht mächtiger als je: wirtschaftlich ging es ihren Angehörigen prächtig, die zum Teil von ihren Renten lebten und zum Teil als Gelehrte, Künstler und Verwaltungsbeamte. Aber ihre politische Stellung hatte aufgehört, ihrer wirtschaftlichen Bedeutung zu entsprechen. Die Liberalen hatten neue Kräfte und neue Gruppen heraufbeschworen, die Teilhabe an der politischen Gewalt beanspruchten: Slawische Nationalisten, Sozialisten, alldeutsche Antisemiten und christlich-soziale Antisemiten. Weder vermochten sie diese neuen Bewegungen in die rechtliche Ordnung zu integrieren, noch konnten sie deren Forderungen befriedigen. Die streitenden Gruppen mochten verschiedene Vorstellungen vom Himmel haben, aber die Hölle war für sie alle dieselbe: die Herrschaft des deutsch-österreichischen liberalen Bürgertums. In den neunziger Jahren bedienten sich die antiliberalen Bewegungen bald der Wahlurnen, bald der Obstruktion im Parlament, bald der Massendemonstrationen und Straßenunruhen, den Staat lahmzulegen, und vertrieben die Liberalen aus den Machtstellungen, die sie erst drei Jahrzehnte zuvor erobert hatten.

Die Stellung des liberalen Großbürgertums wurde damit in der Tat paradox. Selbst bei wachsendem Reichtum verlor es seine politische Macht. Sein Vorrang im wissenschaftlichen und kulturellen Leben des Reiches blieb grundsätzlich unangetastet, während es politisch ohnmächtig wurde. Damit wurde die Wiener höhere Mittelschicht zu einer Klasse, die mehr noch als der Kaiser, dem sie so ergeben diente, herrschte, aber nicht regierte. Ein Gefühl der Überlegenheit mischt sich seltsam mit einem Gefühl der Ohnmacht. Die Erzeugnisse der neuen künstlerischen Bewegung widerspiegeln das aus diesen Elementen gebildete mehrdeutige Gemisch.

Die künstlerische Bewegung war natürlich kein nur österreichisches Produkt, und ihre österreichischen Verfechter in der Literatur wie in der Malerei bezogen ihre Inspiration von ihren westeuropäischen Vorläufern in Frankreich, England und Belgien. Bereitwillig übernahmen die Österreicher die sehnsüchtige Empfindsamkeit eines Baudelaire oder eines Paul Bourget,[35] aber sie erreichten weder die verwundete selbstquälerische Sinnlichkeit der französischen Décadents noch deren Vision der grausamen Schönheit der modernen Stadt. Die englischen Präraffaeliten inspirierten den Jugendstil (der in Wien ›Secession‹ hieß) im Österreich des Fin de siècle, aber weder ihre pseudomittelalterliche Spiritualität noch ihr starker sozialreformerischer Impuls beeinflußte ihre österreichischen Schüler.* Kurz gesagt, waren die österreichischen Ästheten weder so sehr von ihrer Gesellschaft entfremdet wie ihre französischen Seelengefährten noch so stark für sie engagiert wie die englischen. Der bittere antibürgerliche Geist der ersteren ging ihnen ebenso ab wie der heftige Drang zur Verbesserung von Zuständen bei den letzteren. Weder degagiert noch engagiert, waren die österreichischen Ästheten nicht von ihrer gesellschaftlichen Klasse entfremdet, sondern gemeinsam mit ihr von einer Gesellschaft, die ihre Erwartungen zunichte machte und ihre Wertvorstellungen zurückwies. Dementsprechend war Jungösterreichs Garten der Schönheit ein Refugium der »beati possidentes«, der selig Besitzenden, ein Garten, der seltsam unentschieden zwischen Wirklichkeit und Utopie lag. Er brachte sowohl den Selbstgenuß der ästhetisch Kultivierten wie den Selbstzweifel der gesellschaftlich Funktionslosen zum Ausdruck.

Zwei Lebensfreunde – Leopold von Andrian zu Werburg und Hugo von Hofmannsthal – mögen uns als Repräsentanten des neuen Ästhetizismus dienen. Sie verkörpern nicht nur in ihren Schriften die Werte und geistigen Probleme der jungen Generation der neunziger Jahre, sondern repräsentieren sie auch sozial. Durch Herkunft und Überzeugung gehörten sie zu jener Wiener Elite, die weiterhin herrschte, als sie zu regieren aufgehört hatte. Beide könnten Enkelkinder der Hauptfiguren in Stifters ›Nachsommer‹ sein, und beide schienen wie im Rosenhaus geboren und erzogen.

Von der Politik über die Wissenschaft zur Kunst: so entwickelten sich die drei Generationen der Andrian-Werburgs des 19. Jahrhunderts. Der Großonkel des Dichters, Viktor, war wie Risach ein hoher Staatsbeamter gewesen. Als politischer Führer der liberalen Aristokratie in den vierziger Jahren hatte er für die Neubelebung der österreichischen Politik durch Nachahmen des englischen Vorbildes gekämpft. Seine einflußreiche Kampfschrift, die unter dem Titel ›Österreich und dessen Zukunft‹ erschien[36], drängte den österreichischen Adel, sich mit der städtischen Mittelschicht zu vereinen, um die bürokratische Monarchie durch eine gewählte Regierung zu befestigen. Viktors Neffe Ferdinand, der Vater des Dichters, wandte sich von der Familientradition praktischer Politik dem wissenschaftlichen Studium des

* Der Architekt und Designer Josef Hoffmann, der in seiner Jugend ein unerschütterlicher Bewunderer von William Morris war, erzählte mir, daß er Morris' soziale Schriften mit Interesse gelesen habe, er und seine Gefährten solche Probleme aber für die Aufgabe der Politiker hielten und nicht für die der Künstler.

Menschen in der Gesellschaft zu. Er wurde einer von Österreichs führenden Anthropologen, der Idealtyp des liberalen Adligen und Gelehrten. Als Präsident der Wiener Anthropologischen Gesellschaft trug Ferdinand von Andrian wesentlich dazu bei, die allgemeine wissenschaftliche und humanistische Bildung in einer Zeit zunehmender Spezialisierung aufrechtzuerhalten. Wie so viele Intellektuelle der Jahrhundertmitte verlangte es ihn nach den Reizen der Kunst, um die Wahrheiten der Wissenschaft zu ergänzen. Der Aristokrat heiratete die Tochter des jüdischen Komponisten Giacomo Meyerbeer. Obwohl das Paar schlecht zusammenpaßte, kam es darin überein, die künstlerische Veranlagung seines 1874 geborenen Sohnes Leopold zu fördern. Als er dreizehn Jahre alt war, bestimmten die Eltern ihm Dr. Oskar Walzel zum Hauslehrer, der später ein bedeutender Literaturwissenschaftler wurde. In Walzels Wiener Wohnung war es, wo Leopold zum erstenmal dem jungen Dichter Hofmannsthal begegnete, der sein künstlerischer Seelengefährte und lebenslanger Freund werden sollte.[37]

Hofmannsthals soziale Herkunft war nur um weniges geringer als die der Andrians. Sein Urgroßvater Isaak Löw war wie Heinrich Drendorfs Vater ein erfolgreicher Kaufmann. Obwohl er Jude war, trugen Isaaks dem Staat geleistete Dienste ihm 1835 den Titel Edler von Hofmannsthal ein. Dann vollzogen seine Nachkommen rasch den ›cursus honorum‹, der im Fin de siècle zur gebildetsten Schicht der österreichischen Gesellschaft führte. Der Sohn Isaaks gab den Glauben seiner Väter auf, um eine katholische Italienerin zu heiraten. Dessen Sohn wiederum bezog die Universität, er promovierte zum Doctor iuris und wurde schließlich Direktor einer größeren österreichischen Bank.[38] Hermann Broch hat gezeigt, wie die Wertschätzung dieses Bankmannes für die künstlerische Kultur die Auffassung des Dichtertums seines Sohnes prägte.[39] Der Vater Hugo von Hofmannsthals war nicht etwa wie Mozarts Vater an einem Beruf oder der künstlerischen Laufbahn seines Sohnes interessiert. Was zählte, war, daß er ein gebildeter Mensch wurde. ›Bildung‹ selbst hatte sich seit Stifters Zeit verändert. Sie bedeutete jetzt weniger eine Erziehung des Charakters als eine ästhetische Erziehung. Dementsprechend tat der Vater des Dichters alles, um die ästhetische Gelehrsamkeit und die dichterischen Kräfte seines Sohnes durch die Berührung mit Theater, Museen und dergleichen zu entwickeln. Nicht eine berufsmäßige Fertigkeit, sondern Freude am Schätzen und Genießen von Werten, nicht tätiges Engagement, sondern passive Bereicherung: das waren die Bildungsziele der großbürgerlichen Wiener Kreise, in denen die Andrians und Hofmannsthals verkehrten. Man vermutet, daß die Sprößlinge beider Häuser die Kunst des Lebens mit dem Leben der Kunst identifiziert hätten, auch wenn keiner von ihnen starke kreative Fähigkeiten gehabt hätte. Eine derartige ästhetische Kultur, der die ihr von Stifter und Saar zugeschriebenen metaphysischen und gesellschaftlichen Aufgaben entzogen wurden, war das geistige Kennzeichen der kleinen, aber erwählten Umwelt, der Hofmannsthal und Andrian zugehörten.

Die beiden jungen Dichter bewegten sich in den anmutigen Zirkeln, wo die höheren Literaten und der niedere Adel einander begegneten. Man traf sich im Café Griensteidl mit der Elite der literarischen Welt der neunziger Jahre: Arthur Schnitzler, Peter Altenberg, Hermann Bahr und andere Schriftsteller der neuen literarischen Gruppe, die man locker als das ›junge Wien‹ bezeichnete. Andrian führte Hofmannsthal in einen anderen Zirkel ein, dessen Kern sich offensichtlich im Schottengymnasium zwischen jungen Mitgliedern der wohlhabenden adligen Intelligenz gebildet hatte. Die Mitglieder dieses Zirkels waren für sichere Plätze in der Elitegesellschaft bestimmt. Einer war Seeoffizier, zwei waren werdende Diplomaten, ein anderer ein angehender Komponist und Dirigent und ein weiterer ein künftiger Kunstmäzen.[40] Alle waren durch ein starkes Kastengefühl gesellschaftlicher ebenso wie kultureller Art verbunden. Das englische Ideal des »Gentleman« als Synthese von Grazie und Handeln zog sie mächtig an. Sie waren stolz auf ihr Reiten und Tennisspielen und nannten ihren Club auf Englisch ›First Vienna Athletic‹. Sie lasen aber auch miteinander englische Dichter, sogar in den Ferien in Altaussee, wo jeder der künstlerischen Tätigkeit nachging, die ihm am meisten entsprach.[41]

»Kunst ist Kunst und Leben ist Leben, aber das Leben künstlerisch zu leben: das ist die Kunst des Lebens.« Dieses von Peter Altenberg für seine Zeitschrift ›Kunst‹ ersonnene Motto[42] könnte sehr wohl dem Kreis um Hofmannsthal und Andrian gedient haben. Das Erstreben der Schönheit und die Flucht vor dem ›gemeinen‹ Geschick wurde ihre jugendliche Aufgabe. Ohne gänzlich eine soziale Rolle zu verwerfen, machten sie doch das Leben zu einem stilisierten Spiel, zu einer Suche nach der erlesenen Empfindung und der verfeinerten Sinnlichkeit.

In seinem Prolog zu Schnitzlers ›Anatol‹ drückte der junge Hofmannsthal die eine Seite des Lebensgefühls seiner Generation durch das Bild eines Rokokogartens aus. Aus Stifters verhaßter ›Zopfzeit‹ beschwor Hofmannsthal eine Utopie, in welcher die Schönheit sich nicht mit der Tugend vereinte, sondern mit einem sich gehenlassenden Hedonismus. Abgesondert von der Welt durch »hohe Gitter, Taxushecken«, erholen sich der Dichter und seine Freunde in der eleganten, spielerischen Atmosphäre von Canalettos Wien. Zwischen stillen Teichen, »glatt und marmorweiß umrandet«, tauschen Kavaliere Höflichkeiten mit kokett parfümierten Damen aus, »zwischen ihnen ... violette Monsignori«. In diesem klassischen Garten der Lüste haben die jungen Ästheten eine Bühne »flüchtig aufgeschlagen«, um ihre eignen Stücke zu spielen: »Die Komödie unsrer Seele«, »frühgereift und zart und traurig«. Ihr Theater bietet ihnen einen Ersatz fürs Leben, wobei ernste Absichten weniger vermieden als durch Verschönerung trivialisiert werden. »Böser Dinge hübsche Formel«, »Halbes, heimliches Empfinden« drückte sich aus in den verfeinerten Gewohnheiten einer toleranten hedonistischen Gemeinschaft.

Manche hören zu, nicht alle...
Manche träumen, manche lachen,
Manche essen Eis... und manche
Sprechen sehr galante Dinge...[49]

Das war die anmutige Gartenszene, welche der junge Dichter beschwor, um Schnitzlers zwanghaft sinnlichen Menschen, Anatol, einzuführen. Hofmannsthals Prolog verhielt sich zum Schauspiel seines Freundes so wie der Ästhet zum Genießer, der Mann der Feinsinnigkeit zum Mann der Sinnlichkeit, der Geist zum Fleisch in einer Generation, welche die Schönheit zu einem Schutzwall gegen die Wahrheit und die Kunst zu einem Ersatz der Sittlichkeit machte. Das Bild des Gartens – diesmal das vom Belvedere nahe bei Hofmannsthals Wohnung – diente als künstliches Gehege, worin die Funktionslosen und Gebildeten abgesondert von einer Welt leben konnten, die sie weder gestalteten noch kennenlernen wollten.

War dieser Garten wirklich eine Utopie? Ja und nein. Wie eine Utopie war er postuliert gegen eine unbefriedigende Wirklichkeit. Während aber bei Stifter utopisches Haus und utopischer Garten als Vorbild fürs Leben dienten, war es bei Hofmannsthal eine Zufluchtsstätte vor dem Leben. In dem Einakter ›Der Tod des Tizian‹ (1892) bekundete Hofmannsthal seine Sorge, daß die Schüler der Kunst im Refugium des Gartens ihres Meisters von der Wirklichkeit abgeschnitten waren und das Dunkel des pulsierenden Lebens jenseits des Gitters verachteten. So sah er seine Generation: »Sie waren ganz ohne Kraft. Denn die Kraft zu leben ist ein Mysterium. Je stärker und hochmütiger einer in wachen Träumen ist, desto schwächer kann er im Leben sein... unfähig zum Herrschen und zum Dienen, unfähig zu lieben und Liebe zu nehmen... er geht fortan wie ein Gespenst unter den Lebendigen.«[44]

Obwohl Hofmannsthal das Leben im isolierten Gehege der höheren Kultur problematisch fand, sah er doch in den frühen neunziger Jahren einige Möglichkeiten, seine ästhetische Utopie in die Wirklichkeit zu projizieren. 1895 erwog er die Aussichten in einem Brief an Richard Beer-Hofmann: »Ich glaub' immer noch, daß ich imstand sein werde, mir meine Welt in die Welt hineinzubauen. Wir sind zu kritisch, um in einer Traumwelt zu leben wie die Romantiker; [...] es handelt sich freilich immer nur darum, ringsum an den Grenzen des Gesichtskreises Potemkinsche Dörfer aufzustellen, aber solche, an die man selber glaubt.«[45] Aber selbst wenn man das Vertrauen und das Gefühl der Herrschaftlichkeit in sich verspürte, würde das erzeugte Reich der Imagination nicht von Dauer sein: »Ein Reich haben wie Alexander, gerade so groß und so voll Ereignis, daß es das ganze Denken erfüllt, und mit dem Tod fällt es nichtig auseinander, denn es war nur ein Reich für diesen einen König.«[46] So wünschenswert sie war, die vergängliche projizierte Utopie des jungen Hofmannsthal war noch rein persönlich gedacht: »für diesen einen König«. Sie enthielt kein Ideal der Gemeinschaft und berührte keinerlei gesellschaftliche Wirklichkeit. Dementsprechend definierte Hofmannsthal als Bedingung seiner persönlichen Utopie den Willen: »il faut glisser la vie!«[47] Die existentielle Seite des utopischen Träumens war ein Sich-treiben-lassen. Und in der Tat könnte man das Treibenlassen und das Träumen sehr gut als die objektiven und die subjektiven Aspekte der Introversion, der Selbstbezogenheit, ihrer Natur und ihrer Grenzen ansehen. Die ästhetische Utopie mit ihrer Betonung der Selbstkultivierung nährte einen Narzißmus, der die Utopie nicht länger überleben ließ als den sozialen Realismus.

Nicht Hofmannsthal war es, der die klassische Erzählung der Identitätskrise des Fin de siècle schrieb, sondern sein Freund Andrian: ›Der Garten der Erkenntnis‹ (1895). Zu Beginn des Werkes steht das Motto: »Ego Narcissus«. Man erinnert sich des antiken Narcissus, des in sich selbst Vernarrten, sich selbst Liebenden, der beim Versuch, sich mit seinem eigenen Spiegelbild zu vereinen, ertrinkt. Vergessen wir nicht, daß der erzürnte Eros, dessen Gaben Narziß zurückgewiesen hatte, ihn verfluchte, weil er die Vereinigung mit dem ›anderen‹, welches die Liebe ist, verschmäht hatte. Für dieses Vergehen gegen Eros und die Welt hatte der Seher Teiresias die passende Strafe verkündet: Narcissus werde sterben, wenn er sich selbst erkennen sollte. Diese mythologischen Motive durchdringen den ›Garten der Erkenntnis‹: Selbstbezogenheit, die Unfähigkeit, andere zu lieben, das Unvermögen, das innere Selbst von der Außenwelt zu unterscheiden und Illusion von Wirklichkeit zu trennen. Wenn es die Selbsterkenntnis war, welche dem mythischen Narcissus den Tod brachte, so war ein Erkennen der Welt lediglich als Projektion des Selbst, Erwins, seines modernen Abkömmlings, Geschick. Erwin starb, wie die letzte Zeile der Erzählung uns sagt, »ohne Erkenntnis«. ›Der Garten der Erkenntnis‹ war tatsächlich von gleicher Ausdehnung wie die Seele seines Helden: zu klein und zu dürftig entworfen, um auch nur die Frucht des Guten und Bösen abzuwerfen. Erwin erreichte die Welt nie; wie die gebildete Schicht, der sein Schöpfer angehörte, blieb er halb aus Notwendigkeit und halb aus eigener Wahl von der Wirklichkeit entfernt.

Als Stifter vier Jahrzehnte zuvor den Bildungsweg Heinrich Drendorfs gezeichnet hatte, ätzte er die Elemente von Wirklichkeit, auf welche sein Held stieß, in den schärfsten Konturen ein. Häuslichkeit, Landschaft, das Rosenhaus, die Arbeiter, Kunst und Geschichte: all das war im Geiste des gegenständlichen Realismus als Teil einer geordneten Welt behandelt, an welche das Individuum sich selbst anpassen mußte. Die gediegene Außenwelt lieferte den Rahmen für die eigene Bestimmung des Individuums. Die utopische Dimension Stifters liegt wesentlich in der Reinheit und Klarheit, mit welcher die innere Ordnung der Welt als Umwelt verwirklicht war. War diese Ordnung durchschaubar geworden, so konnte der Mensch Erfüllung in ihr finden, wie Heinrich Drendorf es tat. Stifters Voraussetzung ist der Rousseaus und seines ›Émile‹ nicht unähnlich: die richtig geordnete Welt liefert den Schlüssel und das Vorbild für eine wohlgeordnete Seele.

Andrians ›Garten der Erkenntnis‹ berührte trotz seines Titels kaum die wirkliche Umgebung seines Helden. Andrians Realismus war dem Stifters völlig entgegengesetzt: er galt nicht der Außenwelt der sozialen und physischen Realität, sondern dem inneren Schauplatz des Seelenlebens. Die soziale und physische Welt existiert überhaupt nur als Stimulus für das Gefühl des Helden oder als Symbol dieses Gefühls. Erwin wie Heinrich suchen Zugang zu und Verbindung mit einer Welt, die größer ist als sie selbst. Beide erkennen diese Welt als vielfältig zusammengesetzt und facettenreich. Heinrich jedoch meistert sie Schritt für Schritt und versteht sie schließlich als wesentlich statische Harmonie von Elementen, welcher der Mensch vermittels seiner Arbeit die Dissonanz nimmt. Ihre Einheit ist Klarheit gegliederter Teile. Für Erwin ist die Welt ein Fließen – jetzt zähflüssig, dann stürzend –, dessen Elemente sich ineinander und in das Selbst mischen. Ihre Einheit ist ein nirgends greifbares Strömen. Für Heinrich liegt die Wahrheit in der Klarheit, für Erwin im Geheimnis: »daß in dieser Lüge eine tiefe, dunkle, vielfältige Wahrheit lag«.[48] Erwin vermag den Zugang zur Welt nicht zu finden, da er das rationale Selbst, die äußere Wirklichkeit und das individuelle Gefühl als ununterschiedenes Kontinuum ansieht. Subjektive und objektive Erfahrung sind schmerzlich und verwirrend vermischt. Hofmannsthal sprach das Gefühl einer fließenden Beziehung zwischen ›Ich‹ und Welt gültiger aus als Andrian: »Und drei sind Eins: ein Mensch, ein Ding, ein Traum.«[49] Derartiger Panpsychismus war die vollständige Umkehrung von Stifters individualisiertem und definiertem Universum: »Jedes Ding und jeder Mensch, pflegte er [Heinrichs Vater] zu sagen, könne nur eins sein, dieses aber muß er ganz sein.«

Die fließende Grenze zwischen dem Selbst und dem anderen bedeutete, daß die Suche nach dem »anderen« zur Vergeblichkeit verurteilt war. Sogar die wissenschaftliche Erkenntnis zog Erwin in den Strudel der Selbstvernarrtheit. Nach einem Jahr wissenschaftlicher Studien wurde ihm klar, daß er nicht in der Welt seine Stelle suchen müsse, denn er selber war die Welt, gleich groß und gleich einzig wie sie; aber er studierte weiter, denn er hoffte, daß, wenn er sie erkannt hätte, ihm aus ihrem Bildnis sein Bildnis entgegenschauen würde.[50] Erwins Hoffnungen blieben unerfüllt. Getrennt von der Welt, konnte er sie nicht als Spiegel benutzen. Verschmolzen mit ihr oder sich von ihr nährend, fühlte er seine Selbstheit bedroht. Nur in der zeremoniellen oder ästhetischen Erfahrung waren Ich und Welt in einer rhythmischen Einheit des Gefühls miteinander verbunden. Aber diese Einheit hatte weder Kraft noch Dauer. Der Schauder des dichterischen Wortes, in welchem Himmel und Hölle gemeinsam in zweideutiger, sublimierter Ekstase, voll zitternder Herrlichkeit zusammenflossen, brachte weder dem Verstande Klarheit noch den Trieben Befriedigung. Das Leben, das für den empfindsamen Erwin als eine fremde Aufgabe begonnen hatte, endete ohne die unmittelbare und sinnvolle Erfahrung verbindlichen Handelns. Der ästhetische Aristokrat blieb der lebensschwache Narcissus, der als Sterbender hoffte, daß ein Traum ihm beschere, was das Leben ihm verweigerte: Berührung mit dem »anderen«.

Wie Stifter und Andrian in der Bestimmung der Beziehung von Ich und Welt voneinander abwichen, so benutzten sie auch das Bild des Gartens für völlig verschiedene Zwecke. Für Stifter bedeutet der Garten die Vermählung von Natur und Kultur. Da vollendet der Mensch durch Wissenschaft und Kunst das Werk Gottes. Da reinigt er die Natur von Krankheit und Wirrsal und bringt sein Ordnungsvermögen in der Mischung des Nützlichen und Schönen zur Geltung. Für Andrian war natürlich die tatsächliche Kultivierung des Gartens völlig bedeutungslos. Das Leben kennt kein Ding, das Arbeit heißt. Der Garten dient lediglich dazu, die Empfindungen anzuregen. So symbolisiert er die seltsam gemischten und flüchtigen Düfte des Lebens, die vergängliche Erfahrung der Schönheit. Keinen Garten gibt es, nur Gärten. Sie bestärken die sinnlichen Gedanken und gedanklichen Empfindungen, die für die in sich selbst Vernarrten typisch sind. Für eine Generation, die sich selbst außerhalb des Hauptstroms des Lebens fühlte, den sie nur trübe durch das spiegelnde Medium der Kunst wahrnahm – »weil uns ein Schauspiel mehr wie unser Schicksal ist«[51] –, symbolisierten Gärten die flüchtige Schönheit, die man erhaschen kann, wenn man willenlos durchs Leben treibt. Erwins Mutter, seine einzige wirklich Vertraute, spricht die Bedeutung der Gärten für eine tatenlose Generation aus: »Wir gehen durch unser Leben wie durch die Lustgärten fremder Schlösser, von fremden Dingen geführt; wir behalten und lieben die Schönheiten, die sie uns gezeigt haben, aber zu welchen sie uns führen und wie schnell sie uns vorbeiführen, hängt von ihnen ab.«[52]

Die ästhetische Haltung bestärkte die Trennung vom gemeinen Geschick, das ihre soziale Basis war, und nährte deshalb eher eine stellvertretende als eine unmittelbare Welterfahrung. Die ästhetische Erfahrung ist, wie Susanne Langer uns wieder zu Bewußtsein brachte, virtuell und nicht tatsächlich. Sie gestaltet Gefühle, die aus der Erfahrung stammen, aber nicht die Erfahrung selbst. Gerade weil sie stellvertretend für das Leben steht, trennt sie uns von ihm. Deshalb erzeugte die Kunst, als sie sich von anderen Werten löste und ein Wert um ihrer selbst willen wurde, in ihren Anhängern jenes Gefühl eines ewigen Zuschauens, das seinerseits zur Introversion führte. Andrians Erwin wandte sich in seiner Unfähigkeit, das Geheimnis des Lebens durch unmittelbares Handeln zu finden, nach innen und »beugte sich tiefer und ängstlicher über seine Vergangenheit«. Seine Erinnerungen an frühere Erfahrung waren nicht nur »rührend«, sondern wurden ihm »erhaben und kostbar«. Wie bei Marcel Proust wurden bei Erwin die Erinnerungen sein Leben. Wiederum war die Lösung von der Umwelt mit der Wendung nach innen verbunden. Menschliche Wesen waren ihm nur insofern wertvoll, als sie zu seiner Erinnerung beitrugen, d. h. sie »bewegten ihn nur, weil er an ihnen gelebt hatte«.[53] Die erinnerte Vergangenheit wurde bedeutungsvoller als die durchlebte Gegenwart. Damit wechselte der narzißtische Held unmerklich nicht nur von einem Leben verbindlichen Handelns zur Gefangenschaft in seinem Selbst, sondern auch von einem noch ungelebten Leben zu einem ausgelebten Leben. Als der Tod dem Prinzen Erwin nahte, war er bereit für ihn, trotz seiner jungen Jahre. Der Tod kam ihm nicht wie Narziß als sittliche Vergeltung, sondern als eine psychologische Notwendigkeit.

IV

Hofmannsthal bewunderte den ›Garten der Erkenntnis‹ zutiefst.* Doch er konnte das Problem des neuen Narziß nicht, wie Andrian, ungelöst lassen. Er strebte danach, die Kunst wieder mit der Sittlichkeit zu verbinden und die ästhetische Kultur mit der Gesellschaft, seine gebildete soziale Klasse mit einer fruchtbaren Teilhabe am Staatswesen. Andrian schrieb allein für seine Generation, während Hofmannsthal deren Probleme enger mit der Überlieferung, tiefer mit der Seele und weiter mit der Gesellschaft verknüpfte.

Von Anbeginn sah Hofmannsthal Andrians ›Garten‹ auf einem Gelände errichtet, das voller Gefahren war, die seinem Verfasser unbekannt geblieben waren. »Dein Buch«, schrieb Hofmannsthal seinem Freund, »ist ganz so wie die junge Göttin Persephoneia, die ... auf einer Wiese viele Narzissen pflückt und plötzlich von einer großen Angst und tiefen Traurigkeit befallen wird. Weißt Du, es ist dieselbe Wiese, wo dann Pluto, sie zu den Schatten zu entführen, aus dem Boden auftaucht.«[54] Welche moderne Macht stellt Pluto wohl in dieser antiken Parabel dar? Hofmannsthal tastete nach einer Antwort auf seine eigene Frage und suchte sie bald im individuellen Trieb, bald bei den bedrohlichen Massen.

Hofmannsthal beschäftigte sich jedoch schon ganz früh mit den sittlichen Folgen der ästhetischen Haltung. Von diesen wurde er weiter zu psychologischen und sozialen Interessen geführt. In ›Der Tor und der Tod‹ (1893), einem Versdrama, das das gleiche Problem wie Andrians ›Garten‹ behandelt, verurteilte Hofmannsthal den jungen Adeligen, der, um seinen raffinierten Empfindungen Genüge zu tun, Mutter, Freund und Geliebte zugrunde richtet. Wo Andrian der psychologischen Entwicklung der ästhetischen Haltung nachging, untersuchte Hofmannsthal ihre moralischen Folgen. Der Tod kommt als Richter zum Toren wie in einem mittelalterlichen Mysterienspiel, um das Vergehen zu bestrafen. In dieser Hinsicht war Hofmannsthal Traditionalist und versuchte die Verbindung zwischen Kunst und Sittlichkeit wieder herzustellen. Die Figur des Todes aber ist, worauf Richard Alewyn hingewiesen hat, kein mittelalterlicher Knochenmann. Er

* »Immer wieder kann ich es mir nicht glaubhaft machen, daß die Kraft, die das hervorgebracht hat, sich sollte vollkommen in inneren Höhlungen zerstäuben und nichts mehr nach außen bewirken.« (Hugo von Hofmannsthal – Leopold von Andrian, Briefwechsel, S. Fischer, Frankfurt a. M. 1968, S. 144.)

erscheint im Spiel als Musiker, als dionysischer Verbündeter des Lebens. Er stellt die unbewußten Triebe dar, welche von einem Übermaß individueller Selbstkultivierung verdrängt wurden.[55] Damit wird die Sittlichkeit anders als bei Stifter eine Form der Lebenskraft und erscheint in dialektischer Einheit mit ihr in dem Musik gewordenen Tod.

Der Schauplatz von ›Der Tor und der Tod‹ erinnert an Risachs Rosenhaus: eine elegante klassizistische Villa aus den zwanziger Jahren des 19. Jahrhunderts. Es beschwört die Ordnung des Biedermeier, der jedoch alles Leben entzogen wurde. Denn das Haus ist ein reines Museum der persönlichen Erinnerungen und kulturellen Mementos des Helden – eines, der anders als Stifters Risach nie ein verpflichtetes Leben geführt hat. Gustav Klimt hat ebenso in seinen Gemälden für den Musiksalon des Hauses Dumba die Sehnsucht nach dem Biedermeier und die dionysische Triebhaftigkeit einander gegenübergestellt, aber ohne wie Hofmannsthal nach den sittlichen Folgen der ästhetischen Haltung zu fragen.*

Hofmannsthals Versuch, aus dem Solipsismus und der kultivierten Isolation des Lebens der Kunst auszubrechen, ging in zwei Richtungen: einerseits wollte er die überlieferte Sittlichkeit persönlicher Verantwortung neu beleben, und andererseits wandte er sich nach vorn zu einer Tiefenpsychologie und zur Bejahung des Triebes hin.

Hofmannsthals ethischer und psychologischer Kritik der Gefühlskultur seiner Klasse müssen wir jedoch noch eine dritte Dimension hinzufügen. Als junger Mann schon begann er sich über die Aushöhlung der sozialen Verantwortlichkeit in den höheren Schichten Sorgen zu machen. Sein Gedicht ›Manche freilich...‹, das er 1892 geschrieben hatte, bekräftigte wieder die Einheit der gebildeten und gemeinen Schichten, deren Trennung Saar in dem Gedicht ›Kontraste‹ so beklagt hatte. Hofmannsthal stellte das Problem gewiß nur in Form einer Erinnerung dar, daß es so etwas wie ein Band zwischen denen oben und denen unten, den Glücklichen und den Unglücklichen gibt – wiederum ein Anzeichen dafür, wie schwach es geworden war. Der Dichter sprach es als verborgenes Band der Abhängigkeit im Bilde der Rudersklaven unter Deck an, von deren Leben »ein Schatten fällt... in die anderen Leben hinüber«, die oben leicht leben.

Viele Geschicke weben neben dem meinen,
Durcheinander spielt sie alle das Dasein,
Und mein Teil ist mehr als dieses Lebens
Schlanke Flamme oder schmale Leier.

Hofmannsthal deutet damit den Willen zu einer stärkeren sozialen Verantwortung an.

In dem Versdrama ›Das kleine Welttheater‹ (1897) führt Hofmannsthal in

* Siehe oben, S. 208–210 und Abb. 40 und 41.

verhüllten aber unmißverständlichen Begriffen diese Richtung der wechselseitigen Abhängigkeit von Kunst und Gesellschaft für seine Generation weiter.[56] Als Form für seine Aussage wählte er das barocke Maskenstück. Von einer Handvoll Personen, die nur in der losesten Beziehung zueinander auftreten, ist der Gärtner die erste bedeutende Gestalt. Er war früher ein König, hat aber seinen Stirnreif weltlicher Gewalt abgelegt, um seine Blumen zu pflegen. Des Gärtners dichterische Vision ermöglichte es ihm, als König einzusehen, daß die Sorge für menschliche Untertanen und die Sorge für die Blumen wesentlich das gleiche sind: nur ist letztere »gekühlt«. Im Kleinen wiederholt Hofmannsthal hier den Rückzug Risachs im ›Nachsommer‹ von den Enttäuschungen der Politik zu der Befriedigung des Rosenhauses. Wollte er damit auch den allgemeineren und weniger freiwilligen Rückzug der höheren Mittelschicht Österreichs von der Politik in die Kultur allegorisch darstellen? Die Evidenz ist zu schwach für ein sicheres Urteil. Aber Hofmannsthal legt deutlich ein Prinzip der Entsprechung zwischen Königtum und Gartenbau dar, das in »Kindlichkeit und Majestät« eine verführerische Gleichung aufstellt zwischen dem Bereich der Politik und dem Garten der Kunst, zwischen der bürgerlichen und der ästhetischen Ordnung.

Dem Gärtner-König wird als letzte und beherrschende Gestalt des Maskenspiels der Wahnsinnige entgegengestellt. Er ist ein Sprößling nicht des Königtums, sondern des Reichtums: »der Letzte von den Reichen, Von den Mächtigen der Letzte, hilflos.« Der Vater des Wahnsinnigen, ein mächtiger Unternehmer, vermochte nicht, seinen Sohn zu bändigen, der seinen herrscherlichen Geist hat, aber kein Gefühl der Verantwortung. Wie viele wirkliche Söhne von Emporkömmlingen in Hofmannsthals Gesellschaft, suchte und gewann er die Gesellschaft von Adeligen, bezauberte die Welt, verschleuderte seinen Reichtum und verausgabte sich selbst. Wie die besten der funktionslosen Ästheten wandte er sich nach innen und suchte Einsamkeit. Wiederum begegnen wir Narziß, diesmal als Rentier und Verschwender. Der Wahnsinnige schloß sich selbst in einen Turm ein und wandte seinen kühnen erobernden Geist in sein Inneres, um der dichterische Erforscher seiner eigenen Tiefen zu werden. Dort fand er das »ungeheure Gemenge« der »verschlungenen Kräfte«. Die auf sich selbst zentrierte Haltung des funktionslosen Reichen, die von der Welt des Handelns auf die der Kontemplation übertragen wird, führte ihn zur Entdeckung der monströsen triebhaften Kräfte seines Inneren. Dadurch erkannte der Wahnsinnige das entsprechende »Gemenge äußern Daseins«.[57] Wie der Gärtner eine Entsprechung der Ordnungen zwischen dem Bereich der Politik und dem Garten der Schönheit fand, so fand der Wahnsinnige eine Entsprechung der Kräfte zwischen dem Trieb im Innern und den äußeren Kräften. Die Individuation beginnt sich selbst zu überschreiten, und der Wahnsinnige, der sich als guter Narziß in einem Spiegel betrachtet, verkündet: »Nicht mehr lange hält dieser Schein. Es mehren sich schon die Stimmen, Die mich nach außen rufen.«[58]

Er verkündet eine Aufgabe, welche die Hofmannsthals sein wird: eine dynamische Einheit von Individuum und Welt zu schaffen. Die abstrakte statische Art der Könige und Dichter vor ihm vermag nicht mehr der modernen Seele oder der modernen Gesellschaft zu dienen:

> Was aber sind Paläste und die Gedichte:
> Traumhaftes Abbild des Wirklichen!
> Das Wirkliche fängt kein Gewebe ein:
> Den ganzen Reigen anzuführen,
> Den wirklichen, begreift ihr dieses Amt?

Ein kühner, aber gesunder Mensch könnte »dieses Amt« begreifen, nur ein Wahnsinniger besäße wie Dionysos die Entschlossenheit, »den ganzen Reigen anzuführen«. Der Wahnsinnige mußte davon abgehalten werden, in den Fluß zu springen, den Strom ursprünglicher Lebensenergie und zugleich des Todes.

Um 1897 war Hofmannsthal überzeugt, daß der Gärtner nur ein Relikt war, und er machte sich daran, wenn auch nur versuchsweise, den Wahnsinnigen zu bändigen. Die Aufgabe war, eine Ordnung zu finden, die nicht steril, und eine Kraft, die nicht tödlich wäre, um das Band zwischen der Kunst und dem Trieb einerseits und das Band zwischen der Kunst und der Gesellschaft andererseits wieder zu befestigen. Er wandte sich den unteren Bevölkerungsschichten zu, nicht allein deshalb, weil dort das Problem lag, sondern weil das Leben in ihnen kraftvoll zu sein schien. Wie Sigmund Freud sah Hofmannsthal die Unterschichten ungehemmt unmittelbar ihrem Triebe lebend. Halb neidisch, halb furchtsam, suchte er die sozialen Quellen der Lebenskraft im schlechtdefinierten »Volk«, während er dessen psychologische Quellen behutsam im Geschlechtsleben aufspürte. Beide Tendenzen werden im ›Tod des Tizian‹ deutlich, wo der große Pan die Kunst inspiriert, der Künstler aber von der Anziehungskraft der Stadt genötigt wird, das Gitter der Kunst zu überschreiten. Demgemäß wandte sich Hofmannsthal an der Jahrhundertwende von der Lyrik dem Drama zu und ging aus der narzißtischen Isolierung hinaus auf die Straße.

Es ist bezeichnend für die abgeschirmte Wahrnehmung seiner Klasse, daß Hofmannsthal zum erstenmal von sozialem Elend nicht in seiner Vaterstadt Wien beeindruckt wurde, wo es genug davon gab, sondern in Galizien während seines Militärdienstes 1896. Aus seinem Quartier in dem erbärmlichen jüdischen Dorf Tlumacz schrieb er einem Freund: »Ich korrigiere meinen Begriff vom Leben: von dem, was das Leben für die meisten Menschen ist: es ist viel freudloser, viel niedriger, als man gerne denkt, noch viel niedriger.«[59] Hier, »unter diesen schmutzigen, elenden Menschen« wird Hofmannsthal für die dramatische Form gewonnen. Thomas Otways Drama aus der Zeit der englischen ›Restoration‹ über die sogenannte »papistische Verschwörung«, ›Venice preserved‹, das Hofmannsthal in einem feuchten und stinkenden Stall las, regte zu dieser Wendung an. »Das Drama«, schrieb er Andrian, »ist eine sehr sonderbare Kunstgattung, und ich ahne, indem man es hervorbringt, verknüpft man sich gleichzeitig mit dem realen Leben und löst sich gleichzeitig davon ab.«[60] Hier lag Hofmannsthals tiefstes Bedürfnis, als Dichter wie als Bürger.

Acht Jahre später veröffentlichte Hofmannsthal seine gewaltige Erneuerung von Otways Stück unter dem Titel ›Das gerettete Venedig‹. Dieses düstere sozial-psychologische Drama handelt von politischem Verfall und der persönlichen Leidenschaft, die als Folge von Mißherrschaft freigesetzt wird. Ein aufrührerischer Pöbel steuert zur Handlung seine finstere und bedrohliche Macht bei. Bezeichnenderweise ist die Hauptfigur ein Unschlüssiger, der zwischen den alten Mächten und ihren zornigen Herausforderern hin und her schwankt.[61] Es ist die menschlichste Gestalt aber zu schwach für die Situation, der er gegenübersteht. Sein menschliches Verstehen bleibt nutzlos, da er es nicht in der gesellschaftlichen und politischen Krise anzuwenden vermag, wo die Leidenschaft entfesselt ist.

Der Dichter schwankt und sucht das Gleichgewicht zu halten wie seine Hauptfigur. Obwohl das Stück in den Problemen der modernen Zeit atmet, vermied Hofmannsthal wie bei den meisten seiner Werke jeden direkten sozialen Realismus oder jede zeitgenössische Inszenierung. Wie so viele österreichische Pioniere des Denkens und der Kunst des 20. Jahrhunderts – Gustav Klimt, Gustav Mahler, Otto Wagner, Sigmund Freud – benutzte er die überlieferte Sprache zur Mitteilung einer modernen Aussage. Nicht ohne Grund beschwor Andrian für ihn das Motto: »Sur des pensers nouveaux faisons des vers antiques.«[62]

Hofmannsthal wollte sich jedoch nicht wie Stifter oder Saar der Geschichte verpflichten. Sie schien ihren beispielhaften Wert für ihn verloren zu haben. Obwohl der Schauplatz des ›Geretteten Venedig‹ die historische Stadt war, kämpfte er heftig an gegen die Neigung des Regisseurs, Bühnenbild und Kostüme historisch »realistisch« zu machen. Hofmannsthal verlangte »stimmungsmäßige« und »suggestive« Kostüme, die einer »in den Wurzeln verfaulten, konservativ-reaktionären Periode« wie dem »vormärzlichen Österreich« entsprachen (der Zeit vor dem ersten Durchbruch des Liberalismus!). Das »Gesindel von der Straße« sollte vor allem »um Gotteswillen« keineswegs auf das Venezianische, sondern eher »auf das Unheimliche« wie zeitgenössisches Gesindel hin stilisiert werden.[63] Sowohl im Stück wie in seiner Inszenierung näherte Hofmannsthal sich der zeitgenössischen sozialen Wirklichkeit vorsichtig und ausweichend. Er wollte weder eine Flucht in die Geschichte und Sage noch eine direkte Darstellung der modernen Gesellschaft und ihrer Probleme. Dadurch, daß er ein suggestives statt eines wortgetreuen historischen Milieus benutzte, verwirklichte er in diesem erschütternden Drama der sozialen Auflösung das Versprechen, das er im Drama als literarischer Form gesehen hatte, als er aus dem schmutzigen Galizien an Andrian schrieb. So wurde ihm sein Wort zu

Wahrheit, daß das Drama einen mit dem Leben verbindet und zugleich davon befreit.

Die Verbindung von Engagement und Distanz, die Hofmannsthal im Drama fand, erlaubte ihm eine Neudefinition der Aufgabe des Schriftstellers in der modernen Gesellschaft. Sein Weg ins Freie war weit gewesen. Zunächst war er dem hedonistischen Garten des Narziß entronnen, mit all der Vergeblichkeit, die Andrian in seinem Bildungsroman dargestellt hatte. Er brachte dann die noch gewichtigeren Gefahren zur Klarheit, die er im ›Kleinen Welttheater‹ allegorisiert hatte: jene die Seele befriedigende Illusion des Gärtners, daß Kunst ein Ersatz für die Politik, und die drastische Folgerung des Wahnsinnigen, daß die einzig wahre Teilhabe am Leben das selbstzerstörerische Verschmelzen mit den formlos irrationalen Kräften der Welt sei. Allmählich gelangte Hofmannsthal dazu, eine Synthese von unlebendiger Täuschung und formloser Lebendigkeit zu gestalten, zwischen dem Gärtner-König und dem Wahnsinnigen. Aus ihr trat der Dichter hervor nicht als Gesetzgeber oder Richter und nicht als Mitempfindender, sondern als Versöhnender.

1906 bestimmte Hofmannsthal die Rolle des Dichters mit neuer Klarheit: »Er ist es, der in sich die Elemente der Zeit verknüpft.«[64] In einer Gesellschaft und einer Kultur, die er als im wesentlichen pluralistisch und fragmentiert sah, wies Hofmannsthal der Literatur die Aufgabe zu, Beziehungen herzustellen. Der Dichter muß die Vielfältigkeit der Realität anerkennen und durch das magische Medium der Sprache dem modernen Menschen Einheit und Zusammenhang bringen. Der Dichter ist »der leidenschaftliche Bewunderer der Dinge, die von ewig sind, und der Dinge, die von heute sind. London im Nebel mit gespenstischen Prozessionen von Arbeitslosen, die Tempeltrümmer von Luxor, das Plätschern einer einsamen Waldquelle, das Gebrüll ungeheuerer Maschinen: die Übergänge sind niemals schwer für ihn [...] alles ist zugleich da.«[65] Wo andere Widerstreit oder Widerspruch erblickten, würde der Dichter verborgene Bindungen enthüllen und sie dadurch entwickeln, daß er ihre Einheit in Rhythmus und Klang spürbar machte.

Gab es noch Platz für die Utopie in Hofmannsthals neuem Begriff von Literatur? In dem Sinne nicht, in dem wir ihr bisher begegnet sind. Es gab kein Vorbild einer gereinigten Wirklichkeit wie bei Stifter, kein abstraktes gesellschaftliches Ideal in der Art Saars, keinen wiedererstandenen Rokokogarten der Lüste und nicht einmal des früheren Hofmannsthal Potemkinsches Dorf. Denn jetzt anerkannte der Dichter die Wirklichkeit so, wie sie war: beharrlich unzusammenhängend. Der betont zentrifugale Charakter von Gesellschaft und Kultur behinderte die konstruktive Phantasie. Hofmannsthal war aus seiner kultivierten sozialen Isolierung aufgetaucht und hatte gelernt, sich mit »einer herrschenden Gesellschaft herumzuschlagen«; doch als er das tat, hielt er es für immer weniger möglich, »eine nicht vorhandene zu postulieren«.

In dem Schauspiel ›Der Turm‹ (1927), an dem er über einen Zeitraum von fünfundzwanzig Jahren gearbeitet hatte, bemühte er sich noch einmal, den Weg nach Utopia zu zeigen. Ich sage nur, den Weg zu zeigen, mehr nicht, denn Hofmannsthal versuchte nicht länger, selbst eine Utopie zu entwerfen. Die Handlung im ›Turm‹ kehrt nahezu auf einer tieferen Ebene die des ›Kleinen Welttheaters‹ um. Prinz Sigismund, der Held, ist anfänglich, wie der Wahnsinnige, der irrational in seinem Selbst Gefangene. Vermittels seines eigenen Traumes von einer gerechten Welt versucht er vom Wahnsinnigen zum Gärtner und von da zum König fortzuschreiten – vom triebhaften Visionär zum politisch Handelnden. In diesem Verlauf verbündet er sich mit der bedürftigen und kraftvollen, aber irrationalen Masse. Wie in Calderóns christlichem Schauspiel ›Das Leben ein Traum‹, das Hofmannsthal für seine moderne Absicht benutzte, wird die ödipale Revolte des Dichter-Prinzen einer politischen Revolution gegen den Vater-König gleichgesetzt. Bei Hofmannsthal ist das Ergebnis jedoch keine göttliche Komödie, sondern ein menschliches Trauerspiel. Das Werk der Harmonisierung der ungleichartigen Bestandteile durch die Sprache wechselseitiger Achtung bricht in sich zusammen. Wie in der österreichischen Monarchie erweisen sich die Kräfte der gesellschaftlichen und psychologischen Desintegration als zu stark. Doch der Dichter-Prinz stirbt in der Überzeugung, daß seine Botschaft der Liebe, die er aus dem einsamen Quell des Narziß bezogen hat, wo Traum und Wirklichkeit verschmelzen, eines Tages verstanden werden wird: »Gebet Zeugnis: ich war da, wenngleich mich niemand gekannt hat.«[66] Der Prinz, den die Welt nicht kennt: er ist das Gegenstück zu Andrians Prinzen Erwin, der stirbt, ohne die Welt gekannt zu haben.

Hofmannsthal hatte die Aufgabe der Kunst aus der hedonistischen Isolierung befreit, in welche seine Klasse sie gebracht hatte, und hatte die Gesellschaft durch die versöhnende Macht der Kunst zu erlösen versucht. Aber zu tief waren die Risse durch die Gesellschaft gegangen. Die Gesellschaft vermochte die Tragödie oder die Komödie zu tolerieren, aber keine Erlösung durch ästhetische Harmonisierung. Einer neuen Generation blieb es überlassen, die intellektuellen Folgerungen aus dieser kulturellen Tatsache zu ziehen.

Anmerkungen

Die Hofmannsthal-Zitate nach Hugo von Hofmannsthal, Gesammelte Werke in Einzelausgaben, hg. von Herbert Steiner, S. Fischer, Frankfurt a. M. 1945–1959. (Es werden jeweils die Titel der einzelnen Bände angegeben.)

1 Hugo von Hofmannsthal, Buch der Freunde, Aufzeichnungen, S. 59.
2 Erich Auerbach, Mimesis, Bern 1946 u. ö.
3 Stifters Werke, hg. von I. E. Walter, Salzburg o. J., Bd. 2, S. 905.

4 Stifter, Über das Freiheitsproblem, ebd., S. 921, 923.
5 Adalbert Stifters Sämtliche Werke, hg. von Gustav Wilhelm u. a., Prag. Reichenberg 1904–1939, Bd. 16, S. 58f.; künftig: Stifter.
6 Brief von Gustav Heckenast, 6. März 1849, Bd. 17, S. 321.
7 Ebd., S. 292.
8 Stifter, Bd. 19, 93.
9 Gustave Flaubert, Education sentimentale, 1. Kapitel.
10 Daniel Defoe, Robinson Crusoe, Everyman ed., London 1906 u. ö., S. 2.
11 Stifter, Bd. 6, S. 9.
12 Ebd., S. 10–14. Ein wirkliches Beispiel einer ähnlichen Beziehung zwischen Vater und Sohn bei der Wahl eines wissenschaftlichen Berufs ist der Geologe Eduard Suess, Erinnerungen, Leipzig 1916, S. 115, 139.
13 Stifter, Bd. 6, S. 23f.
14 Ebd., S. 40.
15 Ebd., S. 44.
16 Ebd., S. 58f.
17 Ebd., S. 99.
18 Ebd., Bd. 7, S. 94.
19 Charles Baudelaire, Poèmes en Prose.
20 Stifter, Bd. 6, S. 143f.
21 Ebd., S. 129–131, 103f.
22 Dora Stockert-Meynert, Theodor Meynert und seine Zeit, Wien 1930, S. 150.
23 Felicie Ewart, Zwei Frauenbildnisse, Wien 1907, passim.
24 Stockert-Meynert, S. 99.
25 Ebd., S. 50f.
26 Vgl. z. B. Georg von Franckenstein, Diplomat of Destiny, New York 1940, S. 14–17; Stefan Zweig, Die Welt von Gestern, Erinnerungen eines Europäers, Frankfurt 1978, S. Fischer Sonderausgabe, S. 44–69.
27 Die Kunst, ein unveröffentlichtes Frühwerk, in: Ferdinand von Saars sämtliche Werke, hg. von Jacob Minor, Leipzig 1909, Bd. 3, S. 49.
28 Jacob Minor, Ferdinand von Saar als politischer Dichter, in: Österreichische Rundschau, Jg. 32, Juli–September 1912, S. 185.
29 Undatiert und zu Lebzeiten Saars unveröffentlicht. Saars sämtliche Werke, hg. von Minor, Bd. 3, S. 26f.; siehe auch ebd. Bd. 2, S. 145.
30 Ebd., S. 168f.
31 Ebd., S. 167.
32 Ferdinand von Saar, Schicksale, Kassel 1889, Ndr. in: Sämtliche Werke, hg. von Minor, Bd. 9.
33 Ebd., Bd. 2, 175f.
34 Stifter-Elegie, ebd., Bd. 3, S. 77.
35 Geneviève Bianquis, La poésie autrichienne de Hofmannsthal à Rilke, Paris 1926, S. 8–17.
36 Viktor von Andrian-Werburg, Österreich und dessen Zukunft, Hamburg 1843–1847. Vgl. die Darstellung Andrians bei Karl Eder, Der Liberalismus in Altösterreich, Wien 1955, S. 95–98; Georg Franz, Liberalismus, München 1955, S. 32f.
37 Leopold Andrian und die Blätter für die Kunst, hg. von Walter H. Perl, Hamburg 1960, S. 11f.
38 Hugo von Hofmannsthal, hg. von Helmut A. Fiechtner, Bern 1962, S. 5f.
39 Hermann Broch, Hofmannsthal und seine Zeit, in: Essays, hg. von Hannah Arendt, Zürich 1955, Bd. 1, S. 111–113.
40 Siehe Franckenstein, Diplomat of Destiny, S. 14–17, 113–116; Hugo von Hofmanns-

thal, Briefe 1890–1901, 1900–1909, Berlin 1935, Wien 1937, Bd. 1, S. 59f., 208, 212f., 291, 293; und bes. ders. und Edgar Karg von Bebenburg, Briefwechsel, hg. von Mary E. Gilbert, Frankfurt 1966, passim, worin der Dichter und der Seeoffizier zusammen das Wesen und die Ziele des Gentleman-Ideals erkunden.

41 Hofmannsthal, Briefe 1890–1901, S. 208, 291.

42 Kunst, Nr. 1, 1903, S. II.

43 Hofmannsthal, Gedichte und lyrische Dramen, S. 44f.

44 Ders., Prosa I, Frankfurt 1950, S. 273.

45 Ders., Briefe 1890–1901, Bd. 1, S. 130.

46 Ebd., S. 131.

47 Hofmannsthals Verbindung des imaginären Reiches mit dem Treibenlassen vgl. ebd.

48 Leopold Andrian, Das Fest der Jugend, des Gartens der Erkenntnis erster Teil, Graz 1948, S. 33.

49 Hofmannsthal, Terzinen, III, Gedichte und lyrische Dramen, S. 19.

50 Andrian, Fest, S. 46.

51 Ebd., S. 35.

52 Ebd., S. 42f.

53 Ebd., S. 34.

54 Hugo von Hofmannsthal–Leopold von Andrian, Briefwechsel, S. Fischer, Frankfurt a. M. 1968, S. 48.

55 Richard Alewyn, Über Hugo von Hofmannsthal, Göttingen 1958, S. 75f.

56 Hofmannsthal, Gedichte und lyrische Dramen, S. 297–316.

57 Ebd., S. 313.

58 Ebd., S. 315.

59 Hofmannsthal an Fritz Eckstein, 2. Mai 1896, Hofmannsthal, Briefe 1890–1901, Bd. 2, S. 182.

60 Briefwechsel Hofmannsthal–Andrian, 4./5. Mai 1896, S. 64–65.

61 »Jaffiers Irrtum, zu den Empörern zu gehören, während er wohl eigentlich zu den Lakaien gehört, ein durchgehendes Hauptmotiv ...«, Hofmannsthal an Otto Brahm, 15. September 1904, Briefe 1890–1901, Bd. 2, S. 163.

62 Leopold Andrian, Erinnerungen an meinen Freund, in: Hofmannsthal, hg. von Fiechtner, S. 52.

63 Briefe an Brahm, Dezember 1904, in: Briefe 1900–1909, Bd. 2, S. 184, 192f.

64 Hugo von Hofmannsthal, Der Dichter und diese Zeit, Prosa II, S. 245.

65 Ebd., S. 245–246.

66 Hugo von Hofmannsthal, Dramen IV.

VII
DIE EXPLOSION IM GARTEN: KOKOSCHKA UND SCHÖNBERG

Beim Rückblick auf sein Leben als Rebell der Kunst erinnert sich der expressionistische Maler Oskar Kokoschka einer Episode aus seiner Kindheit.[1] Kokoschka entstammte einer Familie von Kunsthandwerkern und wuchs in einer der erst neuerlich eingemeindeten Vorstädte Wiens auf, die sich im Übergang vom traditionellen ländlichen Dorf zur gesichtslosen Stadtrandsiedlung befand. Nahe bei dem bescheidenen Heim seiner Eltern gab es einen öffentlichen Park, in welchen der Knabe zum Spielen ging. Einst war der Galitzinbergpark Teil eines adligen Landsitzes. Nicht länger mehr eine private Schonung für Kavaliere und ihre Damen oder violette Monsignori, war er jetzt ein Park, wo die Wiener Lausbuben zusammenkamen, um zwischen Marmorstatuen zu spielen. Ein alter Invalide aus dem preußisch-österreichischen Krieg von 1866 war der Parkwächter; dem kleinen Oskar Kokoschka schien er dem Herkules-Standbild bei der Fontäne sehr ähnlich zu sein. Der Herkules gehörte zu einer Marmorgruppe allegorischer Gestalten von »Genien und Dämonen der gemalten und in Stein gehauenen Allegorien, die auf gleichem Fuße mit den Schloßherren lebten« in der Vorstellung der Wiener. Sie war bevölkert von tragikomischen Figuren, die sozial höher hinauswollten, »bis sie ans Geisterreich stießen«.*

Es besuchten aber nicht nur Buben wie Kokoschka den Park, sondern auch feinere Leute. Oskar befreundete sich mit zwei kleinen Mädchen, die mit ihrer Mutter zum Spielen kamen. Er konnte diese Mutter mit ihrem gebildeten Getue nicht ausstehen: sie las französische Romane, bestand auf feinen Manieren und servierte den Tee à l'anglaise pünktlich um fünf Uhr. Oskar erfuhr bald zu seiner Verachtung, daß der Vater der Dame bloß ein gutbür-

* Kokoschka bezieht sich hier auf die realistischen Zauberpossen Ferdinand Raimunds. Vgl. auch Hofmannsthals Bild des Gartens im Wien Canalettos, Prolog zu dem Buch Anatol, Gedichte und lyrische Dramen, S. 43f. – Vgl. Kapitel VI, S. 290–291.

gerlicher Wiener Kaffeesieder war, sie aber einen »Edlen von« geheiratet hatte und jetzt Tee zu trinken beliebte.

Trotz seiner Abneigung gegen die Mutter freute er sich über die Mädchen. Die eine bewunderte er wegen ihrer Klugheit und Anmut. Die andere, die auf der Schaukel schwang, wobei ihre Kleider in Unordnung gerieten, wurde zum Anlaß seines sexuellen Erwachens. Hier im Rokokogarten bei einem feinen Mädchen ging es dem Jungen aus der Unterschicht auf: »des Widerspruchsvollen der Natur als eines an dem Mädchen auf der Schaukel abrupt und nackt offenbarten Faktums war ich gewahr geworden«. Der Geschlechtstrieb brach roh durch die Fassade einer vornehmen Kultur. Für Kokoschka bedeutete das Erwachsenwerden nicht mehr, wie für frühere Generationen, die Einweihung in die Kultur, sondern die zugleich qual- und lustvolle Bejahung unserer animalischen Natur.

In der Schule hatte der junge Oskar Kokoschka von den beiden großen und gleichzeitigen Erfindungen gehört, welche die Neuzeit einleiteten: dem Buchdruck und dem Schießpulver. Da die erste zu der teuflischen Erfindung des Lehrbuchs geführt hatte, wollte er lieber, wie er erzählt, die zweite erkunden. Eines Tages ging Oskar mit selbstgemachtem Schießpulver in den Schloßgarten, wo seine Freundinnen schon spielten. Unter dem Baum, an dem die Schaukel hing, war ein großer Ameisenhaufen. Darunter brachte Oskar seine explosive Ladung an. Als alles vorbereitet war, um fünf Uhr, zur verhaßten Teestunde, entschloß sich Oskar, »die Fackel in die Welt zu werfen«.

Die Explosion war ungeheuer und ging weit über die Erwartungen des Zerstörers: »Unter donnerndem Krach erhob sich eine große Rauchwolke, in welcher die brennende Stadt der Ameisen in die Luft ging. Wie schrecklich schön! Verbrannte Leiber und abgetrennte Glieder von Ameisen wurden über den feinen Rasen geschleudert. Und die unschuldige Versucherin fand man regungslos in der Hängematte.«

Die Mächte der Zivilisation schlossen sich zusammen. Die Mutter rief den Parkwächter. Oskar wurde »aus dem Garten Eden« verbannt.

Anders als Adam weigerte sich Oskar – ein moderner eigenwilliger Junge der Unterschicht –, seine Verbannung als endgültig anzusehen. Obwohl der alte »Parkwächter mit seinem krummen Säbel unerbittlich vor mir wie der Erzengel Gabriel« stand, fand der jugendliche Rebell einen Ausweg. Hinter dem Garten war ein städtischer Müllplatz mit einem Zaun, über den Oskar klettern konnte, um von der Rückseite in den Park zu gelangen. Er kletterte am Zaun hinauf, doch das Unglück folgte schnell. Er verlor seinen Halt.

Nur eine expressionistische Phantasie hätte ersinnen können, was jetzt folgte. »Ich war fürchterlich auf den Misthaufen der Vorstadt hingefallen.« Oskar landete auf dem aufgetriebenen Aas eines verwesenden Schweins. Ein Schwarm bösartiger Fliegen erhob sich von dem Kadaver und stach den unglücklichen Jungen. Oskar kam nach Hause und wurde krank: »Ich lag lange Zeit im Bett, weil ich die Blattern an den Augen bekommen hatte.«

Der fiebernde zweite Adam machte im Bett psychologische Erfahrungen von der qualvollen Glut der malerischen Visionen des späteren Expressionisten: an der Zungenwurzel saß eine Fliege, die sich unaufhörlich um sich selber drehte und ihre Larven hinter sich ließ. Die Tapete brannte von kreisenden Sonnen in Rot und Grün. Das Opfer fühlte, wie sein Hirn sich in eine eklige graue Flüssigkeit auflöste. Auf seinem Bild ›Der rote Blick‹ hat Arnold Schönberg einen Zustand seelischer und körperlicher Angst eingefangen von der Art, wie Kokoschka ihn beschreibt.

I

Kokoschkas Parabel aus seiner Autobiographie spiegelt mit unheimlicher Genauigkeit seine Stellung bei der Geburt des Expressionismus wider. Besonders glücklich war die Wahl eines Gartens als Schauplatz für die Szene seiner Empörung und Verbannung. Die Wiener Elite von Bildung und Besitz hatte etwa bis 1900 ihren städtischen Charakter stolz dadurch ausgedrückt, daß man in einem großen Mietpalast auf der Ringstraße residierte (siehe Kap. II, S. 44–54). Mit der Fertigstellung des Ringstraßenprojekts verlagerte sich das moderne Wohnen der Oberschicht in die Außenbezirke. Die besten jungen modernen Architekten entwarfen nicht mehr große Mietshäuser, wie Otto Wagner und andere Altmeister es getan hatten, sondern Villen für die Vorstädte. Und selbst die führenden Intellektuellen und Künstler zogen sich, sobald Wohlstand ihren öffentlichen Erfolg bekrönte, in die äußeren Bezirke Wiens zurück. Hofmannsthal und Hermann Bahr, Otto Wagner und Gustav Mahler, die Maler und Designer Karl Moll und Kolo Moser – alle gehörten sie zu den neuen Vorstadtbewohnern.[2]

Mit der Hinwendung zu den Außenbezirken stellte sich, wie Hofmannsthal 1906 bemerkte, »eine erhöhte Freude an Gärten« ein: »Immerhin kommen wir allmählich wieder dorthin zurück, wo unsere Großväter waren oder mindestens unsere naiveren Urgroßväter: die Harmonie der Dinge zu fühlen, aus denen ein Garten zusammengesetzt ist.« Hofmannsthal schrieb in einem Augenblick »nostalgischer« Sehnsucht nach dem Biedermeier. Der Dichter und Kritiker notierte: »Die Gärtner der neuen Gärten aber werden für sich mit Leidenschaft zunächst die einfachsten Elemente, die geometrischen Elemente der Schönheit wiedererobern.«[3] Architekturzeitschriften und Journale für das Wohnen und die Gartenarchitektur bestätigten sein Urteil weithin.[4] Der neue Gartenkult verwarf die englische romantische Tradition des Gartens als kultivierter Aneignung der Natur und wandte sich statt dessen einem radikalen Klassizismus zu. Der Garten wurde als Architektur konzipiert, als eine Erweiterung des Hauses. Weltanschaulich war diese Tendenz verbunden mit dem Niedergang des Ideals des stolzen Selfmademan zugunsten vorindustrieller gesellschaftlicher Vorbilder: des Edelmanns aus dem 18. Jahrhundert einerseits und des Biedermeierbürgers andererseits. Ästhetisch wurden Formalismus und neuer Gartenkult bestärkt durch den Wechsel vom ›Art nouveau‹ zum ›Art deco‹, von organischen und flüssigen Formen zu kristallinen und geometrischen. Die Künstler, die sich in den neunziger Jahren unter dem Namen der ›Secession‹ tatenfroh an die Erkundung der neuen Wahrheit des Triebes gemacht hatten, wandten sich nun von ihren beunruhigenden Entdeckungen hinweg der bescheideneren und einträglicheren Aufgabe zu, das tägliche Leben und die häusliche Umgebung der Elite zu verschönern.* Zur Zeit, als der junge Kokoschka seine künstlerische Ausbildung 1904 an der Kunstgewerbeschule begann,[5] hatte er unter seinen Lehrern einige, die diesen Wechsel gänzlich vollzogen hatten. In den Wiener Werkstätten schuf sich eine vom englischen Beispiel (ohne deren Sozialismus) inspirierte kunstgewerbliche Genossenschaft eine vorzügliche Produktionsstätte und eine Verkaufsstelle für ihre Erzeugnisse. Sogar die Briefmarken der kaiserlichen Post wurden 1908 von einem Künstler der Wiener Werkstätten entworfen, von Kolo Moser, womit die neue Kunstrichtung in ihrer harmlosen, dekorativen Phase beinahe offiziellen Rang einnahm.**

1908 feierte die neoklassische Art deco-Phase der künstlerischen Bewegung Wiens ihren größten Triumph in der öffentlichen Ausstellung des Jahres 1908, schlicht Kunstschau genannt. Die Künstler versammelten ihre Werke und Produkte unter dem Prinzip der Vereinigung der bildenden und angewandten Künste. Gebrauchsgegenstände wurden zu Museumsstücken, während zugleich auch noch die ernsthafteste Malerei und Skulptur auf dekorative Funktionen reduziert war. Gustav Klimt als Präsident der Kunstschau verkündete in seiner Eröffnungsrede die Überzeugung seiner Gruppe, daß der Fortschritt der Kultur in der ständig wachsenden Durchdringung des gesamten Lebens mit künstlerischen Absichten bestehe.[6]

Der Architekt Josef Hoffmann verlieh dem Gebäude den Charakter eines Lustschlosses aus der Zeit der Kaiserin Maria Theresia, wie es einst auf dem Galitzinberg Kokoschkas gestanden haben mag (Abb. 56). Schlank und modern in der äußeren Fassade, war Hoffmanns Pavillon wie ein aristokratisches Lustschloß innen behaglich und elegant. Einzelräume, die jeweils den verschiedenen Künsten und Handwerken gewidmet waren, gruppierten sich um Höfe, um ein Gefühl wohnlicher Atmosphäre zu vermitteln.*** Dem

* Siehe Kap. V, besonders S. 254–257.

** Die von Moser entworfene Briefmarkenserie wurde zur Feier von Franz Josephs Regierungsjubiläum – sechzig Jahre nach seiner Thronbesteigung – ausgegeben. Der Art deco-Stil der neuen Serie steht in deutlichem Gegensatz zum biedermeierlichen Klassizismus aller früheren österreichischen Briefmarken. Moser zeigte Briefmarkenentwürfe im Auftrag des k.k. Handelsministeriums auf der Kunstschau. Siehe den Katalog der Kunstschau 1908, Wien 1908, S. 75 f. Die Briefmarken mit Mosers Namenszug am unteren Rand sind in Scotts Standard Postage Catalogue (124. Auflage, New York 1968), Bd. 2, S. 54 abgebildet.

*** Vgl. Kapitel V, S. 255 ff.

Ganzen verbunden war – als besonderer Beitrag der Stadt Wien – ein Garten.[7] Die Autoren des Kunstschau-Katalogs zitierten William Morris, um ihre Vorstellung vom Wesen und der Funktion eines Gartens auszudrücken:

»Ob groß oder klein, der Garten soll gut angelegt und reich aussehen; er soll von der Außenwelt abgeschlossen sein; er soll keinesfalls die Absichten oder Zufälle der Natur nachahmen, sondern aussehen wie etwas, das man nirgendwo anders sieht als bei einer menschlichen Wohnung.«[8]

Hoffmann bereicherte den Kunstschau-Pavillon um ein Gartentheater. Hier konnte im Sommer 1908 Wiens Elite Freilichtaufführungen von Friedrich Hebbels ›Genoveva‹ und Oscar Wildes ›Geburtstag der Infantin‹ beiwohnen. Das erste dieser beiden Theaterstücke verherrlicht die Anerkennung der göttlichen Gerechtigkeit in dem Schmerz, der einer dämonischen Leidenschaft auferlegt wird – der Art Leidenschaft, welche die Gruppe um Klimt früher versuchsweise in ihrer Kunst zu befreien strebte, aber jetzt aufgegeben hatte. Wildes Drama, das in Kostümen im Stil von Velázquez aufgeführt wurde (Abb. 57), spiegelte die neue Hinwendung der bildenden Künstler zum Leben als verfeinerter Gebärde.

Alles, was an österreichischer Kultur lebendig war, mußte sich schließlich im Medium des Theaters ausdrücken. Es entsprach dem völlig, daß die umfassendste Darstellung von Wiener moderner optischer Kultur in diesen

57 Aufführung von Oscar Wildes ›Geburtstag der Infantin‹ im Gartentheater der Kunstschau, 1908

beiden Dramen geschah, welche für die große Gesellschaft im formalistischen, stilisierten Garten von Hoffmanns Haus der Schönheit inszeniert wurden.

II

Dem kulturellen Ideal des ästhetischen Menschen verbunden war die Beschäftigung der Kunstschau-Gruppe mit dem Kind als Künstler. Sie bildete die Voraussetzung für Kokoschkas Teilnahme an der Ausstellung und gab dem mutwilligen jungen Künstler die Gelegenheit, seine Kuckuckseier in den Wonnegarten der Ästheten zu legen. Kokoschka war es, durch den die eifrige Pflege der kindlichen Kreativität der späteren Liberalen paradoxerweise zur Explosion des Expressionismus führte.

›Die Kunst des Kindes‹ erhielt den besten Platz in der Kunstschau 1908; ihr wurde der erste Raum des Ausstellungsgebäudes gewidmet. Professor Franz Cizek, der diese Ausstellung plante, leitete die Abteilung in der Kunstgewerbeschule, an der Kokoschka mit dem Ziel, Kunsterzieher zu werden, studierte. Die Bescheidenheit bei der Berufswahl des jungen Mannes verdient unsere Beachtung. Hätte Kokoschka die ungewissere, aber angesehenere Laufbahn eines Malers angestrebt, dann hätte er sich bei der Kunstakademie eingeschrieben. Statt dessen schlug er den niedereren Weg ein, der seiner Herkunft aus einer Kunsthandwerkerfamilie entsprach.

Professor Cizek, der der Secession von ihrem Beginn an zugehörte, verlegte das weltanschauliche Ziel der ästhetischen Befreiung zurück in die Kindheit und wurde Österreichs führender fortschrittlicher Erzieher in den bildenden Künsten. Wo frühere Generationen das Abzeichnen als wichtigstes Mittel betont hatten, um das Kind in die Kunstausübung der Erwachsenen einzuführen, ermutigte Cizek die freie schöpferische Tätigkeit. Das Kind, sagte er, zeigt uns »Offenbarungen elementarer Schöpferkraft, echte urprimitive Kunst, ein Neuland in der eigenen Heimat«.[9] Kinder zwischen fünf und neun Jahren gingen einmal in der Woche in Cizeks Kurse, »um sich auszusprechen, mit allen ihren Sinnen«.[10] »Alles Elementare, Unterbewußte, alles Unverbrauchte wird gepflegt und behütet... Nur das Hemmungslose, das Triebhafte leuchtet hier als rein Menschliches«, sagte ein verständnisvoller Berichterstatter von Cizeks Schule.[11]

Es war ein Glück für den ungestümen Kokoschka, daß seine Lehrer ihm als einem begabten Schüler die Toleranz erwiesen, die sie bei der Entwicklung des Künstlers im Kinde für wesentlich erachteten. Als er die Überfüllung und die Förmlichkeit der Stillebenklasse verschmähte, erhielt er einen eigenen Arbeitsraum und das Recht, Mitglieder einer Zirkusfamilie als Modelle für seine Bewegungszeichnungen zu beschäftigen. Selbst die Jury der Kunstschau mit Gustav Klimt an der Spitze duldete Kokoschkas rebellische Einfälle. Als er sich weigerte, der Jury die Werke zu zeigen, die er auszustellen wünschte, falls sie nicht von vornherein seine Stücke akzeptierte, willigte sie ein.[12]

Kokoschkas Lehrer entwarfen für Kinder Erzeugnisse der Kunst und des Kunsthandwerks (Bilderbücher, Wandteppiche usw.) in der Art einer formalistischen Volkskunst. Sie glaubten, daß die naive Kunst des Kindes atavistisch die Kindheit der Völker und die Kindheit der Kunst wiederhole.[13] Dementsprechend ging Kokoschka nicht, wie es Kunststudenten traditionellerweise taten, zur Ideenjagd und Inspiration zu den »Großen«, wie er sagte, deren Werke im Kunsthistorischen Museum hingen, sondern er ging ins Naturhistorische Museum gegenüber, um in dessen reicher Ethnographischer Sammlung die Kunst der Primitiven zu studieren.[14]

Kokoschka bewies seine frühe Meisterschaft in der Sprache der Kunst des Kindes und der Volkskunst in einem Plakat für die Kunstschau 1908,

58 Oskar Kokoschka: aus ›Die träumenden Knaben‹, 1908

das gut zu dem gängigen ornamentalen Formalismus seiner Lehrer und Mitschüler paßte.

In diesem künstlerischen und erzieherischen Umkreis schuf Kokoschka ein überraschend originelles Werk, ›Die träumenden Knaben‹, ein poetisches Märchen mit einer Reihe von Farblithographien, die wie Entwürfe zu Wandteppichen konzipiert waren.[15] Dieses Buch, das unter der Aufsicht der Wiener Werkstätten hervorragend gedruckt wurde, trug äußerlich alle Merkmale eines Werkes der Gruppe um Klimt. Eine der Lithographien scheint in der entsprechenden formalen Textiltechnik die teetrinkende Mutter von Kokoschkas Gespielinnen im Park darzustellen (Abb. 58). Wie sein Plakat sind auch seine Lithographien von der Art literarisch-bildlicher Phantasie geprägt, mit der man die Vorstellungskraft der Jugend erweiterte und das zeitgenössische Kindheitsbild der Erwachsenen bestätigte. Aber unter dieser konventionellen Oberfläche lag viel verborgen. Kokoschka benutzte die modische ästhetische Sprache mit ihrer Zweidimensionalität persischer Miniaturen; der Einundzwanzigjährige paßte sie seinem Ziel an, die eigenen quälenden Pubertätserfahrungen in archetypische Symbole zu übertragen. Kokoschka kehrte damit in der Tat eine Entwicklung um, welche die Künstler seiner Lehrergeneration nur halb bewußt vollzogen hatten, als sie von der bildenden Kunst zum Kunstgewerbe übergingen. Sie hatten die Kunst der Secession der neunziger Jahre ihrer ursprünglichen Funktion – die psychische Wahrheit auszusprechen – entfremdet und deren optische Sprache rein dekorativen Zwecken angepaßt. Kokoschka nahm die reife Ornamentsprache seiner Lehrer und entwickelte ihr symbolisches Potential noch einmal, indem er sie zur prägenden poetischen Darstellung des seelischen Zustands eines Knaben verwendete. Damit verwandelte er die bei den Älteren so modischen kindischen Träume vom Märchenland in die Albträume des Heranwachsenden. Aus Mutwillen und starkem Instinkt für die Macht des Symbolischen machte Kokoschka sich konventionelle dekorative Muster als Bilder zu eigen, um eine gleichsam halluzinatorische erotische Traumphantasie zu gestalten.

Der Text der ›Träumenden Knaben‹ verbindet einen kindgemäßen Volksliedton (man denkt an ›Röslein rot‹) mit der modernen Erfahrung des Bewußtseinsstroms. Er beginnt mit einer Selbstverstümmelungsphantasie:

rot fischlein / fischlein rot /
stech dich mit dem dreischneidigen messer tot /
reiß dich mit meinen fingern entzwei /
daß dem stummen kreisen ein ende sei /

rot fischlein / fischlein rot /
mein messerlein ist rot /
meine fingerlein sind rot /
in der schale sinkt ein
fischlein tot /

Diesem blutigen Kindergesang folgt der erste Traum aus einer ganzen Reihe von Träumen. Der Vers wechselt geschickt mit einem welligen, frei fließenden Rhythmus, der gelegentlich von ruckartigem Schrittwechsel unterbrochen wird, um die regellosen Bildfolgen des Traumes anzudeuten:

> und ich fiel nieder und
> träumte / viele taschen hat
> das schicksal / ich warte bei
> einem peruanischen steiner-
> nen baum / seine vielfingri-
> gen blätterarme greifen wie
> geänstigte arme und finger
> dünner / gelber figuren / die
> sich in dem sternblumigen
> gebüsch unmerklich wie
> blinde rühren / ...

Soweit entspricht die Lithogaphie dem Text auf dem Rand daneben. Der zerfetzte Fisch liegt auf dem grünen Rasen, wenn auch nicht »in der schale«, wie es das Gedicht beschreibt; die peruanischen Bäume zeigen ihre »vielfingerigen blätterarme«.*

Bald aber öffnet sich eine Kluft zwischen Bild und Text. Die Männer, die sich in der Bildmitte umarmen, kommen im Text nicht vor. Bildliche Vorstellungen, die wichtig im Text sind – »an den masten schwingen käfige mit kleinen blauen vögeln«, daß die Galeere mit weißen Segeln »an den eisernen ketten« gezogen wird –, fehlen auf den Bildern, und die lebhaften Farbangaben sowohl des Textes wie der Lithographie entsprechen einander nur selten.

Der Künstler hat Text und Bilder nicht herkömmlich wie ein Illustrator behandelt, sondern nach der Art eines Lied-Komponisten, für den Worte und Weisen einander eher hervorlocken als sich unterordnen. Kokoschka schafft eine Beziehung übertragener Ergänzung zwischen dem Visuellen und dem Text, die das Halluzinatorische seines einzigartigen Werkes nicht mehrt. Die Bilder bestärken im ganzen den friedvollen psalmodierenden Rhythmus des Verses im Gegensatz zum ejakulativ hervorgeschleuderten Bewußtseinsstrom der Worte. Die Bilder ihrerseits verdichten das Grauen durch minutiöses malerisches Detail, wie die winzigen halbierten Fische oder Bäume aus Menschenhänden – Gegenstände, die der Betrachter ohne den Text kaum bemerken würde.

Die gleiche halbgelöste Beziehung, die zwischen Bildern und Text besteht,

* Am Eingang zur Ethnographischen Sammlung des Museums hing das Bild einer alten peruanischen Tempelstadt, die Kokoschka das Motiv geliefert haben dürfte. Siehe: Eugen Guglia, Wien, ein Führer..., Wien 1908, S. 65.

erscheint auch innerhalb des Gedichtes selbst. An seiner Oberfläche hat der Vers den ruhig schreitenden Rhythmus von Psalmen. Kokoschka untergräbt aber die Unschuld dieser Sprache. Er verwendet Rhythmus ebenso wie Linie und Farbe als Spätzünder. Durch breites Variieren der Zeilenlänge und durch Satzbruch mit Schnitten an unerwarteten Stellen bringt er eine atemlose, exzentrische Musik in ein optisch-verbales Feld, das schon an Zersetzung leidet. So teilt er innerhalb des hochformalen Rahmens den herausfordernden Durchbruch des umstürzlerischen Triebes mit.

In seinem Traum entlarvt der Dichter sich der gemütlichen Gesellschaft seiner Elterngeneration als Werwolf:

und ich fiel
und träumte die kranke
nacht /

was schlaft ihr / blauge-
kleidete männer / unter den
zweigen der dunklen nuss-
bäume im mondlicht?

ihr milden frauen / was quillt
in euren roten mänteln / in
den leibern die erwartung
verschlungener glieder seit
gestern und jeher?

spürt ihr die aufgeregte
wärme der zittrigen / lauen
luft – ich bin der kreisen-
de wärwolf –

wenn die abendglocke ver-
tönt / schleich ich in eure
gärten / in eure weiden /
breche ich in euren fried-
lichen kraal /

mein abgezäumter körper /
mein mit blut und farbe
erhöhter körper / kriecht in
eure laubhütten / schwärmt
durch eure dörfer / kriecht
in eure seelen / schwärt in
euren leibern /

aus der einsamsten stille /
vor eurem erwachen gellt
mein geheul /
ich verzehre euch / männer /
frauen / halbwache hörende
kinder / der rasende liebende wärwolf in euch /

und ich fiel nieder und
träumte von unaufhalt-
baren veränderungen /

Der geheimnisvoll zerstörerische Werwolf ist tatsächlich, wie aus dem Anfang des Gedichtes deutlich hervorgeht, ein Leidender, der sich selbst zerfleischt. Er erkennt seinen Zustand als Jugend:

nicht die ereignisse der
kindheit gehen durch mich
und nicht die der mann-
barkeit / aber die knaben-
haftigkeit / ein zögerndes
wollen / das unbegründete
schämen vor dem wachsen-
den / und die jünglings-
schaft / das überfliessen und
alleinsein / ich erkannte
mich und meinen körper /
und ich fiel nieder und
träumte die liebe /

Auf der Suche nach einem Entkommen aus seiner solipsistischen Gefangenschaft fällt der Dichter von Traum zu Traum, von der Selbstanklage zur Beschuldigung anderer, aus der Welt der Erwachsenen, bis schließlich sein Traum der Zerstörung sich in einen Liebestraum verwandelt. Am Ende ist es die jungfräuliche Zartheit eines mannbaren Mädchens von schlanker und zerbrechlicher Gestalt, die sein Feuer löscht und seine Scham überwindet. In dieser Lösung kommen Text und Illustration wiederum zusammen und schließen in harmonischer Übereinstimmung (Abb. 59).

Scham – darüber dürfen wir uns nicht täuschen – steht im Mittelpunkt der Pein des jungen Expressionisten. Die vorangegangene Wiener Jugendgeneration der Ästheten des Fin de siècle wie Hofmannsthal und Leopold Andrian hatte das Gewahrwerden des Geschlechtlichen so verflüchtigt, daß weder Scham noch Schuld entstanden.* Ihre Schwierigkeit lag für sie nicht darin,

* Siehe Kap. VI.

die Intensität des Fühlens zu meistern oder zu gestalten, sondern in der Schwäche ihres Fühlens, in der Schwäche ihres Selbstgefühls. Bei ihnen verwischte ein diffuses meerhaftes Bewußtsein die Grenzen zwischen Selbst und Anderem, zwischen Innen und Außen, und mischte Traum und Wirklichkeit. In den ›Träumenden Knaben‹ brach Kokoschka durch diese ununterschiedene Oberfläche des allseelischen Bewußtseins, um die ursprüngliche Wirklichkeit des Geschlechts als innerer individueller Erfahrung zu bejahen; dieses Bejahen aber setzte ein höchst verwundbares Gefühl der Scham voraus. Trotz seines umstürzlerischen und kämpferischen Angriffs gegen eine im Übermaß sublimierende Kultur bleibt Kokoschkas Gedicht deshalb im wesentlichen ein Selbstbekenntnis; nicht einmal der täuschende Plural im Titel – ›Die träumenden Knaben‹ – vermag die Identität des Dichters zu verschleiern, der in der Ich-Form ausspricht, was durch sein Bewußtsein strömt.

59 Oskar Kokoschka: aus ›Die träumenden Knaben‹, 1908

Aus dem schrecklichen Stau sexueller Spannung sah Kokoschka die Möglichkeit einer Befreiung in zwei Richtungen: durch Werben oder Unterwerfen. ›Die träumenden Knaben‹ gipfelten im ersteren; erfüllte Liebe baute das Selbst und die Welt von neuem auf. Die andere Lösung erkundete Kokoschka in dem Einakter ›Mörder, Hoffnung der Frauen‹, den er im Gartentheater der Kunstschau 1909 auf die Bühne brachte. Eros wird hier zur reinen Aggression. Die innerliche Traumwelt der ›Träumenden Knaben‹ weicht einem völlig urtümlichen Liebeskampf zwischen den Geschlechtern. »Die erschreckende leidenschaftliche menschliche Natur mit ihrer Fähigkeit zu erleben erscheint als unser eigenes Erlebnis.«[16]

60 Oskar Kokoschka: Feder- und Pinsel-Zeichnung zu ›Mörder, Hoffnung der Frauen‹, 1908–1910

Das Thema ist einfach: »Der Mann« mit einer Schar von Kriegern trifft »Frau« mit ihrem Gefolge von Mädchen vor einer Festung. Der Mann läßt sie mit dem Eisen brandmarken, sie schlägt ihm eine Wunde in die Seite und kerkert ihn ein. Verführt von einer Art Haßliebe, läßt sie ihn frei. Der Mann aber, dem Tode nah, verfügt noch über unwiderstehliche Kraft: »mit den Fingern der ausgestreckten Hand« berührt, stirbt sie. Kein Liebestod, sondern ein Liebestöten wird hier verkündet: eine Leidenschaft, worin Liebe und Töten unauflöslich miteinander verbunden sind. Tod ist nicht etwas, dem die Liebenden sich hingeben wie Tristan und Isolde, sondern das sie einander zufügen in der Bitterkeit einer Leidenschaft, deren ununterscheidbare Bestandteile Zerstörungswut und Liebe sind. Kokoschka übersetzte sein mächtiges Gefühl aus der Sprache des Dramas in die des Bildes auf einem Plakat für das Stück. Es hat die gleiche kühne zweidimensionale Farbkomposition wie sein Plakat für die Kuntschau vom Jahr zuvor. Aber hatte Kokoschka dort die statische Haltung schöner Mädchenhaftigkeit in ebenen Farbflächen ausgedrückt, so schleudert er hier die zerstörerische Seelenqual im Schmerzensbild einer mörderischen Frau mit machtvollen Pinselstrichen hin.

Heinrich von Kleist hatte schon die antike Mischung von Liebe und Krieg in seiner ›Penthesilea‹ zu neuem Leben erweckt – die selbst ein Markstein ist der Rückkehr des Verdrängten in der europäischen Kultur. Kokoschka hatte dieses Drama als Schüler entdeckt und baute darauf sein Textbuch auf. Er entriß ihm alle schicklichen Drapierungen homerischer Mythologie und drängte Kleists klassisches Schauspiel zu einer kurzen, starren archetypischen Handlung zusammen. In dem schockierend ›Mörder, Hoffnung der Frauen‹ benannten Stück braucht es keine griechischen Helden: Achilles und Penthesilea sind bis auf den Kern von »Mann« und »Frau« entblößt. Kleists wohlklingende poetische Sprache schrumpft hier zu Äußerungen, die wie Messerstiche treffen. Grelle Farben verstärken die stoßhafte Dichtung beim Zurückführen der persönlichen Charaktere auf das Archetypische. Schattierungen und Halbtöne gibt es hier nicht. Die Szenenanweisung zu Beginn gemahnt an ein Plakat: »Der Mann, weißes Gesicht, blaugepanzert, Stirntuch, das eine Wunde bedeckt« (vermutlich mit Blutflecken). »Frau« erscheint in kontrastierenden primären Farben: »rote Kleider, offene gelbe Haare, groß, laut.« Die Kriegerschaft des Mannes schildert sich selbst auf den ersten Zeilen, deren lärmende Bildlichkeit noch ihren dithyrambisch pulsierenden Rhythmus schärft:

> KRIEGER: Wir waren das flammende Rad um ihn.
> Wir waren das flammende Rad um dich, Bestürmer
> verschlossener Festungen!
> KRIEGER: Führ' uns, Blasser![17]

61 Ernst Stöhr, ohne Titel, 1899

Sowohl die Wort- wie die Bildsprache von ›Mörder, Hoffnung der Frauen‹ scheint auf eine primitive kämpferische Direktheit zu zielen: sie verraten kraftvolle Muskeln, die jetzt unerträglich gespannt sind und dann mit tödlicher Energie losspringen. Die Abbildung 60, eine der Feder- und Pinsel-Zeichnungen, die Kokoschka als Illustrationen für die erste Veröffentlichung des Stückes (in ›Der Sturm‹, 1910) ausgeführt hat, zeigt Gestalten von festem metallischen Umriß, deren Glieder durch harte Linien modelliert werden, die wie Nerven verlaufen. Vergleichen wir dieses Bild des tödlichen Kampfes zwischen den Geschlechtern mit dem eines früheren Secessionisten, Ernst Stöhr (Abb. 61), so sehen wir, wie Kokoschkas Generation ihre Kunst von der literarischen Sprache zu befreien begann, um die unmittelbare bildliche Aussage sado-masochistischer Erfahrung auszusprechen. Kokoschkas Zeichnung eröffnet wie Schönbergs weitgespannte Musik eine Welt aus Feuer und Eis, die bis dahin nicht so unmittelbaren Ausdruck finden konnte. Kokoschka bleibt in ›Mörder, Hoffnung der Frauen‹ wie in den ›Träumenden Knaben‹ gleichgültig gegenüber der wörtlichen Entsprechung zwischen Bild und Text. Die wechselseitige Verdichtung allein ist die Absicht des Dramatikers, und die erreicht er im Übermaß.

Daß solch ein Werk im bezaubernden Garten des Kunstschau-Pavillons aufgeführt werden konnte! Ein Publikum, das soeben gelernt hatte, seine Wahrnehmung und sein psychologisches Empfindungsvermögen auf die zarten Nuancen von Oscar Wildes ›Geburtstag der Infantin‹ einzustellen, mußte sich nun mit der rauhen Gewaltsamkeit von Kokoschkas Stück abfinden. Der Maler – damals schon als »Wildester« der Kunstschau bekannt – hat geschrieben, daß bei der Premiere ein Sturm der Entrüstung über ihn hereinbrach; aber diese Erinnerung wurde von Peter Vergo mit guten Gründen angefochten.[18] Auch wenn das Stück nicht so viel Empörung erregte, wie sein Autor behauptet, muß es doch viel leichter gefallen sein, die verinnerlichte und allegorisch ausgesprochene Pubertätskrise der ›Träumenden Knaben‹ zu ignorieren als die direkten zerstörerischen Enthüllungen von ›Mörder, Hoffnung der Frauen‹. Die Unterschiede zwischen den Lithographien für das Traumgedicht und den Arbeiten zu dem Schauspiel führen dramatisch die enorme Ausdehnung bildlicher Mittel vor Augen, innerhalb welcher der junge Kokoschka sein Empfinden formulieren konnte. Seine fiebernden psychologischen Wahrheiten ließen sich nicht mehr nach der Grammatik der Zustimmung, welche die Ästheten benutzten, aussprechen. Er war dabei, für eine neue Aussage eine neue Sprache zu schaffen.

Kokoschkas herausfordernde Explosion bewirkte die Vertreibung aus dem Garten, die er erwartet haben mag – mit bedeutsamen Folgen für ihn selbst wie für die österreichische Kunst. Auf Betreiben des Unterrichtsministeriums entzog Alfred Roller, der Direktor der Kunstgewerbeschule, Kokoschka das Stipendium.* Glücklicherweise zog die Explosion aber auch die Beachtung des kühlsten und entschiedensten Kritikers des Wiener Ästhetizismus, die des Architekten Adolf Loos, auf ihn. Loos kam dem jungen Künstler entgegen, um ihm helfend die Hand zu reichen. Binnen eines Jahres hatte er Kokoschka nicht nur zahlreiche Porträtaufträge verschafft, sondern ihn auch in eine geistige Umgebung eingeführt, die Kokoschkas künstlerischer Entwicklung neue Aussichten eröffneten. Kokoschka sah ihn als Virgil und sich selbst als Dante, »entscheidend nicht nur für meine Laufbahn, sondern auch für mein Leben«.[19]

Die Freundschaft, die sich zwischen dem achtundvierzigjährigen Architekten und dem jungen Maler entwickelte, steht gleichnishaft für eine völlig neuartige Beziehung zwischen bildender und angewandter Kunst. Was die Gruppe der Secession im Interesse eines Lebens der Schönheit miteinander verbunden hatte, riß die neue Generation im Namen der Wahrheit wieder auseinander.

* Roller, Gründungsmitglied der Secession, wurde als Bühnenbildner Gustav Mahlers an der Hofoper berühmt.

Loos hatte in seiner frühen Zeit an der Secessions-Bewegung teilgenommen und machte ihre Revolte gegen den historischen Stil mit. 1898 hatte er im ›Ver Sacrum‹, der Zeitschrift der Secession, die heftigste Verurteilung der Ringstraße formuliert, weil sie ihre moderne kommerzielle Wahrheit hinter historischen Fassaden verberge.[20] Die Künstler und Architekten der Secession suchten die Erlösung von den historischen Stilen durch das Entwickeln eines ›modernen‹ Stils, der die moderne Zweckmäßigkeit in neue Schönheit kleide. Loos wollte »Stil« – Ornament oder Dekoration jeder Art – aus der Architektur und von Gebrauchsgegenständen entfernen, um ihre Funktion deutlich zu machen, die ihre eigene Wahrheit in ihrer eigenen Form reden sollte. Zusammen mit seinem Freund und Mitstreiter in dieser Ethik, Karl Kraus, verdammte er unablässig die Durchdringung des Lebens mit Kunst und die Stilisierung des Hauses als Kunstgebilde, die ihren Gipfelpunkt in der Kunstschau erreichte. Wie Kraus die Sauberkeit der sprachlichen Umwelt des Menschen durch Entfernung aller ästhetischen Anmaßungen in der Sachprosa wiederherstellen wollte, so versuchte Loos die optische Umgebung – Stadt, Wohnung, Kleidung und Mobiliar – durch Tilgen aller Verschönerung zu reinigen. Architektur, sagte er deutlich, ist keine Kunst: »Alles, was einem Zweck dient, ist aus dem Reiche der Kunst auszuschließen. [...] erst wenn das lügnerische Schlagwort ›angewandte Kunst‹ aus dem Sprachschatz der Völker verschwunden sein wird, erst dann werden wir die Architektur unserer Zeit haben.«[21]

Im Jahre 1909 definierte Loos – vielleicht unter dem Eindruck der Rebellion des jungen Kokoschka, gewiß in deren Geist – mit einer bisher nicht dagewesenen Schärfe seine polare Konzeption von Kunst und Architektur:[22]

»Das Kunstwerk ist eine Privatangelegenheit des Künstlers. Das Haus ist es nicht. [...] Das Kunstwerk ist niemandem verantwortlich, das Haus einem jeden. Das Kunstwerk will die Menschen aus ihrer Bequemlichkeit reißen. Das Haus hat der Bequemlichkeit zu dienen. Das Kunstwerk ist revolutionär, das Haus konservativ.«

In einer Partnerschaft der Gegensätze griffen Kokoschka und Loos die ästhetische Synthese der Kunstschau, die Malerei und Architektur verbinden wollte, von beiden Seiten an. Loos verbannte die dekorativen Elemente aus der Architektur zugunsten einer streng neutralen Rationalität. Kokoschka andererseits ging von den abstrakten Erkundungen des erotischen Lebens in seinen Arbeiten für die Kunstschau weiter zur konkret charakteranalysierenden Malerei. Loos' Prinzip der Privatheit der Kunst getreu, stürzte Kokoschka sich mit der Leidenschaft des Karikaturisten in eine neuartige psychologische Bildnismalerei. Er wollte den Geist der Dargestellten im Gespräch erfassen. Auf diese Weise tief in die Seele seines Gegenüber dringend, wollte er »durch meine Malerei eine Grundlage der Selbsterkenntnis finden«.

Im Rückblick beschrieb Kokoschka seine neue Art zu malen als aus einem befremdenden Gefühl entstanden: »...weshalb ich eigensinnig gerade mit Porträtmalen begonnen habe.«[23] Sein Verfahren mit denen, die ihm saßen, bestand darin, sie in Bewegung und Gespräch zu halten, ihre Lebendigkeit zu erregen, damit ihre Gesichter so leuchtend würden wie Bewußtsein, wie Geist. »Ein Mensch ist kein Stilleben«, behauptete Kokoschka.[24] Gesichter verfügen über eine »delegierte Kraft« des Bewußtseins, welche es ihnen erlaubt, Bilder auszuwählen, die etwas – wenn auch nie alles – vom Wesen und der Bewegung der Seele ausdrücken. Das Gesicht (und der Leib, die Gebärde) ist für den Geist, was der Docht für das Öl ist. Das Bewußtsein des Künstlers seinerseits erhält die Vision des Dargestellten, unterstützt und genährt von dem Ausfluß an Lebendigkeit, den die Person vor ihm aussendet. Andersheit wird überwunden, Täuschung durchdrungen von einer Art ›Realpräsenz‹ des Lebens, die, vom Gesicht des Dargestellten und dem Bewußtsein des Künstlers übermittelt, in das Porträt eingeht.

Der Künstler vermag, obwohl er ein »regelloser Mensch« auf dem unbekannten Meer des Lebens ist, auf diese Weise einem Teil des Grenzenlosen Gestalt zu verleihen durch sein »Bewußtsein der Gesichte«. Dieses Bewußtsein ist zugleich statisch und dynamisch: den Strom fließen und die Gesichte sein zu lassen.[25] Es bildet die Wirklichkeit des Menschen und der Natur nicht nach, wie die Maler es bisher getan hatten, sondern es bildet sie als gewollte Schöpfung eines zur Form gebrachten Bewußtseins.

Die Porträts, die Kokoschka in den Jahren 1908 bis 1915 schuf, zeigten die Dargestellten als ›Realpräsenzen‹ in einem fast theologischen Sinne. Verkörperte Geister, deren Stimmung und Leibesgebärde selbst den wesentlichen, lebendigen Charakter ausdrückte, den der Maler in ihnen sah. Und sogar als Kokoschka sich in die Richtung eines intensiven plastischen Realismus entwickelte, behandelte er den Körper als Stimme der Seele. Demgemäß verbannte er die Umgebung aus seinen Bildnissen oder ließ ihr im höchsten Falle eine schattenhafte Existenz. Denn nach der Explosion im Garten konnten weder die äußere Natur noch die äußeren Symbole von Kleidung, Stand und Beruf das der Kultur sich entledigende wesentlich menschliche Wesen erreichen, auf welches der Expressionismus zielte. Lag die Wirklichkeit im lebendigen Geist, so würde die Seele ihre eigene Umwelt schaffen, die ausstrahlt von der Persona des Dargestellten, während früher die äußere Umgebung als Schlüssel zu seinem inneren Wesen gedient hatte.

Kokoschkas Doppelbildnis des Kritikerpaares Hans Tietze und Erica Tietze-Conrat zeigt die Macht seiner Vision. Kokoschka nannte das Bild des Gatten ›Der Löwe‹, das der Gattin ›Die Eule‹. Eine Art knisternden Lichtes entspringt dem Kopf des Mannes. Von seinem Rücken gehen scharfe flossenförmige Kerben aus wie Strahlen einer Kraft. Sie setzen ihn in Beziehung mit einer ähnlich polarisierten Umgebung, einem Lebensfeld, das von elektrischen Strömen blindlings durchkreuzt wird in der düster erzitternden Atmosphäre.

Für die Studien setzte der Künstler, nach Frau Tietzes Aussage, seine Objekte vor ein Fenster, wo ein Licht sie von hinten umrahmte. Bei der Ausführung kehrte Kokoschka das Verhältnis der beiden zum Licht um und ließ sie zur primären Lichtquelle werden.[26] Die Hände der beiden, voneinander unterschieden in Gestalt, Muskulatur und Knochenbau, sind in einer Linie und berühren sich nahezu, können sich aber nicht erreichen – als würde, täten sie es, dadurch unbewußt die Abgeschiedenheit oder der Begriff der Persönlichkeit durchbrochen.

In dem Porträt seines Berliner Freundes Herwarth Walden vertraut Kokoschka der Leinwand die Eigenschaften an, die es braucht, um ein Verleger der Avantgarde zu sein. Walden war der Mann, der etwas wagte. Er war der Verleger von ›Mörder, Hoffnung der Frauen‹ – von Text und Zeichnungen – und machte den jungen Künstler zu seinem Mitarbeiter. Die Schärfe von Waldens Profil und der starre Gesichtsausdruck vermitteln Kokoschkas eigenes »Bewußtsein des Gesichts«, eines kritischen Intellekts. Das unbewegte Auge verbindet den kühlen Blick mit intensiver Wachheit – (ein des Feindes gewärtiges Auge und ebenso rasch entflammt in gerechtem Zorn). Hinter dem sinnlichen Mund sind die Kiefer geschlossen, aber das ganze Gesicht ist überzogen von der Erschöpfung, die rastlos-kritische Aufmerksamkeit bewirkt. Die Hand beruhigt wieder: sie ist warm, kräftig und entspannt. Die lebhafte Art, wie er sie auf die Hüften legt, deutet an, daß der Kampf weiter geht, wie groß auch die im Gesicht zu bemerkende Anstrengung ist.

Höchst erstaunlich am Bildnis Waldens ist die große Vielfalt der Pinselstriche und Linien, die das Gewand des drahtigen Körpers bilden. Der Rock zeigt keine einzelne Webart; Kokoschka hat so viele gerade und gebogene Linien verwendet, so viele klare und gefleckte Flächen, wie es Ideen und Haltungen bei der chaotischen Avantgarde gibt. Leicht trägt Walden seinen vielschattierten Rock. Er gewinnt Zusammenhang durch die klare Richtung der Lichtstrahlen, die er aussendet: vorwärts. Die Linien des Lichts von der Schulter aus gehen nach vorn und nach unten; die Linien des unteren Ärmels nach vorn und leicht nach oben. Damit deutet der Maler die bestimmte, elastische und aufrechte Haltung Waldens an, die ihm die Kraft gibt, in einem Chaos und ihm zum Trotz ein Lichtbringer zu sein.

1914 kehrte Kokoschka mit dem Bild, das er ›Die Windsbraut‹ nannte, zu dem Thema der Liebe zurück, mit welchem er 1908 über ein erschrockenes Wien hergefallen war. Jetzt zeigte er es gänzlich entmythologisiert als aufrichtige optische Autobiographie. Wie das Doppelbild der Tietzes stellt dieses Bildnis Kokoschkas und seiner Geliebten Alma Mahler die Individuen beide in ihrer Einzigkeit und in ihrer wechselseitigen Beziehung dar. Die Hände der Tietzes, des Löwen und der Eule, berühren sich nicht, ihre Geister aber sind verbunden in dem gespannten, doch warmen elektrischen Feld einer gemeinsamen Intellektualität. Bei der ›Windsbraut‹ liegen die Körper der Liebenden beieinander. Kokoschkas ›Bewußtsein der Gesichte‹ sagt uns aber, daß diese Liebe nicht möglich sein kann. Almas sanft gebildeter Leib schläft in beredter Befriedigung auf ihres Geliebten leidenschaftsbewegter Brust. Oskar liegt gespannt wachend, die Zähne zusammengebissen, das Haupt so gerade auf dem Nacken, als stünde er aufrecht. Die müden, weit geöffneten Augen starren gebannt ins Leere; die wunden und geschwollenen Hände sind unsicher auf den Weichen ineinandergelegt und machen das Schwellen seines Geistes sichtbar, der so hoffnungslos außer Takt geraten ist mit Almas stiller Heiterkeit. Aus dem Mißklang und rhythmischen Auseinandergehen dieser beiden Wesen verkörperten Geistes erhebt sich ein Wirbelsturm. Aus ihrem mondhellen See mondhafter Liebe trägt sie die Windsbraut wie ein Boot. Ist es eine Wolke der Hoffnung, ein kühnes Vehikel barocker Phantasie, das sie aufwärts führt? Oder ist es eine Welle der Verzweiflung, die ihre schicksalhafte Liebe in den Abgrund stürzen will? Die Mehrdeutigkeit der Szene verstärkt noch die Mehrdeutigkeit dieser gewaltigen Liebeserfahrung, worin keiner der beiden wohl das Leibliche vom Seelischen zu unterscheiden vermochte, worin aber auch keiner das solipsistische Syndrom überschreiten konnte.

Blickt man zurück auf die ersten Werke, mit denen Kokoschka die geschlechtliche Erfahrung zum Thema machte, so sieht man, wie rasch er seine eigene ästhetische Revolution abgesichert hatte. Selbst ›Mörder, Hoffnung der Frauen‹, entworfen als dramatische Allegorie und graphische Abstraktion, war im Geiste der psychologischen Malweise Klimts noch näher als der ›Windsbraut‹. Klimt war es trotz allem, der die Konventionen durchbrochen hatte, die den Künstler vor einer zu freizügigen Erkundung des Erotischen zurückhielten. Sein umstürzlerisches Werk war jedoch allegorisch und vor allem unpersönlich geblieben. Anonyme Modelle konnten Verwendung finden, um Qual und Lust der Triebe »darzustellen«, aber kein Porträt eines identifizierbaren Auftraggebers durfte dessen Spuren tragen. In der Tat wurde Klimt um so mehr »psychologisch«, je mehr er seine Botschaften im juwelenen Gewand des Symbolismus verbarg. ›Der Kuß‹, Klimts berühmtestes Gemälde bei der Kunstschau, war ein Meisterwerk sinnlicher Oberfläche und sublimierten triebhaften Gehaltes, von welchem jeder Anschein persönlicher Identität getilgt war.

Kokoschkas erste Revolution bestand in einem Zurückerstatten der Roheit an die Darstellung des Triebes – im Grunde eine Fortsetzung des psychologischen Experimentierens, das Klimt und die Secession so kühn begonnen hatten. Seine zweite Revolution, die sich in all seinen Porträts dokumentiert, verband die psychologische Enthüllung mit der konkreten persönlichen Erfahrung. Er gab der Porträtmalerei die dritte Dimension zurück, nicht als Wiedereinführung der wissenschaftlichen Perspektive der Renaissance, sondern um den Leib als primäres Ausdrucksmittel der seelischen Erfahrung wieder in sein Recht zu setzen. Mit dem gleichen Mittel wagte er in der ›Windsbraut‹ und in anderen Bildnissen, das in seinem Kulturkreis wachsende Bewußtsein der Einsamkeit des Menschen zu erweitern, indem er es als individuelle Erfahrung gestaltete: als schmerzvolle spirituelle Schattenseite des bürgerlichen Individualismus.

Ein Vergleich von Kokoschkas Bildnis von Adolf Loos mit Klimts nahezu gleichzeitigem Porträt der Fritza Riedler macht die fernere Bedeutung des Bündnisses von Loos mit Kokoschka deutlich. Klimt malte seine Auftraggeberin in einem ideal stilisierten Innenraum, dessen Wände und Gesimse im Stil der Wiener Werkstätten verziert sind. Die Umgebung greift von Wand auf Mobilar und Kleidung über und faßt die menschliche Person in ihrer formalen Umgebung ein. In diesem ästhetischen Heiligtum – dessen Fenster selbst von farbigem Glas sind, die das natürliche Licht entstellen, sowie es in den umschlossenen Raum dringt – erhebt sich die gepflegte Gestalt von Fritza Riedler in idealisiertem Relief. In einem Wechselpiel individueller »Bildung« und verschönerten »Besitzes« verleiht sie dem Innenraum Anmut, wie er wiederum ihr die Fassung gibt. Solch ein Bildnis gehört in einem ›Art deco‹-Raum, und solch ein Raum beansprucht als Hauptstück ein derart sublim stilisiertes Porträt.

Kokoschkas Loos-Bildnis spricht offensichtlich eine andere Sprache. Der Künstler benutzt keine ikonischen Leitformen, keinen Innenraum, um seinem Gegenstand einen Hintergrund zu geben. Und er konnte es auch für diesen »konservativen« Vorkämpfer der Vernunft nicht tun. Ein von Loos entworfenes Haus ist ein bis ins äußerste rationaler geometrischer Bau, von dem jedes sichtbare Zeichen der verwickelten und nervösen Aspekte des modernen Lebens unerbittlich ausgeschlossen ist: ein Gebäude, dessen Raum klar und rein, dessen Linienführung sicher, kraftvoll und bestimmt ist. Wenn man von einer geordneten Umgebung sagen kann, daß sie ein Gefühl der Sicherheit erzeugt, so erreichte Loos' strenger und leuchtender Innenraumstil die Absicht seines Schöpfers. Kokoschka erzielt in seinen expressionistischen Porträts die entgegengesetzte Wirkung. Die Rationalität von Loos' Architektur wird hier verwendet, um seine Psyche darzustellen, die starke, aber leidende Seele des ›Homme machine‹. Das strenge, nachdenkende Gesicht von Loos hebt sich ab von einem Hintergrund nicht geometrischer Architektur, sondern eines mit elektrischer Atmosphäre blauen Wetterleuchtens geladenen Raumes. Die Hände sind wie zwei ineinandergreifende Zahnräder gefaltet. Das Gesicht ist aus unregelmäßigen, in Spannung aneinandergeschlossenen Flächen aufgebaut. Die irrationale Kraft eines eisernen Willens scheint allein die allzu rationalen Elemente dieser mächtigen Persönlichkeit zu bändigen und zusammenzuhalten. Ist der Raum in Loos' Architektur rein und klar, so erscheint in Kokoschkas Sicht die räumliche Umgebung seiner Persönlichkeit im Übermaß geladen von einer schweren, explosiven Energie. Gewiß ist es ein Bild, das Loos' Aufforderung an den Künstler erfüllt: »die Menschen aus ihrer Bequemlichkeit (zu) reißen«.

So ein Bildnis würde nicht gut in einen von Josef Hoffmann entworfenen geschmückten Innenraum passen. Hoffmann hatte den Pavillon für die Kunstschau im Geiste eines sybaritischen Ästhetizismus gestaltet. Auf der kahlen weißen Wand eines Loos-Raums jedoch konnte das Bild seine verwirrende Vision der menschlichen Existenz zeigen, des von innerer Spannung zerrissenen modernen Menschen – des Menschen, in Sartres Worten, der zur Freiheit verurteilt ist (»condamné à être libre«). Gegen die beiden Seitenattacken von Loos' strengem puritanischen Rationalismus in der Architektur und Kokoschkas entsublimiertem psychologischen Realismus in der Malerei vermochte sich das im formalen, der Natur entfremdeten Garten symbolisierte Ideal der Kunstschau von einem Leben in Schönheit nicht zu behaupten.

III

Während Kokoschka die Explosion im Garten in der Malerei zum Zünden brachte, legte Arnold Schönberg im selben Jahr 1908 den Zündsatz für die Explosion in der Musik. Wie Kokoschka arbeitete Schönberg fast unbewußt unter Tarnung und benutzte überlieferte ästhetische Formen, um sein umstürzlerisches Werk zu verschleiern, sogar dann, wenn er das auflösende Potential dieser Formen ausbeutete. Wiederum wie Kokoschka machte Schönberg seinen ersten Schritt in eine neue Welt der Empfindung im Rahmen der Lyrik, brach dann aber rasch ins Offene aus mit einer radikalen Wendung zum Theater. Das dramatische Verfahren lieferte eine offensichtliche Rechtfertigung einer neuen Art musikalischen Ausdrucks und löste den Komponisten von überlieferten musikalischen Hemmnissen geradeso, wie die grelle Psychodramatik von ›Mörder, Hoffnung der Frauen‹ dem Maler dazu verhalf, sich von der Bildsprache der Kunstschau-Gruppe zu befreien. Daß es die Literatur war, die beiden Männern als Hebamme diente, beweist, wie deutlich die Rolle von Ideen bei ihren jeweiligen Spracherneuerungen gewesen ist.

Fast zu genau scheint es dazu zu passen, daß auch Schönberg seinen Durchbruch zur Atonalität vollzogen hat am Thema des jugendlichen Erwachens der Sexualität, das in einem Garten stattfindet.

Aber es war so. Sowohl formal wie psychologisch ist Schönbergs Liederzyklus ›Das Buch der hängenden Gärten‹ ein nahes musikalisches Gegenstück zu Kokoschkas ›Träumenden Knaben‹.

Schönberg, der zwölf Jahre älter war als Kokoschka, wurde tiefer als der Maler in die ästhetische Bewegung des Fin de siècle hineingezogen. Mit seinen älteren Zeitgenossen, den geistigen Pionieren von Wiens Elite – Hofmannsthal, Freud, Klimt und Ernst Mach – teilte er ein vages Gefühl, daß alles sich im Fluß befinde, daß die Grenze zwischen Ich und Welt durchlässig sei. Wie für sie, so hatten für ihn die soliden überlieferten Koordinaten einer geordneten Zeit und eines geordneten Raumes ihre Verläßlichkeit verloren und vielleicht sogar ihre Wahrheit. Bekenntnisse zur Allnatur und zur Allseele – die objektive und subjektive Seite des gleichen Kontinuums von Seienden – fanden in der Musik wie auf anderen Gebieten der Kunst und des Denkens ihren Ausdruck. Gemeinsam beschleunigten beide Tendenzen einen Prozeß, der seit Beethoven im Gange war: die Erosion der alten Ordnung in der Musik, des diatonischen Systems der Harmonie. Schönbergs in den ›Hängenden Gärten‹ vollzogene revolutionärste Handlung war die Verabschiedung der Tonalität, eine Handlung, die er selbst bezeichnenderweise die »Emanzipation der Dissonanz« nannte.*

Was war die alte Ordnung in der Musik, und welcher Art war Schönbergs befreiende Handlung?[27] Seit der Renaissance wurde die europäische Musik auf der Grundlage einer hierarchischen Ordnung der Töne konstruiert, der diatonischen Leiter, deren wichtigstes Element der Dreiklang war, die bestimmte Tonart. Der Dreiklang war das Element von Autorität, Stabilität und Ruhe. Musik ist aber Bewegung; wird Konsonanz nur als Begriff der Ruhe wahrgenommen, ist alle Bewegung Dissonanz. Unser musikalisches System subsumierte Bewegung unter der Tonart, so daß alle Bewegung vom Dreiklang ausgeht und zu ihm zurückkehrt. Dissonanz wurde als dynamisches Element legitimiert – als Abweichung im Zusammenhang der Tonart –, doch in stetem Bezug zu ihr. Modulation – der Übergang von einer Tonart zur anderen – war ein Moment erlaubter Illegitimität, ein erhöhter Zustand der Vieldeutigkeit, der durch neue Orientierung in einer neuen Tonart oder durch Rückkehr zu einer früheren zu lösen war. So hat der Pianist Alfred Brendel in der englischen Version seines Buchs ›Nachdenken über Musik‹, ›Musical Thoughts and Afterthoughts‹, die Benutzung von Halbtonschritten der Chromatik als Auflösung der Tonart bei Liszt in seinen Bach-Variationen und bei Haydn identifiziert: »Chromatik steht für Leiden und Ungewißheit, während ›reine‹, diatonische Harmonie am Schluß des Stückes die Gewißheit des Glaubens darstellt ... Zu Beginn von Haydns ›Schöpfung‹ ... folgen sich Chaos und Licht in ähnlicher Weise.«[28] Dissonanz – dynamisches Ausbrechen aus dem Tonalen – gab der Musik Erregung und war die wichtigste Quelle ihrer Ausdruckskraft.

Die Aufgabe des Komponisten bestand darin, die Dissonanz im Interesse der Konsonanz zu manipulieren, so wie ein politischer Führer in einem institutionellen System jede Bewegung handhabt und sie in Bahnen lenkt, um sie den Zielen einer etablierten Herrschaft dienstbar zu machen. Tatsächlich gehört die Tonalität in der Musik zu demselben System wie die Wissenschaft der Perspektive in der bildenden Kunst mit ihrem zentralen Fluchtpunkt, das barocke Ständesystem der Gesellschaft und der Absolutismus in der Politik. Sie war Teil derselben Kultur, die den geometrischen Garten bevorzugte – den Garten als Ausweitung der rationalen Architektur in die Natur. Nicht umsonst war Rameau, der Hofkapellmeister Ludwigs XV., der klarste und kompromißloseste Theoretiker der »Gesetze« der

* Die Dissonanz zu emanzipieren, war noch nicht dasselbe wie ein neues System zu entwerfen, um das tonale zu ersetzen. Schönberg vollendete sein serielles oder Zwölftonsystem erst nach dem Ersten Weltkrieg, was aber jenseits der Grenzen dieser Studie liegt.

Harmonie. Das tonale System war ein musikalischer Rahmen, in welchem die Töne eine *un*gleiche Kraft hatten, das Leben des Menschen in einer rational organisierten hierarchischen Kultur auszudrücken, zu bestätigen und erträglich zu machen. Alle Bewegung am Ende in Ordnung zurückfallen zu lassen (der musikalische Fachausdruck ist »Kadenz«), war demgemäß in Theorie und Praxis die Absicht der klassischen Harmonie.

Das 19. Jahrhundert sah sich selbst im allgemeinen als ein Jahrhundert der Bewegung, in welchem die Kräfte der Bewegung die Kräfte der Ordnung herausforderten. Das traf auch für die Musik zu. So wurde es zum Jahrhundert der Ausdehnung der Dissonanz – des Mediums tonaler Bewegung – und der Aushöhlung der bestimmten Tonart, des Zentrums tonaler Ordnung. In der Musik wie in anderen Bereichen brach die Zeit in die Ewigkeit ein, die Dynamik in die Statik, die Demokratie in die Hierarchie, das Gefühl in die Vernunft. Richard Wagner, der sowohl ein Revolutionär des Politischen wie des Geschlechtlichen war, wurde zum wichtigsten öffentlichen Feind der überlieferten Tonalität, der Tonart. In ›Tristan und Isolde‹ kehrt Eros in wogenden Rhythmen und Halbtonschritten zurück, um seine Ansprüche gegenüber der etablierten politischen und moralischen Ordnung des Staates anzumelden, die sich im starren Takt und strenger diatonischer Harmonie ausdrückt. Chromatische Töne – Halbtöne – haben je ihren eigenen Wert und schaffen eine egalitäre Klangwelt. Für jemanden, der an die hierarchische Ordnung der Tonalität gewöhnt ist, ist solcherlei Demokratie verwirrend. Es ist die Sprache des Fließens, die Sprache der Auflösung. Und je nach dem Standpunkt, den man bezieht, ist es die Sprache der Freiheit oder die des Todes.

Schönberg fand wie Richard Strauss und manch anderer junger Komponist dieser Zeit in Wagner ein Medium, das seinem eigenen Lebensgefühl entsprach. Immer ein Musiker des Gedankens, ließ Schönberg sich zu den ersten drei seiner größeren Werke durch literarische Texte zu den im Fin de siècle beliebten Themen der Bejahung des Erotischen und der Auflösung von Grenzen inspirieren. Die drei Tondichtungen zur Verherrlichung der Liebe gegen die Konventionen der Gesellschaft, ›Verklärte Nacht‹ (1899), ›Gurrelieder‹ (1901) und ›Pelléas und Mélisande‹ (1903) sind in der Tat panerotische Zeitstücke.* Die Dichter ihrer Texte – Richard Dehmel, Jens Peter Jacobsen und Maurice Maeterlinck – lebten in jener vieldeutigen neo-romantischen Sphäre, wo der Symbolismus aus dem zerfallenen Naturalismus entstand. Und ebenso wie diese Dichter im allgemeinen von formalen poetischen Strukturen der Überlieferung her zu ihrer neuen Sprechweise gelangten, so ging auch Schönberg, der ihre neuen Ideen auf die Musik anwandte, seine Aufgabe von einer formalen strukturellen Grundlage aus an, die der von ihm

* Maeterlincks ›Pelléas‹ war so anziehend für die Musiker dieser Zeit, daß vier bedeutende Komponisten ihn vertonten: Fauré (1901), Debussy (1902), Schönberg (1903) und Sibelius (1905).

verehrte Brahms geschaffen hatte. Bei Wagner[29] jedoch, seinem zweiten Vorbild, fand er die musikalischen Mittel, die Grenzen in einem dichten Gewebe sich immer verwandelnder Motive zu verwischen: Grenzen zwischen Mensch und Natur, Seele und Umwelt, Moral und Trieb und vor allem die zwischen Mann und Weib. In ihren Wogen flüssigen Klanges und rhythmischen Strömens haben Schönbergs frühe Werke den echten Fin de siècle-Charakter und vermitteln das gleiche Gefühl kosmischer Gestaltlosigkeit, das man in Klimts ›Philosophie‹ oder in Schnitzlers von namenlosen Regungen des Triebes bewegten Gestalten findet.[30] Obwohl Schönberg durch die Verwendung unablässiger Modulation und die Erweiterung chromatischer Elemente eine wurzellose Welt schuf, brach er doch noch nicht mit der Tonart und nicht einmal mit den Bedingungen der Sonatenform. In der ›Verklärten Nacht‹ bewies er, daß, wie er sagte, die unüberbrückbare Kluft (zwischen Brahms und Wagner) kein Problem mehr darstellt. Einerseits baute Schönberg sein Sextett als ein Sonatenpaar auf, das deutlich den Aufbau von Dehmels Text widerspiegelte. Andererseits benutzte er Wagnersche harmonische Techniken, um den Eindruck eines tonalen Zentrums abzuschwächen, und umging damit die Dominante, die uns gewöhnlich die tonale Orientierung verschafft. Schönberg schuf so innerhalb der Sonatenform die Vieldeutigkeit der Richtung, das sinnliche Fließen und die Ungewißheit der Bedeutung, welche die Sonatenform traditionell zu bestimmen beabsichtigte.[31]

Als Schönberg auf diese impressionistische Periode in der europäischen Musik und in seiner eigenen zurückblickte, betonte er, was tatsächlich sein besonderes Charakteristikum in dieser Welt des Fließens war: das subjektive Element der Entsprechung in dem Kontinuum von ›Ich‹ und Welt. »Das Organ des Impressionisten ist ein ... Seismograph, der die leiseste Bewegung verzeichnet«, schrieb er 1911 in seiner ›Harmonielehre‹. Weil der Impressionist in Versuchung ist, den geringsten Erschütterungen zu folgen, wird er zum Entdecker des Unbekannten. »Das Leise, kaum Hörbare, darum Mysteriöse zieht ihn an, reizt seine Neugierde, zu kosten, was nie versucht ward.« Wer fragt, erhält auch eine Antwort. Es ist »die Neigung des Suchenden, das Unerhörte zu finden. Und in diesem Sinne ist jeder wahrhaft große Künstler Impressionist: feinste Reaktion auf die leisesten Anregungen offenbart ihm das Unerhörte, das Neue.«[32] Dieses entdeckungsfreudige Empfindungsvermögen ist nicht nur nach außen orientiert; es wirkt auch in subjektiver Richtung. Was zählt, ist die Fähigkeit, sich selbst zu hören, tief ins eigene Innere zu sehen: »Aber innerlich, dort, wo der Triebmensch beginnt, dort versagt zum Glück alle Theorie.«[33] Diese Erforschung – seiner inneren Welt und zugleich einer Welt von Bruchstücken, die bisher in einer klanglichen Einheit nicht gehört worden waren – begann Schönberg im ›Buch der hängenden Gärten‹.

Es paßte zu seiner sanften Revolution des Gesanges, daß der damalige Neo-Romantiker Schönberg Verse Stefan Georges wählte, des Hohenpriesters des deutschen Ästhetizismus zur Jahrhundertwende und einstigen Freundes Hofmannsthals. George bot viel, das Schönberg anzog: absolute Hingabe an die heilige Kunst und ein mystisches Gespür für die Einheit von Mensch und Kosmos. Georges Dichtung trug die synästhetischen Merkmale, die des Künstler-Priesters Ziel mystischer Vereinigung entsprachen: Klangmagie der Sprache und Farbenreichtum der Bildlichkeit. Über ihre ideellen und ästhetischen Anziehungskräfte hinaus eignete Georges Verskunst sich besonders gut zu der kühnen musikalischen Aufgabe, die der Komponist gerade ansteuerte: der Auflösung der Tonalität als des zusammenhaltenden strukturellen Zentrums der Musik. Der Vers hatte die einfache formalistische Klarheit des klassischen Gartens. Stark im Metrum wie im Klang, lieferte er einen festen poetischen Rahmen, um darin eine Musik zu schaffen, wie sie zu einer Welt gehört, in der für den Komponisten die Hierarchie des Seienden ihren Sinn und ihre Wahrheit verloren hatte.

George baut im ›Buch der hängenden Gärten‹[34] eine Spannung auf, die für Schönbergs Zwecke ideal ist: die Spannung zwischen der gesellschaftlich geordneten Natur im Garten und der hervorbrechenden Leidenschaft eines, der in die Liebe eingeweiht wird. Die Liebesgeschichte bewegt sich vom scheuen Eintreten des Liebenden in den ruhigen Garten bis zur Erfüllung in einem Blumenbeet, einer Art Liebesheiligtum. Dann trennen sich die Liebenden, und der Garten stirbt. Die fünfzehn Strophen, welche den Zyklus ausmachen, umfassen somit nicht nur die Verwandlung des Liebenden, sondern auch die des Gartens. Die Bahn verläuft von der Autonomie von Garten und Liebendem aus über die Integration beider bis zur Auflösung beider. Die erste Strophe schildert den Rokokopark als wohlgegliederten äußeren Schauplatz mit Fabeltieren um ein Marmorbecken, wie es in Kokoschkas Paradies seiner Kindheit auf dem Galitzinberg war. Der Liebende erscheint als Außenseiter, ein träumender Knabe. Dann erwacht die Liebe, findet ein Gegenüber, und die Weihe beginnt. Die mittleren Strophen führen einen Liebenden vor, der die Außenwelt verwirft um seines Werbens willen, das Erwachen seines leidenschaftlichen Begehrens in all seiner Furcht und Hoffnung und sein herrisches Bestehen auf der Erfüllung. Der Garten, der völlig in Vergessenheit geraten war, sowie die Liebe erwachte, kehrt in der zehnten Strophe wieder mit seinem Blumenbeet als Symbol zugleich für die Geschlechtsorgane der Geliebten und für die erotische Erfüllung des Liebenden.

Das schöne beet betracht ich mir im harren
Es ist umzäunt mit purpurn-schwarzem dorne
Drin ragen kelche mit geflecktem sporne
Und sammtgefiederte geneigte farren
Und flockenbüschel wassergrün und rund
Und in der mitte glocken weiss und mild –
Von einem odem ist ihr feuchter mund
Wie süsse frucht vom himmlischen gefild.

Drei Strophen als Schluß bringen die Auflösung: die Liebenden entfernen sich; der Garten verdorrt und stirbt. Es gibt hier keine Verbannung aus dem Garten, sondern eher die Auflösung des Gartens selbst als des Bildes idealer Wonne. In der letzten Strophe – einer wundervollen Reprise des Ganzen, aus welcher Schönberg allen nur denkbaren musikalischen Gewinn zieht – irrt der verlassene Liebende durch die versumpften Wasserbecken und über den verdorrten Rasen; schwüle Winde treiben raschelnde Wolken dürren Laubes um die aschfarbenen Mauern des ausgetrockneten Gartens Eden.

Schönberg entwickelt die Doppelheit von äußerer Ordnung und persönlichem Gefühl als zwei aufeinanderwirkende musikalische Spannungen: eine zwischen Wort und Kontext und die andere zwischen überlieferten musikalischen Formen (besonders beim Klavierpart) und einem neuen erratischen psychologischen Ausdruck, den die Alltonalität ermöglicht.[35] Durch beides verwandelt er Georges stilisierte Lyrik liebender Hingabe in einen subtil gedämpften, aber durchdringenden Schrei des sexuellen Erwachens. Bei diesem Verfahren hebt er den gesamten autonomen Zustand der äußeren Wirklichkeit (des Gartens) und vereint ihn mit dem Liebenden zu einem Erfahrungsraum des Seienden jenseits der Trennung von Subjekt und Objekt. Das seismographische Bewußtsein des Impressionisten Schönberg war noch tätig. Jetzt aber, befreit von den Zwängen der Tonalität, konnte es sowohl die feinsten Erschütterungen wie die weitestgespannten Schrecken erfassen und aufzeichnen, die in den Tiefen der Seele wohnen, und nicht lediglich jene, die in der Art der Programm-Musik an der Oberfläche der Sinne sich kräuseln.

Schönberg blieb bei der Komposition des Gedichtzyklus dessen im Grunde konservativem Geist treu mit Hilfe eines wichtigen Mittels: des Aufbauens einer Gesamtstimmung. Das erste Lied gibt den Ton an, die Abendstimmung im Rokokopark (vgl. Abb. 62). In der Klaviereinleitung vermittelt eine zutiefst heitere Folge langsamer Phrasen aus Einzeltönen die geräuschlose Stille der Marmorbecken im Garten. Das Fehlen einer Tonart erzeugt lediglich Erwartung in uns. Wir sind, wie wir bald gewahr werden, in einem offenen Universum. Die Bewegung geschieht nicht mehr durch harmonisches Fortschreiten, sondern in einer Art von gestischem Bilden und Neubilden. So werden in den beiden ersten Takten des ersten Liedes vier eröffnende Viertelnoten von wenig unterschiedener Tonhöhe nebeneinandergesetzt, dann vollzieht der Tonsatz einen weiten Schwung nach oben und kommt zur Ruhe. Dieses Motiv, das viermal wiederholt wird, ehe die Stimme einsetzt, ist von der formalen Ordnung in der Zeit befreit; es dehnt sich aus und zieht sich zusammen wie ein Atem. Der Rhythmus überschreitet die Taktgrenze, setzt sich über das Metrum hinweg – ein freies Muster von Viertelnoten –, erst vier, dann zwei, dann fünf, bevor sie sich aufwärtsschwingen und wieder sich setzen. So wird die Melodie zur melodischen Gebärde, Gestalt; denn jede Note verfügt über eine größere Autonomie und kann sich überall hinbewegen, die Sequenz wirkt fast aphasisch – für die Sängerin wie für uns.

I

62 Arnold Schönberg: Fünfzehn Gedichte aus ›Das Buch der hängenden Gärten‹ von Stefan George für Gesang und Klavier: I

14
- den Strah - - len in die Mar-mor-be-cken
15
spei-en, draus die klei-nen
p espressivo
16
Bä-che kla - gend ei-len,
6
flüchtig
etwas drängend
17
ka - men Ker - - - - zen
f
18
das Ge-sträuch ent-zün - den,
19
wieder beruhigend
wei - ße For-men das Ge-
pp
20
-wäs - ser tei - - len.
21
22
23
sf
p

Ein Ton will in eine privilegierte Stelle einbrechen, aber dann wieder in der Menge untertauchen, wie ein in das dunkle Becken geworfener Stein.

Die Sängerin ist zunächst genau wie wir von der Stelle befangen. Erst wenn sie zu den wasserspeienden steinernen »Fabeltieren« gelangt (Takt 13), kommt neues Leben in die Musik – das sich mehr beim Klavier als bei der Stimme auswirkt, die immer noch die eines erwartungsvollen Beobachters ist. Dann – ein Wogen von Intensität, als plötzlich Kerzen die Büsche entzünden wie Irrlichter (Takt 17). Hier zeigt die Abwesenheit harmonischen Zwanges ihr Vermögen, Empfindung mitzuteilen. Schönberg peitscht uns auf aus der Stille der Abenddämmerung, um mit der Sängerin ein erschrokkenes Wahrnehmen der Lichter zu teilen, und das nur, um uns in einen Raum der Ungewißheit fallen zu lassen, wenn die »weißen Formen« erscheinen (Takt 19) – eine Vorwegnahme der heftig und rasch schwingenden Gefühle des Liebenden in den darauffolgenden Strophen.

In den ›Hängenden Gärten‹ liegt die thematische Form nahe an der Oberfläche im ersten Teil, wo die Darstellung des Gartens eingeführt wird als begrenztes Feld der kommenden seelischen Handlung. Wie sich die Dialektik des Zyklus zwischen dem Garten und dem Liebenden entfaltet und zum Sieg der Logik der Leidenschaft des Liebenden fortschreitet, absorbiert und pulverisiert der deklamatorische Sprechrhythmus den letzten Widerstand des Gartens als geordneten Symbols äußerer Wirklichkeit und hierarchischer Kultur. Und dabei überdecken die chaotischeren musikalischen Elemente die ausgearbeiteten Überreste der überlieferten musikalischen Form.

Die »Emanzipation der Dissonanz« hat hier mehr geleistet, als die harmonische Ordnung und die Gewißheit der Schlußkadenzen zu zerstören. Dadurch, daß sie eine Demokratie der Töne errichtet, hat sie *alle* expressiven Möglichkeiten bedeutend vermehrt, die thematischen und rhythmischen ebenso wie die der Tonfärbung und der Tonalität. Der Komponist kann jede Gemeinschaft oder Gruppe von Tönen, die er haben möchte, schaffen und sie jetzt in einen begrenzten musikalischen Raum drängen und dann wieder über sternenweite Entfernungen gruppieren. Die Tonbeziehungen, Cluster und Rhythmen dehnen sich aus und ziehen sich zusammen »wie ein Gas«, wie Schönberg einmal sagte. Der fürchterliche Anspruch an die konstruktive Kraft des Komponisten in dieser Welt des unbegrenzten Raumes und der atomisierten Materie – des Makrokosmos wie des Mikrokosmos –, das ist nichts Geringeres als gottähnlich.

Wer die Wahl hat, hat die Qual, sagt das Sprichwort. Im nächsten Werk, in dem Schönberg den weiten Bereich der Möglichkeiten erforschte, den er eröffnet hatte, schuf er ein erschreckendes Psychodrama, ›Erwartung‹. Es bildet – auch 1909 entstanden – eine genaue Parallele zu Kokoschkas ›Mörder, Hoffnung der Frauen‹. Er berichtet von mörderischer Liebe, nur dieses Mal in der Form, daß eine zerrüttete Frau nach ihrem Geliebten sucht – der von ihr oder von einem Rivalen erschlagen wurde. Wir wissen nicht, von wem. Wir folgen der Einsamen bei ihrer halluzinatorischen Suche, wie sie durch eine verworrene Wildnis stolpert, außerstande, ihre Wirklichkeit zu ordnen, unfähig, den Weg zu finden. Das ganze Stück ist eine deutliche Folge der ›Hängenden Gärten‹. Es beginnt da, wo jene endeten, außerhalb eines verdorrten Gartens:

> Hier hinein?... Man sieht den Weg nicht...
> Wie silbern die Stämme schimmern... wie Birken!
> oh – unsern Garten.
> die Blumen für ihn sind sicher verwelkt.
> Die Nacht ist so warm. Ich fürchte mich...
> was für schwere Luft heraus schlägt...
> Wie ein Sturm, der steht...
> So grauenvoll ruhig und leer...[36]

Mit dem Übergang vom Liebestraum Georges zum Angsttraum der ›Erwartung‹ gibt Schönberg Georges streng gemessene Dichtung auf und wählt einen heftig bewegten freien Vers – teils Sprechen, teils Lied, teils einfach Schreien. Alle zusammenhaltenden thematischen Reste sind aus der Musik getilgt: die Freiheit ist hier dem Wahnsinn ganz nahe. Das antistrukturelle Potential einer Demokratie von Klangatomen ist schaudernd ausgenutzt und wird verstärkt von Rhythmus und Orchesterfärbung.[37] Wenn etwas greller ist als Kokoschkas Liebestöten, dann ist es das bei Schönberg, denn es wird nicht als heldenhafter Kampf der Geschlechter geschildert, sondern als innere Auflösung, als Psychopathologie. Und da die verwirrte Seele zum bevorzugten Gegenstand der Musik wird, ersetzt der Komponist die alte Metapher äußerer Ordnung, den Garten, durch eine neue, die Wildnis.

Hinter ›Erwartung‹ liegt eine erschütternde persönliche Erfahrung, die Schönberg in das Werk projizierte: seine Frau hatte ihn verlassen, um mit einem seiner besten Freunde, dem Maler Richard Gerstl, zusammenzuleben, der bald danach Selbstmord beging. Ein persönlicher Schmerz kann natürlich keine künstlerische Schöpfung erklären, aber Schönbergs Verzweiflung gab der radikalen Erweiterung des musikalischen Ausdrucks, auf welche der Komponist bereits zusteuerte, gewiß ihre Kraft – in diesem Falle, um ein heftiges Schwanken des Gefühls zwischen Zärtlichkeit und Entsetzen zu umfassen. Je radikaler seine Musik wurde, indem sie der Zerrüttung Sprache verlieh, desto mehr wuchs Schönbergs gesellschaftliche Isolation und das Unvermögen, die Öffentlichkeit zu erreichen. Somit brachte gerade seine wichtigste Errungenschaft, eine Form des künstlerischen Ausdrucks gefunden zu haben, die dem vollen Ausmaß psychischer Möglichkeiten gerecht wird, in ihrer Folge dem Künstler die Entfremdung von der Gesellschaft.

Doppelt verschmäht – als Liebender und als Künstler –, entwickelte Schönberg seine Musik um Vorstellungen des gescheiterten Selbst, des isolierten und verkannten Künstlers. Das Thema des doppelten Scheiterns trat

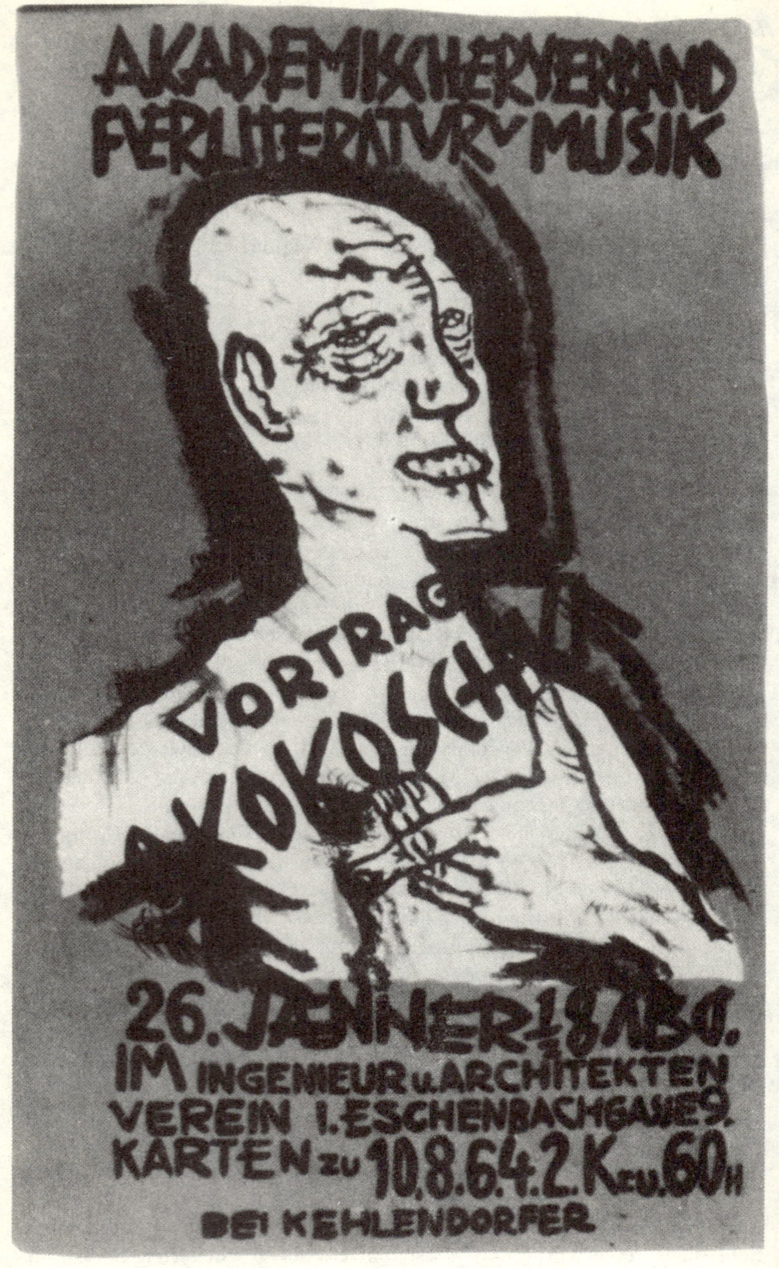

63 Oskar Kokoschka: Plakat (Selbstporträt), 1912

zuerst in der ›Glücklichen Hand‹ auf (1910–1913)*, einem Drama, zu welchem Schönberg seinen eigenen Text schrieb und aus dem er einen Film machen wollte, den Kokoschka ausstatten sollte. Kokoschka hatte in der Tat schon seine Aufmerksamkeit dem Thema des Selbst als Künstler und Opfer zugewandt. Auf einem Plakat für seinen Vortrag ›Über die Natur der Gesichte‹, in dem er die oben behandelte Theorie der Porträtmalerei darstellte, hatte Kokoschka sich selbst karikiert in blauen Umrißlinien, die gegen einen blutroten Hintergrund abstachen, er mit der linken Hand, wie eine exhibitionistische Christusfigur auf eine klaffende Wunde an seiner Seite weisend (Abb. 63).**[38] Aber obwohl beide Künstler gleichzeitig diesem gemeinsamen Thema verbunden waren, kam eine Zusammenarbeit nie zustande.

Im ›Pierrot lunaire‹ (1912), dem Lied-Zyklus, der gewiß zu seinen Meisterwerken gehört, begründete Schönberg die Identifikation des Künstlers mit Christus auf einen verwandten religiösen Symbolismus: den der Messe. Schönberg wählte einundzwanzig Gedichte aus Albert Girauds lyrischem Zyklus über Pierrot aus und brachte sie in drei Gruppen zu je sieben Gedichten, mit denen er im groben die drei Hauptteile der Messe andeutete. Der zweite Teil, der der Weihe entspricht, ist voller halluzinatorischen Tötens. Genau in der Mitte dieses Teils und damit des ganzen Zyklus steht ein Lied mit dem Titel »Rote Messe« (Nr. 11). Darin »naht dem Altar – Pierrot! / Die Hand, die gottgeweihte, / zerreißt die Priesterkleider« ... »Mit segnender Gebärde / zeigt er den bangen Seelen / die triefend rote Hostie: / sein Herz – in blutgen Fingern – / zu grausem Abendmahle.«[39]

Trotz des Selbstmitleids in seinem Zurschaustellen persönlicher Verrücktheit und Angst (der Text sagt »sentimental, modern«), hebt Schönbergs Gestaltung des surrealen Märtyrertums Pierrots das populäre Thema des tragischen Clowns auf ein allgemeineres Niveau als Schicksal sowohl der traditionellen Kunst und des modernen Künstlers. Im Frühling seines Lebens als Gestalt der Commedia dell'arte wußte Pierrot, wie man die harte Wirklichkeit des Lebens durch eine Mischung von Witz und Illusion herausfordert. Jetzt, in der vom Mondlicht überfluteten Welt des modernen Komödianten, lebt seine künstlerische Kraft gestaltender Illusion nur mehr als Halluzination und surrealistische Vision. So ist es kein Wunder, daß Pierrot am Ende seine Zuflucht in der Erinnerung sucht. Seine abschließende Illusion ist sehr wienerisch:

O alter Duft aus Märchenzeit
Berauschest wieder meine Sinne!

* Der Titel ist ironisch gebraucht, um die schicksalhafte Enttäuschung des schöpferischen Künstlers anzudeuten. Als Kokoschka absagte, hoffte Schönberg, entweder Wassily Kandinsky oder Alfred Roller zu gewinnen. Vgl. Willi Reich, Arnold Schönberg.

** Der Vortrag wurde vom Akademischen Verband für Literatur und Musik veranstaltet, dessen Mitglied Schönberg war. Es gibt keinen Beweis dafür, daß er ihn hörte oder das Plakat kannte, obwohl es bei seinen Interessen sehr wahrscheinlich ist.

Schönberg identifiziert im ›Pierrot lunaire‹ somit die Psyche in Auflösung nicht mit dem Ende der Liebe und des Gartens, wie in der ›Erwartung‹, sondern mit der Kunst und dem Künstler. Der Künstler jedoch, der die Wahrheit der Auflösung völlig darlegt, selbst wenn er sie mißachtet oder herabsetzt, spricht für jedermann. »Kunst ist der Notschrei derer, die in sich das Schicksal der Menschen erleben«, schrieb Schönberg 1910 mitten in seiner radikalen Arbeit an der Auflösung der traditionellen Tonalität. Sogar als Schönberg eine Musik suchte, die die Zerrüttung der Liebe und die Abweisung seiner Kunst auszudrücken vermöchte, war seine Anspielung auf das Schicksal der Menschen auf einen Bereich jenseits des rein individuellen Psychologischen gerichtet: Kunst ist der Schrei jener, »die nicht mit (dem Schicksal der Menschheit) sich abfinden, sondern sich mit ihm auseinandersetzen. Die nicht stumpf den Motor ›dunkle Mächte‹ bedienen, sondern sich ins laufende Rad stürzen, um die Konstruktion zu begreifen. Die nicht die Augen abwenden, um sich vor Emotionen zu behüten, sondern sie aufreißen, um anzugehen, was angegangen werden muß.«[40]

Was mußte angegangen werden? An diesem Punkt verband Schönberg seinen ›cri de cœur‹ mit Kulturkritik und erfüllte die revolutionierende Aufgabe der Kunst, wie sein bewunderter Freund Adolf Loos sie definiert hatte: »die Menschen aus ihrer Bequemlichkeit reißen«. Schönberg, der wie Loos eher ein ethischer als ein sozialer Revolutionär war, richtete seine Kritik nicht gegen das gesellschaftliche System, sondern gegen dessen Kultur des Selbstbetrugs, seine Vortäuschung einer Ordnung und die schönen Kulissen, welche sie aufrecht erhalten sollen.

»Unsere Zeit sucht vieles«, schrieb Schönberg in seiner ›Harmonielehre‹. »Gefunden hat sie vor allem etwas: *den Komfort*. Der drängt sich in seiner ganzen Breite sogar in die Welt der Ideen und macht es so bequem, wie wir es nie haben dürften.«[41] »Der Komfort als Weltanschauung?« schrie er noch einmal auf. »Möglichst wenig Bewegung und keine Erschütterung.« Schönberg setzte die Vorstellung von Schönheit als unabhängigem Wert in Beziehung zu dieser Bequemlichkeit des Geistes: Schönheit gibt es erst von dem Augenblick an, wenn unschöpferische Menschen anfangen zu finden, daß sie fehle... der Künstler braucht sie nicht. Ihm genügt Wahrheit.[42] Komfort, Geistesträgheit, das Statische und der Schönheitskult – all das verband sich in Schönbergs Auffassung. Dagegen setzte er Bewegung, ein Reagieren und Entsprechen den inneren Eingebungen des »Geistes- und Trieblebens«,[43] und vor allem Wahrheit.

Mit diesem kritischen Geist arbeitete Schönberg von 1912 bis 1914 am Plan einer großen Symphonie, die den Tod des bürgerlichen Gottes feiern sollte. Die Symphonie wurde nie vollendet, da der Kriegsausbruch dazwischen kam. Ihr erster Satz hat den Titel: ›Lebenswende (Rückschau, Blick in die Zukunft; düster, trotzig, verhalten)‹. Zwei Sätze sind der ›schönen wilden Welt‹ gewidmet, einer verbindet den bürgerlichen Gott mit der Natur in einem Fest der Schöpfung. Der von Richard Dehmel im Geiste des Fin de siècle geschaffene Text dieses Teils ist eine Art Preisgesang an die unter dem Zeichen des Eros gebärende Natur.

In seinen frühen Jahren hatte Schönberg Dehmels Vision einer All-Natur geteilt. Jetzt fügt er sie seinem Plan nur ein, um sie zu zerstören. In den vierten Satz führt er die entgegengesetzte Vorstellung ein: der bürgerliche Gott genügt nicht. Der ganze zweite Teil der Symphonie, mit dem Titel ›Totentanz der Prinzipien‹, gestaltet die Beerdigung und Leichenrede für den bürgerlichen Gott. Der Totentanz bringt einen Schimmer Hoffnung, daß der Tod der Bedeutung nur ein Traum sei, denn der Mensch will leben und glauben, blind sein!

Die Finsternis weicht! –
Aber die Sonne ist ohne Kraft.

Schönberg stellt seine sterbende bürgerliche Welt dar als an der Grenze zwischen Übermaß und Leere. »Eine schreckliche Menge Ordnung ist in dem Ganzen. Und ebensoviel Unordnung. Das ist es, wenn man nach Sinn fragt. Alles ist gleichzeitig Ordnung und Unordnung.« Man kann nicht unterscheiden und man kann nicht entscheiden. Erkenntnis wird mit Entscheidung gleichgesetzt. Schönbergs Text stellt die Frage nach der Einheit der Welt ebenso in musikalischen Begriffen: »Ein Ton? Oder gibt es keinen Ton? Oder viele Töne? Ist es unendlich oder nichts? Vielfalt war früher leichter zu erfassen als jetzt Einheit. Es ist überwältigend.«[44]

Stephen Spender hat einmal die Bemerkung gemacht, daß die Politik des Künstlers die Politik des Unpolitischen ist, der sich um des Lebens und nicht um der Politik willen entscheidet. Diese Beobachtung trifft besonders auf Schönberg in den letzten Jahren des Habsburgerreiches zu. In einem Brief an Dehmel aus dem Jahre 1912 erklärt Schönberg die Entstehung seines symphonischen Planes in einer Weise, die den Bankrott der Politik betont: »Das ›Oratorium‹ sollte von dem Menschen von heute handeln, der durch den Materialismus, Sozialismus, Anarchie durchgegangen ist, der Atheist war, aber sich doch ein Restchen alten Glaubens bewahrt hat (in Form von Aberglauben)...«[45] Weil alle diese Erklärungsversuche scheitern, sucht Schönbergs Mensch von heute wiederum Gott: aber seinen eigenen, metaphysischen Gott, der für die geheimnisvolle und in sich einige Fülle der Wirklichkeit steht, die kein Begriff zu umfassen vermag. Wie sein Zeitgenosse Robert Musil, der Romancier der Auflösung der hierarchischen Gesellschaft Österreichs und seiner liberal-rationalen Kultur, fühlt Schönberg sich gedrängt, herauszufinden, »was die Weltanschauung von der Anschauung der Welt unterscheidet«.[46] In der symphonischen Skizze nannte Schönberg den fünften Teil »Der Glaube des ›Desillusionierten‹: die Vereinigung nüchtern-skeptischen Realitätsbewußtseins mit dem Glauben. Im Einfachen steckt das Mystische.«[47] Er brachte damit zum Ausdruck, daß er selbst von der zerbrochenen bürgerlichen Ordnung übergegangen war zum Glauben an eine starke Vision der Welt, die sowohl eine zu Staub zerfallene Wirklichkeit auszuhalten wie ihr auch eine in ihr nicht enthaltene Ordnung aufzuerlegen vermochte. Als Komponist dieses Ideenkomplexes vollzog Schönberg einen ersten Schritt zu seiner zweiten musikalischen Revolution, dem Schaffen des seriellen Systems. Um ein Scherzo mit dem Titel ›Freudenruf‹ in die Totentanzsymphonie einzuführen, schrieb er sein erstes Zwölftonthema.[48] Geradeso wie seine frühere Befreiung der Dissonanz in den ›Hängenden Gärten‹ und in der ›Erwartung‹ mit der Psychologie von Liebeserfahrungen verbunden war, so führte ihn sein Kampf gegen bürgerliche Bequemlichkeit, politische Ideologien und illusionäre Prinzipien kosmischer Ordnung am Vorabend des Ersten Weltkrieges dazu, die Möglichkeit einer neuen tonalen Ordnung zu erproben, die sowohl der schöpferischen Kraft des Menschen wie der unerforschlichen vielfältigen Natur der Welt angemessen war.

Schönberg hatte wie Kokoschka früh ein tiefes Vertrauen in seine Gefühle und seinen Instinkt entwickelt und schrieb seinem eigenen seelischen Leiden als ethischer und metaphysischer Wahrheit beispielhaften Wert zu. Als entschieden bürgerlicher Individualist kämpfte er für die Rechte der Seele gegen die Gesellschaft und deren beengende Kunstformen, ganz so wie ein politischer Radikaler für soziale oder Bürgerrechte kämpfen würde. In seiner felsenfesten Bejahung der Entfremdung lagen ebenso seine revolutionäre Gewalt als Künstler wie seine Weigerung, sich als Denker einen anderen Schauplatz menschlicher Verwirklichung vorzustellen außer der Wildnis. Die Wahrheit der Wildnis – atomisiert, chaotisch, gleichgültig, aber offen und erfrischend – wurde Schönbergs Ersatz für die utopische Schönheit des Gartens.

Erst nach dem Zusammenbruch des Reiches formulierte Schönberg in der Kunst seine reife Anklage gegen die Vorkämpfer der Schönheit. Vollständig tat er es in der Oper ›Moses und Aron‹ (1926–1932), in welcher er nicht nur die der verführerischen Macht der Kunst Vertrauenden tadelte, sondern auch neue musikalische Formen fand, um diese Aussage zu gestalten. Er verkörperte Wahrheit und Schönheit jeweils in den Personen des Moses und des Aron, einem Brüderbund, der scheiterte. Die Brüder standen zwischen zwei großen Mächten, die zu verbinden ihr Amt war: einerseits Gott, der bildlose absolute Geist, andererseits das Volk, fleischlich schwach und für Versuchung anfällig. Das Volk vermag Gottes abstrakte Wahrheit nur als Kunst zu empfangen, in welcher die Wahrheit sich verkörperlicht und versinnlicht. Moses als Prophet der Wahrheit kann wohl sprechen, aber nicht singen: zu rein für die Kunst, vermag er das Volk nicht zu erreichen. Deshalb überträgt er Aron die Verbindung mit der Welt mittels der Sinne. Die sinnliche Hülle der Kunst entstellt die Reinheit, welche die Wahrheit ist. Das Begehren des Volkes verdirbt sie noch mehr und erniedrigt die Sinnenhaftigkeit der Kunst zur Sinnlichkeit des Fleisches. Somit tritt das Goldene Kalb an die Stelle der Zehn Gebote. Moses, der als Titelheld der Oper seine Rolle spricht, kommt nur einmal für eine Zeile zum Singen, und dann, um seinen quälendsten Augenblick der Verzweiflung über das Scheitern des Wortes auszudrücken.[49] Es ist eine sublime Ironie des Komponisten, seinen Helden zum Anti-Künstler zu machen, der des Gesanges nur im Äußersten fähig ist.

Wiederum schleudert Schönberg seinen Zorn gegen das Verderben der Wahrheit durch die Kunst. In dieser Anklage tönt ein umfassendes Verwerfen all der bildenden Kräfte der österreichischen Tradition mit: der katholischen Kultur der Gnade, worin das Wort Fleisch geworden ist und sich im Fleisch offenbart hat; der profanen Aneignung der Kultur der Gnade durch das Bürgertum, um seine eigene Kultur, die vorwiegend Gesetzeskultur ist, zu ergänzen und zu sublimieren; und schließlich der Wendung zur Kunst als einem Wert an und für sich, als Religionsersatz in der Krise des Liberalismus im Fin de siècle. Man spürt das Gewicht von all dem in der Oper, welche dieser Prophet gegen die Oper, die Königin der Künste des katholischen Österreich, geschrieben hat. Es ist gegenwärtig in Moses Worten an Aron, da er den Garten verdammt als den falschen Schauplatz menschlicher Selbstverwirklichung in Begriffen, die scheinbar die von Schönberg am meisten verachteten Werte verbinden, Schönheit und Wohlbehagen:

> Da begehrtest Du leiblich, wirklich,
> mit Füßen zu betreten ein unwirkliches Land,
> wo Milch und Honig fließt.[50]

Das ästhetisch-utopische Ideal war einst auch das Schönbergs gewesen. Davon hatte er sich schmerzlich gelöst durch eine Folge von Traumata, welche der Bejahung des Erotischen in der ›Verklärten Nacht‹ und anderen frühen Werken gefolgt waren: erst das Trauma des verzweifelten Liebenden in den ›Hängenden Gärten‹ und der ›Erwartung‹; dann das des abgewiesenen Künstlers in der ›Glücklichen Hand‹ und dem ›Pierrot lunaire‹; und schließlich des mißverstandenen philosophischen Propheten in ›Moses und Aron‹. Schönbergs eigene Erfahrungsreihe von Abweisungen und Enttäuschungen führte ihn somit immer weg vom Fleisch zum Geist, von der Kunst zur Philosophie, von der historisch-politischen Welt zum Reich des an und für sich Seienden. Wie sein Moses es den Juden auftrug, so ermahnt Schönberg das Menschengeschlecht, für immer auf die Pflege des Gartens zu verzichten zugunsten seines Gegen-Ideals und die Wüste anzunehmen:

> ... immer, wenn ihr die Wunschlosigkeit der Wüste verlaßt
> und eure Gaben euch zur höchsten Höhe geführt haben,
> immer werdet ihr wieder heruntergestürzt werden vom Erfolg
> des Mißbrauches, zurück in die Wüste.
> ...
> Aber in der Wüste seid ihr unüberwindlich
> und werdet das Ziel erreichen:
> Vereint mit Gott.

Gab es denn nun keinen Raum mehr für die Kunst, keinen Weg geordneten Lebens in der Wüste, nachdem der Garten einmal zerstört war? Schönberg beantwortet die Frage positiv, indem er die befreite Welt der Halbtöne in der Zwölftontechnik gestaltet. Es war ein System, das in seiner Rationalität so rein ist wie ein Gebäude von Adolf Loos. Es gestattete jedoch, alle Expressivität eines Porträts von Kokoschka oder einen Schönbergschen Todesschrei im Garten aufzunehmen. Vor allem ermöglichte es dem Künstler, zu tun, was vor ihm Gott getan hatte: Tief, tief in der Welt seiner Schöpfung eine Struktur zu errichten, ein Beziehungssystem, das zu fein ist, um unmittelbar von den Sinnen erfaßt zu werden, aber doch gemäß den Gesetzen der Logik dem forschenden Geist zugänglich ist. Das von Schönberg entworfene System bedeutete keine Rückkehr zur hierarchischen, privilegierten Ordnung des diatonischen Systems. Seine demokratische Gleichrangigkeit der zwölf Töne hing jedoch wiederum auf systematische Weise zusammen: in einer versteckten, vom Komponisten geschaffenen Ordnung – einer Ordnung, in welcher Oben und Unten, Vor und Zurück sichtbar für den analysierenden Geist aufeinander bezogen, wenn auch nicht dem hörenden Ohr allgemein zugänglich waren.

Die traditionelle ästhetische Kultur Europas hatte bis zur Jahrhundertwende die Struktur an der Oberfläche verortet, um die Natur und das Gefühlsleben, die von unten drängten, unter Kontrolle zu halten. Schönberg als psychologischer Expressionist setzte seinen Hörer einer Kunst aus, deren Oberfläche gebrochen war, beladen mit dem vollen Gefühlsleben des Menschen, der verletzlich in einem nicht mehr regierbaren Universum umherirrt; doch ihm legte er aus seiner eigenen Macht heraus eine erhabene unhörbare Welt rationaler Ordnung zugrunde, welche das Chaos zu einem Ganzen machen würde. Die befreite Dissonanz wurde zu einer neuen Harmonie, das seelische Chaos zu einer neuen übersinnlichen Ordnung. Hier verlieh der lebendig begrabene Garten der ihm oben entgegenstrebenden Wüste eine tragende Struktur. Der Künstler Schönberg wurde somit, gerade als er zum Glauben seiner Väter und zur Unterwerfung unter Gott zurückkehrte, als Mensch zum Schöpfer, nach Goethes Wort zum »kleinen Gott der Welt«.

Es war ein prophetisches ›Lebensgefühl‹, das die Explosion im Garten erzeugt hatte: ein ganz ungewohnt mit Nihilismus vermischter Humanismus. Kokoschka und Schönberg anerkannten sich gegenseitig als mit demselben gefährlichen und einsamen Werk beschäftigt, das Befreiung und Zerstörung zugleich war. Beide Männer empörten sich gegen die ästhetische Kultur, in der sie aufgewachsen waren und die das Werk der ersten modernen Künstler Wiens im Fin de siècle war, in dem Augenblick, als diese Kultur ihren kritischen Anstoß verloren hatte und als sie, wie in der Kunstschau, die führende konventionelle Kultur des höheren Bürgertums geworden war. Die wichtigeren älteren Künstler – Klimt in der Malerei, Hofmannsthal in der Literatur und Otto Wagner in der Architektur – waren

Sprecher der gebildeten höheren Mittelschicht geworden, als diese sich an die Einschränkung ihrer politischen Macht mit der Ausdehnung ihrer ästhetischen Kultur anpaßte. Die jüngeren Künstler jedoch, Expressionisten wie Kokoschka und Schönberg, verbündeten sich mit den letzten Puritanern, rationalistischen Kritikern wie Adolf Loos und Karl Kraus, welche den Gebrauch der Kunst als kulturelle Kosmetik zur Verhüllung der Wirklichkeit verwarfen.

Kokoschka und Schönberg verfochten in unmittelbarer bildlicher und musikalischer Sprache verwirrende triebhafte und seelische Wahrheiten, die ihre Vorgänger entdeckt, aber nur in der vermittelten Weise der Allegorie auszusprechen gelernt hatten. Die Erschütterung, welche die Neuen verursachten, führte zu gesellschaftlicher Abweisung, und diese Abweisung verstärkte noch ihre Entfremdung. Die Entfremdung ihrerseits wurde der Ausgangspunkt für ihren Aufbruch in neue Bereiche des Geistes und der Kunst. Die beiden antibürgerlichen Bürger Kokoschka und Schönberg fanden die Formen, um die Seele der Menschen zum Sprechen zu bringen, deren Kultur ihre eigene Erfahrung daran gehindert hatte, öffentlichen Ausdruck zu finden. Die Expressionisten verliehen ihr als Kritiker, Propheten und Schöpfer einer neuen Kunst Sprache.

Kokoschka sowohl wie Schönberg gründeten ihre erneuerte Kraft auf eine entschiedene Anerkennung ihrer egozentrischen Veranlagung. In der autobiographischen Parabel, mit der dieses Kapitel begann, verband Kokoschka die wesentlich private Natur des modernen Lebens mit der Notwendigkeit sowohl wie mit der Unmöglichkeit, gesellschaftliche Visionen zu formulieren: »Die Einsamkeit zwingt jeden Menschen, daß er für sich, ganz allein, wie ein Wilder, sich die Idee der Gesellschaft erst erfindet. Zur Flucht in die Einsamkeit zwingt ihn am Ende die Erkenntnis, daß jede Gesellschaftslehre eine Utopie bleiben muß. Diese Einsamkeit verschlingt uns in ihrer Leere...«[51] Schönberg gibt im Text zu seiner Kantate ›Jakobsleiter‹ ein Echo auf Kokoschkas Gefühl in einem einzigen Schrei: »Erlöse uns von unserer Einzelheit!«

In ihren vor dem Ersten Weltkrieg geschaffenen Werken fanden beide Künstler die Mittel, um ihre ›Cris de cœur‹ in Formen zu gestalten, welche die Konventionen von Ordnung in einer herkömmlichen Kunst zerstörten, die einen solchen Ausdruck verhindert hatten. Für beide war die Verwendung und danach die Auflösung des Gartens als Ideal einer Ordnung ein Mittel zur Befreiung. Kokoschkas explosiver Antrieb fand einen schöpferischen Ausweg in der Vereinigung von Seele und leiblicher Wirklichkeit in der Porträtmalerei. Er machte keinen Versuch der Wiedergewinnung des zerstörten Gartens außer im Innerpersönlichen. Schönberg als Zerstörer des Gartens der Schönheit, obwohl er weder ein Ideal noch eine Wirklichkeit von Gesellschaft finden konnte, um den Fluch seines tiefen Einsamkeitsgefühls zu lösen, ließ das Problem nicht so leicht wie Kokoschka fallen. Aus den Tiefen seiner ungewöhnlichen Existenz schuf er die Macht, die Wüste als die angemessene metaphysische Analogie und das metaphorische Ideal des Menschen der seelischen Erfahrung vorzustellen. Wer hören konnte, erfuhr, wie sie in Tönen gestaltet wurde, um den Garten zu ersetzen, zu dessen Zerstörung er so kräftig beigetragen hatte.

Anmerkungen

1 Oskar Kokoschka, Aus der Jugendbiographie, in: Schriften, 1907–1955, hg. von Hans Maria Wingler, München 1956, S. 21–46.

2 Eine gedrängte Darstellung der neuen Villenkultur und der Werke ihrer wichtigsten Architekten gibt Peter Vergo, Art in Vienna, London 1975, S. 142–177, passim.

3 Hugo von Hofmannsthal, Gärten, in: Gesammelte Werke, Prosa II, hg. von Herbert Steiner, Frankfurt 1959, S. 202–212.

4 ›Hohe Warte‹, eine nach dem von Intellektuellen bevorzugten Bezirk benannte Zeitschrift, war den künstlerischen, intellektuellen und ökonomischen Interessen der Stadtkultur gewidmet (1904ff.). Sie ist eine besonders anschauliche Quelle, denn sie schließt moderne Städtebauer wie Otto Wagner, Neo-Klassizisten wie Josef Hoffmann und neuerstandene Kleinbürger (Heimatkunde-Ideologen der Architektur und des städtischen Lebens) wie Schultze-Naumburg und Sittes Nachfolger ein. Siehe z. B. den Fortsetzungsartikel ›Die Kunst des Gartenbaues‹, Hohe Warte, Jg. 1 (1904–1905), Nr. 5, 7, 12, 14.

5 Oskar Kokoschka, Mein Leben, München 1971, S. 49ff.

6 Katalog der Kunstschau, 1908, Wien 1908.

7 Die Kunstschau wurde finanziert durch Mittel der kaiserlichen Regierung, der Niederösterreichischen Verwaltung und der Wiener Stadtverwaltung. Private Stifter errichteten einen Garantiefonds, Katalog, S. 6.

8 Ebd.

9 L. W. Rochowanski, Die Wiener Jugendkunst. Franz Cizek und seine Pflegestätte, Wien 1946, S. 20.

10 Ebd., S. 28.

11 Ebd., S. 29.

12 Oskar Kokoschka, Mein Leben, S. 55. Seine eigene Beschreibung seiner Lehrer und des Unterrichts an der Kunstgewerbeschule ebd., S. 49–52; J. P. Hodin, Oskar Kokoschka, The Artist and His Time, London 1966, S. 62, 221; Josef Hoffmann, Die Anfänge Kokoschkas, in: J. P. Hodin, Bekenntnis zu Kokoschka, Berlin, Mainz 1963, S. 65–67.

13 Deutsche Kunst und Dekoration, Jg. 23, 1908–1909, S. 53.

14 Kokoschka, Mein Leben. Die Sammlungen auf dem Stand des Jahres 1907 sind knapp beschrieben bei Eugen Guglia, Wien, ein Führer..., Wien 1908, S. 65–67.

15 Oskar Kokoschka, Die träumenden Knaben, Ndr. Wien, München 1968.

16 Oskar Kokoschka erzählt sein Leben, Kokoschka-Schallplatte der Deutschen Grammophon Gesellschaft, 1961.

17 Kokoschka, Schriften, S. 141.

18 Kokoschkas eigene Beschreibung des Tumults, aus dem er seiner Aussage nach durch den Einfluß von Karl Kraus beim Polizeidirektor gerettet wurde: Kokoschka, Mein Leben, S. 65–66; Vergos Auffassung in seiner Schrift: Art in Vienna, S. 248, Anm. 16.

19 Kokoschka, Mein Leben, S. 74.

20 Adolf Loos, Die potemkinische Stadt, in: Ver Sacrum, Jg. 1, 1898, S. 15–17.
21 Adolf Loos, Architektur, 1909; Trotzdem, Innsbruck 1931, S. 109.
22 Ebd.
23 Kokoschka, Mein Leben, S. 76.
24 Ebd., S. 72.
25 Während Kokoschka sein praktisches Verfahren bei der Porträtmalerei nur im Rückblick im 3. Kapitel von ›Mein Leben‹ beschreibt, stellte er dessen Theorie 1912 in einem Vortrag ›Von der Natur der Gesichte‹ vor, auf den unsere Darstellung sich stützt. Vgl. Kokoschka, Schriften, S. 337–341.
26 Nach dem Bericht von Erica Tietze über das Sitzen bei Kokoschka warf er bald den Pinsel weg und malte mit den Fingern, wobei er die Fingernägel für die Kerben nahm. E. Tietze-Conrat, Ein Porträt und Nachher, in: J. P. Hodin (Hg.), Bekenntnis zu Kokoschka, Berlin, Mainz 1963, S. 70.
27 Die klarste Analyse der herkömmlichen tonalen Ordnung und Schönbergs Verhältnis zu ihr gibt Charles Rosen, Arnold Schönberg, in der Reihe ›Modern Masters‹, hg. von Frank Kermode, New York 1975 (Paperback-Ausgabe), besonders Kapitel 2.
28 Alfred Brendel, Musical, Thoughts and Afterthoughts, Princeton 1976, S. 83.
29 Zur – Brahmsischen und Wagnerischen – »Doppelnatur« von Schönbergs Frühwerk, Willi Reich, Schönberg.
30 Siehe S. 11–14, 213–218.
31 Vgl. die eindringliche Analyse von Richard Swift, I-XII-99, Tonal Relations in Schoenberg's ›Verklärte Nacht‹, in: 19th Century Music, Jg. 1, Juli 1977, S. 3–14.
32 Arnold Schönberg, Harmonielehre, Wien 1911, S. 449–450.
33 Ebd., S. 443.
34 Stefan George, Die Bücher der Hirten und Preisgedichte, der Sagen und Sänge und der hängenden Gärten, Berlin 1904, S. 103–112.
35 Eine volle kompositionstechnische Analyse gibt Karl Heinrich Ehrenforth, Ausdruck und Form. Schönbergs Durchbruch zur Atonalität in den George-Liedern, Op. 15, Bonn 1963, passim.
36 Marie Pappenheims vollständiger Text im Schallplattenbeiheft der Columbia, M$_2$S 679, The Music of Arnold Schoenberg, II. Dort auch eine ausgezeichnete Darstellung des dramatischen Aufbaus der ›Erwartung‹ von Robert Craft.
37 Vgl. die erhellende Darstellung der Versuche, die theoretische Einheit des Werkes herauszufinden, bei Rosen, Schoenberg, S. 38–49.
38 Kokoschka hatte das Selbstporträt zunächst für ein Plakat für Waldens ›Der Sturm‹ im Spätjahr 1909 oder im Frühjahr 1910 entworfen. Vgl. Hans M. Wingler, Oskar Kokoschka, das druckgraphische Werk, Salzburg 1975, S. 75–77.
39 Text im Schallplattenbeiheft der Columbia, The Music of Arnold Schoenberg, I.
40 Zitiert aus Aphorismen, 1910, in: Arnold Schönberg, Schöpferische Konfessionen, hg. von Willi Reich, Zürich 1964, S. 12.
41 Arnold Schönberg, Harmonielehre, S. 281.
42 Ders., in: Die Reihe, II, 1958, S. 6.
43 Ebd., S. 443.
44 Das Libretto und Ausschnitte aus seinem Text in Arnold Schönberg, Texte, Wien 1926, S. 23–28. Eine Darstellung der gesamten Symphonie bei Josef Rufer, The Works of Arnold Schoenberg, London 1962, S. 115f.
45 Arnold Schönberg, Briefe, hg. von Erwin Stein, Mainz 1958, Brief Nr. 11, vom 13. Dezember 1912, an Richard Dehmel.
46 Robert Musil, Aufzeichnungen eines Schriftstellers, Gesammelte Werke, Reinbek/Hamburg 1978, Bd. 7, S. 919f.
47 Rufer, Works, S. 116.

48 Ebd., S. 117.
49 Siehe dazu den ausgezeichneten Essay von George Steiner, Schoenberg's Moses and Aron, in: Language and Silence, New York 1970, S. 127–139.
50 Alle Zitate sind aus dem Dritten Akt. Der Text im Schallplattenbeiheft der Columbia K_3L-241, Arnold Schoenberg, Moses and Aron, New York 1957.
51 Kokoschka, Schriften, S. 44.

DANK

Eine wissenschaftliche Arbeit mag noch so individuell sein, sie gerät doch, wenn man die zu ihrem Zustandekommen erforderliche wirtschaftliche, geistige und seelische Hilfe berücksichtigt, zu einem gesellschaftlichen Unternehmen. Im Falle einer Arbeit, die so langsam wächst wie die meine, wobei das Produzieren weniger dem entschlossenen Schreiben eines Buches als dem Erstellen eines Protokolls fortwährender Erkundung ähnelt, wird man sich des Ausmaßes persönlicher Hilfe und institutioneller Förderung, die man entlang des Weges erhalten hat, besonders bewußt.

Ein Stipendium der John Simon Guggenheim-Stiftung ermöglichte ein wertvolles Jahr ersten Lesens und Forschens in London. Meine drei Universitäten – Wesleyan, California in Berkeley und Princeton – beurlaubten mich mehrfach für die Arbeit und förderten mich finanziell. Diese Entbindung von Lehrverpflichtungen erlaubte es mir, die Gastfreundschaft des ›Center for Advanced Study in the Behavioral Sciences‹ (Stanford), die des ›Institute for Advanced Study‹ (Princeton) und die des ›Center for the Humanities‹ der Universität Wesleyan anzunehmen. Das ›American Council of Learned Societies‹ förderte ebenfalls die Arbeit an der Abfassung des Buches im Wesleyan Center.

Unter den vielen Gelehrten, denen ich danken möchte, ist Felix Gilbert gewiß einer der ersten. Er half mir in einem frühen Stadium, das Feld der Untersuchung abzugrenzen, und geleitete mich später um manche Fallgrube herum mit jenem behutsam lenkenden Geist gelehrter Kritik, der ihn zum wichtigsten Ratgeber so vieler Historiker meiner und auch noch der nächsten Generation gemacht hat. Seine verstorbene Schwester, Mary Gilbert vom King's College, London, führte mich in die Dichtung Hofmannsthals und in seinen gesellschaftlichen Umkreis ein, während Leopold Ettlinger und Ernst Gombrich mir in der Bibliothek des Warburg Instituts eine erste Einführung in die dämmerige Welt des österreichischen ›Art nouveau‹ gewährten. Meine Kollegen Heinrich Schwarz und Heinz Politzer vermittelten mir mit ihrer profunden Kenntnis auch ihre Liebe zu österreichischer Kunst bzw. Literatur an unvergeßlichen Abenden des Betrachtens von Bildern, des Hörens von Schallplatten und des intensiven Gesprächs. Robert A. Kann von der Rutgers University stellte mir wiederholt sein unvergleichliches Wissen in der politischen und intellektuellen Geschichte Österreichs zur Verfügung.

In Österreich selbst waren die Gelehrten ausnahmslos im Geistigen großzügig und von liebenswürdiger Gastlichkeit. Mein besonderer Dank gilt unter ihnen dem verstorbenen Friedrich Engel-Janosi, Fritz Fellner, Herrn Dr. Harald Leupold-Löwenthal und Frau, Gerald Stourzh, Adam Wandruszka und Erika Weinzierl. Der Herausgeber der ›Presse‹, Dr. Otto Schulmeister, öffnete mir die Augen für das besondere Licht, das die österreichische Gegenwart auf ihre Vergangenheit vor dem Nationalsozialismus werfen kann.

William J. Bouwsma, Arthur C. McGill und William Slottman machten mich empfänglich für die unterschiedlichen Eigenschaften der religiösen Überlieferungen, die wichtig wurden für meine Deutung der besonderen Eigenart der weltlichen Kultur Österreichs.

Von Robert Clark, Robert Geddes, Henry Russell Hitchcock, Martin Meyerson, Adolf K. Placzek und besonders von Anthony Vidler erhielt ich sowohl Grundbegriffe wie Kritik im einzelnen auf dem Gebiet der Architektur und Stadtplanung, während Samuel M. Green, Irving und Marilyn Lavin und Angelica Rudenstine ihren Rat zu den Kapiteln über Malerei beisteuerten. John Barlow und über Jahre hin Richard Winslow halfen mir in Fragen der Musik, die so leicht zu lieben und so schwer zu greifen ist. Hayden White bot sorgfältige und eindringliche Kritik zur Beziehung von musikalischer und bildnerischer Sprache im VII. Kapitel, die ich nicht immer erfolgreich aufzunehmen vermochte.

Die gewichtigsten geistigen Schulden habe ich fünf engen Freunden gegenüber. Trotz radikal verschiedener Ansichten haben sie die Fähigkeit, sich dort ganz für Ideen einzusetzen, wo diese das Leben der Gesellschaft berühren. Jahre des Gespräches über ihre und meine Arbeiten hindurch haben sie mich bereichert und gefördert, indem sie die geistige Arbeit verwandelten in das innigste persönliche Vergnügen. Leonard Krieger half mir am meisten dabei, das Gefühl für die Aufgabe der ›intellectual history‹ zu schärfen, wobei er durch sein eigenes Beispiel wie durch seine Kritik zeigte, wie die oft widerstreitenden inneren und äußeren Elemente unseres Gebietes historischer Forschung zu berücksichtigen und zu verbinden sind. Norman O. Brown hat mich wieder und wieder aus dem dogmatischen Schlummer geweckt und mir mit seiner klassischen Bildung und seiner machtvoll anschaulichen Vorstellungskraft geholfen, neue Bedeutungen in den historischen Quellen zu finden. Arno J. Mayer war ebenso beschäftigt, die politische Dimension meiner Untersuchung festzumachen, wie Norman

Brown die kulturelle bereicherte. Über seine scharfe und genaue Kritik – besonders des VII. Kapitels – hinaus half Arno Mayer mir dabei, den Plan der ganzen Arbeit auf realisierbare Ausmaße zu bringen.

Zwei jüngere Freunde brachten auf ganz verschiedene Weise frischen Wind in das Unternehmen. Ann Douglas ließ ihren glühenden Geist als Mensch und als amerikanische Kulturkritikerin bei den späteren Etappen der Arbeit wirken. Im Licht der intellektuellen Erfahrung der amerikanischen Gegenwart kräftigte und wandelte sie mein Gefühl für das, was ich tat. Wie Leonard Krieger lieferte auch Ann Douglas scharfe Kritik zur Verbesserung der Einleitung, obwohl diese immer noch nicht ihre und meine Hoffnung erfüllen kann. William J. McGrath, der nun schon seit einigen Jahren das gleiche Feld bearbeitet, half mir so viel bei der Bestellung des Bodens, daß die Ernte ihm ebenso wie mir zuzurechnen ist.

Meine Frau Elizabeth steuerte zu der Arbeit die entscheidenden seelischen und geistigen Eigenschaften bei, die zur Vollendung gebraucht wurden. Diese Eigenschaften traten, wie es sein soll, in Gegensatzpaaren auf, es gelang ihr aber stets, sie in fruchtbarem Gleichgewicht zu halten: Verständnis und Ungeduld, Anteilnahme und Distanz, Entschiedenheit im Großen und selbstlose Arbeit im Detail – und fortwährendes Vertrauen.

Jean Wiggs, die das Manuskript schrieb, danke ich für ihre Tatkraft, Sorgfalt und unendliche Geduld. Und schließlich danke ich den Mitarbeitern des Verlages A. Knopf, besonders Robert Gottlieb und Jeffrey Seroy, die mir die letzte Wegstrecke zu einem unerwarteten Vergnügen machten.

C. E. S.

REGISTER

Kursiv gesetzte Seitenzahlen nennen die Abbildungen im Text

Bildnachweis

Der Verlag dankt den Eigentümern und Rechtsinhabern der in diesem Buch wiedergegebenen Bilder für die freundliche Genehmigung der Reproduktionen:

Abb. 1: Map Division of the Princeton University Library
Abb. 2, 9, 19, 15, 37, 47: Historisches Museum der Stadt Wien
Abb. 5, 23, 25, 29, 34, 46, 99: Österreichische Nationalbibliothek, Bildarchiv und Porträtsammlung, Wien
Abb. 11, 12, 13, 18, 19, 20, 24, 33, 39: Photographien von Johanna Fiegl
Abb. 14, 21: Aus Renate Wagner-Rieger, Wiens Architektur im 19. Jahrhundert, Österreichischer Bundesverlag für Unterricht, Wien, 1970
Abb. 16, 17: Photographien von Bruno Rieffenstein
Abb. 22: aus Geretsegger und Peintner, Otto Wagner, 1841–1918, Residenz Verlag, Salzburg, 1964
Abb. 32: Österreichische Galerie, Wien
Abb. 36: Kunsthistorisches Museum, Wien
Abb. 37, 40, 43, 44, 45, 47, 48, 52, 53, 54, 55, 58, 59, 60, 63: Galerie Welz, Salzburg
Abb. 62: Belmont Music Publishers, Los Angeles, und Universal Edition AG, Wien

William Butler Yeats, ›Sailing to Byzantium‹, ›Collected Poems‹, Macmillan Publishing Col., Inc., New York
Oskar Kokoschka, Verse aus ›Die Träumenden Knaben‹, Olda Kokoschka, Montreux
Arnold Schönberg: Fünfzehn Gedichte aus ›Das Buch der hängenden Gärten‹ von Stefan George für Gesang und Klavier I; Zitate aus ›Erwartung‹, Universal Edition AG, Wien, und ›Moses und Aron‹, B. Schott's Söhne, Mainz
Stefan George, Verse aus ›die bücher der hirten- und preisgedichte, der sagen und sänge und der hängenden gärten‹, Klett-Cotta, Stuttgart